浙江省交通运输厅科技计划项目(2021038)
国家自然科学基金重点项目(42330704)

共同资助

软土地区桥梁桩基监测预警与施工技术

RUANTU DIQU QIAOLIANG ZHUANGJI JIANCE YUJING YU SHIGONG JISHU

吴志坚　谷雷雷　沈　葳　等著

中国地质大学出版社
ZHONGGUO DIZHI DAXUE CHUBANSHE

内 容 简 介

本书系统地对软土地区桥梁桩基在外力影响下的力学性能和变形特征开展研究,提出桥梁桩基的变形预测方法和应力及变形预警体系,优化相应的施工关键技术和安全防护技术。全书共 10 章,主要内容包括:软土的工程特征和桥梁工程病害及防治措施,软土地区桥梁结构特点、桩基形式、施工工艺与技术,航道开挖与通航对邻近桥梁桩基承载及变形特征影响,桩基受力与变形的监测和预警方法,软土地区桥梁施工工艺、技术及安全防护措施等。

本书可作为软土地区土木工程、地质工程、桥梁工程、市政工程、港口航道与海岸工程等领域的科研人员、技术人员等的参考书,也可作为上述专业领域高年级本科生和研究生的辅导教材。

图书在版编目(CIP)数据

软土地区桥梁桩基监测预警与施工技术/吴志坚等著. —武汉:中国地质大学出版社,2024.7. — ISBN 978-7-5625-5899-6

Ⅰ. U443.15

中国国家版本馆 CIP 数据核字第 2024FR0841 号

软土地区桥梁桩基监测预警与施工技术		吴志坚 谷雷雷 沈葳 等著
责任编辑:韩 骑	选题策划:韩 骑	责任校对:徐蕾蕾

出版发行:中国地质大学出版社(武汉市洪山区鲁磨路388号)	邮编:430074
电 话:(027)67883511 传 真:(027)67883580	E-mail:cbb@cug.edu.cn
经 销:全国新华书店	http://cugp.cug.edu.cn
开本:787 毫米×1092 毫米 1/16	字数:424 千字 印张:17
版次:2024 年 7 月第 1 版	印次:2024 年 7 月第 1 次印刷
印刷:武汉中远印务有限公司	
ISBN 978-7-5625-5899-6	定价:88.00 元

如有印装质量问题请与印刷厂联系调换

《软土地区桥梁桩基监测预警与施工技术》

著作组

吴志坚	谷雷雷	沈 葳	丁万鹏
李 锋	韩 海	王国旭	陈赵育
许 亮	徐 哲	储城鑫	陈 拓
王盛年	刘 健	戴继涛	黄 斌

前　言

京杭大运河流经京、津、冀、鲁、苏、浙二市四省，连通海河、黄河、淮河、长江、钱塘江五大河流，是一条贯通我国南北的水运大动脉。它自开凿至今已有2500多年的历史，是活着的、流动着的人类遗产，是世界级古代水运工程。近年来，随着国家长三角一体化发展战略的深入推进，京杭大运河运量持续增长与航道通行能力严重不足的矛盾日益突出，为了从根本上解决京杭大运河运力不足及杭州市河道通航等级低的瓶颈问题，实施京杭大运河浙江段Ⅲ级航道整治工程意义重大。

京杭大运河二通道海宁段为陆上新开挖航道，地处杭嘉湖冲湖积平原，多为深厚软土复杂场地。在厚层软土覆盖的复杂工程地质条件下，特别是在穿越重大线性交通基础工程密集分布的交叉节点处，开挖施工将对软土地层带来扰动，进而影响到上跨桥梁的桩基稳定性，给桥梁工程的建设和防护带来新的科学问题和技术挑战。本书重点揭示3个科学技术问题：①开挖卸荷应力路径下软土应力-应变关系及强度变形特性；②深厚软土场地航道开挖引起邻近桥梁桩基变形及承载力变化特性；③深厚软土场地航道开挖与通航对上跨桥梁服役可靠性影响评价。解决深厚软土航道开挖施工对既有和新建桥梁工程的扰动难题，可保障航道上跨新建桥梁的顺利施工和既有桥梁的运营安全，提高航道开挖施工效率，为国家重点工程顺利实施提供技术支撑，提升重要基础设施长期运营性能，助推杭嘉湖经济可持续发展。

本书资料收集、整理及撰写分工如下：第1~3章由吴志坚、丁万鹏、谷雷雷完成；第4章由刘健、丁万鹏完成；第5章由陈拓、丁万鹏完成；第6章由王盛年、黄斌、丁万鹏完成；第7章由储城鑫、戴继涛完成；第8章由王国旭、李锋、沈葳完成；第9章由沈葳、韩海、陈赵育、王国旭完成；第10章由徐哲、许亮、王国旭、谷雷雷完成。

全书由吴志坚审定、修改和定稿。本书在资料收集过程中得到了浙江省交通运输厅、海宁市交通运输局、中交一公局海威工程建设有限公司、浙江鼎盛交通建设有限公司的大力支持。在书稿撰写过程中，得到了原浙江省交通运输厅总工程师卞钧镕、浙江大学教授尚岳全的多次指导，在此一并表示感谢！

由于笔者水平有限，本书疏漏和不妥之处恐有不少，敬请读者批评指正。

笔者

2024年3月

目 录

第1章 绪 论 (1)
- 1.1 软土概述 (1)
- 1.2 软土地区桥梁桩基研究概述 (14)
- 1.3 小 结 (18)

第2章 软土地区桥梁桩基形式及施工方法 (20)
- 2.1 软土地基的工程特征及处理方法 (20)
- 2.2 软土地区桥梁工程病害分析及防治 (24)
- 2.3 软土地区典型桥梁结构形式与特点 (29)
- 2.4 小 结 (31)

第3章 软土地区桥梁结构特性 (32)
- 3.1 航道上跨典型桥梁结构类型 (32)
- 3.2 桥梁结构受力特征 (35)
- 3.3 京杭大运河二通道典型桥梁工程 (39)
- 3.4 小 结 (48)

第4章 航道开挖对上跨桥梁桩基影响监测 (49)
- 4.1 桥梁施工监测概述 (49)
- 4.2 桥梁桩基监测方案 (56)
- 4.3 桩基应力监测 (60)
- 4.4 桩基位移监测 (65)
- 4.5 墩台位移监测 (69)
- 4.6 小 结 (71)

第5章 桩基和土体参数对邻近桥梁桩基承载及变形特性影响 (72)
- 5.1 京杭大运河二通道软土力学特性 (72)
- 5.2 桩土界面力学特性 (75)
- 5.3 数值分析模型 (84)
- 5.4 桩基设计参数敏感性分析 (104)
- 5.5 土体参数敏感性分析 (110)
- 5.6 小 结 (112)

第6章 航道开挖与通航对邻近桩基承载及变形特性影响 (114)
- 6.1 航道开挖参数敏感性分析 (114)
- 6.2 开挖工艺与工序的影响 (122)

  6.3 航道通航对桩基变形影响 …………………………………………………… (125)
  6.4 小 结 ………………………………………………………………………… (130)

第 7 章 软土桥梁桩基变形影响预测方法 ………………………………………………… (132)
  7.1 预测方法概述 ……………………………………………………………………… (132)
  7.2 预测模型理论 ……………………………………………………………………… (136)
  7.3 工程实例——京杭大运河世纪大道桥、东西大道桥桥梁变形预测 ………… (144)
  7.4 桩基变形预测结果验证与分析 …………………………………………………… (146)
  7.5 小 结 ………………………………………………………………………… (154)

第 8 章 软土地区桥梁桩基变形和应力预警方法 …………………………………………… (155)
  8.1 竖向荷载下桩基受力特性 ………………………………………………………… (155)
  8.2 水平荷载下桩基受力特性 ………………………………………………………… (164)
  8.3 桥梁桩基础预警指标 ……………………………………………………………… (167)
  8.4 桥梁桩基预警阈值 ………………………………………………………………… (169)
  8.5 预警方法的工程应用 ……………………………………………………………… (175)
  8.6 桩基变形及预警体系 ……………………………………………………………… (177)
  8.7 小 结 ………………………………………………………………………… (180)

第 9 章 软土地区桥梁施工工艺与技术 …………………………………………………… (181)
  9.1 施工关键技术概述 ………………………………………………………………… (181)
  9.2 典型工程实例梁体施工工艺 ……………………………………………………… (192)
  9.3 典型工程实例施工关键技术 ……………………………………………………… (197)
  9.4 典型工程实例桩基施工关键技术 ………………………………………………… (208)
  9.5 小 结 ………………………………………………………………………… (219)

第 10 章 软土地区桥梁安全防护措施 …………………………………………………… (221)
  10.1 软土地区桥梁施工风险评价方法 ……………………………………………… (221)
  10.2 危险源辨识 ………………………………………………………………………… (230)
  10.3 安全防范措施 ……………………………………………………………………… (236)
  10.4 小 结 ………………………………………………………………………… (241)

参考文献 …………………………………………………………………………………………… (242)

附 录 江浙沪主要跨江通道及航道桥 ………………………………………………… (253)

第1章 绪 论

软土广泛分布于全球各地,尤其是河流、湖泊、沼泽和海岸等地区。软土具有不利于工程的特性,主要表现在其含水量高、孔隙比大、压缩性高、抗剪强度低等方面。这些特性使得软土地区的桥梁在设计、施工和运营过程中面临诸多问题,桥梁建设面临着独特的挑战和风险。

软土的承载能力较差,容易发生沉降和变形,对桥梁的稳定性构成威胁。桥梁发生的沉降会导致桥面不平整、桥墩承载不均匀,严重时甚至会导致桥梁倾覆或破坏。软土地区常常存在液化、流变等地质灾害风险。在地震或长期受水分影响下,软土容易发生液化,使得桥梁基础失稳。同时,软土在受力作用下易产生流变现象,进一步加剧了桥梁的安全风险。软土地区的桥梁还容易受到地下水位变化的影响,软土的透水性较强,地下水位的上升或下降会导致软土体积发生变化,从而影响桥梁的承载性能和稳定性。因此,系统地进行软土地区的桥梁桩基稳定性研究,开展有效监测预警工作,提出针对性强的施工保障技术,对于软土地区桥架的建设和安全运维具有十分重要的意义。

1.1 软土概述

软土是指强度低、压缩性较大(压缩系数大于 0.5MPa^{-1})、不排水抗剪强度小于 30kPa 的软弱土层,多数含有一定的有机物质。根据其特征,软土可划分为软黏性土、淤泥、淤泥质土、泥炭质土及泥炭 5 种类型。软土在《岩土工程勘察规范》(GB 50021—2001)、《公路路基施工技术规范》(JTG F10—2006)等规范中都有大同小异的定义,《公路路基施工技术规范》(JTG F10—2006)中的定义简单明了,工程设计人员可以此作为软土的定义:滨海、湖沼、谷地、河滩沉积的天然含水量高、孔隙比大、压缩性大、抗剪强度低的细粒土。

软土一般在静水或缓慢的流水环境中沉积,经生物、化学作用形成。但含水量多少才算是高,承载力多少才算是低,目前尚没有统一标准。日本采用标准贯入击数、无侧限抗压强度、荷兰式贯入指数 3 项指标来划分软土。德国则用"很容易搓捏的土"来划分软土。在国内,《软土地区岩土工程地质勘察规程》(JGJ 83—2011)规定,软土为天然孔隙比大于或等于 1.0、天然含水量大于液限、具有高压缩性、低强度、高灵敏度、低透水性和高流变性,且在较大地震力作用下可能出现震陷的细粒土,包括淤泥、淤泥质土、泥岩、泥炭质土等。《公路路基施工技术规范》(JTG F10—2006)中软土的划分采用天然含水量大于等于 35% 或液限、天然孔隙比大于等于 1.0、十字板剪切强度小于 35kPa 这 3 项指标,凡符合以上 3 项指标的黏性土均为软土。

软土强度低、沉降量大,往往给建(构)筑物、交通基础设施带来很大的危害,若处理不当,会给相关工程设施的建设和使用造成很大影响。工程建设中如遇到软土地基,必须采取切实可行的技术措施对软土地基进行预先加固,提高软土地基的强度和承载能力,保证软土地基的沉降变形得到有效的控制,保障工程设施的稳定和安全。

1.1.1 软土的成因及分布

软土是第四纪后期经地表流水作用形成的沉积物质,多数分布于海滨、湖滨、河流沿岸等地势低洼地带,地表终年潮湿或积水。软土由于厚度不同,对工程的影响也不同。软土按沉积环境及成因分为:滨海沉积——滨海相、潟湖相、溺谷相及三角洲相(海陆过渡环境沉积);湖泊沉积——湖相、三角洲相;河滩沉积——河漫滩相、牛轭湖相;沼泽沉积——沼泽相。

以滨海相为主的软土主要分布在湛江、香港、厦门、舟山、宁波、温州、连云港、塘沽、大连湾等地;潟湖相软土主要分布在温州、宁波等地;溺谷相软土主要分布在福州、泉州一带;三角洲相软土主要分布在上海、珠江下游的广州地区。内陆软土主要为湖相,分布在洞庭湖、洪泽湖、太湖、鄱阳湖四周以及昆明的滇池等地;河漫滩相软土主要分布在长江中下游、珠江下游、淮河平原、松辽平原等地;沼泽相软土主要分布在黑龙江、吉林、辽宁等地,以及长江流域、珠江流域等地区的湿地和沼泽地带。

1.1.2 软土的特点

软土作为一种性质独特的土体,具有特殊的成分、状态和结构特征,其工程性质如下所示。

1. 基本特点

软土具有天然含水量大、孔隙比大、压缩性高、强度低的特点,并具有触变性、流变性,工程地质条件较差。常见的软土一般是指处于软塑或者流塑状态下的黏性土。归纳前文各种定义,本书总结出软土是一种天然含水量大(接近或大于液限)、压缩性高($a_{1-2}>0.5\text{MPa}^{-1}$)、天然孔隙比大于等于1.0、抗剪强度低(快剪的内摩擦角$\varphi<5°$、黏聚力$c<20\text{kPa}$)的细粒土。

我国厚度较大的软土,在地质剖面上表层一般有0~3m厚的中或低压缩性黏性土(俗称硬壳层或表土层),依其层理大致可分为以下6种类型。

①表层为厚1~3m的褐黄色粉质黏土,第2、3层为淤泥质黏土,一般厚约20m,属高压缩性土,第4层为较密实的黏土层或砂层。②表层由人工填土和较薄的粉质黏土组成,厚3~5m,第2层为厚5~8m的高压缩性淤泥层,基岩离地表较近,起伏变化较大。③表层为1m多厚的黏性土,其下为厚10m以上的高压缩性淤泥层。④表层为厚3~5m的褐黄色粉质黏土,其下淤泥及粉砂夹层交错。⑤表层同④,第2层为厚度变化很大、呈喇叭口状的高压缩性淤泥,第3层为较薄残积层,其下为基岩,多分布在山前沉积平原或河流两岸靠山地区。⑥表层为浅黄色黏性土,其下为饱和软土或淤泥及泥炭,成因复杂,极大部分为湖沼沉积、冲积以及残积,分布面积不大,是厚度变化较大的山地型软土。

工程上可用3个指标对软土进行判别,如满足表1-1中的特征指标即可判别为软土。由于软土形成所处的地理位置、地貌特征、水文条件等多方面存在差异,不同地区的软土特点又有一定的差别。

表1-1 软土鉴别表

特征指标名称	天然含水量/%	天然孔隙比	十字板剪切强度/kPa
指标值	≥35与液限	≥1.0	<35.0

除此以外,软土一般具有以下工程特性。

(1)触变性。触变性是指软土受到扰动(振动、搅拌、挤压或搓揉等)后,原有的结构被破坏,土的强度明显降低或很快变成稀释状态,而当扰动停止后,强度又逐渐恢复的性能。触变性的大小,工程上常用灵敏度S_t来表示,一般S_t为3~4,个别可达8~9或更高。故软土地基在振动荷载下,易发生侧向滑动、沉降及基底向两侧挤出等现象。

(2)流变性。流变性是指在一定的荷载持续作用下,土的变形随时间而增长的特征。流变对地基沉降有较大影响,对斜坡、堤岸、码头和地基稳定性不利。

(3)高压缩性。软土的压缩系数大,一般a_{1-2}为0.5~1.5MPa^{-1},最大可达4.5MPa^{-1};压缩指数C_c为0.35~0.75,软土地基的变形特性与其天然固结状态相关,欠固结软土在荷载作用下沉降较大,天然状态下的软土层大多属于正常固结状态。

(4)低抗剪强度。软土的天然不排水抗剪强度一般小于20kPa,其变化范围为5~25kPa,有效内摩擦角为12°~35°,固结不排水剪内摩擦角φ_{cu}为10°~20°,软土地基的承载力一般为40~80kPa。

(5)低透水性。软土的渗透系数一般为10^{-6}~10^{-8}cm/s,在自重或荷载作用下固结速率很慢。同时,在加载初期地基中常出现较高的孔隙水压力,影响地基的强度,延长建筑物沉降时间。

(6)各向异性。由于沉降环境的变化,黏性土层中常局部夹有厚薄不等的粉土,使软土在水平和垂直分布上有所差异,从而导致建筑物地基易产生差异沉降。

2. 不同地区软土特性

我国幅员辽阔,海岸线较长,在沿海一带形成了有一定分布规律、性质差异较大的软土区域,总体上大致可分为三大区域:①以天津、唐山、大连、青岛等城市为代表的环渤海湾;②以上海、杭州、宁波、温州等城市为代表的长江三角洲;③以广州、深圳、福州、厦门等城市为代表的珠江三角洲。还有一些具有地方特点的软土,如连云港海相软土,长江中下游两岸广泛分布有长江漫滩相软土。各地区所处的水文地质、工程地质环境存在差异,各地区的软土虽有共性,但又有特性。下面分别介绍一些地区比较典型的软土基本特性。

1)上海软土

上海的第四纪地层中,对工程建设有直接影响的地层是135m以内的土层,包括暗绿色硬土层、上更新统和全新统。通常意义上的上海软土是指暗绿色硬土层以上的土层,其中对工程影响比较大的软土为淤泥质粉质黏土和淤泥质黏土。上海地区软土层均有分布,仅在崇明岛西北部因受后期砂质粉土侵蚀而缺失。软土埋藏深度在滨海相陆域地区变化不大,大部分地区埋深在4m左右。西部湖沼平原区软土埋深在4~8m,岩性上部以淤泥质粉质黏土为主,下部为淤泥质黏土。东部南汇河口、沙嘴、沙岛地区软土埋深在12m左右,崇明、横沙、长兴等河口沙岛地区软土埋深最深,在12~20m,因受后期粉土侵蚀,缺失淤泥质粉质黏土,仅分布有淤泥质黏土。

上海软土地基深厚,沉降量大,固结历时长,施工期发生的沉降量仅占总沉降量的20%~30%,竣工后的沉降,包括次固结沉降将延续很长的时间。淤泥质黏土层是上海地区最软弱、压缩性最大的土层,其次为淤泥质粉质黏土层。

2) 天津软土

天津软土是我国典型的软土之一。渤海湾西岸的天津滨海新区在早更新世、中更新世以陆地相沉积为主,海洋作用甚微。自晚更新世与全新世以来,海洋作用强烈,渤海湾西岸以海相沉积为主,形成了天津地区比较典型的海陆交互相地层。全新世中期形成的第一海相层以淤泥质软土为主,是天津地区主要的软土地基,也是滨海地区工程地质问题较集中的层位。淤泥及淤泥质黏土特性如下:淤泥呈灰色、灰褐色,流塑状,高塑性,土质不均匀,含少量碎贝壳,局部混多量的粉土、粉砂团块,夹粉土薄层,该土层广泛分布,层底高程位于−8.0~−10.0m;淤泥质黏土呈灰色,软塑状,土质不均匀,混少量碎贝壳及粉土团块,夹粉土薄层,该层广泛分布,层位较稳定,层底高程位于−11.5~−15.0m。

该地区土样分析资料统计结果表明,不同类型软土的天然含水率与天然孔隙比之间存在较好的相关关系:①天然孔隙比随天然含水率的增加而增加;②天然含水率与容重呈自然对数相关关系。

天津塘沽新港地基土为第四纪全新世滨海沉积,地面以下2~4m为吹填土和杂填土,在地面以下10m以上的土层基本均为淤泥质土,10~18m大多为黏土和粉质黏土,夹薄层粉砂,18m深度以下为粉土和粉砂。

3) 唐山软土

唐山地区由3个地貌单元构成,由北向南跨越滨海浅滩、浅水潟湖,南接曹妃甸沙岛,在大地构造上位于黄骅坳陷东北端与渤中隆起交会地带。曹妃甸一带为滦河三角洲平原,具有双重岸线特征。其中,内侧大陆岸线为沿滦河古三角洲前沿发育的冲积海积平原,沿岸多盐田,潮滩发育;外侧岛屿岸线与大陆岸线走向基本一致,为沙质海滩。南段的曹妃甸沙岛由12个小沙岛组成,高程在3m左右,内外岸线间为宽阔的浅水潟湖。曹妃甸沙岛位于渤海湾北岸线转折处,犹如矶头和岬角,紧贴渤海湾−30~−20m深槽。

新近吹填砂:厚4~6m,吹填标高高出海平面约3m,土层主要为灰褐色粉细砂,含较多贝壳碎片,在吹填区域吹填喇叭口门位置,黏粒含量较多,局部有较厚的淤泥质土。吹填砂层夯前标贯击数3~6,呈极松散状态,沉积时间短,土层尚未完成自重固结过程。该土层天然地基承载力不足80kPa,为严重液化土层。

粉质黏土:灰黑色,呈流塑—软塑状态,饱和,含有机质,局部地段为淤泥质粉质黏土,属高压缩性土。

粉砂:灰色,松—稍密,饱和,长石—石英质,含少量贝壳碎片,颗粒成圆形,均粒,含有机质。

细砂:灰色,中密—密实,饱和,含有机质。

4)杭州软土

杭州的第四纪全新世沉积地貌特征和上海的有些相似,全新世早期气候由寒冷转为温暖,长江三角洲受镇江海侵的影响范围较广,杭州在当时也受到了海侵的影响,致使海平面不断上升,漫延至转塘、九溪一带,沉积了杭州地区的第二软土层,浅海、溺谷相淤泥质土包括厚5~8m的淤泥质粉质黏土和厚2~10m的淤泥质黏土。其后,距今8000~7000年,海侵达到最大限度、最大规模,也是最后一次海侵,此时杭州地区沉积的第一层软土为滨海、海湾相淤泥质土,厚度为3~6m,在其下为厚8~10m的淤泥质粉质黏土层。

杭州软土是我国沿海地区典型的软弱土,其工程特性如下:

(1)天然含水量高、孔隙比大(ω 为 37%~65%、e 为 1.6~1.8),均高于其液限含水量;淤泥质孔隙比为 1.6~1.8,淤泥质粉质黏土孔隙比为 1.7~1.8。多呈流塑状,为灰色静水或缓慢流水还原环境沉积,大都属于淤泥质黏土、淤质黏土。

(2)压缩性高,随土性而异。淤质黏土有极高的压缩性,淤泥质黏土具有高压缩性,一般黏土有中等—高压缩性。

(3)强度低,土体无侧限抗压强度小,抗剪强度低。

(4)渗透性差,渗透系数(k)小[淤质黏土和淤泥质黏土 k 为 $(1.4\sim3.0)\times10^{-7}$ cm/s,淤质亚黏土和亚黏土 k 为 $(1.2\sim6.4)\times10^{-8}$ cm/s]。

(5)具有较强的结构性,灵敏度高(S_t 为 4~12),上部荷载一旦超过土体自身结构屈服应力,絮状结构遭到破坏,则土的强度明显降低,甚至呈流动状态,致使沉降量骤增,土体变形表现出较大的突发性,给工程建设造成极大的危害。

杭州软土是我国典型的软土之一,其强度和变形特性比天津、上海等北部地区的差,比温州、福州等南部地区的好,符合我国软土"北强南弱,依次变化"的总趋势,而在土性上则复杂多变。

5)宁波软土

宁波软土属滨海相软土。根据工程地质资料,区内土可划分为 11 个工程地质单元,其中影响该地区结构物沉降变形的主要软土压缩层有两组:第一软土组由全新统海积淤泥质土组成,厚度大,天然含水量大,呈流塑状态,压缩性高,埋深 2~20m;第二软土组为上更新统海积层,呈软—流塑状态,压缩性中—高,埋深 28~45m。宁波软土主要是淤泥质粉质黏土与淤泥质黏土,该淤泥软土呈典型的海绵结构和层理结构。由于黏粒含量较高,且含有机质,结合水膜较厚,颗粒间连结力弱。这种软土具有压缩性高、灵敏性高、透水性差、固结慢等特点。

宁波软土具有以下典型特征:厚度大于 25m,颜色为灰色或深灰色,呈软塑—流塑状态。天然含水量较高(34%~58%),呈流塑状态,快剪强度指标内摩擦角 φ 为 1.1°~5.9°,黏聚力 c 为 3.0~7.6kPa;固结快剪强度指标内摩擦角 φ 为 14.7°~25.4°,黏聚力 c 为 3.0~8.0kPa;塑性指数 I_P 为 20.0~30.0,液限为 36.1%~45.2%,液限平均值为 41.0%,液性指数为 1.02~1.94;压缩系数均值为 0.76,压缩模量均值为 2.87MPa,属于高压缩性软土;抗剪强度低,黏聚力 c 和内摩擦角 φ 离散性较大;渗透系数在 10^{-8}cm/s 数量级内;水平向固结系数为 $(2.48\sim5.78)\times10^{-4}$cm^2/s;竖向固结系数为 $(2.32\sim3.8)\times10^{-4}$cm^2/s;无侧限抗压强度为

11.3～28.0kPa;灵敏度为1.3～5.0。竖向渗透系数均值为$2.12×10^{-7}$cm/s,水平向渗透系数均值为$3.94×10^{-7}$cm/s,水平向渗透系数大于竖向渗透系数。

宁波地区软土具有结构性,这主要是由宁波的地理位置(东海之滨,杭州湾南岸,甬江、姚江和奉化江三江交汇口)和软土地质成因(自第四纪中期开始,在多次海陆变迁历史中,堆积的一套由陆相到海陆交互相的松散沉积物,成因有海积、冲海积、滨海沼泽相沉积)所决定的。土层分布在垂向上分选性明显。从灵敏度方面看,宁波软土为中等灵敏性土。据研究,宁波软土受严重扰动后强度可降低70%～80%,因此,施工过程中应尽量避免扰动。另外,宁波软土的应力、应变状态,还具有随时间而变化的性质,即流变性。经长期变形破坏的土体,其抗剪强度仅为一般抗剪强度的40%～50%。

与其他地区软土相比,宁波软土与国内外软土具有异同性。相同点是软土具有天然含水量大、压缩性高、强度低、渗透性差等特点;不同之处在于宁波软土的抗剪强度指标变化范围大,这一点与温州软土相似,另外宁波软土工程地质性质往往劣于北部的天津、上海软土,而优于南部的温州、湛江、广州软土。

6)温州软土

温州是我国典型的巨厚软土发育地区之一。温州地处浙江省东南,东濒东海、南接福建。瓯江下游汇入东海的温州湾岸边,海岸线长达355km,是我国著名的软黏土地区。温州广泛分布着厚20～70m的第四纪潟湖相、溺谷相和滨海相等海相沉积软土层,地表的填土和表土层非常薄,淤泥埋藏深度为2～4m,淤泥和淤泥质土层的厚度达30m或者更厚,淤泥的孔隙比高达1.7～2.6,其工程地质特性一般表现出天然含水量大、强度低、压缩性高、透水性差、土质不均匀等特点。

(1)淤泥。天然含水量一般大于55%,少数为31.1%～55%;孔隙比大部分大于1.5,少数小于1.5;湿密度小于1.7g/cm³;干密度小于1.1g/cm³,个别大于1.1g/cm³;液限大于40%,少量的略小于该数值;塑限大于20.0%,少量的在17.5%～20.0%之间;塑性指数大都大于17;液性指数大于1.1;黏粒含量大于40.0%,少数在30%～40%之间;粉粒含量大于35.0%;相对密度大于2.71。压缩系数大于1.0MPa^{-1},压缩模量在1.3～3.0MPa之间;原状无侧限抗压强度小于45kPa;竖向固结系数小于$2.0×10^{-3}$cm²/s;竖向渗透系数小于$4.0×10^{-6}$cm/s;水平向渗透系数小于$5.0×10^{-6}$cm/s;灵敏度大多在3～8之间,属于灵敏土。

(2)淤泥质黏土。天然含水量一般为37%～56%;孔隙比为1.0～1.5,个别小于1.0;湿密度为1.67～1.85g/cm³;干密度为1.06～1.35g/cm²;液限为40%～50%;塑限为18.9%～30%;塑性指数为17.7～25.3;液性指数为1.0～1.7;黏粒含量为20.0%～60.0%;粉粒含量为32%～54%;相对密度为2.69～2.76。压缩系数为$0.57～1.5\text{MPa}^{-1}$;压缩模量在1.6～4.2MPa之间;原状无侧限抗压强度大于13kPa;竖向固结系数小于$4.0×10^{-3}$cm²/s;竖向渗透系数小于$4.0×10^{-6}$cm/s;水平向渗透系数小于$5.0×10^{-6}$cm/s;灵敏度大多在2～4之间,属于中等灵敏性土。

(3)淤泥质粉质黏土。天然含水量一般为35%～50%;孔隙比为1.0～1.4,个别小于1.0;湿密度为1.7～1.86g/cm³;干密度为1.14～1.37g/cm³;液限为30%～45%;塑限为18.6%～30%;塑性指数为11.0～17.7;液性指数为1.09～1.85;黏粒含量为23.0%～

48.0%；粉粒含量为35%～62%；相对密度为2.7～2.75。压缩系数为0.5～1.5MPa^{-1}；压缩模量为2.0～3.8MPa；原状无侧限抗压强度小于70kPa；竖向固结系数小于$5.0×10^{-3}$cm^2/s；竖向渗透系数小于$8.4×10^{-6}$cm/s；水平向渗透系数小于$5.0×10^{-6}$cm/s；灵敏度大多大于4，属于灵敏土。

7）广州软土

广州地处珠江三角洲中部，毗邻珠江出海口。广州软土的分布厚度由西北向东南逐渐加大，由老城区内厚度5m左右向南至番禺、南沙厚度加大至30m左右。广州软土具有典型的三角洲软土性质。由于江水与海潮的复杂交替作用，淤泥与薄层砂交错沉积，主要特性如下。

(1) 厚度变化大。广州地区岩层面起伏大，软土层由西北向东南逐渐加厚，厚度在5～30m之间，分布很不均匀。软土层一般为淤泥层、淤泥质土夹砂层、淤泥质黏土层。

(2) 天然含水量高、孔隙比大。广州地区软土天然含水量为50%～80%，有的高达100%，液限一般为40%～60%，天然含水量随液限的增大而增大。孔隙比一般为1.0～2.0，饱和度接近100%。

(3) 渗透性较好。全国大部分地区淤泥和淤泥质土的渗透系数一般为10^{-7}～10^{-8}cm/s，而广州软土的渗透系数一般为10^{-6}cm/s。这是由于广州软土中夹有较多的粉砂，约占11%，粉粒含量约占40%（粒径为0.005～0.075mm），黏粒（粒径<0.005mm）约占49%，且软土层中夹有厚度不等的薄层粉、细砂、粉土层。广州软土较其他三角洲相成因的软土（如上海软土）的渗透性较好。

(4) 压缩性高。广州淤泥和淤泥质土压缩系数在1.1～2.5MPa^{-1}之间。

(5) 抗剪强度低。广州软土天然状态十字板抗剪强度一般小于15kPa。快剪黏聚力为4～15kPa，内摩擦角为4°～12°；固结快剪黏聚力约为12kPa，内摩擦角为5°～12°。

(6) 触变性中等。广州软土的灵敏度S_t一般为2～4，属中等灵敏度。

(7) 含有蒙脱石、有机质。通过大量的X射线衍射分析得出广州软土的矿物成分为大量的石英和斜长石，少量的钠长石、伊利石和高岭石，微量的蒙脱石。广州软土的有机质含量较高，一般为2%左右。蒙脱石和有机质的存在使这类软土天然含水量高（50%～80%）、液限值高（40%～60%）。

8）深圳软土

深圳软土主要为淤泥、淤泥质黏性土（混淤泥质土的粉细砂）及含泥碳质黏性土。该淤泥层属第四纪的海相沉积层，广泛分布于深圳西部的沿海地区和伶仃洋东岸，厚度一般为3～10m，呈流塑状，黑灰色，含有5%～10%的有机质。其工程特性是含水量高，孔隙比大，压缩性很高，抗剪强度和渗透性都很低。其中含水量、孔隙比、液限、塑性指数、液性指数、压缩系数均随深度的增加而逐渐减小；密度、土粒密度、压缩模量均随深度的增加而逐渐增大。

9）连云港软土

连云港软土大多为滨海相软土，以连云港、响水、大丰为典型代表地区，地层主要由第四系松软地层与中元古界变质岩构成，第四系地层由全新统与上更新统构成。全新世时期，受多次海侵、海退的影响，形成以滨海相沉积为主的淤泥、淤泥质软土地层。软土层厚度变化范围大，天然含水量高，孔隙比大，压缩性高，渗透性低，强度低，并具有触变性、流变性。

连云港软土沉积年代较晚,厚0~15m,主要形式为淤积成陆。它除了具有一般软土高塑性、高含水量、高压缩性、高孔隙比、低强度等特点外,还具有沉积韵律比较单一,土质均匀,渗透性差,固结系数小,灵敏度偏高,软土地基物理力学参数随深度呈线性变化等特点。

10) 山地型软土

在我国广大山区,沉积有一类在形成环境和性质不同于一般东部平原和沿海地区的软土,一般称其为"山地型软土"。它在我国南部、西南部山区或丘陵区分布最广,如广西、贵州、云南等省(自治区)的某些地区存在山地型软土,其成因主要是当地软岩风化物和地表有机物质经过流水的搬运、沉积于地形低洼处,并经过长时间的饱水软化以及微生物分解作用而形成以湖积和冲积为主的软土,也有少量是由坡残积物堆积而形成。山地型软土既有一般软土含水量高、孔隙比大、压缩性高、渗透系数小等特点,又具有其自身的一些特性。

(1) 成分复杂。土多以重力堆积物质为主,沉积物质分选极差,土质不纯,既有经过长距离搬运的黏土、砂质黏土及有机物质,又夹有滞留在原地的残积土。时常发生的崩塌、滑坡、暴雨、泥石流等山区地质灾害正是这些不同软土成分不断搬运和堆积的动力。这种由搬运到堆积甚至经过再搬运到再堆积的过程导致了山区软土组成成分的多样性和复杂性。

(2) 分布的不均匀性。分布上具有不连续和不均匀性,地形、地貌条件的不同决定了山区地表高差较大,加上基岩大都埋藏较浅,且基岩表面倾斜,使得软土随地势的变化呈现出不连续分布的状态。在一些沟谷段,软土水平分布面积不大,但有时相距仅几米的两处软土,厚度相差可达数十米。由于软土层的厚薄不匀、软硬不一,软土地层本身的坡度又较大,使得同一地区软土的承载力和沉降变形也有很大差异,所以,极易造成道路变形和破坏。

(3) 隐蔽性。分布区域大,人迹罕至,需进行现场勘察才能发现软土分布规律。

1.1.3 软土研究概述

软土因其独特的工程特性,已引起学者的广泛关注。许多学者对其特性展开了研究,形成了一系列研究成果,主要包括以下几个方面。

1. 软土的压缩特性

在工程设计、施工、建设和运营过程中,人们最关心的是地基的沉降、变形和稳定。工程结构的建造设计必须考虑结构物可能产生的沉降。因为沉降过大会导致工程结构使用功效降低甚至失效,过大的差异沉降也会使结构物整体性受到破坏,如出现裂缝、倾斜、倒塌等。现代化的快速交通对沉降的要求和控制标准尤其严格,高速公路的不均匀沉降会引起桥头跳车、翻车,高速铁路、城际轨道、地铁轨道、机场跑道等微小的差异沉降都将带来灾难性后果。体现土的压缩变形特性最常用的指标为压缩系数和压缩指数。这两个指标反映了竖向变形情况,可通过压缩试验获取。土体的变形不仅仅表现在竖向上,还表现在侧向或水平向上,如挡土结构、码头、桥墩桥台、基坑与地下结构工程、土石坝等,这些结构的安全与否直接取决于侧向变形的大小。因此研究土体的变形不仅仅只研究其竖向变形,同时也必须研究侧向变形和体积变形。

对于软土,重点关注能反映其工程特性的液限,以及对应的孔隙比、塑性指数和初始孔隙比等压缩特性指标。基于大量的实验和统计数据，学者们建立了压缩指数(C_c)、回弹指数(C_s)、次固结系数(C_a)与塑性指数(I_P)的关系，以及压缩指数与土的液限(W_L)或液限孔隙比(e_L)的关系(Nakase et al.,1988;Burland,1990;Sridharan and Nagaraj,2000;白冰等,2001;陈波等,2013)。结构性对软土的压缩特性影响较大，孔隙比、含水量、密度、干密度是影响软土压缩特性的重要因素，原状软土和重塑软土的压缩系数变化趋势明显不同(吕海波等,2001;王立忠等,2004;夏银飞等,2007;周科和孙德安,2009)。

2. 软土的结构特性

土的结构性强度可以定义为土的原生结构与次生结构的强度差。原生结构是指构成土的最基本的物质成分在搬运、迁移、沉积和成土的演化过程中产生的与周围环境相适应的结构，与之相对应的土体强度即为原生土体强度；当天然土受到重塑或其他剧烈扰动时，原生结构被破坏，形成次生结构，与之相对应的土体强度即为次生土体强度。原生土体强度与次生土体强度之差即为天然土的结构性强度。有些黏土具有很强的结构性强度，如日本 Ariake 黏土的灵敏度更是高达 100 以上，扰动后似液体状。国际上对软黏土的结构性概念较为明确、全面的解读是在 20 世纪 90 年代，如 Leroueil 等(1990,1996)和 Burland(1990)。

Leroueil 等(1990,1996)认为土的结构性随岩化作用的加强而增加，与软岩中的现象类似，只有考虑结构性，天然土在实验室和现场所表现出的不同于重塑土的力学性状才能被正确表述。因此，结构性和初始孔隙比、应力历史一样对土体力学性状的确定具有相同的重要性。关于结构性的一系列现象同样是土力学研究的内容之一。这种不能为多孔性和应力历史所解释的强度和刚度分量可以由多种原因引起，如高压力下颗粒间的胶结，受天气、含水层的改变而引起的碳酸盐、阳离子和有机物质的溶解、再结晶，黏土中颗粒间的相互吸引力等。相对于天然土，重塑土这些性状的消失，被称为"结构性丧失"。

1990 年 Burland 提出了重塑土的压缩性和强度性状可以为解释其对应天然状态的土体提供一个有价值的参考体系，尤其是对微观结构的影响。在该体系中，重塑土的力学性状被称为固有属性，因其只受材料的影响而与其天然状态无关，定量化地阐明了结构性和土体沉积特征之间的联系。

对土体结构性的研究，有多种研究方法：微结构形态学、固体力学、损伤力学以及土力学等。而从土力学的角度对土的结构性进行研究，即分析土体结构性与土体力学性质的关系，其优越性在于避开了直接求取构成土结构性排列和联结的两个因素及每个因素所包含的内容，直接建立土体结构性和土体力学性质之间的内在关系。

长期以来，土力学研究按不同的模式对待不同的天然土，且集中讨论天然土和重塑土的不同性状。Burland(1990)则通过归一化方法比较了重塑黏土和天然黏土的压缩曲线性状，定量化地阐明了土体结构性和土体沉积特征之间的联系。

原状土与重塑土的压缩性状存在明显差异，这种差异性是由应力历史和结构性引起的。应力历史形成的先期固结压力与结构性的形成机理明显不同，超固结土是土层在其应力历史某个时期经历过卸载或冰川融化引起的应力历史记忆效应；原状土的屈服应力实际上是正常固结土具有结构性强度的表现。因此由结构性引起的视压密土与应力历史形成的超固结土在荷载作用下其变形特性也必然不同。从室内压缩曲线可知,两者在应力小于 p_y(结构屈服应力)前,结构性土和超固结土的变形很小;当应力超过 p_y 后,原状土比超固结土的孔隙比减小得更快,也就是原状土的压缩曲线呈陡降型,而超固结土的压缩曲线往往都是缓降型的。在同一压力作用下,结构性软土具有更大的孔隙比和明显的结构屈服应力。土的压缩特性在结构屈服应力前后出现明显的差异,当压力低于结构屈服应力时,土的压缩性较小,而当压力大于结构屈服应力时,土的压缩性显著增大。

Leroueil 和 Vaughan(1990)指出当原状土发生充分的应变之后,它的结构性就被破坏了;重塑时,土体发生了较大的应变,土体的结构性完全被破坏,建议结构性的强弱定义最好通过将原状土的性状与相应重塑土的性状比较获得。Chandler 和 Cotecchia(2000)提出采用固结到总屈服状态时的强度敏感值来量化结构性的影响,建议土的结构按照其一维压缩曲线是位于原始沉积压缩线上还是位于其右侧,将土的结构性分为沉积结构(sedimentation structure)和后沉积结构(post-sedimentation structure)。沉积结构指天然土或重塑土在沉积过程中和沉积完成之后由于固结形成的结构。这种结构只在正常固结过程中产生,土体沉积过程中会形成各种颗粒组构和颗粒间胶结。后沉积结构指在正常固结完成之后由于地质作用形成的结构,同时原沉积结构也发生改变。后沉积结构可由卸载、蠕变、触变、后沉积胶结和成岩作用等形成。沉积过程中的黏结、风化和构造剪切作用形成的土体结构暂时不在考虑范围之内。谢定义和齐吉琳(1999)从土的变形与强度特性入手,以压缩试验为基础,提出了综合结构势(m_p)作为土结构性参数,综合反映了结构性在排列和连结两方面的特征,亦反映压力影响的动态过程。

天然原状土的结构性对土的物理、力学性质等方面均有较大影响。在工程实践中如何描述天然原状土结构性的影响,以及这些影响的力学效应是非常重要的。张诚厚(1985),Mesri 等(1975),Locat 和 Lefebvre(1985)以及其他学者(Quigley and Thompson,1966;Delege and Lefebvre,1984;Tavenas and Leroueil,1980;蒋明镜和沈珠江,1997;沈珠江,1998)针对不同地区黏土的结构性进行了研究。研究表明,正常固结饱和结构性黏土在半对数压缩曲线上,有着明显的结构屈服应力。所谓结构屈服应力,是指原状土在受压缩过程中,以土骨架弹性压缩为主的变形阶段基本结束,土的组构和粒间联系开始出现破坏时所对应的应力。当固结压力小于结构屈服应力,土的压缩性很小;当固结压力大于结构屈服应力,压缩性显著增大,最后趋于重塑土的压缩曲线。这种由结构性引起的应力超越现象与应力历史引起的超压密土的区别在于同一应力状态下,前者的孔隙比远大于后者(Mesri et al.,1975;Locat and Berube,1987)。结构性黏土的压缩特性在现场也是客观存在的(Kabbaj et al.,1988)。结构性黏土的结构被扰动破坏后,土的结构强度还可以部分恢复。Leroueil(1996)对重塑土的研究表明,重塑土在某一压力固结后,静置 120d,土的结构性出现了增强,其初始屈服应力比前期固结压力大 8kPa。

室内进行压缩试验时土样不可避免地会发生扰动,扰动包括卸荷引起的扰动、取样时的机械扰动和试样制备过程中的扰动等。为此,王立忠等(2002,2004)在对 Schmertmann (1955)和 Nagaraj 等(1990)的曲线拟合方法进行改进的基础上,提出了一种天然软黏土原位压缩曲线的拟合方法。

3. 软土的固结与流变特性

固结是指土体在荷载作用下，水从孔隙中被挤出，超静孔隙水压力消散降低，有效应力增加，土体压缩，强度增加的过程。土体的超静孔隙水压力，有的是在地面或基础底面荷载作用下产生的，也有的是水位骤降时产生的，或是由地基处理加固施工引起的，如强夯、桩基沉桩等。当地基土体的渗透性较差时，超静孔隙水压力消散的速度很慢，这种情况下超静孔隙水压力在施工结束后将会有一部分残留下来，而这部分残留下来的超静孔隙水压力将影响地基的稳定。

土的固结理论就是分析土体变形随时间的变化规律，包括相关的概念、物理力学模型、固结方程的求解和工程实践应用。土的固结理论最早由奥地利工程师太沙基(Terzaghi)提出，称为太沙基固结理论，该理论只有在一维情况下才是精确的。在多维固结问题中，太沙基固结理论忽略了变形协调条件对固结过程中应力的影响，其结果只是近似的。美国物理学家和工程师比奥(Biot)从严格的固结机理出发，推导了准确反映孔隙水压力消散与土骨架变形相互关系的三维固结方程，称为"真三维固结理论"，它更贴近实际土体在自然状态下的复杂响应。

相关研究表明，土的变形与时间的相关性既包含超静孔隙水压力消散而逐渐转化成有效应力带来的影响，也包含土体有效应力与应力-应变不唯一而与时间有关所带来的影响。前者称为主固结效应，后者称为次固结效应。土体的变形和强度不仅仅取决于有效应力，而且还与时间有关，这种特征称为土的流变性质。流变是在土骨架应力不变的情况下土体的变形随时间的发展而发展的现象。流变性质对土的应力变化、变形和强度均有影响，软黏土往往具有较明显的流变性。流变既是土体变形研究的重要理论组成部分，又是土的重要工程性质之一。

1) 软土的固结

(1) 变形机理：孔隙体积变化和颗粒重新排列需要一定的时间，土体固结变形与时间有关。土体所受荷载（总应力）在作用瞬时，主要由孔隙流体承担。随后，由于孔隙流体逐渐渗出，孔隙压力逐渐消散，有效应力逐渐增加。在有效应力（骨架应力）作用下，土体骨架产生的变形分为瞬时变形和蠕动变形，后者颗粒重新排列和骨架错动的效应与时间有关。将有效应力卸去后，若变形可恢复，则称为弹性变形；若变形不可恢复，则称为塑性变形。因此，土体骨架变形可分为瞬时弹性变形、瞬时塑性变形、蠕动弹性变形和蠕动塑性变形。

(2) 太沙基一维固结理论：太沙基一维固结理论可用于求解一维侧限应力状态下，饱和黏性土地基在外荷载作用下发生渗流固结过程中任意时刻土骨架及孔隙水的应力分担量，如大面积均布荷载下薄压缩层地基的渗流固结等。其基本假设有以下6条：①土是均质的、完全饱和的理想弹性材料；②土体变形是微小的；③土颗粒和孔隙水均不可压缩；④孔隙水渗流服从达西定律，渗透系数为常数；⑤荷载一次瞬时施加并维持不变，土体承受的总应力不随时间变化；⑥土体只发生竖向压缩变形和竖向孔隙水渗流。

(3)真三维固结理论:实际上,在土体的固结过程中,孔压的变化总是与土的位移分不开的。有些问题中,孤立地分析孔压的变化,不与位移联系会带来一定的误差;但有些问题不将两者结合起来就很难给出恰当的分析。例如加筋土堤地基的固结问题,在土堤底部设置的拉筋没有改变地基上所受的荷重,也没有改变地基的排水条件,按太沙基理论分析,加筋与不加筋孔压消散是一样的。而事实上,拉筋与土体间的摩擦力阻碍了地基土的侧向位移,减小了土的侧胀,对孔压消散是有影响的;反过来,孔压的消散使变形发展,又使拉筋与土体之间的摩擦力随时间变化。孔压与位移是紧密相连的,只有用真三维固结理论才能进行合理计算,才能反映拉筋的作用。

真三维固结理论在解释孔压的同时也解释了位移的变化,这种位移解答要比太沙基的方法——间接估算固结沉降更符合实际。此外,真三维固结方程不仅解出了沉降,还解出了水平位移,这是太沙基理论无法解决的。

2)软土的流变特性

(1)流变。土体的应力-应变与时间的关系统称为土的流变,它包括:①蠕变,是在恒定应力作用下,变形随时间变化而发展的现象。②应力松弛,是在变形保持不变的条件下,应力随时间衰减的现象。③应变速率(或荷载率)效应,是在不同的应变或加荷速率下,土体表现出不同的应力-应变关系和强度特性。④长期强度,土体的抗剪强度随时间而变化,即长期的强度不等于瞬时或短时的强度。在给定的(相对较长)时间内,土体阻抗破坏的能力称为长期强度。

土的流变变形分为压缩流变与剪切流变两大类。压缩流变与土体的体积压缩有关。剪切流变则是土颗粒间的错动。沉降分析中主要考虑土受压时固结与流变的耦合特性。

影响土流变性质的因素很多,在不同条件下,显示出不同的性状,但归结起来主要有土的矿物成分、含水量、温度、应力历史和试验方法等。例如,土体的黏粒含量越多,土的活动性越大,应力松弛,蠕变变形就越大。土体的含水量越大,蠕变变形也越大。对于灵敏性软土而言,当作用应力大于土的结构屈服应力时,其蠕变变形就比重塑的非灵敏性土要大。温度对土的强度、变形、孔隙水压力均有很大的影响。在其他因素不变的情况下,随着温度的升高,孔隙水压力增大,有效应力减小,土的强度降低,蠕变变形和应变速率增加,应力松弛增大。

(2)流变模型。流变的基本流变元件有胡克弹簧、牛顿黏壶及圣维南刚塑体3种。胡克弹簧反映材料的弹性,其应力-应变关系符合胡克定律,与时间无关。牛顿黏壶为一缓冲器,反映材料的黏性,其应力与应变速率呈线性关系。圣维南刚塑体由两块相互接触、在接触面上具有黏聚力和摩擦力的板组成,反映材料的刚塑性。当应力 $\sigma<\sigma^0$(流动极限)时,圣维南刚塑体没有变形;当 $\sigma \geq \sigma^0$ 时,圣维南刚塑体达到屈服状态,变形可无限增长。3种基本元件按不同方式组合,得到不同的流变模型,可用来解释各种流变现象。

①宾汉姆模型。宾汉姆(Bingham)模型由圣维南刚塑体和牛顿黏壶并联组成,模型总应力等于各元件应力之和,而各元件应变相等且等于总应变。

②弹塑体模型。弹塑体模型由胡克弹簧和圣维南刚塑体串联而成。模型总应变等于各元件应变之和,总应力即为各元件应力。若应力 $\sigma<\sigma^0$,材料处于弹性状态,应变 $\varepsilon=\sigma/E$;若 $\sigma \geq \sigma^0$,则材料已屈服,应变可无限增长。

③麦克斯韦模型。麦克斯韦(Maxwell)模型由胡克弹簧和牛顿黏壶串联而成,卸荷后蠕变变形完全不能恢复。若土体的初始弹性应变为 ε_0,总应变 ε 保持不变,在总应变不变条件下,应力随时间衰减,因此,麦克斯韦模型又称松弛模型。

④沃伊特模型。沃伊特(Voigt)模型又称开尔文(Kelvin)模型,由胡克弹簧和牛顿黏壶并联而成。在常应力作用下,应变可完全恢复,沃伊特模型描述的这种现象称为弹性后效。若获得初始弹性应变 ε_0 后总应变保持不变,应力不衰减,故沃伊特模型又称非松弛模型。

⑤麦钦特模型。麦钦特(Merchant)模型由胡克弹簧和沃伊特体串联而成,在应力 σ 作用下,应力卸去,应变可全部恢复。如果在初瞬时获得弹性应变 ε_0 后,总应变 ε 保持为 ε_0,应力部分松弛。

⑥薛夫曼模型。薛夫曼(Schiffman)模型又称伯格(Burger)模型,由麦克斯韦体和沃伊特体串联而成,在常应力作用下的应变是非渐止的。

⑦广义沃伊特模型。为了更好地描述土体的变形特征,使模型具有较好的适用性,用大量元件组成广义模型。例如,广义沃伊特模型由 1 个麦克斯韦体和 N 个(任意)沃伊特体串联组成,总应变为 1 个麦克斯韦体的应变和 N 个沃伊特体应变之和。

⑧广义麦克斯韦模型。广义麦克斯韦模型由 1 个沃伊特体和 N 个(任意)麦克斯韦体并联组成,总应力为 1 个沃伊特体和 N 个麦克斯韦体应力之和。

3)软土的强度特性

软土的强度特性是指软土在承受外部荷载作用时的抗剪强度、抗压强度、变形模量和剪切模量等力学性质,受土质成分、含水量、固结状态、压实程度等多种因素的影响。

软土的抗剪强度是指软土抵抗剪切破坏的能力,通常通过剪切试验来进行评定,与土体的结构性质、孔隙水压力、应力历史等因素密切相关。抗压强度是指软土在受到垂直压力作用时的抵抗能力,通常通过轴心抗压试验来进行评定,软土的抗压强度通常较低,且受到土体固结状态和含水量等因素的显著影响。土体在受到外部荷载作用时的变形规律,包括压缩变形、剪切变形等,由变形模量和剪切模量来表示,其中变形模量表示土体在受到轴向应力作用时的纵向变形特性,而剪切模量则表示土体在受到剪切应力作用时的剪切变形特性。

室内压缩试验和直剪试验是研究软土强度特性的主要手段。通过室内试验发现,软土的结构性会影响其压缩和回弹特性,原状土和重塑土的固结压缩特性具有显著差别,压缩和回弹指标会随荷载和土层埋深的变化而变化(张先伟等,2010;林伟等,2010;陈波等,2014)。相关学者基于大量的试验数据,得出了软土的结构强度损伤方程,在考虑结构性的基础上提出了若干结构损伤本构模型,并对软土的一维压缩模型和三轴流变模型进行了改进和推导(刘维正等,2010a;邵勇等,2012;刘浩等,2012;李雪刚等,2013;Liu et al.,2013;邓宗伟等,2014)。通过直剪试验得到了湖相软土的抗剪强度特性和扰动后静置时间、含水率等因素对软土剪切特性的影响规律(李丽华等,2010;王亮等,2015;桂跃等,2016)。

动力作用会显著削弱软土的强度,循环荷载会使软土的超孔隙水压力增大,平均有效应力降低,从而导致土体在循环荷载作用后强度降低。降低程度取决于动荷载引起的动应变和孔压值。原状土的振后强度衰减较重塑土明显,且衰减后的强度随循环荷载幅值的增加而减小。土体累积孔压可以很好地评价振后软土的不排水剪切强度(Yasuhara,1994;Moses et al.,2003;王淑云等,2009;郑刚等,2012)。

1.2 软土地区桥梁桩基研究概述

近年来,随着交通强国计划的深入推进,对桥梁建设的要求和标准越来越高,尤其是对于高速铁路桥梁,因为高速列车对轨道的平顺性和沉降变形要求极为严格。桩基是桥梁工程重要的基础结构形式,对桩基进行受力和变形特性的研究至关重要。对于不同的桩基形式而言,桩土体系相互作用机理不同,桩基沉降与承载力之间的关系复杂,桩体侧向位移变化特性备受关注。尤其对于复杂地层和复杂工况条件下的密集分布桩基工程,土与桩基界面特征及力学行为直接关系到桩基承载能力及稳定性。另外,土体开挖扰动效应对邻近桩基性状带来直接的影响。

1.2.1 桥梁工程桩基稳定性

桩基受到轴力、水平向附加荷载、摩阻力等组合荷载作用时,桩基的力学状态、几何形态计算是桩基稳定性研究的关键。1876 年,原奥匈帝国工程师 Winkler 提出文克尔弹性地基模型,即假设地基上任一点所受的压力强度与该点的地基沉降成正比。基于这一假设,有学者进行了大量的研究。基于文克尔弹性地基理论,有学者分析了抗滑桩与土体相互作用机理,得到被动桩与土相互作用控制方程,推导了抗滑桩挠度近似解析解,并以受荷段前侧土体无限情况下的地基抗力系数的比例系数值为基准,推导出抗滑桩受荷段前侧有限范围土体条件下地基反力系数的取值方法(孙来宾和肖世国,2020)。将桩基的力学模型简化为竖向梁,结合文克尔弹性地基理论,对桩基的受力状态进行计算,考虑桩基两侧的荷载分布状态,拓展了桩身位移和内力计算的有限差分法和弹性地基杆系有限单元法,并创建了基于位移加载的地基反力系数计算方法(戴自航等,2007;上官士青等,2018;Li et al.,2019)。桩身的桩-土相互作用特性可以划分为自由段、被动段和主动段,分别求解,建立桩体响应的解析解(李涛等,2019)。Bao 和 Liu(2019)采用实验、理论和数值分析的方法,对基于文克尔弹性地基模型和帕斯捷尔纳克模型的两种土-结构相互作用模型进行了对比研究。

在桩基变形及其受力状态理论研究方面,学者们根据已有的桩-土作用关系和土体的各向同性均匀假定,提出了不同类型地基中,在轴向集中力、桩身自重、桩侧摩阻力、水平向荷载、倾斜荷载、条形荷载、三角形荷载和短/长期堆载作用下,弹性桩、被动桩、单/多排桩基的内力及变形情况的解析解,建立了桩基简化分析模型(赵明华等,2005、2007;江杰等,2024)。张治国等(2023)基于适用于不同降雨工况的分层假定 Green-Ampt 模型模拟降雨入渗过程,研究了降雨影响下基坑开挖与邻近基桩相互作用问题,并进行了参数敏感性分析,结果表明,随着降雨时长的增加,桩基的侧向变形逐渐增大。

随着计算机技术的发展,有限元方法在桩基稳定性影响的研究中得到了广泛应用。已有的研究基于有限差分法和弹性地基杆系有限单元法,结合有限差分法及 Mindlin 位移解,推导出弹性地基中桩基及桩周土体竖向、水平位移计算方法,并提出桩基竖向和水平向承载特性的分析方法(戴自航和陈林靖,2007;冯昌明等,2014)。季雨坤等(2023)借助有限元模型,研究了斜坡坡度对嵌岩抗拔桩承载变形特性的影响,结果表明坡度对桩基承载力的削弱程度随坡度的增大逐渐增强。

在桩基的动力稳定性研究方面，振动台试验是研究动荷载作用下桩基响应的有效手段之一。Meymand(1998)利用大型振动台，设计圆筒形模型箱、铝管作为模型桩，高岭土、斑脱岩等混合物作为模型土，研究了动荷载作用下单桩、群桩模型在软黏土中的桩-土相互作用。砂土液化是软土地区常见的灾害之一。有学者进行了砂土液化下的振动台桩-土作用模型试验，观察完全液化的砂土层对桩的力学特性的影响，发现饱和砂土液化对桩基的横向承载能力有削弱作用，群桩效应在密砂中更显著，而在中密砂层中并不明显(Kagawa et al.,2004；Su et al.,2018)。还有学者利用大型振动台试验，对桩基和桩周地表的加速度和位移进行了监测，研究了地震荷载作用下的抗滑桩的抗震性能，得到了动荷载作用下桩基位移、桩头刚度和群桩相互作用系数的变化规律，以及地基刚度变化对隔震结构群桩基础动力学特性的影响规律(曹小林等,2023；于旭等,2024)。

1.2.2 桩土接触面力学特性

土与结构物接触面的力学特性研究是解决土与结构物相互作用问题的前提，涉及非线性、大变形、局部不连续等力学前沿问题。桩基承载力性状及稳定性极大程度上取决于桩土接触面以及周围不同位置处土体的剪切力学特性，进行土与结构物接触面基本力学特性的室内试验是研究接触面力学特性的基本规律及其影响因素的主要途径。

桩土接触面力学特性研究的主要手段是界面直剪试验，从20世纪60年代开始，很多学者就开展了相关研究。早在1961年，Potyondy利用应力控制式直剪仪和应变控制式直剪仪研究了多种土料与结构物材料接触面的力学特性。国外学者基于直剪试验结果，认为接触面剪应力与相对剪切位移为双曲线关系，并对已有的直剪仪器进行了改进，研究土与结构材料接触面的静、动力特性(Clough and Duncan,1971；Desai and Rigby,1997)。国内学者通过大量的直剪试验，研究了不同试验条件下土-结构接触面的剪切力学特性，获得了剪切强度与剪切位移之间的相互关系和接触面的可逆性与不可逆性剪胀规律，提出了桩土界面阻力的概念(张嘎和张建民,2003；夏红春和周国庆,2011；张明义等,2017)。

在接触面力学特性影响因素研究方面，通过开展考虑不同影响因素的剪切试验，研究了剪切速率、接触面相对粗糙度、含水率和正向剪切比等因素对桩土界面特性的影响规律，发现黏聚力的增加是接触面抗剪强度提高的主要原因，桩土接触面最大侧摩阻力随着桩径的增加而呈现先增大后减小的趋势(胡黎明和濮家骝,2001；王伟等,2009；孔令伟等,2017；任建飞等,2023)。

桩土界面特性对桩基的安全性和长期稳定性有重要的影响。目前，大量学者就一般土与结构接触面的力学特性方面开展了系统深入的研究工作，所获得的成果具有十分重要的理论意义和实际应用价值。然而，土与结构接触面的力学特性和土与结构材料的特性以及所处环境密切相关，针对高水位、低强度土质，复杂地层条件下桩土界面力学特性及不同因素条件下的变化规律研究还有待进一步深入。

1.2.3 土体开挖扰动对桩基稳定性影响

随着城市核心区地下空间开发,地下工程在开挖等施工过程中不可避免地对周围土体及邻近建筑物产生扰动影响,尤其是在密集建(构)筑物、复杂地质环境下,这种影响将更为显著。土体开挖时临近建筑物的桩基将受到开挖引起土体位移的影响,导致桩身产生附加应力、弯矩和侧向位移。就桥梁桩基结构而言,工程土体开挖势必对临近桥梁的桩身、承台及桥墩产生影响。当位移增大到一定的阈值时,将直接影响交通运营的安全性和舒适性。因此,如何准确地预测并控制土体开挖对邻近桩基变形的影响成为新的难题。

目前,有关土体开挖扰动的研究主要针对城市基坑和隧道开挖工程。Poulos 和 Chen (1996,1997)运用有限元和边界元耦合方法研究基坑开挖引起的黏土侧向移动对邻近桩基的影响,并进行了参数分析。基于实际的工程案例,对土体开挖引起的地表沉降和邻近桩基的变形和受力展开了监测,发现采用 Clough 法预测得到的变形数据会偏小,桩基会向基坑开挖的一侧产生水平向位移,钻孔灌注桩结合高压旋喷桩止水帷幕对基坑开挖引起的土体变形控制效果较好(Long,2001;Goh et al.,2003;丁勇春等,2008)。有学者基于模型试验,研究了土体开挖、水平荷载和竖向荷载对邻近桩基的影响,发现竖向荷载对水平承载桩影响较小,水平荷载对竖向承载桩的影响较大(Leung et al.,2000、2003;皇甫明等,2003)。

为了厘清土体开挖对邻近桩基的影响规律和机理,有限元模拟是一种使用较多的方法。有学者依托实际地铁车站开挖工程,利用有限元软件,研究了开挖施工过程、不同围护结构强度、不同车站结构形式和不同施工方法等影响因素对开挖引起的地表沉降、基底隆起和围护结构的影响规律(杜彬,2007;杨有海等,2008;邹晓琴,2009;王春艳,2016)。还有部分学者开展了基坑开挖对邻近桩基影响的数值模拟,研究了桩基的响应并进行了参数分析,得到了土体弹性模量和泊松比对土体和桩基侧向变形的影响规律,发现桥梁群桩桩身的变形、内力与离开坑壁的距离呈负相关,并表现出群桩的遮帘作用,加大桩的中心间距会使分析结果产生较大的误差(Hong et al.,2003;杨敏等,2005;杨卓文,2008;应宏伟等,2024)。另外,黄戡等(2023)通过三维连续-离散耦合数值计算模型和现场监测,研究了盾构施工对开挖面前方土体位移的影响,结果表明盾构推进速度会影响前方土体沿隧道掘进方向和水平侧向的位移量,开挖面前方土体与盾尾后方土体在水平侧向上具有相反的位移趋势。

需要引起重视的是,随着超高层建筑和大跨度桥梁的建设,超大直径超长钻孔桩已被大量使用。例如:苏通大桥采用长约 100m、直径 2.5m 的钻孔灌注桩群桩基础;京沪高铁在深厚软土段的蕰藻浜大桥群桩桩长 73m、直径 1.2m;上海的港汇大厦和世贸商城三期都采用了直径 8.5m,入土深度分别为 85m、74m 的钻孔灌注桩;浙江温州瑞安皇都大厦采用了直径 10m、桩长 98m 的钻孔灌注桩;杭州钱塘江六桥采用的钻孔灌注桩桩长达 130 余米,直径也达 2.3m。深厚软基超长桩承载力性状、荷载传递机理等值得进一步探讨。

1.2.4 桥梁工程服役性能评价与施工保障技术

桥梁周边工程施工必然扰动周围地层,引起地层的沉降和变形,对邻近的既有桥梁桩基承载力产生影响,导致桥桩基础发生变形,一方面可能危及到桥梁的正常使用和结构安全,另一方面也会给新建工程造成严重影响。如果这一问题不能得到很好的解决,势必引发不可估量的社会影响和巨大的经济损失。

1. 桥梁工程服役性能评价和健康诊断加固技术

目前国内外对桥梁工程长期服役性能影响评价主要涉及生命周期、承载能力、疲劳状态、老化等相关性能,涵盖了桥梁设计、施工、运营和维护全生命周期的各个阶段。

在服役寿命的相关性能和指标方面。基于已有的统计数据,研究了桥梁的特定指标与结构性能之间的关系,结合混凝土中二氧化碳和氯离子的扩散规律,得出在既有桥梁的评估中实施动态测量可以预测桥梁在使用寿命内的可靠性发展规律,提出高铁桥梁的技术标准体系应涵盖基础设施的全生命周期,包括设计标准、验收标准和运营管理标准,建立了以碳化和氯离子侵蚀为耐久性控制要素的桥梁服役寿命预测方法(Beng and Matsumoto,2012;葛素娟等,2015;Ivankovic et al.,2019;高芒芒等,2019;蔺鹏臻和马俊军,2023)。

国内外学者针对桥梁长期服役性能评价指标不全面的问题展开了大量研究。有学者基于长期的统计数据以地震中的实际工程为依托,提出了桥梁性能的评估指标(Ghasemi et al.,2009)。在已有评估指标的基础上,分别提出了用于分析影响桥梁整体性能的因素和桥梁状况预测的多元模糊线性回归模型、桥梁结构服役状态动态聚类评定模型、桥梁状况指数预测模型、桥梁静活载弹性挠度变形模型和恒载长期挠度变形模型等(Pan et al.,2009;卫军等,2012;黄伟等,2013;Srimaruthi et al.,2016;刘朝峰等,2018)。结合以上评估指标和评估模型,通过建立桥梁服役性能评估准则和流程,提出了基于受压区混凝土破坏准则的服役桥梁实时疲劳状态的评估方法,开展了风荷载作用下桥梁服役状态的评估(陈悦等,2014;战家旺等,2017;刘芸等,2023)。

随着桥梁的运营和外部施工影响,桥梁的各种病害问题开始不断出现,桥梁的健康诊断和安全加固备受关注。Dubbs和Moon(2016)依托一个大跨度桥梁的诊断实例,分析并总结了大跨度桥梁不对称振动性能恶化的根本原因,确定了非对称振动是由跨径设计引起的。基于桥梁的病害调查数据和长期监控,从安全检测、健康诊断、维护保养和维修加固改造以及车辆限载等多个角度出发,对桥梁健康及安全进行探讨分析,建立了服役桥梁桥维修的单目标优化模型和多目标优化模型,针对桥梁常见病害提出了具体的桥梁维护管理与加固措施,并对加固施工技术的特点、内容、原则等方面进行了探讨(边晶梅,2009;宋真民,2011;于永闯,2012;杨丽丹和施养杭,2012;郭磊,2013;冯印,2014;徐曼玲和王舜,2015;张玉杰和徐绪绪,2015;路向,2018)。冯东明等(2024)开展了基于无人机的主缆巡检路径规划和小样本数据的主缆病害识别研究,实现了悬索桥主缆的自动化、智能化检查。

2. 桥梁工程安全维护和防护技术

桥梁工程毗邻新建工程项目施工必然扰动周围地层,引起地层的沉降和变形,导致桥桩基础发生变形。基于此,桥梁工程安全主动防护技术应运而生。主动防护是一种动态控制方法,其本质就是在航道穿越施工前,对桥梁影响变化进行预测,确定最佳的支护时机,结合桥梁现状资料确定合适的桥梁顶升参数;然后通过液压同步顶升系统对桥梁上部结构进行差异沉降、倾角及位移的调节,并通过在既有桥梁支座顶端加设钢垫板或更换支座等方式调整梁底高程,补偿施工过程中上部结构所产生的变形影响,从而使得上部结构恢复到原有的姿态,使整个受力体系达到新的平衡(周正宇,2012a;郑洪涛和孙全胜,2012;师小瑜,2014)。苏洁等(2015)基于这种主动防护技术提出了一种在施工影响下对既有桥梁桩基沉降的主动补偿方法,基于结构的相互作用体系,将既有桥梁上、下部结构作为独立单元分别进行考虑,建立主动支护理念,形成成套技术。该技术实施的前提是桩基必须具有足够承载力,然后通过主动补偿施工过程中桩基产生的沉降来确保上部结构始终处于安全状态。

在厚层软土场地工程开挖对桥梁安全的风险及防护研究方面,有学者提出了托换加固,辅以地基处理等施工的方式,并采用高压旋喷对地基进行处理,使地基达到承载力基本要求。该方法取得了不错的效果(李强,2019;谷永赛,2019)。针对软土地区盾构施工对既有桥梁结构安全的风险和防护,崔俊平(2019)总结了施工过程中的关键控制点,分析了可能出现的问题,并提出了相应的解决措施,为类似项目施工提供了参考。

有学者就大跨径连续梁桥施工立体防护技术,提出了包括水质监测、渠道及建筑物地基沉降变形和水平位移、地下水位变化、地基渗漏等多个全方位立体防护组合监测体系。该体系取得了较好的社会效益(王龙,2015;陈光,2016)。挂篮悬臂浇筑是连续梁常用的施工方法,就此施工方法提出了包括对挂篮设备的防电、接地、防火等措施在内的安全防护体系。该安全防护体系得到了广泛的推广应用(麦润添和王路少,2007;吴彪,2010;赵田等,2011;聂国南,2017)。桥梁基础是保障桥梁稳定的关键,其施工安全影响因素包括人为因素、施工技术与设备因素、建筑材料因素等。要遵循"安全第一、事前预防、综合治理"的原则进行防护,确保桩基施工安全(唐豪,2015;国庆霞,2016)。有学者从防护棚架施工安全防护角度提出了一些防护重点,总结了防护棚架施工技术的施工工艺和防护措施(李小梅,2014;肖江河,2017)。此外,Puri和Turkan(2020)提出使用激光雷达和4D设计模型监控桥梁施工进度,以准确和有效的方式跟踪各个桥梁元素的完成情况,确保施工精度及安全性。施洲等(2023)针对一空间双索面钢拱塔钢-混结合梁斜拉桥,提出拱塔顶推力及无应力线形、钢主梁临时扣塔结构与扣索力、混凝土桥面板分段施工、斜拉索三次张拉等控制技术,保障了桥梁的整体施工精度控制。

综上所述,大面积土方开挖不可避免会对周边建(构)筑物变形产生影响。如何确保邻近建(构)筑物的安全,是工程施工中需要重点关注的问题。目前,对于密集分布交叉节点桥梁工程集合体,其桩基变形特性、稳定性分析与服役性能评价研究相对不足,在土方开挖影响范围内桩基承载力、变形变化特征,桩基受力特性的影响因素,以及桩基稳定性评价等方面亟待开展进一步研究。

1.3 小　结

本章详细介绍了软土的概念、成因和分布,重点阐述了其工程特性。由于软土的高含水率和高塑性,对软土地区的桥梁都需要考虑桩基稳定性的问题,而桩-土接触面的力学特性研

第 1 章 绪论

究是研究软土中桩基受力及变形的重要部分。除此之外,软土的高塑性还会导致埋植于其中的桩基极易受到外部荷载的影响,特别是桩基周围有土体开挖工程时,桩周土体的流动会导致桩基发生变形,进而影响上部结构的稳定性。如何对受土体开挖影响的桥梁进行服役性能评价及加固,对于软土地区的桥梁工程至关重要。本章就上述关键问题的研究现状进行了介绍。

第2章 软土地区桥梁桩基形式及施工方法

万丈高楼平地起,从古至今,在各类土木工程建设中,大多数情况下,首要解决的问题一般为地基问题,涉及地基承载力、变形以及土体渗透性等多个方面。为保证地基的这几个方面可以达到工程要求,需要根据具体的工程情况对其进行不同的处理,由此诞生了各种理论不同、适用条件不同的地基处理方法。

2.1 软土地基的工程特征及处理方法

为了保证道路、桥梁、高层建筑及工业厂房等建(构)筑物的安全和正常使用,软土地基只要存在以下一类或几类问题就必须进行处理。

(1)当地基的抗剪强度不足以支撑上部结构的自重及外荷载时,地基就会产生局部或整体剪切破坏。

(2)当地基在上部结构自重及外荷载作用下产生过大的变形,影响结构物的正常使用,特别是超过建筑物所允许的不均匀沉降量时,结构可能开裂破坏。

(3)地基的渗漏量或水力比降超过允许值时,会发生水量损失,或因潜蚀和管涌导致失事。

(4)在动力荷载(包括地震、机器或车辆振动、波浪、爆破等)的作用下,可能会引起软土地基失稳和震陷等危害。

对软土地基处理方法进行严格的统一分类是很困难的,需根据场地条件和加固机理进行选择。

2.1.1 软土地基处理技术的发展

对于软土地基的处理,常用的方法有排水固结法、强夯法、砂井法、换填垫层法、加筋法、水泥土搅拌桩法等,近年,有关采用气泡混合轻质土新型材料处理软土地基的方法也得到了一定程度的推广与发展。

1. 排水固结法

排水固结法是对天然地基,或先在地基中设置砂井(袋装砂井或塑料排水带)等竖向排水体,然后根据建筑物本身重量进行加载;或在建筑物建造前在场地上先行加载预压,使土体中的孔隙水排出,逐渐固结,地基发生沉降,同时强度逐步提高的方法。按照采用排水技术措施的不同,排水固结法可分为堆载预压法、降水预压法、真空预压法和电渗排水法。堆载预压法的目的是使地基在预压荷载作用下基本完成固结,然后卸去预压荷载再建造建筑物,以消除基础的部分固结沉降。具体做法是:在地基土中打入砂井,利用砂井作为排水通道,缩短孔隙水排出的时间,同时在砂井顶部铺设砂垫层,砂垫层上部加载,以增加土中的附加应力。地基土在附加应力的作用下产生超静水压力,并将水排出土体。这可以使地基土提前固结,以增加地基土的强度。在堆载作用下,土的加固过程就是孔隙水压力消散和有效应力增加的过程。排水固结法经济效益好,方便操作,在浙江省内得到了广泛的应用。降水预压法是指降低地基中地下水位,以使软土层受到相当于水位下降高度水柱重量的作用而固结,一般采用井点法降低地下水位。在软土地基做井点排水时,增设电极(钢筋或其他金属材料)与井点管分别连成电路,土体中的水在通电的情况下会随阳离子运移到阴极,软土就会随着土中水的排出而得到加固,这种方法被称作电渗排水法。真空预压法是1952年由瑞典皇家地质学院的Kjellma在麻省理工学院的国际地基处理大会上首次提出,在当时引起了广泛关注,随后各个国家都开始了对这一技术的研究。但由于当时的理论研究不够充分,缺乏技术达到要求的工程施工机械,该方法在实际的运用当中存在一些问题,效果不太理想。该技术应用的第一次成功案例是1958年在美国费城机场跑道的扩建工程中,工程师运用了这一新技术并取得了成功。随着对该技术研究的不断深入,该技术应用不断增多。我国于20世纪50年代对这一技术展开了研究,但同样由于当时的技术水平与理论的限制,没有广泛的实际运用。直到80年代,通过大量的研究以及经验的积累,于1985年底,相关部门通过了关于真空度保持技术的鉴定,真空预压技术的施工工艺得到完善与丰富,在国内大规模地推广起来。

2. 强夯法

1969年,强夯法在法国首次应用,随后在英国、德国等多个国家和地区得到推广,主要用于加固黄土、沙土、碎石土、杂填土等土质地基。1978年,我国在天津新港首次开展了强夯试验,并于1979年首次应用在实际工程,取得了较好的效果。强大的夯击能迫使深层土液化和动力固结,使土体密实,地基承载力提高,沉降减小,土的湿陷性、胀缩性和液化性被消除。强夯法适用于碎石土、砂土、素填土、杂填土、低饱和度的粉土与黏性土,以及软黏土。

3. 砂井法

1925年,美国Moran首次提出了砂井法,并于1934年第一次应用于旧金山的软土地基处理中。1950年以后,随着固结理论和设计理念的不断发展,砂井法等得到进一步的推广。

4. 换填垫层法

换填垫层法是指在软弱土或不良土开挖至一定深度,回填抗剪强度较大、压缩性较小的垫料,如砂、灰土、粉煤灰、矿渣等,并分层夯实,形成双层地基。垫层能有效扩散基底压力,提高承载力,减少沉降,适用于各种软弱土地基及暗沟、暗地的浅层处理。

5. 加筋法

加筋法是指在人工填土的路堤或挡墙内铺设土工合成材料、钢带、钢条、尼龙绳或玻璃纤维等作为拉筋,或在软弱土层上设置树根桩或碎石桩等,使这种人工复合土体,可承受抗拉、抗压、抗剪和抗弯作用,用以提高地基承载力,减少沉降,增加地基稳定性。加筋土适用于人工填土的路堤和挡墙结构;土锚、土钉、锚定板适用于土坡加固;土工合成材料适用于砂土、黏性土和软土;树根桩适用于各类土,可用于稳定土坡支挡结构,或用于对既有建筑物的托换工程;砂桩、砂石桩、碎石桩适用于黏性土、疏松砂性土、人工填土,对于软土,经试验证明施工有效时方可采用。

6. 水泥土搅拌桩法

美国在第二次世界大战之后发明了一种搅拌桩施工办法,命名为就地搅拌桩法(MIP 工法),这一工法之后被日本引入并在此基础上研制石灰搅拌桩施工机械。瑞典的 Paus 于 1967 年提出用添加剂为石灰的搅拌桩法,可以对深度 15m 以内的软土层进行加固,并且于 1972 年成功在瑞典使用。1974 年,水泥搅拌固化法(CMC)在日本首次被提出,该方法被用于软土地基的处理,具有良好的成效。在国内,马时冬(1988)研发了水泥土深层搅拌法,并通过一系列室内和现场的试验研究,成功运用于武汉某幢住宅楼的软土地基加固,得到了理想的结果。近年来,有关水泥土的研究不断推进,2010 年,Okyay 和 Dias(2010)通过一系列的实验研究对石灰、水泥处理过的土体的力学性能,分析其荷载传递规律,取得了一定的成果。水泥土搅拌法施工分湿法(亦称深层搅拌法)和干法(亦称粉体喷射搅拌法)两种,湿法是利用深层搅拌机,将水泥浆与地基土在原位拌和。干法是利用喷粉机,将水泥粉或石灰粉与地基土在原位拌和。搅拌后形成柱状水泥土体,可提高地基承载力,减少沉降,增加稳定性,防止渗漏,建成防渗帷幕;适用于处理淤泥、淤泥质土、粉土,以及含水量较高,且地基承载力特征值不大于 120kPa 的黏性土等地基,当用于处理泥炭土或地下水有侵蚀性时,宜通过试验确定其适用程度。

7. 气泡混合轻质土

气泡混合轻质土(FCB)是一种新型的岩土工程材料,具有轻质、环保、施工方便、重度易调节等多种优点,目前已广泛地应用于软土地基的处理。在国内,陈忠平和王树林(2003)首先系统地介绍了气泡混合轻质土的概念、制作流程及其主要特性,并探讨了其在各种地质条件下路基填筑的应用性。李英姿(2008)进一步介绍了气泡混合土的优点及分类,并结合多个实际工程,论证了其在公路软土地基处理中的可行性和优越性。在气泡混合轻质土的制备方面,周云东等(2018)在实验室中,以不同的养护温度、空气湿度、含砂量变量制备气泡混合轻质土,通过分析不同条件下所制备的试样强度以及完整性、强度差异,确定了气泡混合轻质土的强度主要由水泥参量和密实度决定。

2.1.2 复合地基概述

实际的工程应用中也常用复合地基处理技术来加固软土地基,复合地基有多种类型。根据不同的分类标准,复合地基可以分为不同的类别,但一般来说,它是根据增强体的方向、材料性质、桩长、地基的刚度和垫层的性质来划分的。

根据增强体的布置方向,复合地基可分为竖向增强体复合地基、水平向增强体复合地基和斜向增强体复合地基。竖向增强体复合地基可根据所用材料进一步分为散体材料桩和黏结材料桩两类。根据桩的刚度,其中黏结材料桩根据桩体刚度大小又可分为柔性桩和刚性桩两类。其中,常见的散体材料桩有碎石桩、砂桩、矿渣桩等,因其成桩材料为散体,本身没有黏聚力,需要周围土体的围箍才能成桩;常见的黏结材料桩有灰土桩、石灰桩、水泥土搅拌桩和刚性桩等,因其成桩材料具有一定的黏聚力,桩体具有一定的模量和刚度。

在实际的工程应用当中,根据桩体的长度布置角度,常用复合地基的形式有以下4种。

1. 竖向增强体复合地基

竖向增强体复合地基常用于需要提高土壤承载力和减小地基沉降的工程项目中,比如建筑物、桥梁、道路等。其主要原理是在土体中安装一些增强体,比如钢筋、灰砂桩等,以提高土壤的承载能力和稳定性。

2. 水平向增强体复合地基

水平向增强体复合地基与竖向增强体复合地基相似,也旨在提高土壤的承载能力和稳定性,减小地基的沉降。水平向增强体一般是指水平安装在土体中的增强体,常见的形式包括搅拌桩、钢筋搅拌桩、地下连续墙等。这些水平增强体的设置可以有效地增加土体的抗剪强度和抗挤压能力,从而改善土壤的工程性质。水平向增强体复合地基常用于需要承受较大水平荷载或需要减小地基沉降的工程项目中。

3. 斜向增强体复合地基

斜向增强体复合地基采用了斜向设置增强体的方式。斜向增强体通常是通过在土体中设置倾斜的增强体(比如倾斜灰砂桩、倾斜搅拌桩等)来提高土壤的承载能力和稳定性。这种斜向设置的增强体可以有效地改善土体的抗剪强度和抗挤压能力,从而减小地基的沉降,提高地基的整体性能。斜向增强体复合地基适用于需要承受复杂荷载或土体边坡稳定性要求较高的工程项目中。

4. 长短桩复合地基

长短桩复合地基结合了长桩和短桩两种类型的桩基,长桩一般深入地下较深,用于承担较大的垂直荷载和水平荷载,以提高土体的承载能力和稳定性;而短桩一般深度较浅,主要用于改善土体的抗侧移能力和整体稳定性。通过长短桩的组合设置,可以有效地应对复杂的地质情况和工程要求,提高地基的承载能力和抗震性能。长短桩复合地基适用于需要承受大荷载、地基稳定性和抗震性能要求较高的工程项目中。

2.1.3 复合地基加固机理

复合地基作为一种能够提高天然软弱地基承载力的处理方式,常采用水泥搅拌桩作为增强体。

1. 水泥土搅拌桩形成机理

水泥土搅拌桩是通过一台专门的深层搅拌机将少量水泥或石灰等固化剂均匀混合,注入到软土中,拌和物与土在一定深度的地基中搅拌混合,通过一系列的长时间的物理化学反应,在地基中局部形成强度高、刚度大的水泥土柱体,逐渐使软土得到固化,以此提高软土地基力学性能的一种复合地基处理技术。根据加固材料采用水泥浆还是水泥粉可将搅拌桩分为湿法与干法两类。

水泥搅拌桩是通过水泥与土之间的物理化学反应进而生成一系列化合物实现的,其加固机理如下。

(1)水泥的水解和水化反应:主要是指普通硅酸盐水泥中的硅酸三钙 $3CaO·SiO_2$(决定强度)、硅酸二钙 $2CaO·SiO_2$(产生后期强度)、铝酸三钙 $3CaO·Al_2O_3$(促进早凝)、铁铝酸四钙 $4CaO·Al_2O_3·Fe_2O_3$(促进早期强度)等主要成分分别与软土中的水发生水化或水解生成各种化合物的一种过程。

(2)黏土颗粒与水泥水化物的作用:水泥水化和水解产生相应的水化产物后,一部分硬化形成水泥骨架,另一部分继续与软土中的活性黏土颗粒反应。

2. 桩体复合地基加固机理

在复合地基当中,不同类型的竖向增强体,其成桩机理完全不同,加固机理也差别较大。但对于桩体复合地基,不论如何成桩,其加固机理又具有一定的共性。

(1)桩体作用。复合地基中的桩体与土体的模量差异较大,当其承受较大荷载时,会产生比较明显的应力集中现象,且桩所承受的荷载远大于桩间土所承受的荷载。桩体的布置相当于置换了一部分的原有土体,增强了天然地基的承载力,减小了沉降。桩的存在还可以将荷载转移到深层土中,从而降低浅层土的附加应力。桩体的刚度越大,这种桩体效应越明显,但桩体的刚度也不宜过大,过大会使桩间土的性能无法得到发挥。

(2)挤密、振动作用。复合地基中的桩体在施工过程,都会或多或少地对周围土体产生挤压、振动的效果,使桩间土体更加的密实,改善了桩间土的物理力学性能。土体的强度和模量均得到提升。利用挤密或振动使深层土密实,并在振动或挤密过程中,回填砂、砾石、碎石、土、灰土或石灰等,形成砂桩、碎石桩、土桩、灰土桩、二灰桩,与桩间土一起形成复合地基,从而提高地基承载力,减少沉降量,消除或部分消除土的湿陷性或液化性。

(3)加速固结作用。竖向桩体在成桩的过程中(或桩身本身由散体材料组成),会在桩体中形成排水通道,在土体受到外荷载或受到挤压时,土体中产生超静孔隙水压力,桩体的存在缩短了排水时间,起到了加速土体固结的作用,土体体积变小,性质改良。

(4)垫层和加筋作用。桩体与土体构成的复合地基加固区,相对于整个土层而言,相当于在下卧区上部布置了一层加筋垫层,扩大应力扩散角,使土层荷载均匀分布。同时,桩体的存在加强了土体的抗剪强度,增强了土体的稳定性和承载性。

2.2 软土地区桥梁工程病害分析及防治

软土地基广泛分布在我国沿海地区以及内陆平原或山区的河谷滩地。在软土地基区域修建或运营的公路和铁路过程中,时常发生桥梁墩台沉降或侧移等工程病害,虽然这些工程问题得到了妥善的处理,但是造成了工程费用的增加,也影响了桥梁的耐久性。因此,在软土地基上如何实现桥梁墩台设计与桥位地基综合治理的有机结合,提高桥梁在不同阶段的安全性、经济性,是广大工程设计和施工人员应普遍重视的问题。

从我国相应设计标准规范中可知,桩的容许承载力都是根据强度进行控制的,如果桥墩桩周边的软土层受到施工或者堆土等因素的影响,那么受力状态就会出现较大的改变。同时因为软土层厚度不够均匀,尤其是对于江、河、湖、海边位置来说,土体一旦出现了剪切变形就会造成桩周边土层所具有的竖向摩阻力无法发挥作用或者成为负摩阻力,打破了原桩周土体侧向力的平衡,从而使得单桩以及群桩都会受到侧向推力,进而造成桩体出现挠曲变形或者滑移,带动承台以及墩身出现位移。另外,软土具有非常高的压缩性以及流变性,造成地基变形较大且不够均匀,会引起桩基倾斜滑移,从而造成承台以及墩身出现倾斜或者位移。

由于软土的塑性较高、强度较低,在外部荷载作用下极易变形。例如,桥台的台后填土,可视为在土体上的后加载,台后填土在导致桩周土体下沉产生负摩阻力的同时,还会使土体产生侧向变形,在桩侧产生附加水平土压力。对于高填土深软土地基桥台,若未在桥台附近一定范围内进行软土地基处理,桥台及邻近桥台的桩基均可能承受由于土体变形产生的水平附加力,此水平附加力在设计中若未加以考虑,则有可能造成构造物基础的破坏。

从结构设计的角度上讲,桥台附近一定范围内的软土若未加以处理,不平衡荷载作用下软土将产生变形,除可能导致结构物破坏外,还可能导致诸如台后路基塌陷、软土滑移、蠕变等其他病害的发生。

2.2.1 桥梁病害类型及成因

桥梁病害是指由于桥梁的设计、建造、材料、运营或维护等方面存在的缺陷或损伤,导致桥梁出现功能性或结构性的异常。

1. 桥梁墩台的沉降

对于软土地基上采用桩基的桥台,由于桥台台背填土,使得地基软土层发生较大的压缩沉降,土体对桩基产生负摩阻力,若桩尖未找到较好的持力层,桥台也会发生沉降。由于地基承载力不足及下卧软土层的高压缩性,桥台采用重力式扩大基础,极易造成桥台的整体沉降。桥梁墩台的不均匀沉降,会引起上部结构的开裂和破坏,影响结构的安全性、耐久性。

2. 桥台向桥跨方向倾斜和滑移

桥台台后填土会产生较大的主动土压力作用于台身。桥台除自身结构产生平衡抗力外,软土地基不能为其提供有效的侧向平衡力,桥台变形随之产生。随着时间的推移,最终会导致地基失稳,使桥台发生倾斜和滑移。此类病害引起桥梁伸缩装置破坏,使桥梁伸缩机能部分或完全丧失,严重时还会发生梁与背墙互相挤压,导致背墙或梁端破坏、剥落。这种病害也时常发生在台背填土施工过程中,桥台倾斜或滑移导致桥台破坏,上部构造安装不能就位。

3. 桥台基础不均匀沉降

地基软土层分布及各层物理特性存在差异。修建在软土层上的桥台基础受到地基压实下沉和地下水位升降的影响,会产生不均匀沉降。桥台基础不均匀沉降会引起台身倾斜、背墙出现剪裂缝、承台或基础自下而上出现竖向裂缝,影响桥梁的正常受力状态和正常使用。

4. 桥台与台后路堤的沉降差

软土路段上的桥梁一般采用桩基础,以不变形的刚性地层或承载力高而变形量小的相对硬层作为桩尖持力层。由于桥台本身沉降不大,桥头路堤直接落于软土层之上,两者之间存在一定的沉降差,加之台后填土自身产生的压密沉降,易引起桥头跳车,影响行车的安全性和舒适性。

2.2.2 设计方法及对策

桥位工程地质资料是桥梁设计的主要依据,软土层工程力学参数,大部分取自于土样室内试验结果,在实际操作过程中,难免对灵敏度高的软土原状结构有扰动,影响试验结果。因此,软土地基工程地质勘察,应采取综合勘探手段,将原位测试与原状土样室内试验相结合,综合确定软土层的物理力学参数,才能比较准确地反映土的自然属性及工程属性,为桥梁桥型、墩台型式、台后填土高度及桥台前后地基处理,提供可靠的工程地质依据,从而确定切实可行的设计方案。

1. 桥位地基处理

桥位软土地基处理常用的方法有以下 3 种。

(1)桥头地基软土比较薄的路段采用换填法,即可取得比较好的处理效果,将软土的一部分或全部挖去,换填以砂砾、卵石、片石等渗水性或强度较高的黏土,提高地基强度,增加抗滑阻力,减小沉降量。

(2)软土层较厚路段可采取排水固结法,即在软土地基地面铺设厚 0.6～1.0m 的砂砾垫层后,按适当的间距在地基内设置垂直的袋装砂井或塑料排水板,构成立体的排水系统。在路堤荷载的作用下,通过排水系统加速地基中土粒骨架间排水作用引起的固结沉降,从而提高地基强度,并能有效控制地基剪切变形。但要取得预期的处理效果,需要有充分的排水固结时间。

(3)深层搅拌桩加固法。将水泥以水浆或粉末状态往地基喷射灌注并强制搅匀,使软土硬结成具有整体化和足够强度的水泥加固土,从而提高地基强度,增大变形模量。同时,该方法能有效地减小沉降量,如果能达到一定的加固深度,沉降可以控制在满足设计要求的范围之内。

2. 台后填料处理

通过台后填土高度、台后填料及台后构造处理等,达到减少台后土压力,减小垂直作用荷载,减少由于填土对软土层产生流变的压力差的效果,具体有以下几种措施。

(1)降低填土高度。极限填土高度是天然软土地基允许填土高度的临界值,当填土高度大于此值,地基将发生破坏。软土地区桥台填土高度应以小于极限填土高度为原则,台后填土高度越小,桥台前移的可能性就小。

(2)台后填土采用轻骨料。台后填土采用透水性能好的轻质骨料,或强度高、变形小、老化慢的土工合成材料,减轻台后土压力,达到防止桥台前移的目的。

(3)台后填土分离。台后设置锚定板挡土结构,将填土与台身分离,台身主要承受上部结构传来的竖向力和水平力,锚定板挡土结构承受填土的主动土压力。

(4)埋设涵管。在台后埋设涵管或箱涵,通过这种方法减轻土重,同时涵管的设置可以破坏滑动面,使台后土体的滑动不能正常进行,从而改善桥台的受力状况。

(5)反压护道法。在路堤两侧和桥台锥坡锥体前填筑一定宽度和高度的护道或放缓边坡,使软基向两侧隆起的趋势得到平衡,增加抗滑动力矩,阻止路堤和锥体滑动破坏,减少对桥台的水平力。反压护道的高度一般为路基高度的1/2~1/3。反压护道由于占地较大,一般仅在高填土路段的桥头局部使用。

3. 桥梁墩台结构处理

为防止桥台出现病害,除了考虑软土地基处理和台后填土处理外,桥梁结构的选择也是不可忽视的因素。

(1)桥孔布置时墩台位置应尽量避开可能产生滑坡的地段,适当增加桥跨、延长桥长,使桥台台前坡脚离河岸留有一定距离,减小填土的相对高差,能有效防止墩台向河心滑移,保证墩台的稳定。

(2)上部结构应尽量采用自身重量轻且能适应软土地基的桥梁结构形式,当基础发生轻微不均匀沉降时,桥梁上部构造仍能正常工作或不发生破坏,首选简支结构桥梁。

(3)当软土层较厚时,尽量采用整体稳定性好的桥台形式,如双排桩基础、双肋式桥台,桥台结构本身可以抵抗较大的水平推力。

(4)有效利用桥跨结构或简单的附加设置来平衡水平力。在台后填土中埋置锚定块,设置拉杆与台身连接,利用锚定板的抗拔力平衡台身的水平力。对小跨径结构,在墩台的基础间设置支撑梁,直接抵抗水平推力。

(5)桥台搭板长度应结合软土厚度来确定,一般变化范围为6~10m,软土较厚处选用较长的搭板,可减少台后软基路堤沉降的可能性,并有利于实现从桥跨到路基的平稳过渡。

4. 桥台地基处理

在软土地区采用相同的桥梁结构和桥台处地基处理方案,不同的施工工艺和施工顺序可能会导致不同的结果。施工中应随时观测结构的稳定情况,调节施工节奏,使桥梁结构在施工的各阶段始终保持安全的状态。

(1)在桥台桩基施钻之前,先进行台后路基填土碾压,填筑的高度一般不小于台背填土高度的1/2~2/3,填筑范围为路堤和锥坡范围,并有充分的预压时间,使软土地基的沉降变形相当一部分产生在桩基成形之前,然后反开挖填土至桩顶高程处钻孔,可保证桥台及桩基的稳定性。

(2)台后填土应按"倒锥形"分层堆填,分层压实并保证足够的压实度,以便尽可能减小竣工后台后填土自身的压密沉降量。

(3)软土地基的强度可通过排水固结得到不断地提高,而排水固结是一个较为缓慢的过程,所以在短时间内台后路基填筑速度过快,软土层未发生应有的固结变化,就会引起流塑变形,导致地基失稳破坏,影响桥梁结构的安全。因此,施工过程中应加强观测监控,及时分析观测结果,确定合理的填土速度,保证工程质量与结构安全。

(4) 软土地质桥梁施工工艺及顺序安排,也对桩基的受力影响极大,主要表现在对桩基承受附加力和桩基承载力两个方面。

施工顺序直接影响桩基承受附加力的大小,特别是在软基处理与构造物施工的顺序上。在软基处理的过程中,软土的压缩性使土体产生较大的横竖向压缩变形,这一变形对处于其中的构造物形成作用力。竖向压缩对构造物产生负摩阻力,水平向变形对构造物产生水平向推力。软基处理若在桩基形成后进行,除可能对桩基形成负摩阻力外,还将对桩基形成水平压力,当此水平力足够大时,极可能造成断桩。实际工程中,由于构造物先于软基处理施工而引起结构破坏的情况时有发生。

施工工艺及顺序对桩基承载力的影响主要是由软土的触变性形成的。软土的触变性使施工扰动对桩基承载力影响加剧。钻孔灌注桩在成孔的过程中破坏了土体的天然结构,同时,孔壁土体孔隙水压力上升,使桩周及桩端强度降低,受施工土体扰动的影响,桩基承载力明显降低,这一点在常规的桩基设计中很难加以考虑。虽然桩基承载力会随时间的增长而增长,但由于软土具有触变性,桩周土体孔隙水压力消散较慢,桩基承载力的提高过程较长。在施工周期较短的工程中,上部及运营荷载在短期内的增加,对承载力的提高及利用均不利。

2.2.3 软土场地工程病害防治对策

软土地质条件下的桥梁病害主要反映在地质环境的不利影响而造成的构造物破坏。对其治理一般可考虑从改善包括地质条件、周边环境在内的构造物外部环境和加强构造物抵御外部不利影响的能力上入手。具体的治理方案则应根据实际情况,综合考虑结构安全、经济效益、社会影响等多方面因素后确定。

从病害原因分析中可以看出,病害的发生除了客观原因外,人为因素在防止病害发生中可起主导作用。在对桥位的软土分布状况、物理力学特性以及可能出现的变形情况有足够认识的前提下,通过完善的设计,准确预估施工、运营环境对土体作用产生的后果,以及土体变化对结构物使用寿命的影响,尽早采取防范措施,可以减小病害发生的概率。从设计、施工以及后期的维护上讲,主要可以考虑以下几方面对策。

(1) 软基处理时从根本上消除软土对结构物的不利影响,是避免软土地质条件下桥梁病害发生的有效措施。对于可能对构造物产生不利影响的区域,如桥台、陡坡岸上或临近桥台的桥墩附近,均应根据软土的物理力学指标、软土厚度,进行相应的软基处理,改善构造物的外部环境,避免软土的水平向变形对桩基产生附加水平力,并消除蠕动隐患。

(2) 在桥台结构的选择上宜采用抗水平荷载能力强的桥台形式。柱式桥台水平抗推刚度较小,在水平力作用下变形较大,在深软土地质条件下不宜采用。桥台附近的软土即使进行了改善土体特性的软基处理,由于软基处理可靠度以及时效等方面的原因,也难以保证桩基不承受土体附加力,柱式桥台的使用仍应慎重。群桩基础肋式台水平抗推刚度较大,抵抗水平荷载的能力较强,在软土地区上被广泛采用,效果较好。

(3) 软土地基由于强度低、易变形,各种不可预见不利因素对桩基的影响较突出,桩基的最大弯矩点和弯矩零点也可能因受到各种不可预见因素的影响而变化。桩基设计除了在承载力上留有余地外,桩基受弯剪的范围也应考虑留有更大的余地,一般在软土层内不减少桩基配筋量,更不能在该区段设置素混凝土桩。

（4）设计与施工的偏差在所难免,而在人为能控制的范围内,设计与施工密切配合,能使实施与设想的情况相吻合,减小人为因素导致病害发生的可能性。软土地区桥梁施工工艺及顺序安排,对桩基的受力影响极大。软基处理与桩基施工的顺序、桩基承载力的实现,均与施工控制密切相关,应予充分重视。

（5）良好的运营管理是保障结构正常使用的前提。严禁在墩台附近堆土、挖土,严格控制车辆超载。不平衡或单侧堆载都有可能引起土体变形,对桥梁桩基产生附加推力。同时,任何超负荷的加载都有可能引发具有蠕动倾向的土体产生蠕动,这些人为因素造成的不利影响,只有通过管理上的控制加以防范。

此外,还应加强对地基及结构物的后期观测,尤其注意变形观测。对有可能产生蠕动变形的工程更要加以注意。

2.3 软土地区典型桥梁结构形式与特点

软土地区桥梁众多,桥梁的结构形式和特点直接影响其安全性和可靠性,了解典型桥梁结构形式和特点,可以针对性地研究应用较为广泛的桥梁桩基的稳定性,提高研究的推广价值。

2.3.1 软土地区典型桥型

江苏省、浙江省与上海市（合称为"江浙沪"）位于中国东南部长江下游地区,濒临黄海与东海,地处江海交汇之地。江浙沪水系十分发达,主要有江苏的太湖、洪泽湖、金牛湖、石臼湖、固城湖、高邮湖、骆马湖、邵伯湖、登月湖,浙江的西湖、东湖、南湖、东钱湖、千岛湖、鉴湖。除长江、钱塘江、京杭大运河等重要河流以外,还有上海的黄浦江、吴淞江、蕰藻浜,江苏的秦淮河、苏北灌溉总渠、新沭河、通扬运河,浙江的瓯江、灵江、苕溪、南江、飞云江、鳌江、曹娥江、浙东运河等水系,湖荡密布,江滩、河滩与湿地众多,数万条大小不一的河流纵横交错。同时,江浙沪地区软土分布广泛,因此,本书选取江浙沪典型航道桥进行统计分析。

据统计（截至2022年11月30日）,江浙沪主要的跨江跨河通道以及航道桥有297座（附录）,采用的桥型共有5种:梁式桥、刚构桥、拱桥、斜拉桥、悬索桥。

1. 梁式桥

梁式桥是一种以受弯为主的承重结构,在竖向荷载作用下无水平反力。用梁或桁架梁做主要承重结构,其上部结构在竖向荷载作用下,支点只产生竖向反力。梁式桥跨度小、造价低,在桥梁发展初期应用较多,如1992年通车的彭埠大桥（又称钱江二桥）采用主跨为80m的连续梁桥,2003年通车的袁浦大桥（又称钱江五桥）采用主跨为120m的连续梁桥。但随着通航要求的提高,梁式桥的应用也慢慢受到制约。江浙沪主要的跨江跨河通道中有梁式桥75座,占比25.3%,且桥梁主跨跨径大都在150m以下。其中,上海市横潦泾大桥为这些桥梁中跨度最大的梁式桥,主跨295m。南京八卦洲长江大桥（北汊）与苏州盛泽镇坛丘大桥跨径也在 150m 以上。

2. 刚构桥

刚构桥的受力特点为主要承重结构是梁或板和立柱或竖墙整体结合在一起的刚架结构。梁和柱的连接处具有很大的刚性，由于墩梁固结，使得梁和桥墩整体受力，桥墩不仅承受梁上荷载引起的竖向压力，还承担弯矩和水平推力。刚构桥在竖向荷载作用下，梁的弯矩通常比同等跨径连续梁或简支梁小，其跨越能力大于梁桥，跨度可达 200m 以上，且梁高通常比同等跨径的连续梁或简支梁小，可满足较高的通航要求。因此其适用范围较梁式桥广泛。另外，墩梁固结省去了大型支座，结构整体性强、抗震性能好。如主跨为 232m 的下沙大桥（又称钱江六桥），主跨为 72m 的义乌经发大桥均为刚构桥。江浙沪主要跨江通道中共有刚构桥 19 座，占比 6.4%。

3. 拱桥

拱桥的主要承重结构是拱圈或拱肋。这种结构在竖向荷载作用下，桥墩或桥台将承受水平推力，同时这种水平推力将显著抵消荷载所引起的内拱圈内的弯矩作用。拱由于能将竖向荷载转化为压力，其弯矩和剪力比同跨径的梁小许多，可节省材料，增大跨径。与悬索结构相比拱结构刚度大、抗变形能力强、适用性好。江浙沪主要的跨江跨河通道中有拱桥 94 座，占比 31.6%。其中，由于混凝土拱桥自重较大，多以有推力拱为主，如宁波慈城大桥等，故混凝土拱桥主要适用于地质条件较好、河谷较深的西南地区。而华东地区软土场地较多，地质条件较差，多采用自重较轻，无推力或部分推力拱较多的钢管混凝土拱桥，如复兴大桥（又称钱江四桥）和宁波市鄞州大桥等均为钢管混凝土系杆拱桥。

4. 斜拉桥

斜拉桥则是将主梁用许多拉索直接拉在桥塔上的一种桥梁，是由承压的塔、受拉的索和承弯的梁体组合起来的一种结构体系。其主梁荷载和车辆荷载首先通过主梁传给斜拉索，由斜拉索传给塔柱，再由塔柱基础传至地基。斜拉桥可为航道提供较大的通航空间，且适用跨度更广（如主跨 1200m 的南京江心洲长江大桥和主跨 75m 的余姚兰墅大桥等）。在江浙沪主要的跨江跨河通道中有斜拉桥 90 座，占比 30.3%。由于斜拉桥桥塔样式各异，造型优美，所以斜拉桥往往能成为当地的地标性建筑，故该种桥型也越来越受人们青睐。

5. 悬索桥

悬索桥是以承受拉力的缆索或链索作为主要承重构件的桥梁，由悬索、索塔、锚碇、吊杆、桥面系等组成。悬索桥的主要承重构件是悬索，它主要承受拉力，一般用抗拉强度高的钢材（钢丝、钢缆等）制作。由于悬索桥可以充分利用材料的强度，并具有用料省、自重轻的特点，且悬索桥无须在深水中设置柱墩基础，降低了深水基础施工难度，更适合作为跨越深急水流的通道。江浙沪主要的跨江跨河通道中有悬索桥 19 座，占比 6.4%。

2.3.2 不同桥型的基础形式

在江浙沪主要跨江通道的 75 座梁式桥中，除了舟山岑港大桥采用预应力混凝土管桩外，其余 74 座梁式桥均采用钻孔桩基础,使用桩基础的梁式桥占比达到 98.7%。对于江浙沪 19 座刚构桥,其采用的基础形式有两种,除朱家尖海峡大桥采用大直径管桩基础外,另外 18 座刚构桥均采用钻孔桩基础,其中洞头大桥桩基最长可达 108.9m,桩基础使用占比 94.7%。拱桥是江浙沪跨江跨河通道中使用最多的桥型,共有 94 座,拱桥使用的基础为沉井基础、扩大基础和桩基础 3 种,其中仅南京长江大桥采用沉井基础,其余拱桥中有 12 座采用扩大基础且基本为有推力拱,占比 12.8%;无推力拱或部分推力拱则采用桩基础,占比 86.2%。斜拉桥因其具有优美的造型,较大的通航空间和较广的适用跨度成为江浙沪主要跨江通道中仅次于拱桥的桥型,由于其特殊的受力形式,大都选用桩基础作为桥塔或者主墩的基础形式,仅常泰长江大桥和沪苏通长江公铁大桥采用沉井基础。悬索桥以其较强的跨越能力而著称,在所调研的 19 座悬索桥中南京栖霞山长江大桥和江阴大桥采用沉井基础,其余悬索桥均采用桩基础。

通过对软土地区桥梁形式的调研可知。

(1)江浙沪目前主要跨江跨河通道桥梁 297 座,桥型以拱桥和斜拉桥为主。随着通航需求的日益增长,大跨度桥梁是未来桥梁的发展趋势,而且由于地形与地质较好地区基本已修建桥梁,未来江浙沪修建的跨江通道和航道桥势必会面临更加严峻的水文地质条件。

(2)目前江浙沪大多数桥梁功能单一,通常仅为公路桥或铁路桥。随着我国交通基础设施的逐步完善,多功能的桥梁是必然趋势。因此,桥梁所受荷载也将大幅增加,桥梁设计所能允许的沉降也日趋严格,这对我们的基础设计和施工提出了更高的要求,同时作为目前主要基础形式的桩基础必将会向更深更大的方向发展。

(3)桩基础是目前桥梁建设中使用的主要基础形式,但随着跨度增大导致上部结构荷载的增大。同时受软土地区地质条件的影响,仅仅通过增加桩长和桩径来提高承载力的方式费时费力不经济,可利用后压浆技术有效提高桩周土体性质,进而提高基桩承载力。

2.4 小 结

软土地质条件下的桥梁病害主要反映在由于地质环境的不利影响而造成的建(构)筑物破坏。对其治理一般可考虑从改善包括地质条件、周边环境在内的构造物外部环境和加强构造物抵御外部不利影响的能力上入手。具体的治理方案则应根据实际情况,综合考虑结构安全、经济效益、社会影响等多方面因素后确定。

在对桥位的软土分布状况、物理力学特性以及可能出现的变形情况有足够认识的前提下,通过完善的设计,预计施工、运营环境对土体作用产生的后果,以及土体变化对结构物使用寿命的影响,尽早采取防范措施,减小病害发生的概率,并从设计、施工以及后期的维护上提出具体的防治对策。

第3章 软土地区桥梁结构特性

软土地区水系分布密集,随着水运量的增长和船舶大型化的需要,新开挖水运通道工程逐渐增多,随之建设的跨江、跨河通道数量迅速增长,其中,绝大多数跨越通道都选择了桥梁的形式。本章以京杭大运河二通道工程为例,对软土地区的主要桥梁类型及其特性进行介绍。

京杭大运河二通道位于杭州市区东部,基本沿着杭州与嘉兴地界展开,所经地段基本为农田、民居及企业,为陆地开挖航道,原有道路被挖断,需要建造满足原道路标准及通航净空要求的跨航道桥梁。考虑到施工效率及安全性,所有新建桥梁均采取先桥梁施工,后航道开挖的总体施工方案。

3.1 航道上跨典型桥梁结构类型

京杭大运河二通道涉及新建跨航道桥梁20座,按结构类型可将其分为梁式桥、系杆拱桥和斜拉桥3种形式。

3.1.1 梁式桥

京杭大运河二通道共有13座桥采用了梁式桥的结构形式。其中,东桥头桥、姚坝头桥、过军桥、殃许公路桥、人民大道桥、世纪大道桥、黄家门桥(景树街桥)、张家角桥(连杭大道桥)、绕城高速公路大桥主梁采用三跨连续箱梁结构型式,东西大道桥主桥结构采用三跨波形钢腹板连续箱梁结构型式,沪杭高速公路大桥主桥结构采用钢-混组合连续箱梁结构型式,团结桥、胜利桥主桥结构均采用下承式钢桁架结构型式。

梁式桥以其造型美观、施工周期短、易于设计成系列化和标准化、便于机械化施工等优点,在中小跨径桥梁中得到了广泛的应用。按照其受力特点,又可分为简支梁桥、连续梁桥、悬臂梁桥和桁架梁桥。

1. 简支梁桥

简支梁桥是指由一根两端分别支撑在一个活动支座和一个铰支座上的梁作为主要承重结构的梁桥,属于静定结构,是梁式桥中应用最早、使用最广泛的一种桥形,如图3-1所示。其构造简单、架设方便,结构内力不受地基变形、温度改变的影响。主梁简支在墩台上,各孔独立工作,不受墩台变位影响。实腹式主梁构造简单,设计简便,施工时可使用自行式架桥机或联合架桥机将一片主梁一次架设成功。简支梁桥各孔之间不连续,车辆在通过断缝时将产生跳跃,影响行车体验。因此,目前趋向于主梁采用简支形式,而把桥面建为连续的形式。简支梁桥随着跨径增大,主梁跨中内力将急剧增大。为增大截面抗弯刚度,主梁用料会相应增多,在桥梁跨径较大时经济效益差,因此,往往应用于小跨径桥梁。

2. 连续梁桥

连续梁桥是指两跨或两跨以上连续的梁桥,属于超静定体系(图3-2)。连续梁在恒活载作用下,产生的支点负弯矩对跨中正弯矩有卸载的作用,使主梁整体内力状态均匀合理,因而可以减小跨中梁高,节省材料的同时使抗弯刚度能够满足荷载要求。其相较于简支梁桥整体性好,承载能力大,桥面伸缩缝少,极大改善了行车体验。连续梁桥是中等跨径桥梁中常用的一种桥梁结构,通常采用的截面形式有板式、"T"形和箱形。

图3-1　简支梁桥

图3-2　连续梁桥

连续梁桥按所用材料特性不同,可分为钢筋混凝土连续梁桥和预应力混凝土连续梁桥两种,应用最为广泛的是预应力混凝土连续梁桥,其在设计中依据各个截面的最大正、负弯矩的绝对值之和,即依据弯矩变化的幅值布置预应力筋。

连续梁桥通常是将3~5孔做成一联,在一联内没有桥面接缝,行车较为顺畅。连续梁桥的施工工艺发展较为成熟,目前较为常用的施工方法有支架法、悬臂施工法、逐孔施工法、顶推施工法和转体施工法。

此外,连续梁桥的主梁是超静定结构,墩台的不均匀沉降会引起梁体各孔内力发生变化。因此,连续梁一般用于地基条件较好、跨径较大的桥梁上。

3. 悬臂梁桥

悬臂梁桥是指以一端或两端向外自由悬出的简支梁作为上部结构主要承重构件的梁桥(图3-3)。将简支梁的梁体加长,并越过支点就成为悬臂梁,在工程上也称为伸臂梁,习惯把悬臂梁的主跨称为锚跨,而伸出有悬臂的孔跨称为悬臂跨。

悬臂梁桥一般至少有3孔,除了悬臂梁以外,还可以设置支撑于悬臂梁牛腿上的挂梁,以实现更大的桥梁跨径。单孔双悬臂梁桥的中孔为锚固孔,两侧伸出的悬臂直接与路堤衔接,可以省去2个桥台,但需要在悬臂端部设置钢筋混凝土的桥头搭板,以利于行车舒适。单孔双悬臂梁桥多用于跨线桥。中孔的长度由桥下净空要求确定,我国应用较少,一般采用无桥

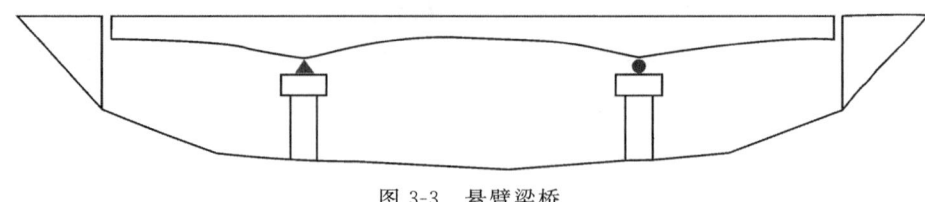

图 3-3 悬臂梁桥

台斜腿刚构桥替代。带挂梁的三跨单悬臂梁桥,常用于在跨越城市河道的桥梁中,其边孔为锚孔,边跨可以做得比较小。悬臂梁桥一般为静定结构,其内力不受基础不均匀沉降、温度变化等因素的影响。在多孔桥中,墩上只需要设置一个支座,从而相应地减小了桥墩的尺寸,也节省了基础工程的材料用量。悬臂梁桥尽管在受力上比简支梁合理,可以适应更大跨越能力的需要,但其正弯矩和负弯矩区段范围内往往构造较复杂,给设计和施工均带来很大麻烦。工程实践证明,如果采用钢筋混凝土结构,在负弯矩区段还将不可避免地出现开裂现象,严重影响工程的使用寿命。预应力混凝土悬臂梁桥,虽然可以避免开裂的风险,并可以采用悬臂法施工,但施工中必须采取临时固结措施。由于悬臂梁端与挂梁衔接处的挠曲线会产生不利于行车的折点,在行车舒适方面不如连续梁桥平顺,但比简支梁桥稍好一些。除了是静定结构之外,悬臂梁桥的其他优点不太明显,因此应用范围不广。

4. 桁架梁桥

桁架梁桥是用桁架作为主要承重结构的梁式桥,简称桁梁桥,是由两片主桁架、纵向联结系及横向联结系组成的空间结构(图 3-4)。桁架由上弦杆、下弦杆及腹杆组成,杆件主要承受拉力和压力,常用钢材和木材做成,用料较省。桁架的外形可以是平行弦杆式或多边形弦杆式。按照腹杆的布置,桁架分为三角形腹杆式、斜(压)腹杆式、再分式腹杆式、"米"字形腹杆式、交叉腹杆式等。桁架梁构造比较复杂,多用于大跨径桥梁。

近年来,桁架梁桥因其在经济、结构和建筑造型等多方面的独特优点,越来越受到设计者的青睐。早期的桁架梁桥曾采用木桁架,但因木材易腐朽、强度低、跨越能力弱,现在已很少使用。钢筋混凝土桁架桥的拉杆因受拉力而出现裂缝,目前也很少使用。桁架梁桥具有以下优点:从经济的角度看,桁架梁桥比实腹桥要节省材料;从结构上看,它受力明确,易于分析,简支桁架梁桥为外部静定、内部有较少超静定次数的结构,这在缺乏有效计算工具的过去是非常重要的。由于长期施工经验的积累及社会建设水平的提高,它施工周期短,且施工阶段不妨碍交通的畅行。另外,它对地基的要求也不是非常苛刻,在地基软弱地区也可以应用。

3.1.2 系杆拱桥

京杭大运河浙江段Ⅲ级航道整治工程杭州段中,G320 国道桥、丁塘村桥、倪桥头桥、王家堂桥、小桥头桥、老 S01 省道桥 6 座桥梁主桥结构采用了下承式钢管系杆拱的结构型式。

拱桥是指在竖直平面内以拱作为结构主要承重构件的桥梁(图 3-5)。系杆拱桥又可称为简支梁-拱组合体系,是指由拱、系杆(或系梁)、吊杆和桥面板等协同工作的组合结构桥梁,以系杆(梁)承受拱脚水平推力为特征。按照承载形式,又可以分为下承式、中承式和上承式。相对而言,已建的绝大多数系杆拱桥都是中承式、下承式。

所谓系杆拱即是设置通长的系杆（梁），拱肋与系杆（梁）之间设置吊杆或立柱，它通过系杆拉力来平衡拱脚的水平推力，使结构成为无推力或少推力的结构，故也称为自平衡拱桥或自锚式拱桥。这种自平衡拱桥，在地质条件不适合修建有推力拱的地区尤其具有竞争力。

图 3-4　桁架梁桥

图 3-5　系杆拱桥

3.1.3　斜拉桥

在航道整治工程杭州段中，永胜路大桥主桥结构采用矮塔斜拉结构型式。

斜拉桥又称斜张桥，是将主梁用许多拉索直接拉在桥塔上的一种桥梁，由承压的塔、受拉的索和承弯的梁体组合而成的一种结构体系（图 3-6）。可以将其看作是拉索代替支墩的多跨弹性支承连续梁，拉索代替支墩可使梁体内弯矩减小，降低建筑高度，减轻结构重量，节省材料。

斜拉桥作为一种拉索体系，比梁式桥的跨越能力更大，是大跨度桥梁的最主要桥型，主要由索塔、主梁、斜拉索组

图 3-6　斜拉桥

成。索塔型式有 A 型、倒 Y 型、H 型、独柱等。材料有钢和混凝土等。斜拉索布置有单索面、平行双索面、斜索面等。

斜拉桥是一种自锚式体系，斜拉索的水平力由梁承受。梁除了支承在墩台上外，还支承在由塔柱引出的斜拉索上。按梁所用的材料不同可分为钢斜拉桥、结合梁斜拉桥和混凝土梁斜拉桥。

3.2　桥梁结构受力特征

不同结构类型的桥梁，其受力特征也不尽相同，对桥梁的受力特征展开精准分析，是桥梁设计建造和安全运维的重要保障。

3.2.1 梁式桥

1. 连续箱梁桥

东桥头桥、姚坝头桥、过军桥、殃许公路桥、人民大道桥、世纪大道桥、黄家门桥(景树街桥)、张家角桥(连杭大道桥)、绕城高速公路大桥主梁采用三跨连续箱梁结构型式。

连续梁桥是一超静定结构,其上部结构的自重和荷载通过支座传递给桥墩,且整个体系只有竖向力产生,无水平力。相较于简支梁桥其最大的特点是梁体在中跨的支点处会产生负弯矩,跨中的最大正弯矩会显著减小,从而可以减小梁体在跨中的高度,节省材料。连续梁桥在荷载作用下的内力分布见图 3-7。

箱形截面是一种闭口薄壁截面(图 3-8)。箱形截面抗扭刚度大,结构在施工与使用过程中具有良好的稳定性。顶板和底板都具有较大的混凝土面积,能有效地抵抗正负弯矩,并满足配筋的要求。此外,当桥梁承受偏心荷载时,箱形截面梁抗扭刚度大,内力分布比较均匀。在桥梁处于悬臂状态时,具有良好的静力和动力稳定性,对悬臂施工的大跨度梁桥尤为有利。由于箱形截面的整体性能好,因而在限制车道数通过车辆时,可以超载通行。

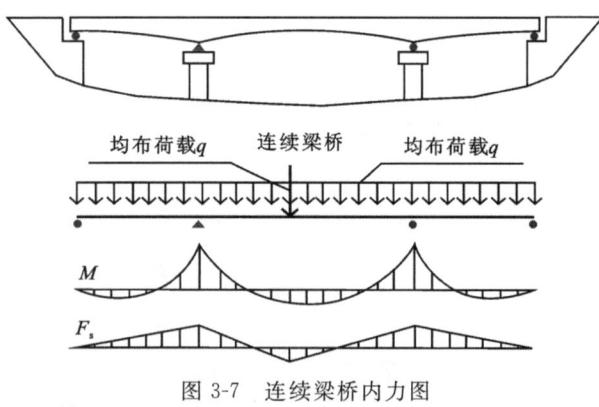

图 3-7 连续梁桥内力图

图 3-8 箱形截面

一般而言,单箱截面整体性好,施工方便,材料用量经济,抗扭刚度大,当桥面宽度不大时可以采用;当桥面宽度较大时,可以采用双箱或多箱截面。双箱或多箱截面由于增加了腹板,刚度和强度都大幅度提高,腹板主要承受结构的弯曲剪应力及扭转剪应力引起的主拉应力。

2. 波形钢腹板连续箱梁

东西大道桥主桥结构采用三跨波形钢腹板连续箱梁结构型式。

波形钢腹板连续箱梁是指用波形钢板取代箱梁中混凝土腹板的箱形梁。波形钢腹板避免了普通混凝土腹板开裂的共性问题,且使箱梁的整体抗剪能力提高,其结构如图 3-9 所示。

在结构受力方面,其自重轻,抗震性能优秀。波形钢腹板的存在使得混凝土顶底板与波形钢腹板的受力分工明确,混凝土顶底板主要抗弯,波形钢腹板主要抗剪,材料的利用效率较高。同时,由于自重较轻和钢结构的存在使其能较好地适应预制装配式施工方法,施工效率大大提升,比传统混凝土腹板梁具有更好的经济性、环保性。

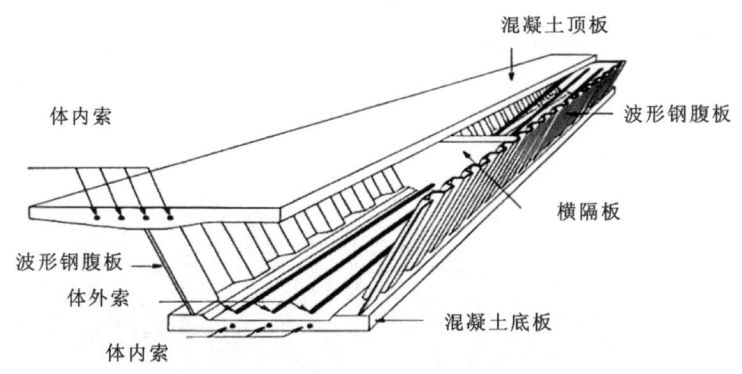

图 3-9 波形钢腹板箱梁结构图

3. 钢-混凝土组合箱梁

沪杭高速公路大桥主桥结构采用钢-混凝土组合箱梁结构型式(图 3-10)。

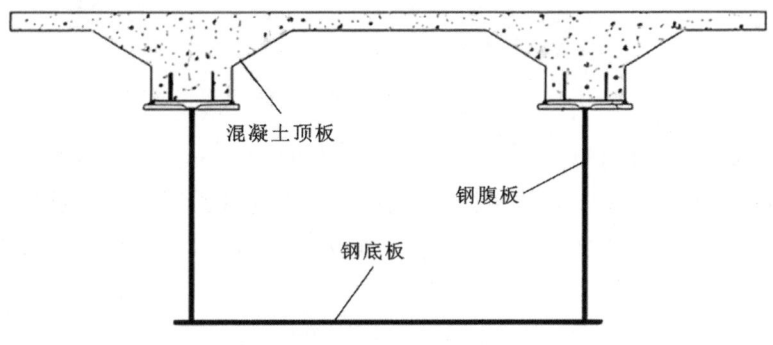

图 3-10 钢-混凝土组合箱梁

钢-混凝土组合箱梁是在钢结构和混凝土结构基础上发展起来的一种新型结构型式。它在钢梁和混凝土翼缘板之间设置剪力连接件(栓钉、槽钢、弯筋等),抵抗两者在交界面处的掀起及相对滑移,使之成为一个整体共同工作。

钢-混凝土组合箱梁同钢筋混凝土梁相比,可以减轻结构自重,减小地震作用,减小截面尺寸,增加有效使用空间,节省支模工序和模板,缩短施工周期,增加梁的延性等。同钢梁相比,它可以减小用钢量,增大刚度,增加稳定性和整体性,增强结构抗火性和耐久性等。

组合箱梁中的混凝土板可以对钢梁受压翼缘起到侧向约束作用,因而相对于纯钢梁具有更好的整体稳定性而不易发生侧扭失稳。组合箱梁受拉区没有混凝土,不存在混凝土受拉开裂的问题,同时减少了对抗力不发挥作用的受拉区混凝土重量,因而相对于混凝土梁具有更好的使用性能和更轻的自重。组合箱梁具有较高的承载力和刚度,其整体受力性能要明显高于混凝土板与钢梁的受力性能。

除抗剪连接件外,钢梁与混凝土板之间的黏结力和摩擦力也可以发挥一定的抗剪作用。

4. 下承式钢桁架桥

团结桥、胜利桥主桥结构采用下承式钢桁架结构型式。

下承式钢桁架梁由 5 个部分组成,分别是主桁、桥面、桥面系、联结系和支座。主桁是钢桁梁的主要承重结构,它由上弦杆、下弦杆、腹杆及节点组成;桥面系是指纵梁、横梁及纵梁之间的联结系;联结系是指上平纵联、下平纵联、桥门架、中间横联;支座是连接上部钢梁与下部基础并传递荷载的构造(图 3-11)。

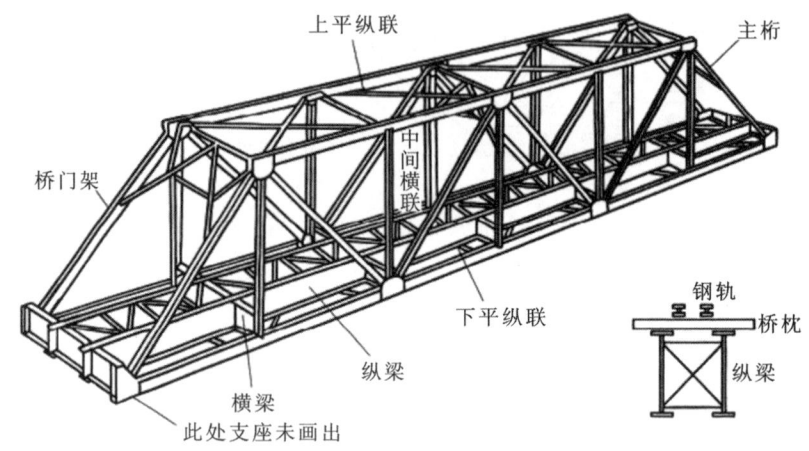

图 3-11 下承式钢桁架桥

在下承式桁架梁中,竖向荷载由桥面传递至纵梁,再由纵梁传递至横梁,经主桁节点传递至主桁杆件,最后通过支座将荷载传递给墩台;横向水平荷载由平纵联承受,作用在上平纵联上的横向水平力先传给桥门架,再由桥门架传到支座和墩台,下平纵联直接通过支座传给墩台。

3.2.2 下承式钢管系杆拱桥

G320 国道桥、丁塘村桥、倪桥头桥、王家堂桥、小桥头桥、老 S01 省道桥 6 座桥梁主桥结构采用了下承式钢管系杆拱的结构型式。

系杆拱桥是一种无推力自平衡体系,对墩台和地基的要求较低,大大提高了其适用性。简支系杆拱桥由于其内部静定、外部超静定的特点,地基沉降对其影响较小,因此适用于高墩桥梁或软土地基场地。系杆拱桥由于吊杆的存在,吊杆对桥面系形成弹性支撑,减小了主梁弯矩。与一般拱桥相比较,弯矩和剪力较小,作用在梁体上的荷载由吊杆传递至拱圈,通过拱脚处传递给地面,充分利用了拱承压能力高的特点,下承式系杆拱桥结构见图 3-12。

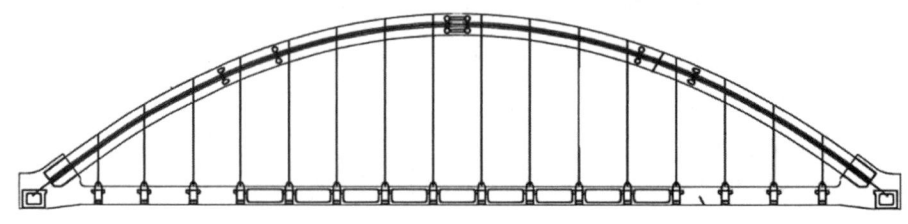

图 3-12 下承式系杆拱桥

系杆拱联结处的构造非常重要,支撑节点是全桥轴向和竖向反力交会处,也是预应力钢筋的锚固端,受力十分复杂。吊杆连接了拱肋与系梁,是重要的传力构件,因此连接节点也是复杂且重要的位置。

3.2.3 矮塔斜拉桥

永胜路大桥主桥结构采用矮塔斜拉结构型式。

矮塔斜拉桥是介于连续梁与斜拉桥之间的一种斜拉组合体系桥,具有塔矮、梁刚、索集中的特点,如图 3-13 所示。矮塔斜拉桥主梁刚度较大,是主要的承重构件,斜拉索对梁起加劲、调整受力的作用,斜拉索的恒载索力占总索力(恒载索力+活载索力)的比重较斜拉桥大,斜拉索的应力变幅较小,疲劳问题不突出,因而斜拉索的容许应力取值较大,工程造价较低。矮塔斜拉桥与连续梁相比,具有结构新颖、跨越能力大、施工简单、经济效益好等优点;与斜拉桥相比,具有施工方便、节省材料、主梁刚度大等优点。

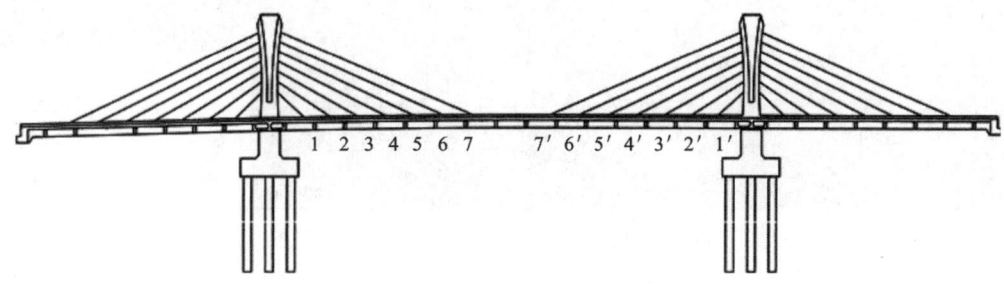

图 3-13 矮塔斜拉桥

矮塔斜拉桥的索塔将斜拉索索力按一定比例分配给主梁的水平方向和垂直方向,当主梁刚度较大时,可以降低塔高,节约材料,并给主梁提供较大的水平分力,以解决主梁体内预应力不足的情况。所以,矮塔斜拉桥索塔的作用主要是通过分配斜拉索索力,实现对结构性能的改善。索塔对索力的分配作用不仅与自身高度有关,还与索力大小有关。拉索、预应力钢筋的用量和索塔塔高是相互影响的,索塔越高,拉索用量越少,预应力筋数量也越少,反之亦然。在一定的范围内,通过索力优化,减小因塔高降低产生的较大斜拉索水平分力对主塔结构的影响,同时,在实际工程中,降低塔高对减小工程造价及缩短施工工期有现实意义。

3.3 京杭大运河二通道典型桥梁工程

京杭大运河二通道航道整治工程,旨在提升运河的通航条件和运力,促进运河沿线地区的经济发展和旅游业的繁荣。这项工程主要涉及新航道的开挖、航道设施的改建和提升、岸线工程的修复和加固等内容。其中,新航道的开挖是整治工程的重点之一。二通道海宁段为陆上新开挖航道,线路地处杭嘉湖冲湖积平原地区,多为深厚软土复杂场地,新开挖航道涉及新建桥梁 7 座(图 3-14),其中,世纪大道桥和东西大道桥距离航道开挖边缘距离最小,土体开挖对它们桩基础影响最为显著。

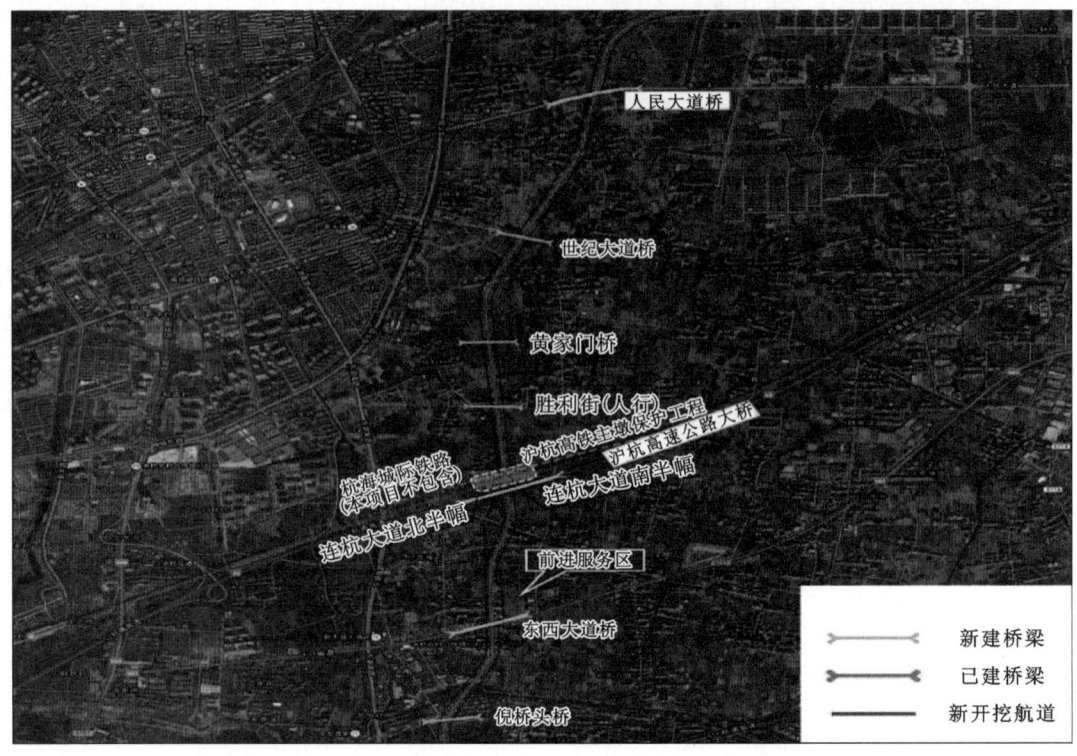

图 3-14 京杭大运河二通道浙江海宁段卫星图

3.3.1 世纪大道桥

世纪大道桥接线起点位于临东路与世纪大道交叉口东侧,起点桩号 K1+520,终点位于航道东侧规划世纪大道与新城西路交叉口西侧,终点桩号 K2+460,路线全长 0.940km。世纪大道桥采用交通运输部颁布的《公路工程技术标准》(JTG B01—2014)规定的二级公路标准进行设计(横断面按照地方规划的城市主干路布置,同时兼顾城市桥梁功能),接线设计标准同桥梁,其主要标准确定如下。

①道路等级:二级公路

②设计速度:60km/h

③路基宽度:46m

　中央分隔带:6.0m

　行车道:2×16m(0.5+3×3.5+0.5+4.5)

　人行道:2×4.0m

④桥梁宽度:2×18.75m

⑤线形要素

　停车视距:75m

　纵坡

　　最大纵坡:小于2.5%

最小坡长:150m
竖曲线要素
  凸型竖曲线半径
    一般最小值:2000m
    极限最小值:1400m
  凹型竖曲线半径
    一般最小值:1500m
    极限最小值:1000m
  竖曲线长度
    一般最小值:120m
    极限最小值:50m

⑥设计荷载

 路面:标准轴载——双轮组单轴100kN

 桥涵:荷载等级——公路-Ⅰ级

⑦航道标准

 河流名称:京杭大运河二通道

 通航等级:规划三级

 通航净高:7.0m

 通航净宽:60m

 最高通航水位:2.4m

⑧设计洪水频率:大、中桥——1/100;小桥、涵洞及路基——1/50。

依据以上设计标准,确定了桥梁的主桥结构形式和主要技术指标。世纪大道桥路线全长940m,其中桥梁长635m,全桥配跨[8×25+(57+95+57)+9×25]m,主桥采用变截面连续箱梁,引桥采用25m跨简支变连续预应力T梁,桥面全宽37.5m,设计速度60km/h,按二级公路设计(横断面按照地方规划的城市主干路布置,同时兼顾城市桥梁功能)。桥梁设计荷载为公路-Ⅰ级。接线部分与老路接顺,两侧辅道路采用准四级公路设计,设计速度15km/h。世纪大道桥具体设计标准及技术指标如下所示。

(1)桥梁等级。设计标准桥梁部分按二级公路设计(横断面按照地方规划的城市主干路布置,同时兼顾城市桥梁功能),设计速度60km/h,设计汽车荷载为公路-Ⅰ级,人群荷载为3.0kN/m^2。

(2)桥涵设计标准。桥梁纵断面参数:曲线半径3800m,上、下坡度均为2.49%,切线长94.62m,外矢距1.178m。

设计洪水频率为1/100。桥梁宽度均为:0.5m栏杆+2m人行道+3.5m非机动车道+0.5m机非隔离+11.75m行车道+0.5m护栏+4.5m中分带+0.5m护栏+11.75m行车道+0.5m机非隔离+3.5m非机动车道+2m人行道+0.5m栏杆,共42m。

(3)沿线桥梁分布情况。全线设置世纪大道大桥一座,共长635m。

(4)桥下净空。桥下通航净空:$B \times H = 60.0 \times 7.0$m,满足内河规划Ⅲ级航道通航要求,设计最高通航水位为 2.4m。

(5)桥梁抗震设计。根据《公路工程抗震规范》(JTG B02—2013)等有关规定,本项目桥梁抗震设防类别为 B 类,设计基本地震动峰值加速度等于 0.10g 地区的 B 类桥梁,应按 E1 地震作用进行弹性抗震设计计算,按 E2 地震作用进行延性抗震设计计算并采用相关抗震措施。

主要的抗震设防措施有:①位于伸缩缝处的墩台盖梁宽度最小尺寸满足《公路桥梁抗震设计规范》(JTG/T B02-01—2011)11.2.1 条要求;②桥梁上部结构采用预制板梁结构的,墩台外侧设置挡块,板梁横向通过加强钢筋连接等措施防止纵横向落梁,对于现浇板梁结构,梁底设置限位挡块;③在软弱黏土上建桥,桥梁下部采用桩基础,同时将基础穿过液化等土层,桩端置于下部稳定地层内;④在软土和不稳定河岸处建桥,合理布置桥跨,使桥台桩基落在稳定的河岸上;⑤设置合理的限位装置,防止结构相邻构件产生过大的相对位移;⑥活动支座采用盆式支座,避免采用摆柱支座;⑦高度大于 7m 的柱式桥墩设置横系梁;⑧桥台采用整体性强的双柱式接盖梁桥台;⑨桥梁下部钢筋混凝土结构的混凝土强度等级采用 C35。

根据设计标准及技术指标,进行桥梁具体参数设计,最终的桥梁设计参数如下。

总体设计

桥梁全长 635m,跨径为[8×25+(57+95+57)+9×25]m,桥梁全宽 2×18.75m,左右幅桥梁间隔 4.5m。全桥分为两种结构类型,引桥上部采用 25m 先简支后连续预应力混凝土 T 梁,主桥为三跨混凝土变截面连续箱梁(57m+95m+57m)。变截面连续箱梁跨中梁高 2.9m,底板厚 30cm,支点处梁高 5.8m,底板厚 130cm,箱梁顶板厚 85cm。箱梁自根部至跨中梁高和底板厚按抛物线变化。箱梁总宽 18.5m,其中悬臂长 3.25m,底板宽 12.0m,为单箱双室型。25m 先简支后连续预应力混凝土 T 梁梁高 1.7m,其桥面横坡由盖梁顶面标高形成。桥面铺装主桥采用 10cm 厚沥青混凝土桥面铺装,引桥 T 梁采用 10cm 厚 C50 钢筋混凝土+10cm 厚沥青混凝土桥面铺装。

下部结构桥台为桩柱一体结构,桩径 1.5m。变截面箱梁的主墩为矩形墩加矩形承台、多排钻孔灌注桩基础,桩径 1.8m 摩擦桩;过渡墩为三柱式墩加承台、三排钻孔灌注桩基础,桩径 1.5m 摩擦桩。引桥桥墩为三柱式墩、钻孔灌注桩基础,桩径 1.5m 摩擦桩。

结构形式

主桥桥面采用双幅设计,桥面总宽 2×18.75m,左右幅桥梁间隔 45m。主桥桥型布置为(57+95+57)m 连续箱梁,上部构造由三跨一联单箱双室全预应力混凝土变截面连续箱梁组成。

主桥上部结构采用预应力混凝土(C55)变截面连续箱梁,按全预应力体系控制。梁为单箱双室截面,顶宽 18.5m,底宽 12.0m,两侧翼缘宽均为 3.25m。连续箱梁中跨墩顶支点处梁高 5.8m,跨中最小梁高为 2.9m,跨中梁高与跨径之比为 1:32.76,支点处梁高与跨径之比为 1:16.38。跨中梁高与支点处梁高之比为 1:2.0,顶板厚度为 30cm。底板厚度按二次抛物线布置,根部厚度为 130cm,跨中厚度为 30cm。腹板厚度在 2#—3#块由 100cm 减小至 75cm,在 7#—8#块由 75cm 减小至 50cm。为提高主墩支座处抗剪能力,边腹板在主墩支点处加大到 135cm,中腹板在主墩支点处加大到 170cm,底板加厚到 130cm。本桥只在主墩支点和边墩支点上布置横隔梁,主墩支点处横隔梁厚度为 500cm,边墩支点处横隔梁厚度为 154cm。

桥面设计标准横坡为2%单向坡。主梁均位于直线段上。箱梁断面如图3-15所示。

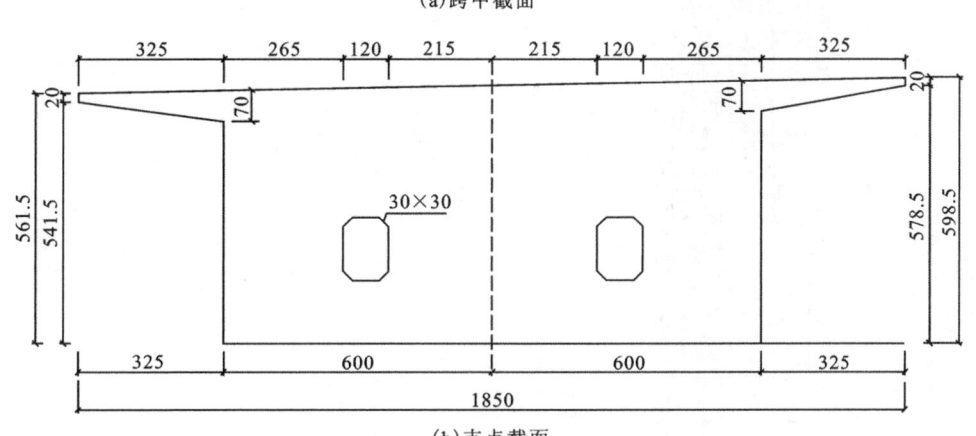

图 3-15 箱梁断面图(单位:cm)

引桥采用25m先简支后连续预应力混凝土T梁,4孔一联。T梁梁高1.7m。

3.3.2 世纪大道桥桩基础设计及施工

世纪大道桥采用钻孔灌注桩,参数如下:主墩采用多排钻孔灌注桩基础,桩径1.8m摩擦桩;过渡墩采用三排钻孔灌注桩基础,桩径1.5m摩擦桩。引桥采用钻孔灌注桩基础桩径1.5m摩擦桩。主墩桩基钢筋布置如图3-16所示。

世纪大道桥采用泥浆护壁法进行钻孔灌注桩施工,其施工过程是:平整场地、泥浆制备、埋设护筒、铺设工作平台、安装钻机并定位、钻进成孔、清孔并检查成孔质量、下放钢筋笼、灌注水下混凝土、拔出护筒、检查质量。其具体要求如下。

1. 施工准备

施工准备包括选择钻机、钻具,场地布置等。

钻机是钻孔灌注桩施工的主要设备,可根据地质情况和各种钻孔机的应用条件来选择。

2. 钻孔机的安装与定位

安装钻孔机的基础如果不稳定,施工中易产生钻孔机倾斜、桩倾斜和桩偏心等不良影响,因此要求地基稳固。对地层较软和有坡度的地基,可用推土机推平,再垫上钢板或枕木加固。

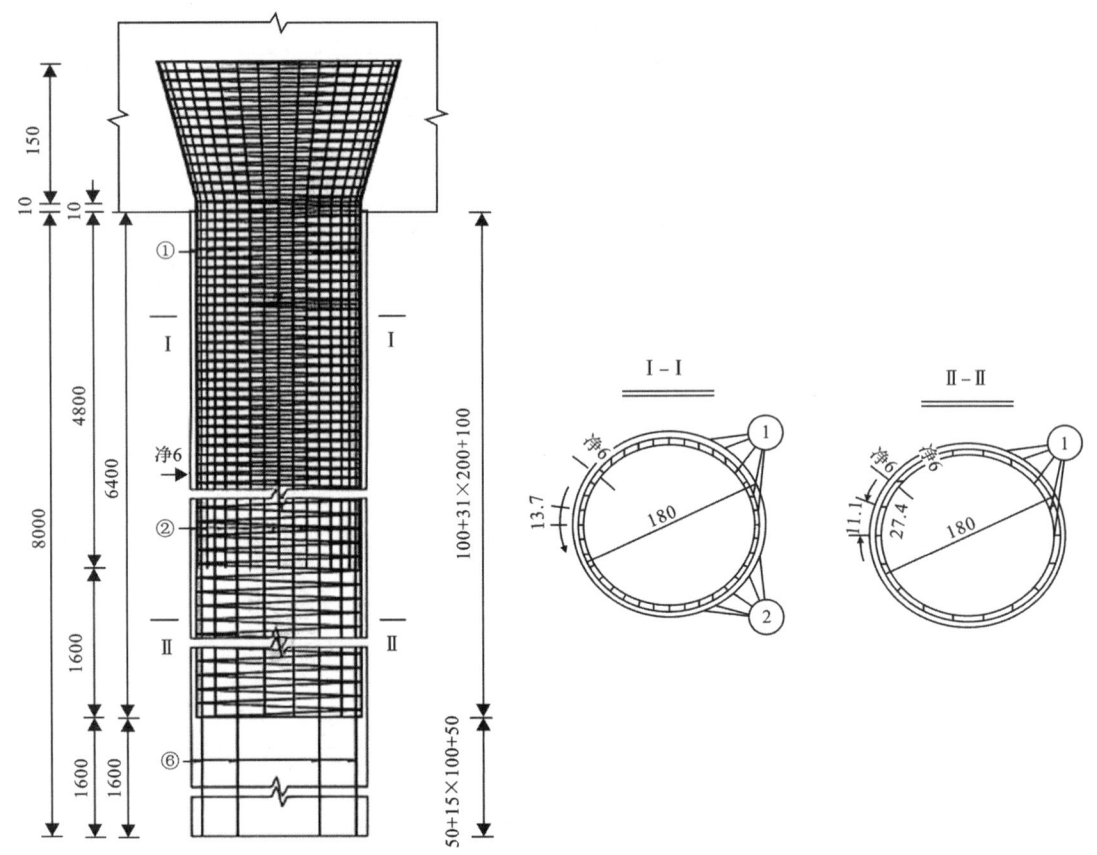

图 3-16 主墩钢筋布置图(单位:mm)

为防止桩位不准,施工中很重要的是定好中心位置和正确地安装钻孔机。对有钻塔的钻孔机,先利用钻机的动力与附近的地笼配合,将钻杆移动大致定位,再用千斤顶将机架顶起,准确定位,使起重滑轮、钻头或固定钻杆的卡孔与护筒中心在同一垂线上,以保证钻机的垂直度。钻机位置的偏差不大于 2cm。对准桩位后,用枕木垫平钻机横梁,并在塔顶对称于钻机轴线上拉上缆风绳。

3. 埋设护筒

当钻孔较深时,地下水位以下的孔壁土在静水压力下会向孔内坍塌,甚至发生流沙现象。钻孔内须保持地下水水位高的水头,增加孔内静水压力,防止坍孔。护筒除起到这个作用外,同时还有隔离地表水、保护孔口地面、固定桩孔位置和钻头导向等作用。

制作护筒的材料有木、钢、钢筋混凝土 3 种。护筒要求坚固耐用、不漏水,其内径应比钻孔直径大(旋转钻约大 20cm,潜水钻、冲击或冲抓锥约大 40cm),每节长 2~3m。常用的一般为钢护筒。

4. 泥浆制备

钻孔泥浆由水、黏土(膨润土)和添加剂组成,具有浮悬钻渣,冷却钻头,润滑钻具,增大静水压力,并在孔壁形成泥皮,隔断孔内外渗流,防止坍孔的作用。调制的钻孔泥浆及经过循环净化的泥浆,应根据钻孔方法和地层情况来确定泥浆稠度,泥浆稠度应视地层变化或操作要求机动掌握。泥浆太稀,排渣能力小、护壁效果差;泥浆太稠会削弱钻头冲击功能,降低钻进速度。

5. 钻孔

钻孔是一道关键工序,在施工中必须严格按照操作要求进行,才能保证成孔质量,要注意开孔质量,为此必须对好中线及垂直度,并压好护筒。在施工中要注意不断添加泥浆和抽渣(冲击式用),还要随时检查成孔是否有偏斜现象。采用冲击式或冲抓式钻机施工时,附近土层因受到震动会影响邻孔的稳固。所以钻好的孔应及时清孔,下放钢筋笼和灌注水下混凝土。钻孔的顺序也应事先规划好,既要保证下一个桩孔的施工不影响上一个桩孔,又要使钻机的移动距离不要过远或相互干扰。

6. 清孔

钻孔的深度、直径、位置和孔形直接关系到成桩质量与桩身曲直。为此,除了钻孔过程中密切观测监督外,在钻孔达到设计要求深度后,应对孔深、孔位、孔形、孔径等进行检查。在终孔检查完全符合设计要求时,应立即进行孔底清理,避免间隔时间过长导致泥浆沉淀,引起钻孔坍塌。对于摩擦桩,当孔壁容易坍塌时,要求在灌注水下混凝土前沉渣厚度不大于 30cm;当孔壁不易坍塌时,沉渣厚度不大于 20cm。对于柱桩,要求在射水或射风前,沉渣厚度不大于 5cm。清孔方法视使用的钻机不同而灵活应用。通常可采用正循环旋转钻机、反循环旋转机、真空吸泥机以及抽渣筒等方式清孔。其中用吸泥机清孔,所需设备不多,操作方便,清孔也较彻底,但在不稳定土层中应慎重使用。

7. 灌注水下混凝土

清完孔之后,就可将预制的钢筋笼垂直吊放到孔内,定位后要加以固定,然后用导管灌注混凝土,灌注时混凝土不要中断,否则易出现断桩现象。

3.3.3 东西大道桥

东西大道桥接线起点位于东湖南路与东西大道交叉口东侧,起点桩号 K1+338,终点位于航道东侧东西大道与五德路交叉口,终点桩号 K2+680,路线全长 1.342km。东西大道桥采用交通运输部颁布的《公路工程技术标准》(JTG B01—2014)规定的二级公路标准进行设计(横断面按照地方规划的城市主干路布置,同时兼顾城市桥梁功能),接线设计标准同桥梁,其主要标准如下。

①道路等级:一级公路
②设计速度:80km/h(海宁段),60km/h(余杭段)
③路基宽度
    中央分隔带:2.0m
    行车道:2×2×3.75m
    硬路肩:2×3.00m

路缘带:2×0.50m

护栏:2×0.50m

非机动车道:2×4.50m

土路肩:2×0.50m

④桥梁宽度:2×17.25m

⑤线形要素

停车视距:110m

纵坡

最大纵坡:5%

最小坡长:200m

竖曲线要素

凸型竖曲线半径

一般最小值:4500m

极限最小值:3000m

凹型竖曲线半径

一般最小值:3000m

极限最小值:2000m

竖曲线最小长度:70m

⑥设计荷载

路面:标准轴载—双轮组单轴100kN

桥涵:荷载等级—公路-Ⅰ级

⑦航道标准

河流名称:京杭大运河二通道

通航等级:规划三级

通航净高:7.0m

通航净宽:60m

最高通航水位:2.4m

⑧设计洪水频率:大、中桥——1/100;小桥、涵洞及路基——1/50。

依据以上设计标准,确定了桥梁的主桥结构形式和主要技术指标。东西大道大桥主桥上跨京杭大运河二通道,桥梁配跨:[8×25+(60+100+60)+8×25]m,桥梁全长821m,桥梁全宽35m,左右幅桥梁间隔0.5m。具体设计标准及技术指标如下所示。

①荷载等级:公路-Ⅰ级;

②设计行车速度:80km/h;

③桥梁宽度:2×17.5m;

④通航等级:内河规划Ⅲ级航道,通航孔尺寸为60×7m,设计最高通航水位为2.4m;

⑤设计洪水频率:1/100;

⑥地震烈度:地震动峰值加速度为0.1g,抗震设防烈度为Ⅶ度。

根据设计标准及技术指标,进行桥梁具体参数设计,最终的桥梁设计参数如下。

上部结构:引桥采用25m先简支后连续预应力混凝土T梁;主桥为(60+100+60)m波形钢腹板-预应力混凝土组合箱梁。

主梁为单箱双室截面,顶板宽17.25m,翼缘2.625m,箱室宽12m,设2%横坡。根据结构计算,主梁中墩支点梁高取6.0m,高跨比1:16.67,边墩支点及跨中梁高2.5m,高跨比1:35.71。梁高按二次抛物线变化。主梁断面如图3-17所示。

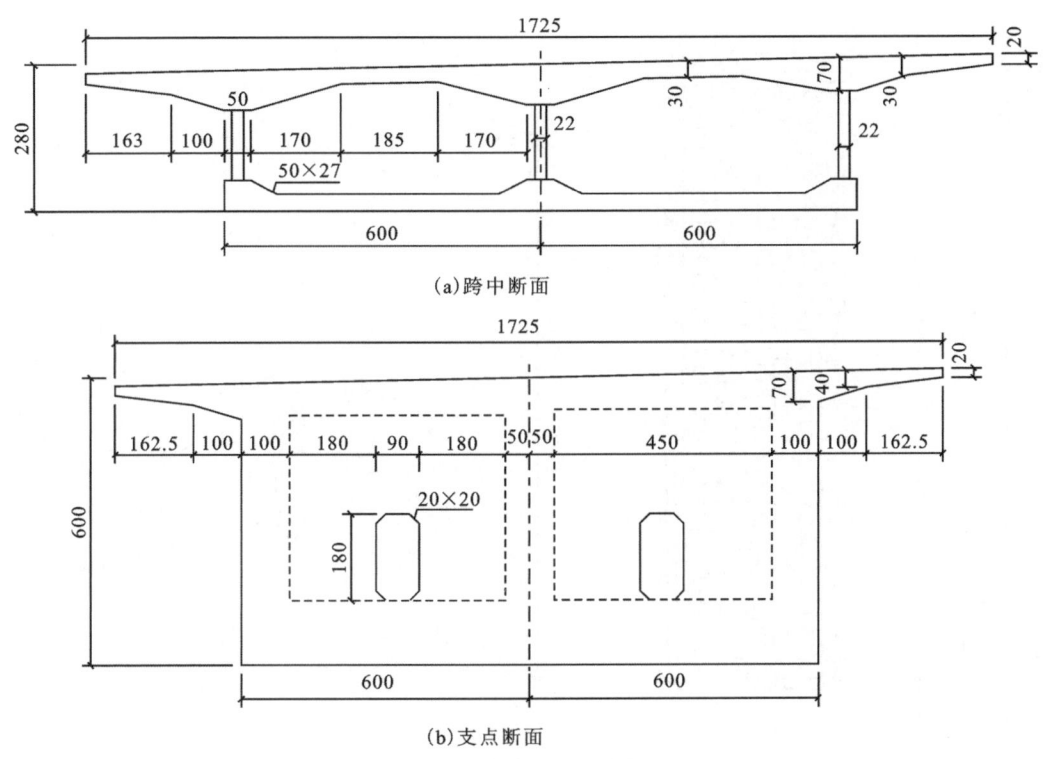

图3-17 箱梁断面图(单位:cm)

波形钢腹板采用1600型波形钢板,材料为Q345C钢,采用模压法成形。钢腹板波形水平段长430mm,斜段长430mm,斜段水平方向长370mm,波高220mm,弯折半径不小于15倍板厚。波形钢腹板厚度从梁端部到梁根部的腹板厚度逐段加厚,按不同区段分别采用16mm、20mm两种厚度,具体设置厚度位置根据计算确定。

波形钢腹板间的连接采用双面搭接贴脚焊接,施工时先采用螺栓临时固定。波形钢腹板与顶、底板间均采用双PBL键翼缘型连接。波形钢腹板与横隔梁的连接(顺桥向)采用穿孔板连接,与横隔板连接(横桥向)采用双开孔板连接。

下部结构:桥台为柱式台,桩径1.5m摩擦桩。主桥主墩为矩形墩加矩形承台、双排钻孔灌注桩基础,桩径1.8m摩擦桩;过渡墩为三柱式墩加承台、双排钻孔灌注桩基础,桩径1.5m摩擦桩。引桥桥墩为三柱式墩、柱径1.3m,桩径1.5m摩擦桩。

3.3.4 东西大道桥桩基础设计及施工

东西大道桥采用钻孔灌注桩,主桥主墩采用双排钻孔灌注桩基础,桩径1.8m摩擦桩;过渡墩采用双排钻孔灌注桩基础,桩径1.5m摩擦桩。引桥桥墩采用桩径1.5m摩擦桩。主墩桩基钢筋布置如图3-18所示。

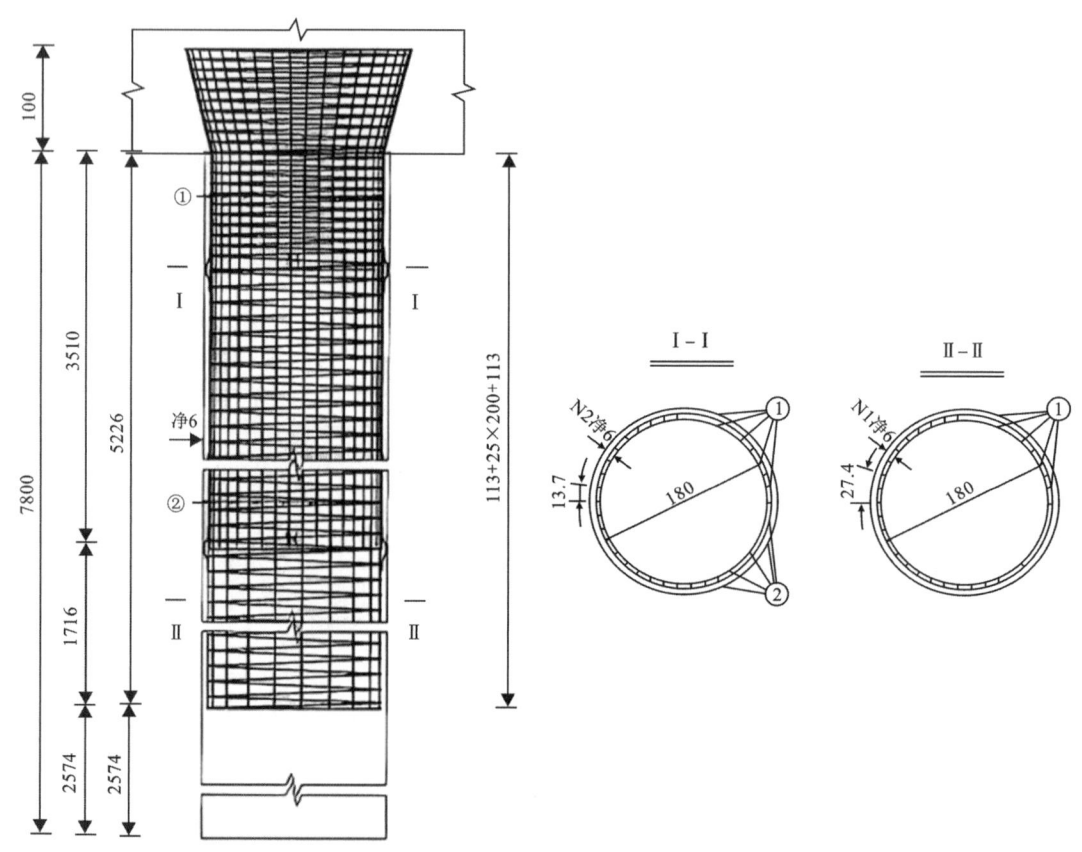

图 3-18 主墩桩基钢筋构造图(单位:mm)

东西大道桥采用泥浆护壁法进行钻孔灌注桩施工,与世纪大道桥相同,此处不再赘述。

3.4 小 结

软土地区常见的桥梁结构类型包括梁式桥、系杆拱桥和斜拉桥等。这些结构类型在软土地区的选择需要考虑到软土的特性,如承载能力较低、容易发生沉降等。本章阐述了软土地区桥梁的典型受力特征。这些受力特征需要在设计和施工中充分考虑,以确保桥梁结构在软土地区具有良好的稳定性和安全性;介绍了京杭大运河二通道软土地区两座典型的桥梁工程——世纪大道桥、东西大道桥的工程实例参数,包括桥梁跨度、桥面宽度、桥墩高度和桩基参数等。

第4章　航道开挖对上跨桥梁桩基影响监测

在厚层软土覆盖且线性交通基础工程密集分布的复杂工程地质条件下进行航道开挖,施工必将对软土地层带来较大扰动,进而影响到上跨桥梁的桩基稳定性。土体开挖时邻近建(构)筑物的桩基将受到开挖引起土体位移的作用,导致桩身产生附加应力、弯矩和侧向位移。就桥梁桩基结构而言,土体开挖势必对邻近桥梁的桩身、承台及桥墩产生影响,当位移增大到临界阈值时,将直接影响交通运营的安全。

本书为研究航道开挖施工对上跨桥梁基础稳定性的影响,分别对京杭大运河二通道桥梁工程——世纪大道桥、东西大道桥的桩基进行监测。选取其主墩桩基开展单桩轴力、桩基倾斜和桩顶位移监测,重点关注应力和变形在不同施工工序下的响应规律。该监测系统在航道通航后针对桩基应力和变形演化进行长期监测和预警,进一步保障该桥梁工程的安全运维。

4.1　桥梁施工监测概述

桥梁施工监测是桥梁施工技术的重要组成部分,它以实现预设的成桥状态为目标,在整个施工过程中,通过实时监测桥梁结构的状态和环境状况,获得桥梁结构实际状态与理想状态之间的差异(误差),运用现代控制理论,对误差进行识别、调整、预测,使桥梁施工状态最大限度地接近理想状态,从而保证桥梁结构在施工过程中的安全,最终使桥梁结构的成桥状态满足设计和施工规范的要求。

4.1.1　桥梁结构监测的意义

随着桥梁施工技术的发展,桥梁施工监测的重要性逐渐被人们所认识。以往,在桥梁施工技术中并未突出施工监测的内容,甚至没有提到"施工监测"。而事实上,施工监测是施工技术的重要组成部分,并始终贯穿于桥梁施工中。施工监测在施工技术中未被重视的原因是由于过去所建桥梁一般跨径不大,规模较小,影响因素较少等。因为施工监测不力而产生的不良后果也就不明显,从而使人们忽视了它的重要性。

随着交通事业发展的需要,大量的公路需要建设,桥梁作为公路的咽喉工程,建设任务更加艰巨。事实上,任何桥梁施工,特别是大跨径桥梁的施工,都是一个系统工程。自开工到竣工整个为实现设计目标而必须经历的过程中,将受到许多因素的影响。设计计算、桥用材料性能、施工精度、荷载、大气温度等诸多方面在理想状态与实际状态之间存在差异,施工中如何从各种受误差影响而失真的参数中找出相对真实的数值,对施工状态进行实时识别(监测)、调整(纠偏)、预测,对设计目标的实现是至关重要的。在近年来的桥梁建设中,人们已普遍认识到施工监测在施工技术中的重要地位与作用。实际上,桥梁施工监测早在以前的施工过程中就已被人们采用,如在施工中为了保证桥梁建成时的线形符合设计要求,在有支架施工时总是要在支架上设置预拱度,在悬臂施工中总是要使施工节段的立模(或安装)标高高于设计标高一定数值,这实质上就是在对桥梁施工实施监测,这些处理的好坏常常被看作是施工技术水平高低的体现。

1. 桥梁施工技术的重要组成部分

对不同体系、不同施工方法、不同材料等的桥梁,其施工监测技术的要求也不一样。以钢桁梁的悬臂架设为例,为使最终满足其设计标高,通常采用预设拱度的方法来解决,将先架设的节点预先抬高来考虑后架设节段的影响。由于钢材的均质性和制造尺寸的准确性,预设拱度方法在钢桁梁悬臂拼装过程中是较为成功的方法。但是,对于同样采用悬臂法施工的混凝土桥梁就不那么简单。因为混凝土桥梁除了本身材料的非均质和材料特性的不稳定外,它还受温度、湿度、时间等因素的影响,加上采用悬臂施工这种自架设体系施工方法,各节段混凝土或各层混凝土相互影响,且这种相互影响又有差异,这就必然造成各节段或层的内力和位移随着混凝土浇筑或块件拼装过程的变化而偏离设计值的现象,甚至出现超过设计允许的内力和位移。对于这种情况,若不通过有效的施工监测及时发现、调整,就势必导致成桥状态的线形与内力不符合设计要求或在施工过程中出现结构的破坏。

2. 确保桥梁施工宏观质量的关键

衡量一座桥梁的施工宏观质量标准就是其成桥状态的线形以及受力情况符合设计要求。对于桥梁的下部结构,只要基础埋置深度和尺寸以及墩台尺寸准确就能达到标准要求,且容易检查和控制。而对采用多工序、多阶段施工的桥梁上部结构,要求结构内力和标高的最终状态符合设计要求,绝非易事。比如预应力混凝土刚构桥和斜拉桥在悬臂安装1号块时,如预抛高设置不准,可能影响到以后各节段和合龙标高以及全桥的线形。斜拉桥除了主梁的混凝土浇筑或预制块件悬臂拼装中要考虑预抛高而使主梁标高符合设计要求外,还要求在斜拉桥建成时斜拉索的内力也要达到设计要求,否则,斜拉索受力不均将影响斜拉桥的使用寿命。斜拉桥是多次超静定结构,在施工过程中主梁标高的调整将影响到斜拉索的内力,某根斜拉索内力的调整又影响到主梁标高和邻近斜拉索的内力,斜拉桥比混凝土刚构桥更加复杂。为确保桥梁施工质量,对施工过程进行监测是必不可少的。目前我国计算机的应用已非常普遍,技术人员完全可以对多阶段、多程序的自架设体系施工方法进行模拟,可预先计算出各阶段内力和位移,称之为预计值。将施工中的实测值与预计值进行比较,若有误差可以进行调整,直到达到最满意的设计状态。我国借鉴国外的经验,从建设第一座斜拉桥起,就注意施工过程监测的重要性。只是在问题的解决上还存在差异,导致个别斜拉桥施工完成后线形不够理想。比如有座跨径组合为 210m+200m 的单塔单索面混凝土斜拉桥,在施工中采用劲性骨架悬臂浇筑主梁的施工方法,浇筑主梁时通过水箱放水减载与浇筑的混凝土质量相平衡,以此保持设计线形(设计标高),理论上是完善的,但由于主梁分边箱和中箱两次浇筑,施工工序除纵向分节段外,横向又分两次完成,工序太多,不容易监测,所以造成该桥完工后,主梁外观呈波浪形,在桥面行车时更为明显,影响行车舒适性,外观上也留下缺憾。各斜拉索受力是否符合设计要求,也难以确定。这就再次说明,为了建成质量高、外形美的桥梁,施工监测是必不可少的。

3. 桥梁建设的安全保证

为了安全可靠地建好每座桥,施工监测将变得非常重要。因为每种体系的桥梁所采用的施工方法均按预定的程序进行,施工中的每一阶段,结构的内力和变形是可以预计的,同时可通过监测得到各施工阶段结构的实际内力和变形,从而完全可以跟踪掌握施工进程和发展情况。当发现施工过程中监测的实际值与计算的预计值相差过大时,就要进行检查和原因分析,而不能再继续施工,否则,将可能出现事故。这方面实例太多,例如,跨径548.64m的加拿大魁北克桥就是因为在施工中两次发生事故而闻名于世的。该桥采用悬臂拼装法施工,当南侧锚碇桁架快架完时,突然崩塌坠落。原因是悬出的桁架太长(悬臂长176.8m),靠近中间墩处的下弦杆受力过大,致使下弦杆腹板失去稳定而引起全桁架严重破坏。尽管造成事故的原因是设计问题,但若当时采用了施工监测手段,在内力较大的杆件中布置监测测点,当发现异常现象时,及时停工检查,就不会发生突然崩塌坠落事故。

4. 安全性和耐久性的重要保障

随着交通事业的发展,荷载等级、交通流量、行车速度等必然提高,还有一些不可预测的自然破坏力也将会危及桥梁的安全,若在建设桥梁时进行了施工监测,并预留长期观测点,将会给桥梁创造终身安全监测的条件,从而给桥梁运营阶段的养护工作提供科学的、可靠的数据,给桥梁安全使用提供可靠保证。这方面的反面事例在工程界是存在的:韩国圣水桥于1994年10月突然在中跨断塌50m,其中15m掉入江中,造成32人死亡,17人受重伤。据称造成该桥在行车高峰期突然断裂的原因是该桥长期超负荷运营,钢桁梁螺栓和杆件疲劳破坏所致。又如我国广州海印大桥,因斜拉索的防护措施不够完善、可靠,造成斜拉索超应力,只使用几年就突然断裂,创造了世界损桥年限最短的纪录,不但造成重大的经济损失,而且也带来了不良的社会影响。再如四川宜宾小南门金沙江大桥,因短吊杆锈蚀严重,加之长期荷载作用下的疲劳破坏,致使部分桥面结构坠入江中,造成人员伤亡和车辆损失,带来了重大的经济损失和不良社会影响。以上实例说明,桥梁的运营阶段仍然急需一套长期有效的监测系统,使桥梁养护部门能根据该桥的实际使用情况进行有效地更换和维护,而不是只靠外观检查等简单手段,得到粗略的依据进行不切要害的养护。要彻底改变目前我国桥梁养护部门的现状,科学地、较为主动地预报桥梁各部位运营情况,必须在桥梁施工中进行施工监测系统的建立,并使其能长期对桥梁进行监测,这样才能确保这些耗资巨大、与国计民生密切相关的大桥安全使用。由此可见,桥梁施工监测是现代桥梁建设和发展的必然趋势。

4.1.2 桥梁结构监测的现状和发展

武汉长江大桥和重庆长江大桥在施工过程中所做的应力、标高的调整,实际上就是桥梁施工监测的内容。这说明桥梁施工监测是桥梁建设质量控制所必需的,并早已被桥梁建设者所认识。

1. 桥梁施工监测的发展

系统地实施桥梁施工监测的历史并不长。最早较系统地把工程控制论应用到桥梁施工管理中的国家是日本。桥梁施工监测技术在国外得到了广泛重视。20世纪80年代初,日本修建日野预应力混凝土连续梁桥时,就建立了施工监测所需的应力、挠度等参数的观测系统,并应用计算机对所测参数进行现场处理,然后将处理后的实测参数送回控制室进行结构计算分析,最后将分析结果返回到现场进行施工控制。上述方法也是国外传统的施工监测方法。到20世纪80年代后期,日本在修建Chichby斜拉桥和Yokohama海湾斜拉桥时,成功地利用计算机联网传输技术建立了一个用于拉索索力调整的自动监测系统,实现了施工过程中实测参数与设计值的快速验证比较,对保证施工安全和精度,加快工程进度起到了决定性的作用。该系统主要由自动测量数据采集、精度控制支持和结构计算机分析3部分组成,但由于结构计算分析是借助控制室大型计算机进行的,因此,受通信电缆架设费用昂贵等因素的影响,其推广受到限制。此后,日本又研制出一套以现场微机为主要计算分析手段的斜拉桥施工双控系统,这一系统除包含上述提及的3个部分外,还增加了2个数据库,即测量参数和计算参数数据库。此系统的最大特点是在现场完成自动测试、分析和控制全过程,并可进行设计值敏感分析和实际结构行为预测。该系统在1989年建成的Nitchu桥和1991年建成的Tomei-Ashigara桥上实际应用效果良好。

我国虽在20世纪50年代就已注意到施工中结构内力和变形的调控,但在现代桥梁施工监测技术方面的研究相对起步较晚,但发展较迅速。进入20世纪80年代以后,随着计算机在桥梁工程中应用的普及和深入,桥梁工作者开始用计算机辅助桥梁施工。1982年建成的上海泖港大桥(主跨200m的斜拉桥)首次根据现代工程控制的基本思想,有效地进行了主梁挠度和索塔水平位移的施工控制。20世纪80年代后期,对斜拉桥施工监测技术进行了全面研究,已初步形成系统。该系统主要依靠现场微机,用理想的施工倒退分析程序和考虑混凝土收缩徐变影响的控制分析程序提供每一个施工阶段的理想状态计算控制值,在现场将理想状态计算控制值与实测值进行比较分析,并通过对设计参数的识别和拉索索力的优化调整等方法,实现施工作业与控制之间的良性循环,最后达到对主梁挠度和拉索索力实施双控的目的。我国紧接着又对悬索桥、拱桥、连续刚构桥等的施工监测技术展开了研究与实践,并取得了较好成果。

综上所述,由于国外在桥梁施工监测技术方面的研究和应用起步较早,众多发达国家已将施工监测纳入常规施工管理工作中,监测方法已从人工测量、分析与预报,发展到自动监测、分析预报,并已形成了较完善的桥梁施工监测系统。即便如此,国外对桥梁施工监测技术的研究还在继续,这是由于影响桥梁施工的因素太多、太复杂,同时,不断涌现的、新型的、规模(跨径)更大的桥梁工程也对桥梁施工监测提出了更高的要求。国内在20世纪80年代以后,虽在桥梁施工中已注意到结构应力调整和预拱度的设置,但并未将系统控制概念引入。在以后的研究中,主要集中在斜拉桥上,在90年代中后期,对桥梁施工监测的研究才逐渐在其他桥梁上展开和应用。比较起来,我国在该领域还有差距,主要表现在对桥梁施工控制的理论与实践研究还不够、监测手段落后、对影响施工监测的因素研究不透、预测和判断精度不高、还未建立起一套完善的施工监测技术系统和组织管理系统。因此,深入研究桥梁施工控制理论,研制更加合理、实用的控制软件以及更加方便、精确的监测设备,建立完善的桥梁施工监测技术系统和组织管理系统是今后桥梁建设事业发展迫切需要进行的工作。

2. 桥梁服役状态监测

目前,国外除了重视桥梁在施工过程中的监测外,也十分重视桥梁运营状态的监测工作,在桥梁中埋设测点进行长期观测、预报和分析,以随时了解运营桥梁的健康状况,避免突发事件的发生。

在这方面国内起步更晚,目前大多数桥梁主要靠目测和荷载试验来了解运营桥梁的情况,对桥梁可能存在的危险因素无法起到预警和避免的作用。但人们已开始认识到对桥梁运营状态进行监控的重要性,比如对上海杨浦大桥、香港青马大桥、江阴长江大桥、重庆大佛寺长江大桥等特大桥已开始进行长期监测工作。

3. 智能监测

智能控制是桥梁工程控制(施工控制和服役桥梁控制)的发展趋势。大型桥梁工程,结构复杂、规模巨大,难以用一般的手段监测与控制,必须通过埋设新型传感器(如光纤传感器),应用先进信号处理技术、建立在线(运营)桥梁专家系统,形成智能控制体系,提高工程控制的科学性、可靠性和可操作性,这是桥梁工程控制的发展方向。

4.1.3 桥梁施工监测内容及方法

施工监测是大跨度桥梁施工控制的基础,这是因为大跨度桥梁施工过程复杂,影响其施工控制目标顺利实现的因素很多,如所用材料性能与设计取值之间的差异,先期形成结构(部件)的截面特性等与分析取值之间的误差,施工荷载与计算取值之间的差异,结构模拟分析模型与实际情况之间的差别,施工测量存在的误差,施工条件与工艺非理想化的影响以及结构设计参数和状态参数实测中存在的误差等。因此,在施工中必须对重要的结构设计参数、状态参数进行监测,以获取反映实际施工情况的数据和技术信息,不断根据实际情况修正原先确定的各施工阶段的理想状态,使施工状态处于控制范围之中。

上述经修正后的理想状态只不过是施工中期望实现的目标,这是由于桥梁结构施工过程是一个复杂的动态系统,随着工程的推进,主体结构逐渐增加,边界条件和结构体系在不断改变,表征结构特征的参数也在发生变化。同时,理想状态的修正也没有从根本上克服整个误差影响。所以,在施工过程中运用反馈控制分析方法得出优化调控措施,消除误差影响,是确保施工结构状态最大限度地接近理想状态的重要手段,而反馈控制分析是建立在结构理想设计状态、实测结构状态和误差信息三大基础之上的。由此可见,进行施工过程中的跟踪监测是施工控制中必不可少的。

施工监测系统是大跨度桥梁施工控制系统中的一个重要部分,各种桥梁施工控制中都必须根据实际施工情况与控制目标建立完善的施工监测系统。不论何种类型的桥梁,其施工监测系统中一般都包括结构设计参数监测、几何状态监测、应力监测、动力监测、温度监测以及环境状况监测等几个部分。通过施工监测系统的建立,跟踪施工过程并获取结构的真实状态,可以修正理论设计参数,保证施工控制预测的可靠性,同时又是一个安全警报系统,通过警报系统可及时发现和避免桥梁结构在施工过程中出现的超出设计范围的参数(如变形、截面应力等)以及结构的破坏。另外,该监测系统还可在桥梁使用中对其安全状况进行监测,为桥梁的科学管理与维护提供数据资料。施工监测方法很多,具体应根据监测对象、监测目的、监测频度、监测时间长短等情况选定最方便实用、最可靠的监测方法。以下根据监测的内容不同分别加以说明。

1. 几何形态监测

几何形态监测的目的是获取(识别)已形成结构的实际几何形态,内容包括标高、跨长、结构、缆索的线形、结构变形或位移等。它对施工控制、预报非常关键。

目前用于桥梁结构几何形态监测的主要仪器有测距仪、水准仪、经纬仪、全站仪、光电图像式挠度仪等。通常采用测距和测角精度不低于规定值[如±(2mm+2μm)和±2″]的全站仪,结合固定高亮度发光体照准目标,作为需要全过程动态跟踪监测的三维几何形态参数[如悬索桥索塔位置、主索鞍位置、主缆索和加劲梁线形、索夹位置等,斜拉桥索塔位置、斜拉索锚固位置、加劲梁平面位置(线形)等,拱桥轴线线形、拱上结构位置等,连续刚构桥墩位、悬臂施工箱梁的平面位置等]的监测手段;采用精密水准仪和铟钢水准尺水准联测、活动砧标视准线法观测和精密电子倾角仪倾角测量及激光挠度仪等作为标高、变形(位)等的监测手段。

对需要全过程跟踪监测的结构几何形态参数的监测通过指定控制点的位置进行坐标监测加以体现。一般是在结构温度趋于恒定的时间区段内(一般为夜间12:00至次日凌晨6:00),利用桥址附近的施工平面和高程控制网,采用全站仪,并以安装在各控制点的高度发光体和测距棱镜作为照准目标,进行多测回观测的极坐标或三角高程测量获取控制测点三维大地坐标,并通过坐标变换求出控制测点的施工设计位置坐标。在进行控制点位置坐标监测时,应同时对结构温度进行监测,只有在结构温度趋于稳定后,所观测到的控制点位置坐标方可作为监测结果。对于结构温度趋于稳定的标准问题,根据经验可定为:若以结构构件同一断面上的表面测点平均温度作为结构构件断面测试温度,则构件长度方向测试断面的最大温差应不超过2℃,在同一测试断面上测点温度的最大温差应不超过1℃。变监测控制网的精度必须满足设计、规范以及施工控制本身的要求。

由于几何形态参数监测结果将直接反馈给施工控制系统,所以不但要求其结果具有准确性,同时还要求数据整理及时,这可通过监测数据实时处理分析系统完成。对于定期监测的数据,按照不同等级水准测量的国家规范等有关标准规定的作业成果记录整理方法,采用手记录、现场外业手簿计算水准联测的闭合差、测量中误差以及观测点的变形或变形位移。全过程动态跟踪的几何参数监测,首先对在现场手工记录的角度、距离等原始观测值进行100%的检查,在观测数据满足有关规范、标准规定的限差要求的前提下,对观测成果进行必要的改正(如仪器常数、气象条件等),然后进行观测点的三维坐标转换(一般需转换至施工设计位置坐标)。上述实时处理分析系统可通过计算机完成,并可将其结果直接与施工控制系统相联系。

2. 应力监测

结构截面的应力(包括混凝土应力、钢筋应力、钢结构应力等)监测是施工监测的主要内容之一,它是施工过程的安全预警系统。无论是拱桥、梁(刚构)桥,还是斜拉桥和悬索桥,其结构某指定点的应力也同其几何位置一样,随着施工的推进,其值是不断变化的。在某一时刻的应力值是否与分析(预测)值一样,是否处于安全范围是施工控制关心的问题。解决的办法就是进行监测。一旦监测发现异常情况,就立即停止施工,查找原因并及时进行处理。

因为桥梁施工的时间一般较长,所以应力监测是一个长时间的连续的量测过程。要实时、准确监测结构的应力情况,采用方便、可靠和耐久的传感组件非常重要。目前应力监测主要是采用电阻应变片传感器、钢弦式传感器、光纤应变传感器等。电阻应变片传感器只能用于短暂的荷载增量下的应力测试,并且使用不便、耐久性差,所以,一般仅用于辅助应力测试与校核。对于适合于现场复杂情况、连续时间较长且量测过程始终要以初始零点作为起点的应力监测,目前基本上均采用钢弦式传感器。主要原因是钢弦式传感器具有较良好的稳定性,具有应变累计功能,抗干扰能力较强,数据采集方便等。光纤应变传感器是一种更方便、更准确的结构应变(应力)监测仪器。目前,光纤应变传感器已从实验室走向了工程应用,随着技术的进一步成熟,今后光纤应变传感器必将成为桥梁应力监测的主要设备和手段。

3. 索力监测

大跨度桥梁采用斜拉桥、悬索桥等缆索承重结构的现象越来越普遍,特别是跨径在500m以上时。斜拉桥的斜拉索、悬索桥主缆及吊索索力是设计的重要参数,也是施工中需要监测与调整的施工控制参数之一。索力量测效果将直接对结构的施工质量和施工状态产生影响。要在施工过程中比较准确地了解索力实际状态,选择适当的量测方法和仪器,并设法消除现场量测中各种误差因素的影响将非常关键。

4. 预应力监测

预应力水平是影响预应力桥梁(如连续梁桥、连续刚构桥等)施工控制目标实现的主要因素之一。监测中主要是对预应力筋的张拉真实应力、预应力管道摩阻损失及其永存预应力值进行测定。对于张拉真实应力,通常在张拉时通过在张拉千斤顶与工作锚板之间设置压力传感器测得;对于后两者,可在指定截面的预应力筋上贴电阻应变片测其应力,张拉应力时测得的应力之差即为该截面的预应力管道摩阻损失值。

5. 温度监测

对于大跨度桥,特别是斜拉桥、悬索桥等,其温度效应十分明显。如斜拉桥斜拉索在温度变化时其长度将相应伸长或缩短,直接影响主梁标高;悬索桥主缆标高将随温度的改变而变化,索塔也可能因温度变化而发生变位,这些都会对主缆的架设、吊杆料长计算等产生很大影响;悬臂施工连续刚构(梁)桥标高也将随温度的变化发生变动。因此,在大跨度桥梁施工过程中对结构的温度进行监测,寻求合理的立模、架设时间,修正实测结构状态的温度效应,对桥梁按目标施工和实施施工监测都是十分重要的。目前,结构温度的测量方法较多,包括辐射测温法、电阻温度计测温法、热电偶测温法以及其他各种温度传感器等。每种方法的测量范围、精度和测量仪器的体积及测量繁杂程度都有所不同,通常应选用体积小、附着性好、性能稳定、精度高且可进行长距离监测传输的测温组件。

6. 远程监测

桥梁施工监测是桥梁施工控制的主要内容之一,同时也是耗费人力、物力最多的一项工作。随着科学技术的发展,桥梁施工监测信息的获取、传输和处理完全实现自动化和智能化是可行的,同时也是必要的。这是因为桥梁一般位于交通干线上,如果在每一座桥梁附近都建一个现代化的测试中心,一方面会造成投资重复,同时也是国家人力、物力、财力所难以承受的;另一方面,为了使桥梁旁边的测试中心正常地运作,要为其长期配备大量的工程技术人员、测试专家、桥梁专家等,而这些专家不可能长期位于测试现场。为了把有限的人力、物力及财力运用于桥梁监测系统,一个较好的方法就是远程监测,即测试现场实现无人化操作。现场的传感器系统在现场控制系统的指挥协调下,进行数据的采集,然后借助于调制解调器经过目前发达的电话网络系统自动把数据传送到研究中心,一个桥梁监测研究中心就可以实现对众多桥梁的自动化监测。这样不仅方便、快捷,而且可以高效率地利用有限的资源。随着科学技术的发展,网络化仪器已经出现,监测领域正在兴起远程测量的热潮。

4.2 桥梁桩基监测方案

根据前文所述的桥梁监测内容和监测手段,结合工程实际施工进度,选择桥梁桩基应力和变形、主墩倾斜为监测对象,展开航道开挖对上跨桥梁桩基影响监测。

4.2.1 东西大道桥桩基应力与变形监测方案

因课题研究时东西大道桥主墩桩基正在施工,对航道西侧主墩沿桩身进行监测。此处主墩由16根直径为1.8m的桩组成,平均桩长80m。沿桩身垂向布设钢筋应力传感器及固定式测斜仪。考虑航道开挖与邻近地铁盾构施工影响,分别选取靠近航道、临近盾构的两根主墩桩基进行监测。通过在桥梁桩身安装钢筋应力传感器的方法来推导求得桩身轴力,钢筋应力传感器与受力钢筋串联连接。测量时取开挖前连续两天测定稳定值作为初始值,并在测试过程中考虑温度补偿问题。桥梁桩基测斜监测根据需要测量的深度位置,将测斜仪固定连接并与桩基钢筋笼绑扎成一体。选用密封式高精度固定测斜仪测量 X、Y 两个相互垂直方向倾斜变化,以及不同深度测点的倾斜方向与倾斜角度。

钢筋应力传感器输出频率信号,布设1台42通道频率数据采集仪置于承台上进行实时数据监测。因传统手动测斜方式无法实现实时和全过程监测,本项目根据桩身长度和桩土界面特征,将测斜仪固定连接并绑扎于桩基钢筋笼上,沿轴向非等距布设测斜仪,开展桩身倾斜监测。考虑到桩身上部受施工影响较大,故测斜仪布设密度呈现上密下松的形态。测斜仪输出为数字信号,采用1台24通道数字数据采集仪,布设在桥墩中心处,进行实时数据监测(图4-1)。

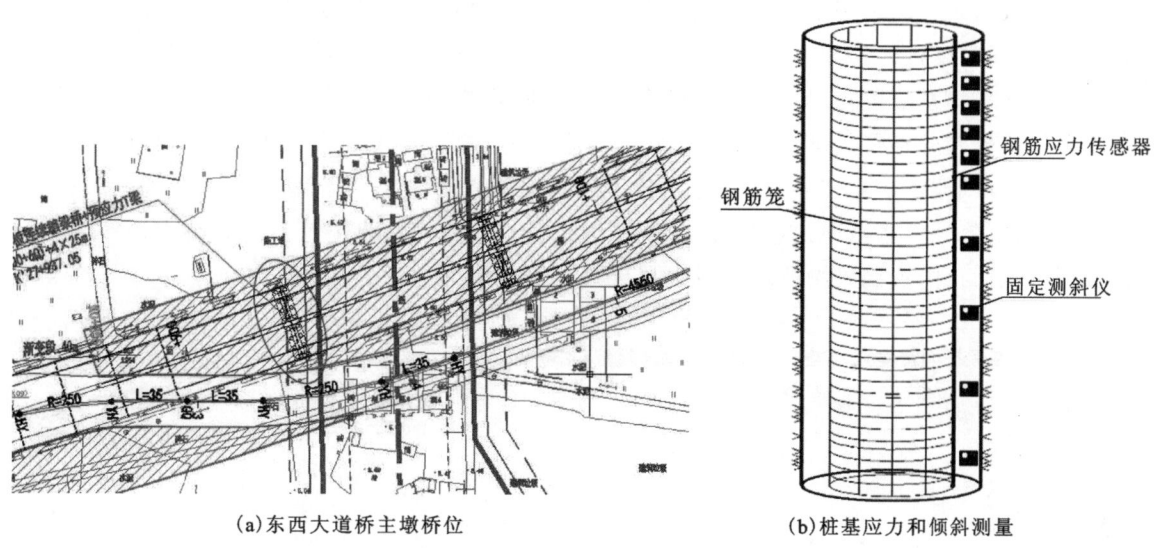

(a)东西大道桥主墩桥位　　(b)桩基应力和倾斜测量

图4-1　东西大道桥监测方案

4.2.2　世纪大道桥主墩倾斜监测方案

因课题研究时世纪大道桥主墩已经浇筑完成,在航道西侧靠近航道的主墩墩台进行监测。此处主墩由16根直径为1.8m的桩组成,平均桩长80m,承台长16.5m,宽7.5m,高3.5m。在桥梁主墩南北两承台四角布设倾角传感器,进行主墩倾斜测量。倾角传感器输出电流信号,静力水准仪输出数字信号,通过扩容电流数据采集仪,共用1台24通道电流/数字数据采集仪,选择在两承台相接处布设数据采集仪,进行实时数据监测(图4-2)。对上述物理量监测分析,阐明航道开挖施工条件下上跨桥梁桩基应力及变形分布规律。

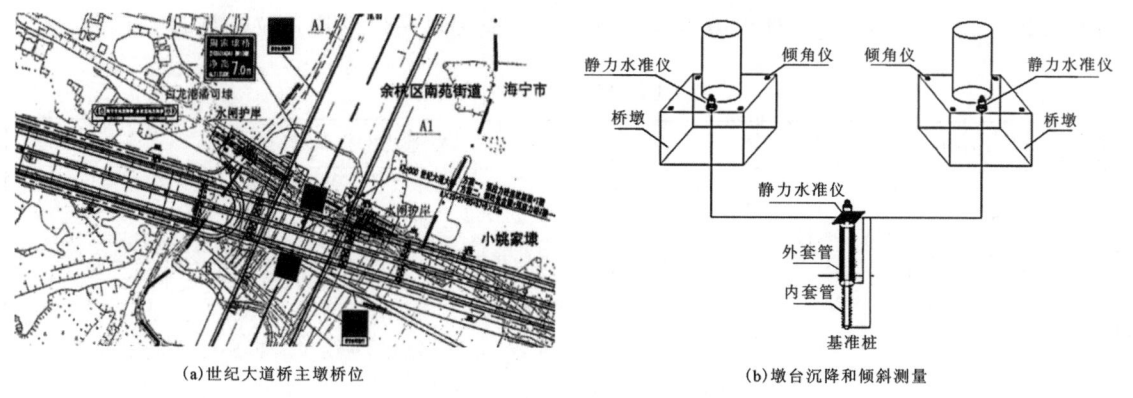

(a)世纪大道桥主墩桥位　　(b)墩台沉降和倾斜测量

图4-2　世纪大道桥监测方案

4.2.3 数据采集和传输

现场数据采集均采用全自动无人值守系统,采用低功耗定时器定时定点采集数据并存储数据,系统同时设置人工数据采集接口,方便进行现场数据采集及维护工作。

此数据采集系统可在现场或远程设定采集时间、模式、频率。到达设定时间后,传感器将自动采集数据并分别将数据汇总、传递至频率信号转换模块(数字信号转换模块);再由频率信号转换模块(数字信号转换模块)分别将多通道频率信号数据(数字信号数据)进行解析整合,将输出电信号传送至通信信号转换模块;通信信号转换模块将电信号转化为电磁频谱,并将数据打包通过内置制式物联网卡及卫星天线上传至中继通信卫星(图 4-3)。

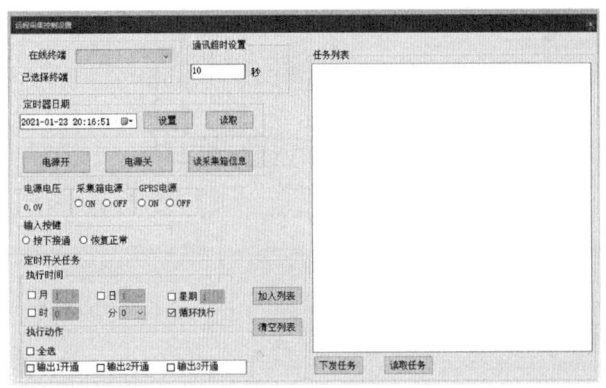 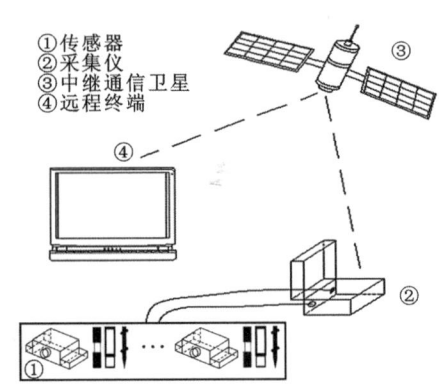

(a)监测系统操作界面　　　　　　　　(b)监测系统远程通信示意

图 4-3　数据采集系统

后期技术人员可通过远程控制系统连接中继通信卫星下载数据源,并进行下一步分析,或者也可将控制命令通过中继卫星传输至数据采集仪。根据传感器工作数量、不同数据采集模式,从数据采集至下载完毕整个过程大致需要 5～10min。

另外,以承台平面为水平基准面,采用全站仪三角高程法测量监测桩周土体地表的沉降,分析航道开挖条件下桩周土体沉降变形特性。现场监测可采用的设备仪器见表 4-1。

表 4-1　可采用部分仪器清单

序号	设备名称	型号	关键技术指标
1	钢筋应力传感器	MYT-GJ112	规格:$\Phi20$、$\Phi22$、$\Phi25$、$\Phi28$、$\Phi30$、$\Phi32$ 可选;最大压应力:160MPa 最大拉应力:250MPa;分辨率:≤0.05%F.S;使用温度:−30～60℃
2	测斜仪	MYTJ-CX30	量程:0～±30°;分辨率:0.01°;精度:±0.05%F.S;工作电压:12V 输出:RS485 数字信号;使用温度:−20～80℃

续表 4-1

序号	设备名称	型号	关键技术指标
3	42通道频率数据采集仪	MYJK-106（42HZ）	通道数:42ch;系统组成:单台采集仪独立工作;输入信号:频率;采集速度:>3个测点/秒;数据端口:至少带1个RS-485接口或无线接口,能够扩展一个TCP/IP或GPRS/CDMA等无线网络接口;数据存储:本地存储、电脑存储;数据存储空间:确保全部通道打开,至少每天采集两次,确保一年以上的数据存储量,掉电无丢失 数据上传方式:GPRS/CDMA无线数据传输方式;数据上传格式:工程名、断面号、孔号、测点编号、测量值、工程值、采集时间、数据曲线等;取数方式:支持现场取数或通过GPRS/CDMA无线数据远传网络取数;工作模式:定时采集、在线采集;定时采集:支持自动开机,时钟误差≤30秒/月;工作温度:-40~80℃;工作电压:9~15V DC;电气接口:接触电阻≤0.2Ω;采集仪软件:仪器内置
4	倾角传感器	MYTJ-QJ30	量程:0~±30°;测量轴:X/Y轴;供电:DC 9~36V;输出:4~20mA;零点温度漂移:±0.01°/℃;零点偏移:12mA;分辨率:0.01°;精度:0.1°;长期稳定性:≤0.12° 上电启动时间:0.2s;响应时间:0.01s;使用温度:-40~85℃;防护等级:≤IP67
5	静力水准仪	MYTJ-2120	量程:0~200mm;分辨率:≤0.01mm;精度:±0.1%F.S;使用温度:-30~80℃
6	静力水准仪液体管	Φ20mm304	规格:Φ20mm;材质:304不锈钢
7	静力水准仪液体管保护管	Φ25mmPVC	规格:Φ25mm×1.5;材质:PVC;标准工作温度:-40~60℃ 最小爆破压力:5.0MPa;标准工作压力:1.0MPa
8	仪器保护箱	MY-BHX334	规格尺寸:≥300mm×300mm×350mm;材质:≥3mm厚不锈钢镀锌钢板,表面做喷塑处理
9	24通道数字数据采集仪	MYJK-106（24SZ）	通道数:24ch;系统组成:单台采集仪独立工作;输入信号:数字;采集速度:>3个测点/秒;数据端口:至少带1个RS-485接口或无线接口,能够扩展一个TCP/IP或GPRS/CDMA等无线网络接口;数据存储:本地存储、电脑存储;数据存储空间:确保全部通道打开,至少每天采集两次,确保一年以上的数据存储量,掉电无丢失 数据上传方式:GPRS/CDMA无线数据传输方式;数据上传格式:工程名、断面号、孔号、测点编号、测量值、工程值、采集时间、数据曲线等;取数方式:支持现场取数或通过GPRS/CDMA无线数据远传网络取数;工作模式:定时采集、在线采集;定时采集:支持自动开机,时钟误差≤30秒/月;工作温度:-40~80℃;工作电压:9~15V DC;电气接口:接触电阻≤0.2Ω;采集仪软件:仪器内置

续表 4-1

序号	设备名称	型号	关键技术指标
10	24通道电流/数字数据采集仪	MYJK-106（24ZH）	通道数:24ch;系统组成:单台采集仪独立工作;输入信号:电流、数字;采集速度:≥3个测点/秒;数据端口:至少带1个 RS-485 接口或无线接口,能够扩展一个 TCP/IP 或 GPRS/CDMA 等无线网络接口;数据存储:本地存储、电脑存储;数据存储空间:确保全部通道打开,至少每天采集两次,确保一年以上的数据存储量,掉电无丢失;数据上传方式:GPRS/CDMA 无线数据传输方式;数据上传格式:工程名、断面号、孔号、测点编号、测量值、工程值、采集时间、数据曲线等;取数方式:支持现场取数或通过 GPRS/CDMA 无线数据远传网络取数;工作模式:定时采集、在线采集;定时采集:支持自动开机,时钟误差≤30秒/月;工作温度:－40~80℃;工作电压:9~15V DC;电气接口:接触电阻≤0.2Ω;采集仪软件:仪器内置
11	胶体电池	12V,40AH	电压:12V;容量:40AH;使用温度:－40~70℃
12	传感器延长线	RVVP-4	导线材质:无氧铜;绝缘材料:聚氯乙烯;线芯颜色:彩色;编号:表皮按顺序标号
13	Φ50穿线管	Φ50mmPVC	规格:Φ50mm×2.1;材质:PVC;标准工作温度:－40~60℃;最小爆破压力:5.0MPa;标准工作压力:1.0MPa

4.3 桩基应力监测

根据东西大道桥应力监测方案,对其在施工期间的轴力变化展开监测。

4.3.1 桥梁应力监测点位布设

对新建桥梁东西大道桥桩基进行应力监测,综合考虑桥梁与航道施工工序、施工工法、邻近盾构施工影响等多方面因素,确定对西侧主墩2D号及6X号桩开展桩基应力监测,其中2D号桩靠近航道侧,桩基位置见图4-4。

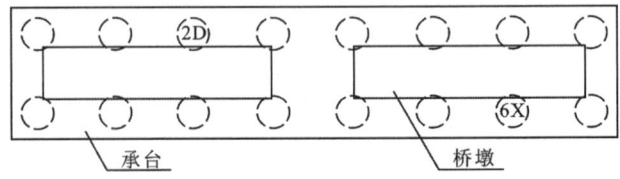

图4-4 应力监测点桩位(2D号桩靠近航道侧)

第4章 航道开挖对上跨桥梁桩基影响监测

在此基础上,结合监测点位场地工程地质条件,土层分布及相关影响因素,确定于2D号、6X号桩各布置15支钢筋应力传感器(又称钢筋应力计),开展实时应力监测,具体布设深度见表4-2。

表4-2 钢筋应力计布设深度

序号	1	2	3	4	5	6	7	8	9	10	11	12	13	14	15
监测位置——以桩头为零点/m	1.00	3.00	6.00	10.00	15.00	20.00	25.00	30.00	35.00	40.00	45.00	50.00	55.00	60.00	70.00

4.3.2 监测设备安装调试

钢筋应力计采用焊接方式与钢筋笼连接,并使用塑料软管保护引线至地面后连接至数据采集仪(图4-5)。

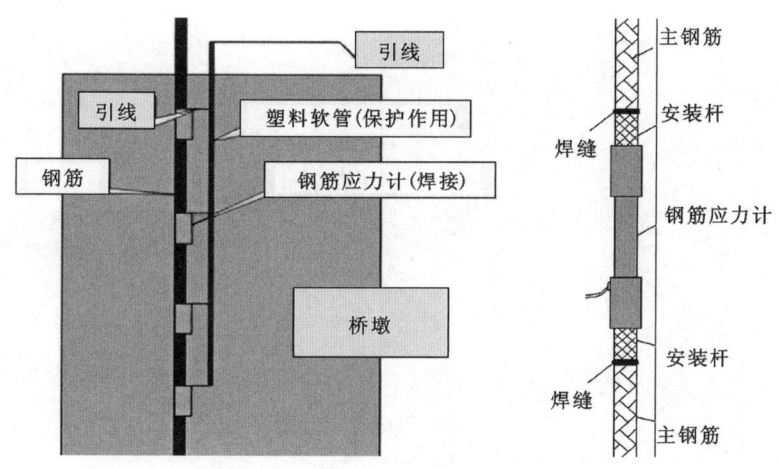

图4-5 钢筋应力计安装示意

东西大道桥因桩基施工工期、疫情防控等因素影响,分别于2020年10月中旬布设6X号桩钢筋应力计,2020年11月下旬布设2D号桩钢筋应力计,2021年4月安装数据采集与仪器保护箱,同时开展全程施工监测(图4-6)。

4.3.3 桩基应力特征分析

根据式(4-1)进行钢筋应力换算(适用于绑焊、姊妹杆扎接、钢支撑表面等绑焊连接):

$$F = \frac{K(f_i^2 - f_0^2)}{S_1} \times (S_1 + S_2) \tag{4-1}$$

式中:F 为钢筋应力计轴向力(kN);K 为钢筋应力计的标定系数($N \cdot mm^{-2} Hz^{-2}$);f_i 为钢筋应力计受力后的当测读数(Hz);f_0 为钢筋应力计安装后的零点读数(Hz);S_1 为钢筋应力计横截面积(mm^2);S_2 为主筋截面积(mm^2)。

其中,钢筋应力计横截面直径为12mm,主筋截面直径为28mm,各钢筋应力计标定系数

(a)钢筋应力计焊接安装

(b)安装完成的应力计

(c)频率数据采集仪

(d)东西大道桥仪器保护箱

图 4-6 监测设备安装

在出厂时测定,并于现场安装前复测校准,零点读数由传感器安装后在现场测得。

在此基础上,使用式(4-2)计算桩身轴力,并对各点位监测数据进行分析。

$$T = \frac{EFA}{A_s E_s} \tag{4-2}$$

式中：T 为桩身轴力(kN);E 为混凝土弹性模量(MPa);F 为钢筋应力计轴向力(kN);A 为桩身截面积(m^2);A_s 为单根钢筋截面积(m^2);E_s 为钢筋弹性模量(MPa)。

1. 桩基主筋整体应力分析

如图 4-7、图 4-8 可知,将两桩轴力纵向比较,所受轴力沿深度加深逐渐减小,随施工进程深入,所受轴力逐渐增大;部分施工节点如 0 号块预压施工等造成桩基轴力短期内迅速增加。其中 2D 号桩(图 4-7)钢筋应力上部测点数据在 2021 年 5 月至 7 月有部分异常值,6X 号桩(图 4-8)钢筋应力整体较平稳。

2023年3月,2D号桩3m深处的轴向力增长速度逐渐放缓(图4-9),而6X号桩和2D号桩其他测点的轴向力均逐渐减小。根据现场情况,施工单位在此时间段开始向航道注水,航道内土体水分向桩周土体移动,导致桩周土体黏聚力增加,桩基轴力逐渐减小。

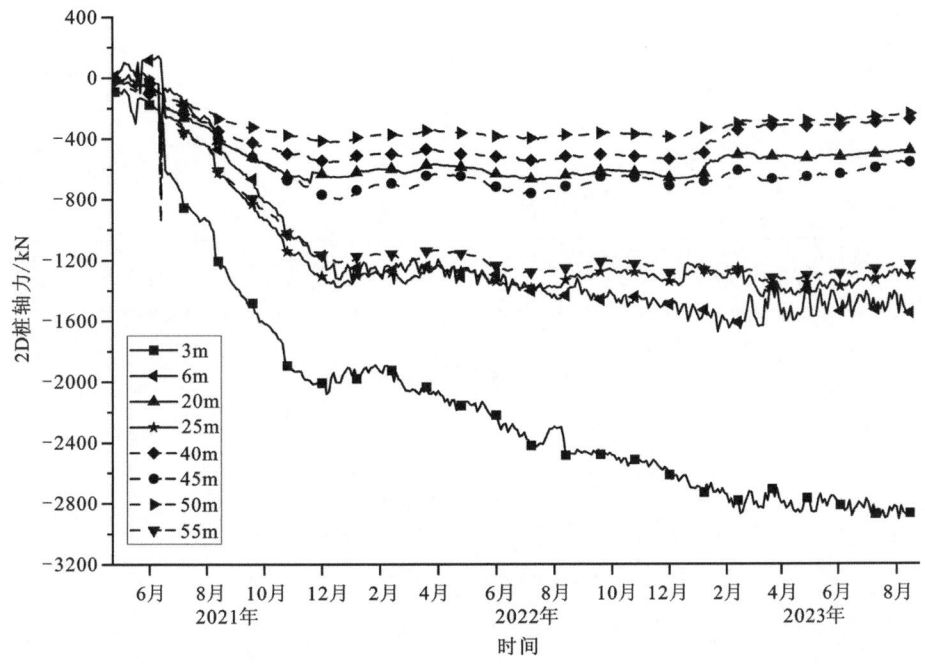

图 4-7　2D 号桩轴力变化

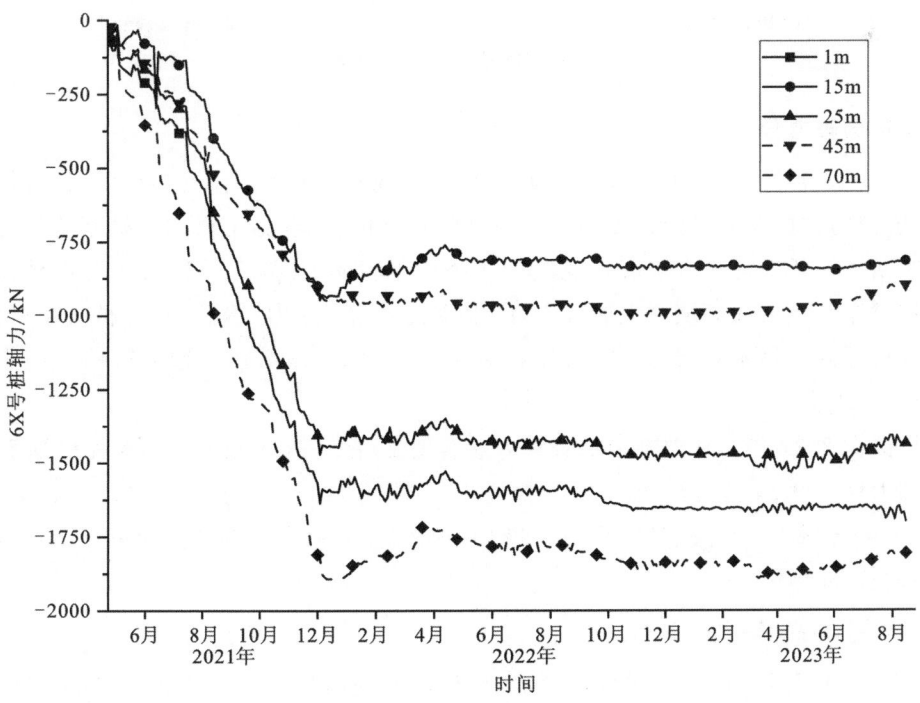

图 4-8　6X 号桩轴力变化

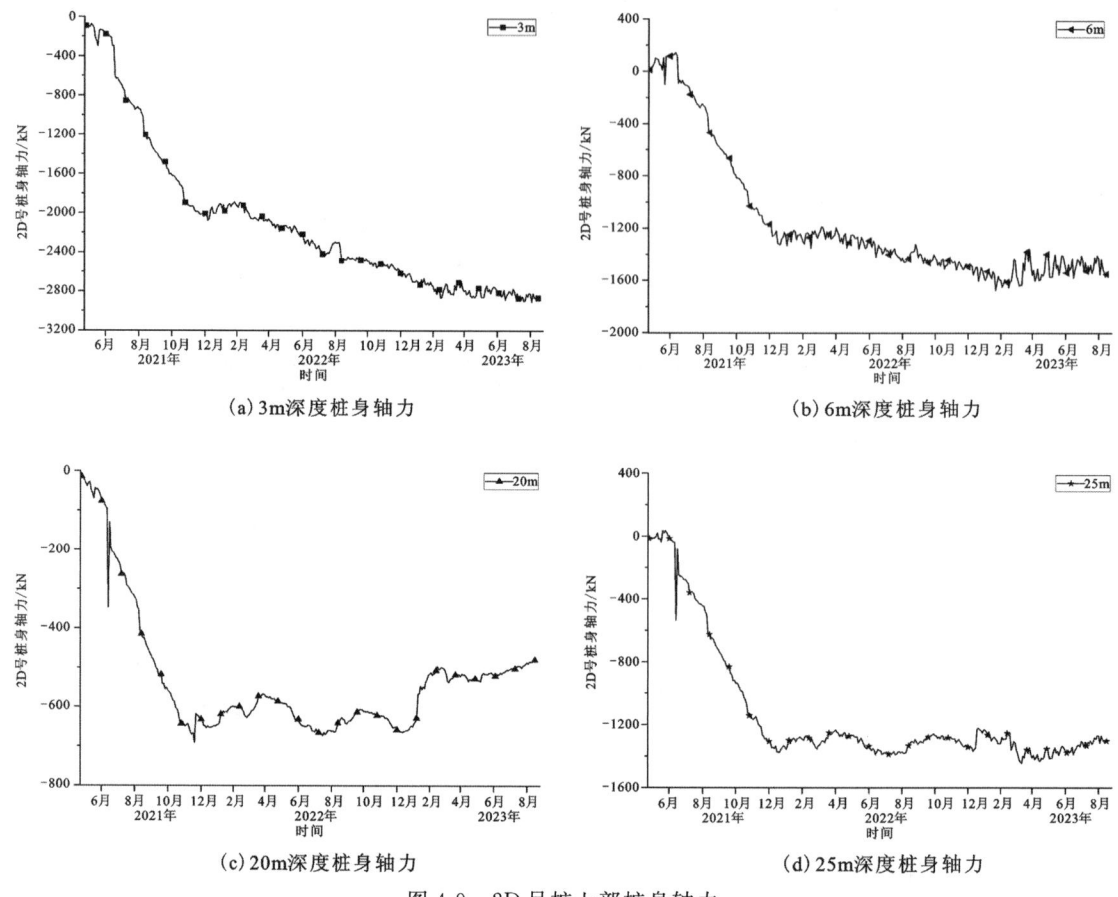

图 4-9 2D 号桩上部桩身轴力

2. 2D 号桩轴力分析

2021 年 5 月至 7 月间,2D 号桩上部测点数据出现明显异变,部分测点甚至出现短暂拉应力,6X 号桩应力数据此时段内并无异常。综合监测点位、现场施工情况及桩基测斜等监测数据研判:东西大道桥航道护岸与底板浇筑先于桥梁承台施工,施工单位为保证机械通过承载力,在航道护岸与承台间倾填了大块桩头,产生较大的侧向压力,造成 2D 号桩头略微倾斜,截面部分受拉;后随大桩头被清理及上部结构施工开展,轴向压力逐步增大后趋于稳定并随荷载增加进一步增大。

2D 号桩在 2021 年 6 月中下旬桩身轴力显著增加(图 4-10),最大值出现在桩深 55m 的位置,截面轴力由 100kN 增大至 961kN,后恢复至 157kN。结合现场施工情况,在此期间对 2D 号桩进行了单桩预压,因此桩身轴力急剧增加,预压结束后,轴力恢复至正常范围内,并随着施工平稳增长。

3. 2D 号桩与 6X 号桩横向对比

横向比较 2D 号桩与 6X 号桩同深度监测点位,发现两桩随上部荷载增加,桩身轴力整体

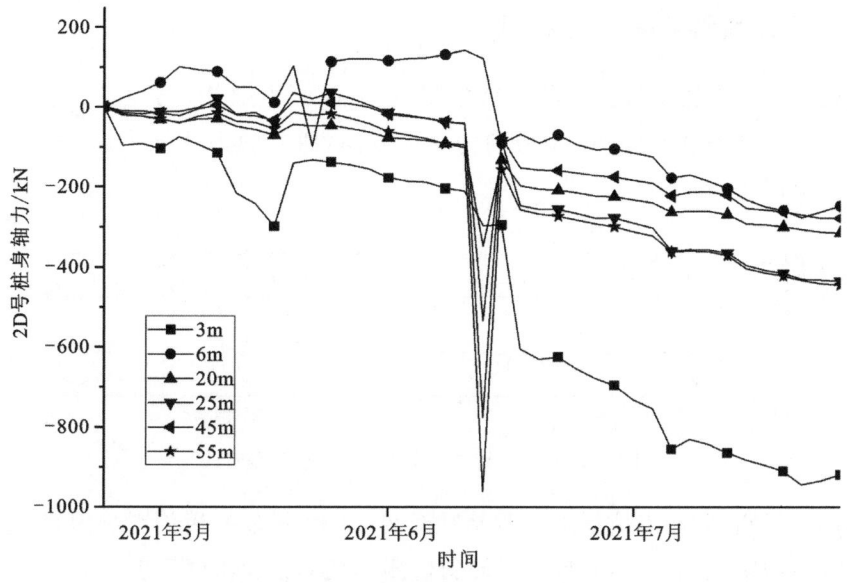

图 4-10　2D 号桩 2021 年 5—7 月轴力

变化趋势一致,但具体时间点的变化特征并不同步(图 4-11)。以 45m 处两桩应力对比为例:2021 年 6 月底到 7 月初、8 月初、9 月初 3 次应力迅速增大的时间段,2D 号桩的变化均略早于 6X 号桩。分析研判,上部结构的不同步施工造成了这种差异,随着上部荷载基数增加,应力变化已趋于一致。

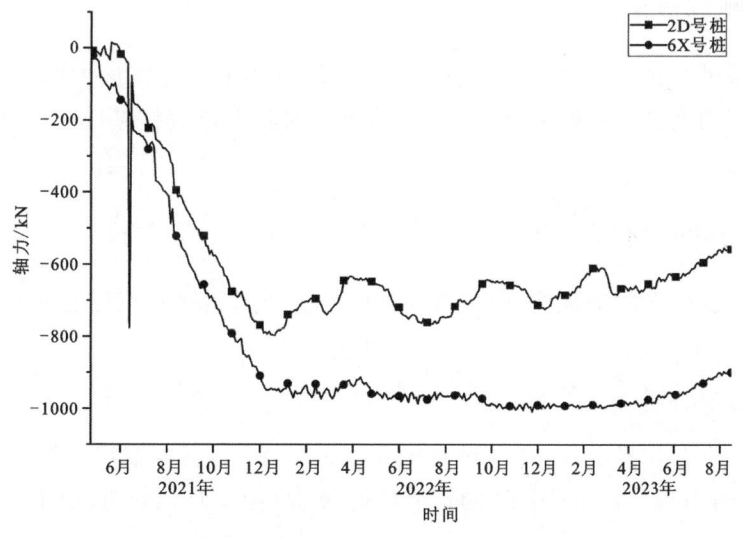

图 4-11　2D 号桩与 6X 号桩 45m 深度桩身轴力对比

4.4　桩基位移监测

根据东西大道桥桩基倾斜监测方案,对其桩基倾斜展开监测。

4.4.1 桥梁倾斜监测点位布设

对新建桥梁东西大道桥桩基开展测斜监测,选取西侧主墩 2D 号及 6X 号桩开展桩基测斜监测,其中 2D 号桩靠近航道侧,南方向为 $Y+$ 方向,西方向为 $X+$ 方向(背离航道方向)。具体桩号位置见图 4-12。

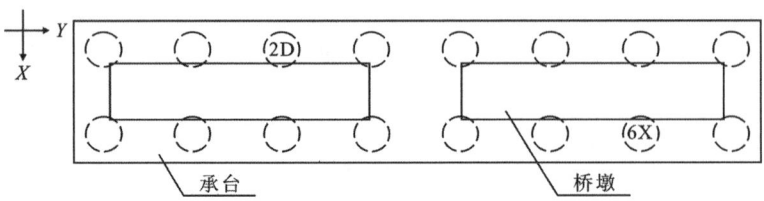

图 4-12 测斜监测点桩位($Y+$ 为南方向)

在此基础上,结合监测点位场地工程地质条件,土层分布及相关影响因素,于 2D 号、6X 号桩各布置 8 台数字式测斜仪,开展实时倾斜监测。具体布设深度见表 4-3。

表 4-3 数字式测斜仪布设深度

序号	1	2	3	4	5	6	7	8
监测位置——以桩头为零点/m	1.00	3.00	6.00	10.00	15.00	20.00	40.00	60.00

4.4.2 监测设备安装调试

数字式测斜仪可同时测量 X/Y 两个方向倾斜变化,选定 $X+$ 方向为西方向,$Y+$ 方向为南方向。测斜仪使用抱箍与钢筋笼连接,安装时间与东西大道桥桩基应力监测一致,最终于 2021 年 4 月起开展实时监测(图 4-13)。

4.4.3 桩身变形特征分析

根据现场的桩身变形监测数据,就桩身的整体变形特点和软弱土层位置的变形特点分别进行讨论。

1. 桩身整体变形分析

测斜仪传感器内置计算芯片,自动对测量数据进行换算,直接输出监测物理量。分别绘制 2D 号桩 X 向(图 4-14)、Y 向(图 4-15),6X 号桩 X 向(图 4-16)、Y 向(图 4-17)倾斜变化图。2021 年 5 月初,施工单位为进行航道护岸施工,在护岸和桥梁桩基之间倾填大量混凝土块修筑便道,致使靠近航道开挖侧的 2D 号桩上部产生背离航道方向的倾斜,随着便道修筑完成,2D 号桩上部倾斜角度保持稳定;6 月中旬施工单位进行 2D 号桩预压,桩顶荷载急剧增大,桩身在桩周土体土性较差位置发生倾斜,随着预压完成,桩身倾斜保持稳定。

第 4 章 航道开挖对上跨桥梁桩基影响监测

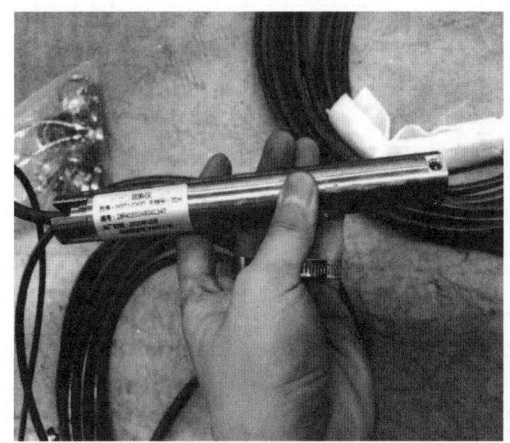

(a) 数字式测斜仪

(b) 使用抱箍安装测斜仪

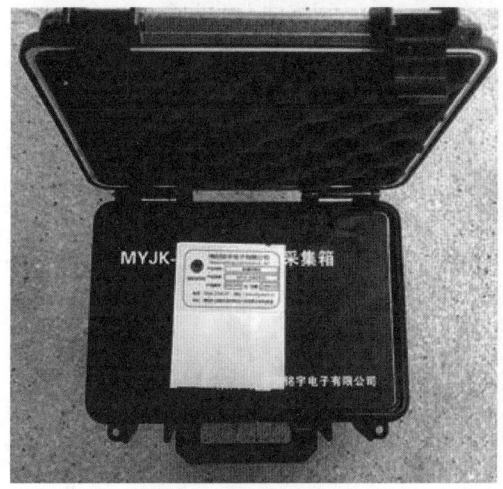

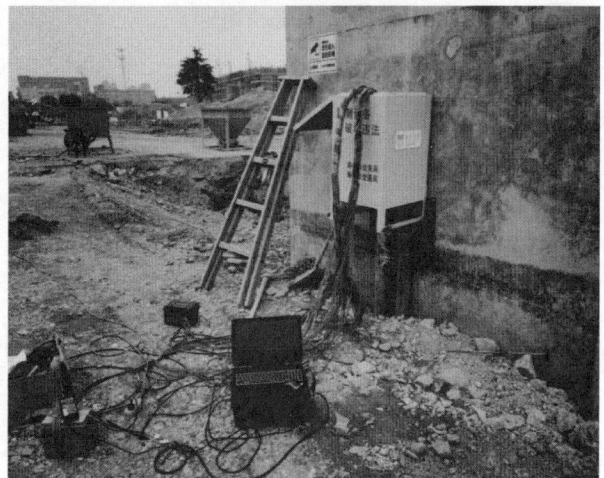

(c) 数字式数据采集仪

(d) 设备调试

图 4-13 测斜仪安装

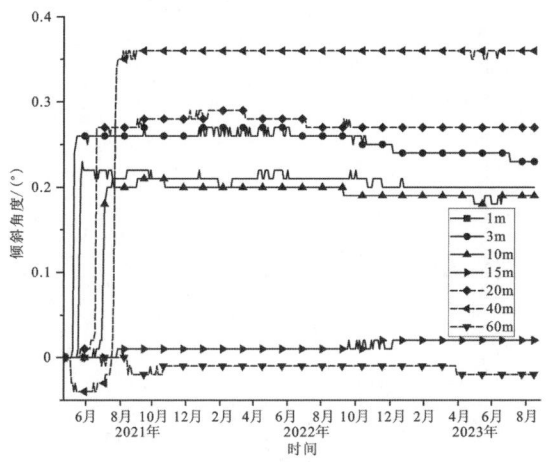

图 4-14 2D 号桩 X 向倾斜变化

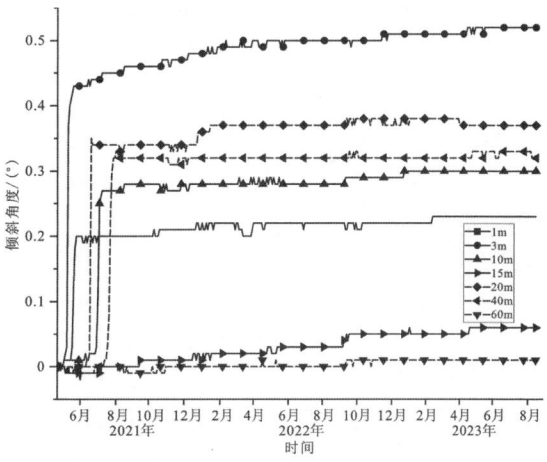

图 4-15 2D 号桩 Y 向倾斜变化

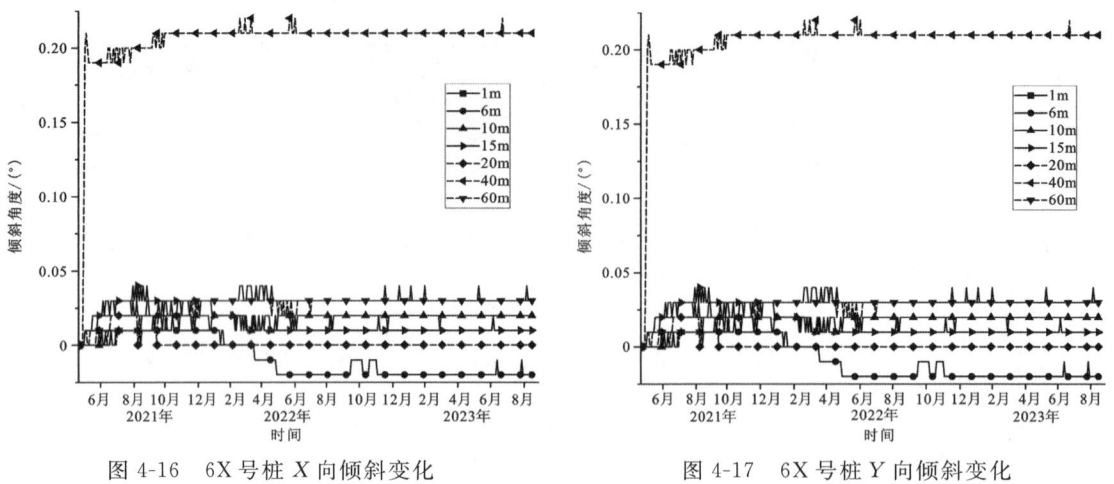

图 4-16 6X 号桩 X 向倾斜变化　　　　图 4-17 6X 号桩 Y 向倾斜变化

2. 埋深 40m 处桩基变形分析

由桩基整体变形分析可知，两桩在桩基埋深 40m 处均产生相对较大的倾斜变形，在此对两桩 40m 位置倾斜变化单独分析（图 4-18）。

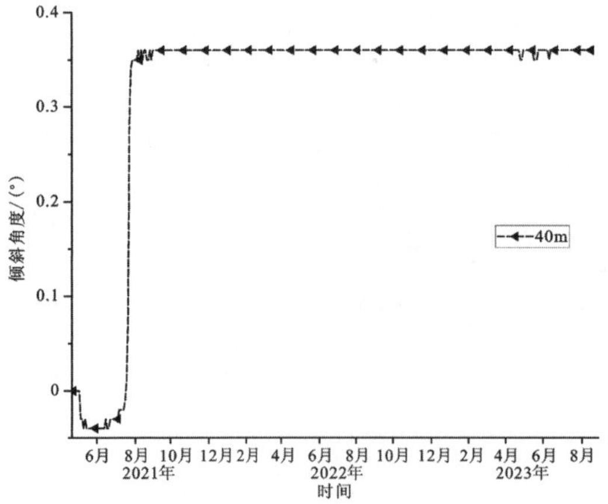

(a) 2D 号桩 X 向倾斜

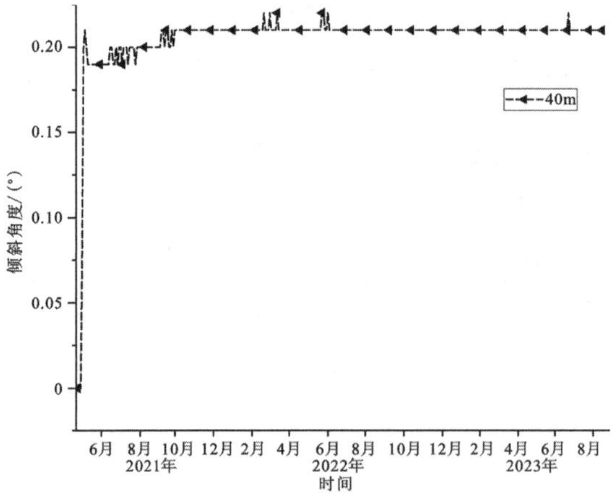

(b) 6X 号桩 X 向倾斜

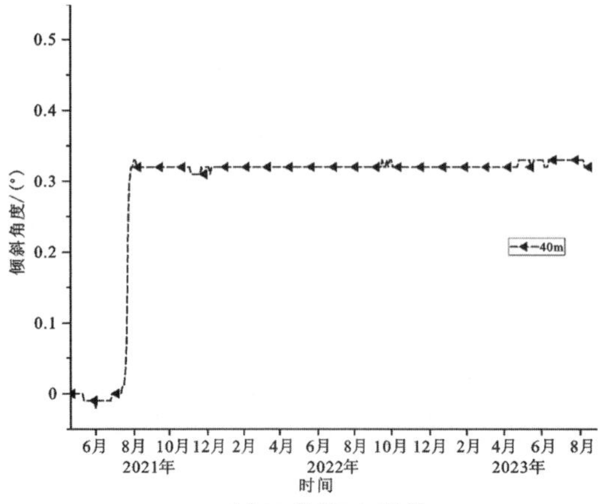

(c) 2D 号桩 Y 向倾斜

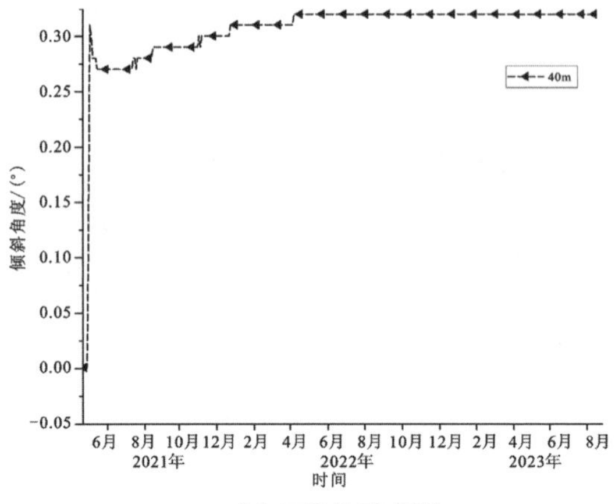

(d) 6X 号桩 Y 向倾斜

图 4-18 两桩 40m 深度倾斜对比

2D 号桩 X、Y 向在 2021 年 7 月中旬产生较大倾斜,倾斜角度分别为 0.36°和 0.32°;6X 号桩在 2021 年 4 月底产生较大倾斜,随后逐渐增长直至稳定,X、Y 向最大倾斜角度分别为 0.21°和 0.31°。

4.5 墩台位移监测

根据世纪大道桥主墩倾斜监测方案,对其在施工期间的位移变化展开监测。

4.5.1 监测设备安装调试

在世纪大道桥墩台四角布设 8 个倾角传感器(图 4-19),3 台静力水准仪,构建平面监测网络,开展倾斜及沉降测量。

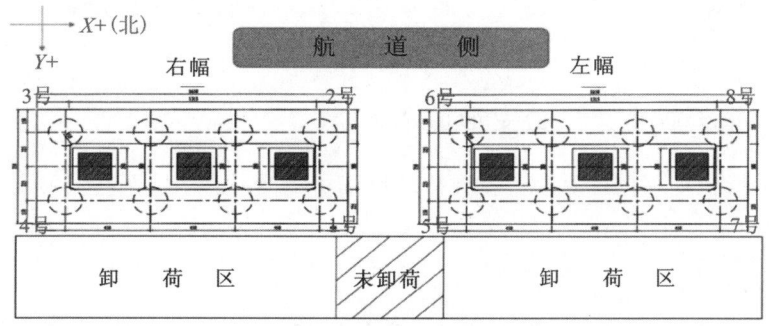

图 4-19 墩台倾角监测点位

监测设备安装(图 4-20)于 2020 年 12 月初开始,2021 年 3 月底完成。后因航道施工便道影响,于 2021 年 10 月迁移沉降基准点。

(a)倾角传感器

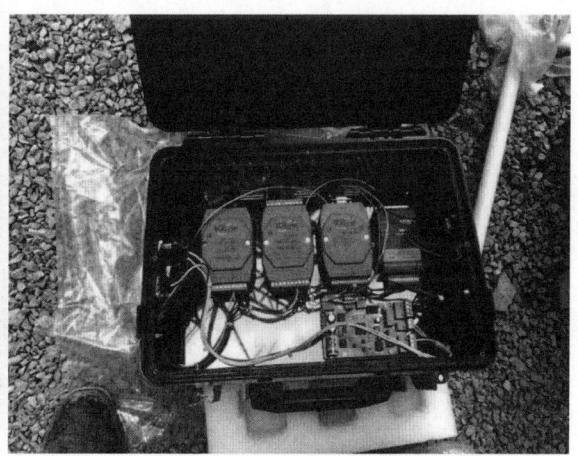

(b)电流/数字式数据采集仪

(c)沉降测量基准点　　　　　　　　(d)数据采集及维护

图 4-20　平面监测网建立

4.5.2　航道开挖桥梁墩台变形监测

根据现场的墩台偏移监测数据,总结了墩台偏移的变化规律,并对监测异常数据进行了分析,给出了处置意见。

1. 墩台监测数据

图 4-21 给出了右幅桥墩 6 号测点的墩台偏移量监测数据。根据墩台偏移量监测数据,墩

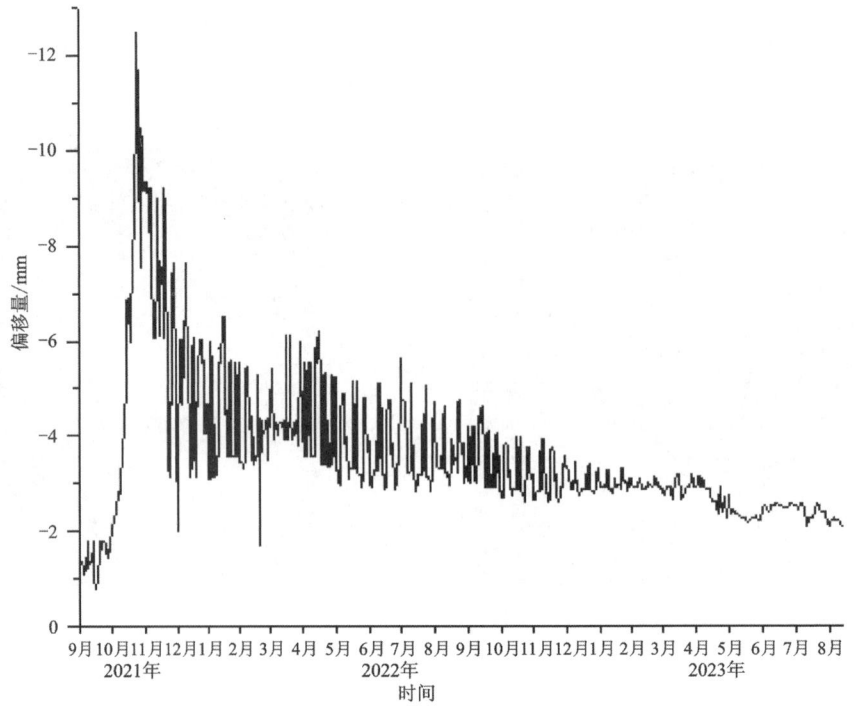

图 4-21　6 号测点墩台偏移量

台在 2021 年 10 月产生明显的向航道侧偏移趋势,在 10 月 24 日时达到最大值 12.5mm,经施工单位处置后,偏移量恢复至 4~6mm 的正常范围内,并趋于稳定。此后,随着航道护岸施工,墩台偏移量逐渐减小,维持在 3mm 左右,在 2023 年 3 月航道通航后,墩台偏移量进一步减小。

2. 墩台监测数据异常分析

2021 年 9 月,世纪大道桥桥位处开始航道护岸施工,承台周围开挖大量土方,对此时段监测数据分析发现,10 月以来,桥墩有明显向航道侧偏移的趋势,10 月 14 日至 15 日偏移增幅较为明显,10 月 24 日整体偏移量达到最大。表 4-4 给出了 2 号和 6 号测点 10 月偏移量监测数据。

表 4-4 部分测点 10 月偏移情况

日期(月/日)	10/6	10/7	10/8	10/9	10/10	10/11	10/12
2 号测点 Y 向偏移/mm	−2.6	−2.8	−2.7	−2.9	−3.3	−3.8	−3.9
6 号测点 Y 向偏移/mm	−3.7	−3.7	−3.7	−3.7	−4.1	−4.1	−3.1
日期(月/日)	10/13	10/14	10/15	10/16	10/17	10/18	10/19
2 号测点 Y 向偏移/mm	−4.2	−4.8	−6.8	−6.6	−6.9	−5.9	−6.6
6 号测点 Y 向偏移/mm	−4.1	−4.2	−7.9	−7.9	−8.1	−7.9	−8.2
日期(月/日)	10/20	10/21	10/22	10/23	10/24	10/25	10/26
2 号测点 Y 向偏移/mm	−7.3	−8.1	−8.1	−8.8	−11.6	−11.6	−9.3
6 号测点 Y 向偏移/mm	−8.0	−8.1	−7.1	−9.6	−12.5	−12.2	−10.8

注:Y+方向为背离航道,Y−方向为偏向航道,X+方向为北方向。

由表 4-4 可知,桥墩整体呈现向航道侧偏移趋势,6 号测点所在桥墩偏移趋势略大,最大偏移量约为 12.5mm;2 号测点所在桥墩偏移量略小,最大偏移量约为 11.6mm。

发现上述异常后,项目组根据提出的桩基变形预警阈值,及时向甲方提出预警,并与施工单位会商,及时提出了处置意见,经施工单位处置后,墩台偏移恢复至正常范围内。

4.6 小 结

本章介绍了桥梁监测的内容及方法,针对工程实例,开展了桩基应力、变形监测,墩台倾角、沉降监测,得到以下结论。

(1)随着桥梁施工逐步进行,桩身轴力逐渐增大,轴力沿深度逐渐减小,符合摩擦桩的轴力传递规律;预压施工会导致桩身轴力急剧增大,该施工阶段结束后,桩身轴力恢复至原有水平,且随着施工进行逐步增长,在桥梁上跨结构施工完成后保持稳定。

(2)在上部倾填桩头和便道施工影响下,桥梁桩基向背离航道侧发生倾斜,倾斜最大位置位于深度 40m 处。

(3)航道护岸施工期间,承台靠航道侧土体大量开挖,导致墩台向航道侧偏移,墩台偏移量在 10 月下旬急剧增长,最大偏移量达到 12.5mm,经处置后恢复至正常范围。

第5章 桩基和土体参数对邻近桥梁桩基承载及变形特性影响

随着经济发展,城市承载能力逐渐无法满足社会需求,大量的地铁、地下商城、地下隧道等工程开始大量建造。地下结构的施工涉及大范围的土体开挖,注定会面临对附近既有建筑影响的问题。特别是同样位于土体中的桩基础,受土体开挖影响更大。

在软土地区进行土体开挖施工,考虑的主要科学问题包括以下两个方面:①土体开挖引起邻近桩基变形及承载力变化特性;②土体开挖和上跨结构同时施工时,上跨结构的施工和防护关键技术。

本书在结合工程实例桩基监测的基础上,研究了软土地区土体开挖对桩基稳定性的影响,提出了考虑土体开挖影响的软土地区桥梁桩基变形预测方法和桩基变形、受力预警体系,并针对土体开挖上跨结构施工提出了施工和防护关键技术。

5.1 京杭大运河二通道软土力学特性

本章选取的研究对象为京杭大运河二通道世纪大道桥和东西大道桥,对其开展航道开挖影响下的桩基变形和受力特性分析,首先需要获得桥址处的土体力学性能和桩土界面力学特性。

5.1.1 基本力学特征

新建桥梁工程地质层中粉质黏土平均层厚46.8m,占软土层厚的88.97%,该粉质黏土对本工程项目起着至关重要的影响,故需对该土样进行室内基本物理实验,了解其基本物理性质。现场土样取自京杭大运河二通道海宁段东西大道桥,取样方式为钻孔取样,取样深度为30~40m,土体基本物理力学性质见表5-1,取土场地条件如图5-1所示。

表5-1 土样基本物理参数汇总表

天然密度 $\rho/(g \cdot cm^{-3})$	含水率 $\omega/\%$	干密度 $\rho_d/(g \cdot cm^{-3})$	液限 $\omega_L/\%$	塑限 $\omega_P/\%$	塑性指数 I_P	液性指数 I_L
1.808	35.96	1.350	55.30	26.03	29.27	0.34

图 5-1 取样点场地

5.1.2 级配特征

在测定完该土样基本物理参数后,进一步对土样进行颗粒分析试验,确定土体的级配特征。筛分试验数据统计如表 5-2 所示。

表 5-2 土样筛分试验数据统计表

粒径/mm	小于粒径之土质量百分数/%		
	第一次	第二次	第三次
20	100	100	100
10	94.6	91.3	86.9
5	66.6	59.2	58.1
2	37.8	30.5	29.2
0.5	17.3	14.8	14.6
0.25	14	11.7	12.4
0.075	6.2	6.6	6.5
0.05	0	0	0

土样的级配曲线如图 5-2 所示,根据式(5-1)和颗粒级配曲线图可以得出该土样的不均匀系数 $C_u=26.95$,大于 10。根据土样的基本物理性质和颗粒级配曲线,可知该土样为高液限粉质黏土,土体的颗粒组成以粉粒为主,黏粒次之,砂粒最少,级配良好。

$$C_u = \frac{d_{60}}{d_{10}} \tag{5-1}$$

式中:C_u 为不均匀系数;d_{60} 为小于某粒径土重累计百分含量为60%对应的粒径(mm);d_{10} 为小于某粒径土重累计百分含量为10%对应的粒径(mm)。

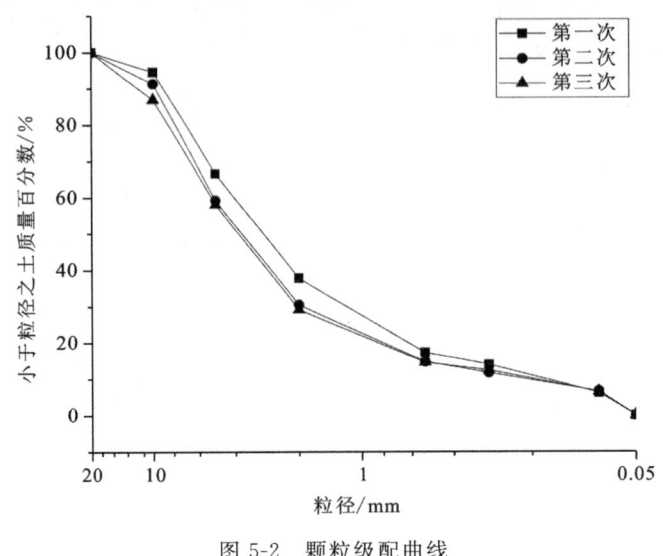

图 5-2 颗粒级配曲线

5.1.3 压缩特性

土的压缩性指标是反映土的孔隙性规律以及土体性质的基本指标,对土体进行一维固结压缩试验,探究其压缩特性,试验方案如表 5-3 所示。

表 5-3 一维固结压缩试验方案

土样编号	加载方式/kPa	加载标准	时间/h
1	0	变形稳定标准为每小时变形量不大于0.01mm	24
2	50		24
3	100		24
4	200		24
5	300		24
6	400		24
7	800		24

在《土的工程分类标准》(GB/T 50145—2007)中,可压缩系数定义为孔隙比-压力曲线的切线斜率,它被用来表示土的可压缩性。曲线越陡,压缩系数就越大,孔隙比随着压力的增加而显著减小。图 5-3 为不同固结压力作用下京杭大运河二通道海宁段软黏土的压缩曲线,由该曲线可明显看出,两组试样所得到的结果基本上保持一致,曲线上各点的斜率也随着荷载的变化而不同,说明压缩系数随固结压力的变化而变化。在工程实践中,通常采用将压力区间从100kPa增大到200kPa得到的压缩系数来评价土的压缩性,试样的压缩模量与压缩系数如表 5-4 所示。

图 5-4 为土的压缩系数随固结压力的变化。由图可知,在轴向荷载加载前期,土的压缩系数最大,且随着轴向荷载逐渐增加,压缩系数逐渐减小,图形类似于数学中的反比例函数图形。在轴向荷载为 0~200kPa 区段,压缩系数急剧下降,后随着压力(即轴向荷载)的增加,图形变化趋势逐渐变得平缓,后慢慢趋于稳定。结果表明,随着轴向荷载的增加,土体结构逐渐致密,压缩性逐渐降低。

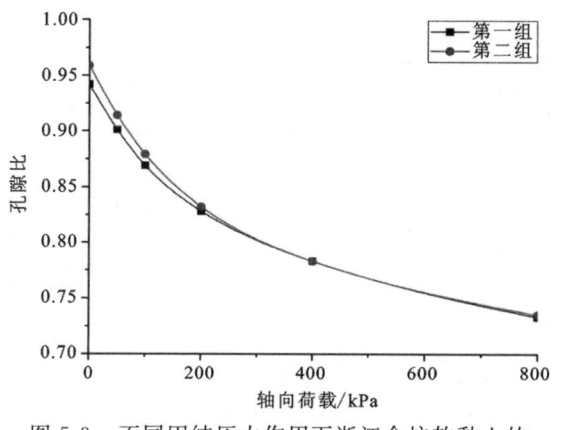

图 5-3 不同固结压力作用下浙江余杭软黏土的压缩曲线

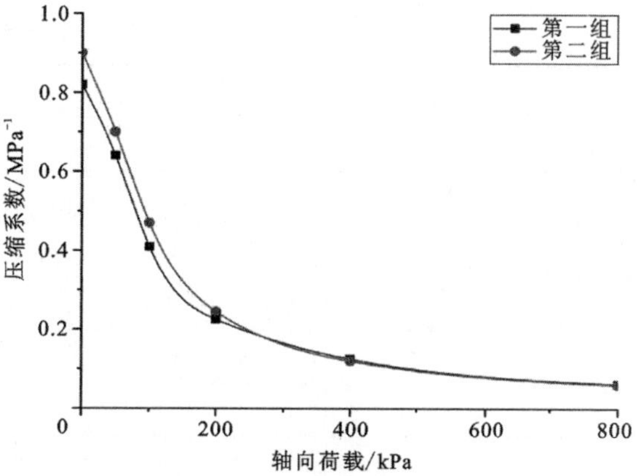

图 5-4 土的压缩系数随固结压力的变化

表 5-4 试样的压缩系数与压缩模量

编号	压缩系数/MPa^{-1}	压缩模量/MPa
第一组	0.517	4.66
第二组	0.566	4.20
平均值	0.542	4.43

从上表可知,海宁段软黏土的压缩系数平均值为 0.542MPa^{-1},大于《土的工程分类标准》(GB/T 50145—2007)中规定的高压缩性土的压缩系数界限值 0.5MPa^{-1}。浙江余杭软黏土为高压缩性土。

该段软黏土压缩模量的平均值为 4.43MPa,根据杨敏和赵锡宏(1992)的研究成果,土的弹性模量为压缩模量的 3 倍,故可知该粉质黏土的弹性模量约为 13.29MPa。

5.2 桩土界面力学特性

桩土界面力学特性是影响桩侧摩阻力的重要因素,而桩侧摩阻力是桩承载力的重要组成部分,为了更好地研究土体开挖对桩基的影响,对桩土界面特性进行研究至关重要。

5.2.1 桩土界面特性剪切试验

本章通过进行重塑软黏土与混凝土接触面的界面直剪试验,分析接触面在不同含水率、干密度和法向应力影响下的剪切特性,探讨接触面抗剪强度、切向刚度、黏聚力和内摩擦角的变化规律。

影响桩土界面力学特性的因素有很多,本章试验中主要考虑的因素分别为含水率(20%、30%、40%),法向应力(100kPa、200kPa、300kPa、400kPa),干密度(1.40g/cm³、1.50g/cm³、1.60g/cm³)。为了较好地在试验后期分析桩土界面力学特性与各个影响因素之间的关系,试验共进行28组,试验方法为直剪试验,每组剪切速率均为1.2mm/min,每组各进行3次平行试验,最后取其平均值。具体方案如表5-5所示。

表5-5　桩土界面直剪试验方案

工况编号	含水率/%	法向应力/kPa	干密度/(g·cm⁻³)
1	20	100	1.40
2	20	200	1.40
3	20	300	1.40
4	20	400	1.40
5	30	100	1.40
6	30	200	1.40
7	30	400	1.40
8	40	100	1.40
9	40	200	1.40
10	40	400	1.40
11	20	100	1.50
12	20	200	1.50
13	20	400	1.50
14	30	100	1.50
15	30	200	1.50
16	30	400	1.50
17	40	100	1.50
18	40	200	1.50
19	40	400	1.50
20	20	100	1.60
21	20	200	1.60
22	20	400	1.60
23	30	100	1.60
24	30	200	1.60
25	30	400	1.60
26	40	100	1.60
27	40	200	1.60
28	40	400	1.60

试验完毕以后,根据试验结果绘制接触面剪应力与剪切位移之间的关系曲线,由该曲线相对应的关系,计算接触面的切向刚度,桩土接触面的切向刚度计算公式为

$$k_s = -\frac{f_i}{\delta_j} \tag{5-2}$$

式中:k_s 为切向刚度(kPa/mm);f_i 为直剪试验中的剪应力(kPa);δ_j 为桩土接触面中的剪切位移(mm)。

5.2.2 剪应力-剪切位移特性

图 5-5 为 1.4g/cm³ 干密度、20% 含水率下剪应力-剪切位移随不同法向应力变化曲线。分析可知,剪应力随剪切位移的增加而增加,当剪切位移达到一定值时,剪应力达到峰值出现减小或保持不变。在低法向应力条件下,剪应力达到峰值后,保持不变,呈现出理想弹塑性特征;在高法向应力条件下,剪应力达到峰值后而逐渐减小,呈现出应变软化现象,并随着法向应力的增加,趋势越来越明显,曲线整体表现成双曲线型。当法向应力为 100kPa 时,界面峰值剪应力为 50.43kPa;当法向应力为 200kPa,界面峰值剪应力为 102.83kPa;当法向应力为 400kPa 时,界面峰值剪应力为 169.99kPa。

根据界面剪应力-剪切位移曲线形态分析和试验后对接触面土体破坏特征观察,双曲线型剪应力-剪切位移曲线大致包含 4 个阶段,以图 5-5 中 400kPa 剪切应力曲线为例。

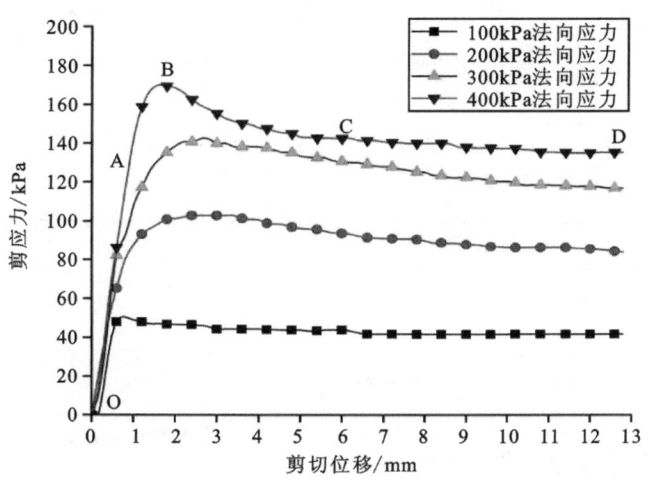

图 5-5 1.4g/cm³ 干密度、20% 含水率剪应力-剪切位移曲线

(1) OA 段。界面剪应力随剪切位移的增长近似呈线性增长,界面阻力主要由软黏土与混凝土接触面的静摩擦力提供,此阶段摩擦系数基本不发生变化。

(2) AB 段。随着剪切位移的增大,土体开始产生切向变形,界面剪应力逐渐由软黏土中的剪切错动带与黏性土和混凝土试块界面的滑动摩擦力共同提供,此阶段界面剪应力增长较为缓慢,直至达到最大。

(3) BC 段。随着剪切位移的持续增大,剪切错动带土体原结构遭到破坏,界面土体黏聚力开始降低,从而使界面剪应力软化减小。

(4)CD段。界面剪应力进一步减小直至趋于稳定,但减小趋势有所放缓,这是由于土体结构继续遭受破坏,黏聚力继续降低,界面剪应力主要由软黏土与混凝土试块中的滑动摩擦提供而趋于稳定。

当法向应力为200kPa时,在不同干密度条件下剪应力-剪切位移曲线随不同含水率变化特征如图5-6所示。在含水率为20%和30%时,剪应力-剪切位移曲线具有应变软化特征,而在含水率为40%的条件下,剪应力随着剪切位移的增加而逐渐增大。在高含水率条件下,粉质黏土试样在法向应力作用下产生瞬时变形,土体在压缩过程中水分被挤出来,遗留在桩土之间的接触面上,从而导致在有限的剪切位移中,桩土界面剪应力一直增加。以图5-6(a)为例说明,当法向应力为200kPa,干密度为1.4g/cm³时,含水率为20%、30%和40%所对应的剪应力峰值分别为102.85kPa、61.05 kPa和37.62kPa。随着含水率的增加,界面剪应力峰值逐渐减小,减小速率也随着含水率的增加而减慢。对比不同干密度条件下,剪应力-剪切位移曲线可以得知,干密度对界面的剪切特性影响不明显。

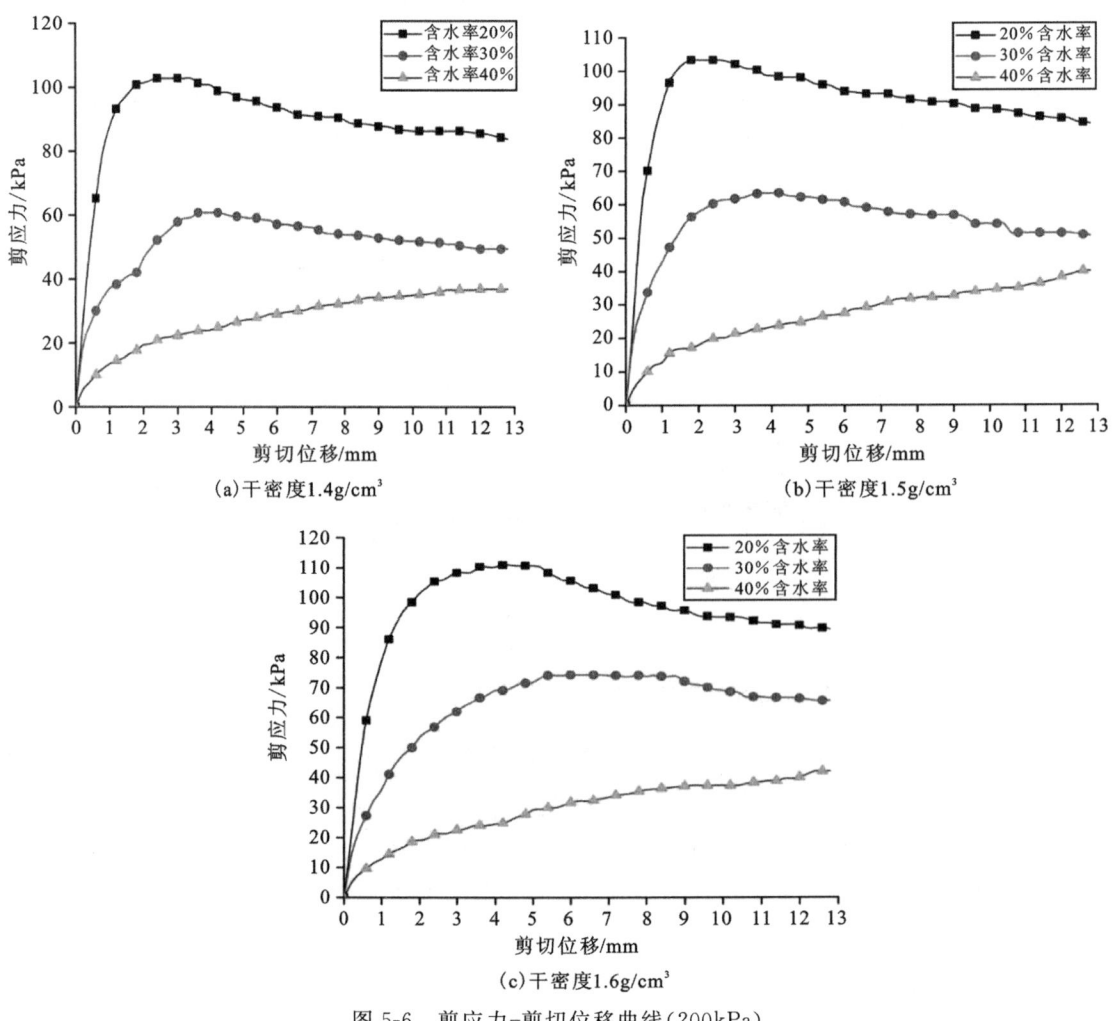

图5-6 剪应力-剪切位移曲线(200kPa)

5.2.3 接触面峰值强度特征

根据剪应力-剪切位移曲线,选取桩土界面最大剪应力为接触面峰值强度。图5-7为接触面峰值强度随含水率的变化曲线。由图可知,当法向应力一定时,不同干密度条件下的界面峰值强度均随含水率的增加而降低。且当法向应力一定时,重塑粉质黏土试样干密度越大,界面峰值强度越大。在含水率为30%,干密度为1.4g/cm³、1.5g/cm³和1.6g/cm³时,接触面峰值强度分别为42.16kPa、46.58 kPa和49.06kPa。同时,界面峰值强度随含水率的增加而逐渐减小,下降速率随着含水率的增加而加快。以干密度1.5g/cm³为例,含水率为20%、30%和40%时,接触面峰值强度分别为52.76kPa、46.34 kPa和25.03kPa。

在较高含水率条件下,由于下剪切盒内放置的混凝土试块排水性较差,使得在法向应力作用下,黏土试样中被挤出的水分不能及时排出,而富集在桩土界面上。试样的含水率越大,桩土界面所积聚的水量就越多,从而在多余水分的作用下,界面变得更加光滑,摩擦系数就越小,界面峰值强度就越低。因此在相同含水率变化条件下,即含水率从30%变化到40%时,界面峰值强度下降的速度要大于含水率从20%变化到30%时界面峰值强度下降的速度。

5.2.4 接触面切向刚度特性

接触面的切向刚度受干密度、含水率和法向应力影响较大,本节就干密度、含水率和法向应力对切向刚度的影响规律进行分析。

1. 不同干密度条件下的切向刚度特性

图5-8为含水率20%条件下不同干密度桩土界面切向刚度随剪切位移的变化曲线。由图可知,在相同法向应力、含水率条件下,桩土界面的切向刚度随剪切位移的变化曲线呈现出先增大后减小的趋势,在剪切位移为0.6mm时,桩土界面的切向刚度达到最大,后随着剪切位移的逐渐增加,切向刚度逐渐减小。粉质黏土试样干密度对界面的切向刚度影响不显著,随着干密度的增加,切向刚度有略微增加的趋势。

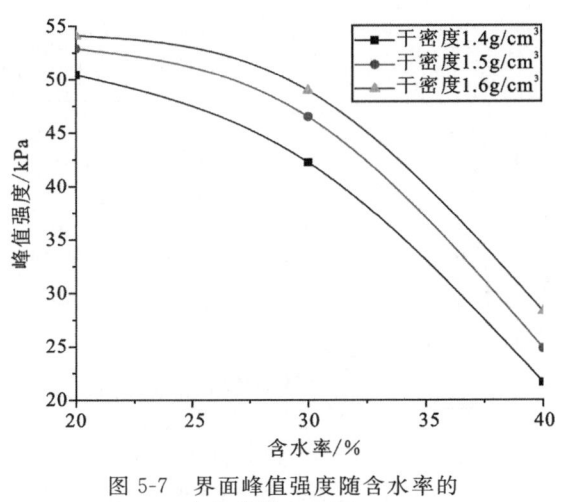

图5-7 界面峰值强度随含水率的变化曲线(100kPa)

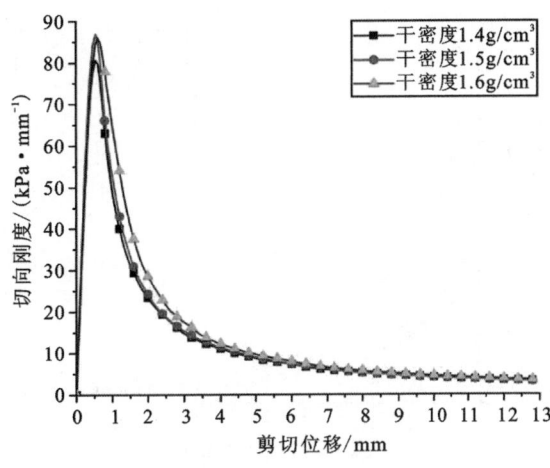

图5-8 含水率20%条件下切向刚度-干密度变化曲线(100kPa)

2. 不同含水率条件下的切向刚度特性

图 5-9、图 5-10 分别为干密度 1.4g/cm³、1.5g/cm³ 条件下不同含水率桩土界面切向刚度随剪切位移的变化曲线。重塑粉质黏土试样和混凝土试块接触面桩土接触面的切向刚度受含水率的影响变化较大，试样干密度变化对切向刚度影响不显著。在干密度、法向应力一定时，桩土接触面的切向刚度随着含水率的增加而逐渐减小，并且切向刚度的减小速率在含水率较高的条件下更为明显。

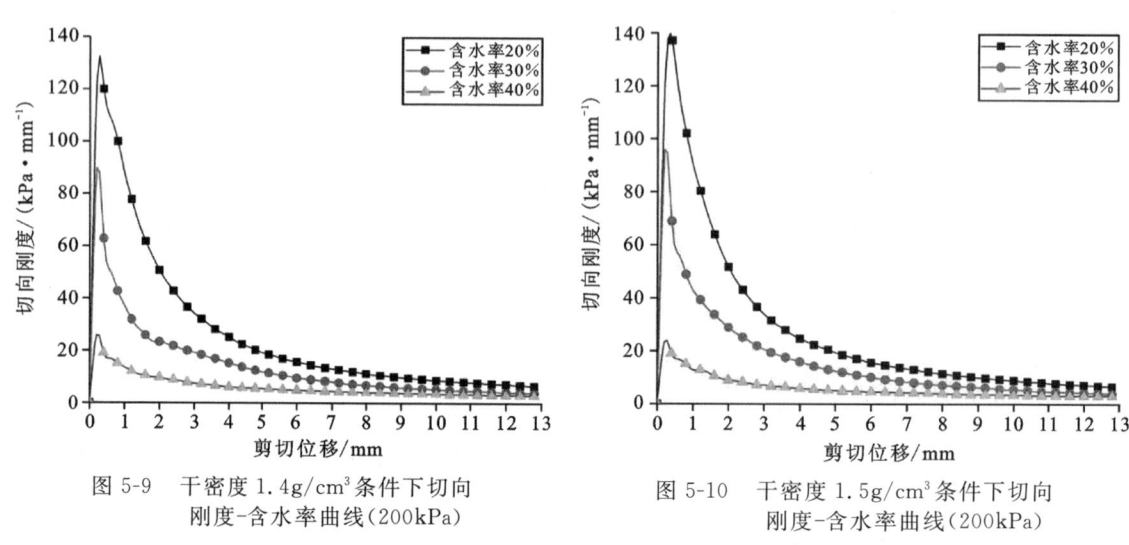

图 5-9　干密度 1.4g/cm³ 条件下切向刚度-含水率曲线(200kPa)

图 5-10　干密度 1.5g/cm³ 条件下切向刚度-含水率曲线(200kPa)

3. 不同法向应力条件下的切向刚度特性

图 5-11 与图 5-12 分别为含水率 30%、干密度为 1.5g/cm³ 和 1.6g/cm³ 条件下，桩土界面切向刚度在不同法向应力条件下随剪切位移的变化曲线。在不同干密度条件下，桩土界面切向刚度均随着法向应力的增加而逐渐增大。在含水率一定时，切向刚度随法向应力的增加而出现非线性增加趋势。在较大法向应力条件下增加速率更为显著。

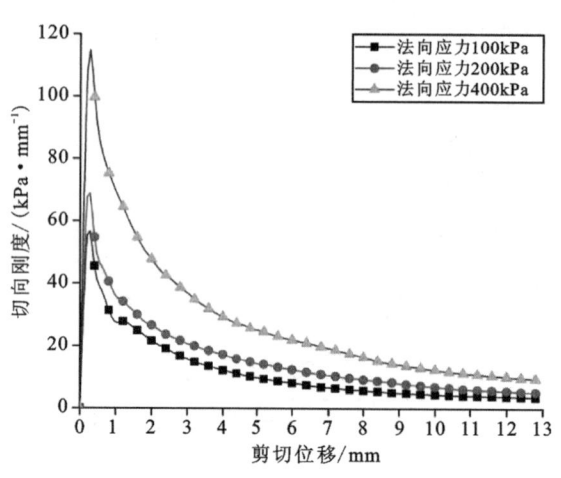

图 5-11　干密度 1.5g/cm³、含水率 30%时切向刚度-法向应力曲线

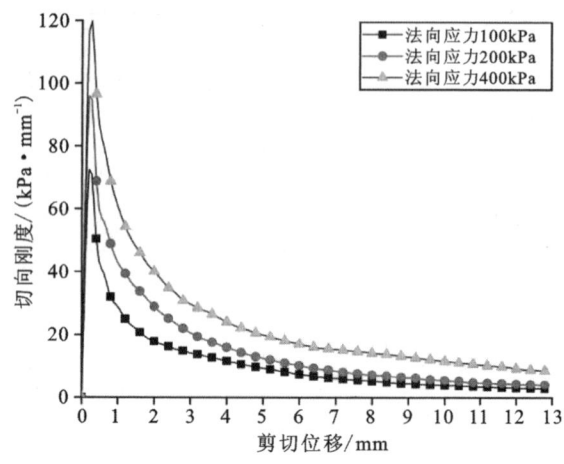

图 5-12　干密度 1.6g/cm³、含水率 30%时切向刚度-法向应力曲线

5.2.5 接触面强度参数

图 5-13～图 5-15 分别为不同含水率、不同干密度条件下,抗剪强度与法向应力关系曲线。表 5-6 为不同含水率条件下抗剪强度与法向应力拟合关系表。由图表可得到不同干密度、不同含水率条件下桩土界面的内摩擦角与黏聚力。

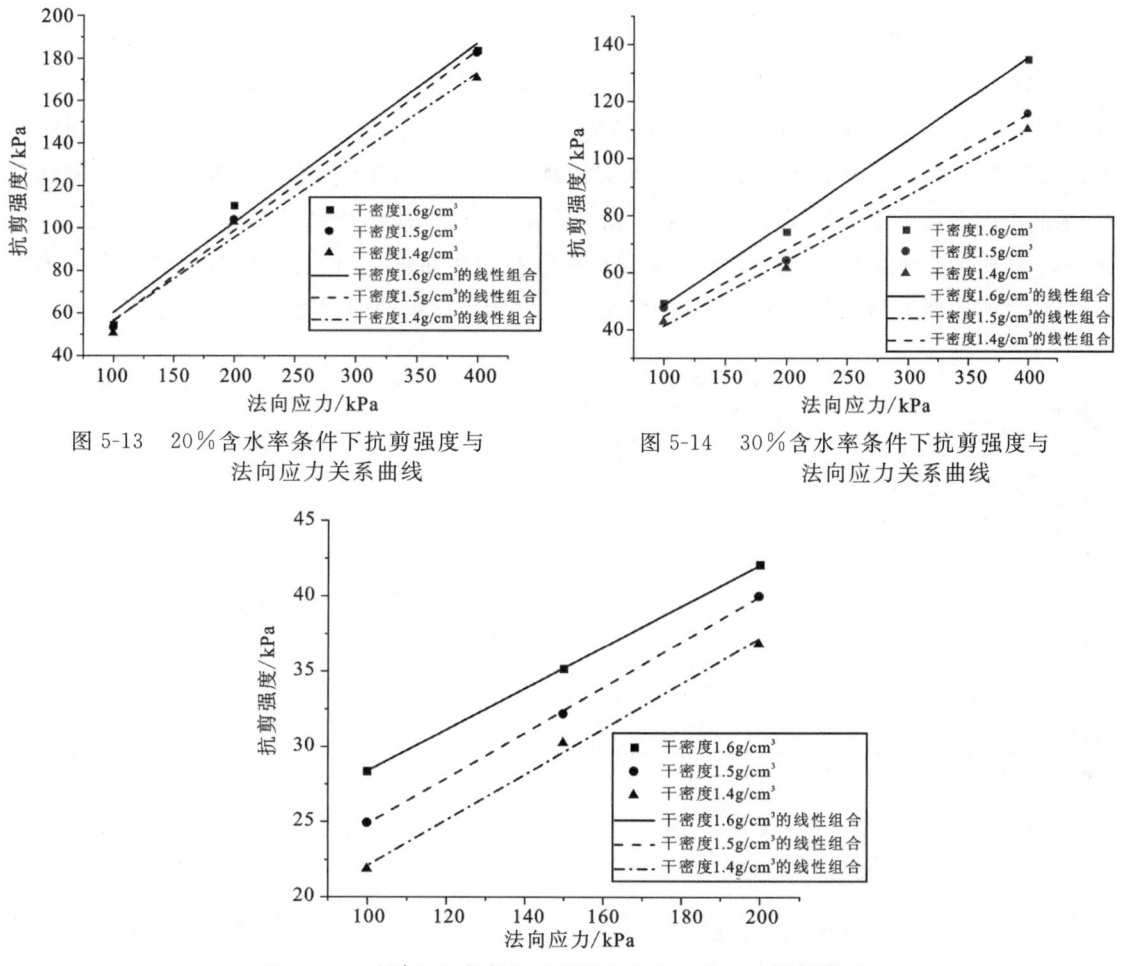

图 5-13 20%含水率条件下抗剪强度与法向应力关系曲线

图 5-14 30%含水率条件下抗剪强度与法向应力关系曲线

图 5-15 40%含水率条件下抗剪强度与法向应力关系曲线

表 5-6 不同含水率条件下抗剪强度与法向应力拟合关系表

含水率/%	干密度/(g·cm^{-3})	线性拟合方程式	R^2	内摩擦角/(°)	黏聚力/kPa
20	1.4	$y=0.39x+16.85$	0.985 9	21.28	16.85
	1.5	$y=0.424x+13.66$	0.995 8	22.94	13.66
	1.6	$y=0.422x+17.83$	0.985 7	22.85	17.83
30	1.4	$y=0.23x+17.37$	0.999 7	12.98	17.37
	1.5	$y=0.236x+20.29$	0.999 3	13.26	20.29
	1.6	$y=0.289x+18.57$	0.999 5	16.14	18.57

续表 5-6

含水率/%	干密度/(g·cm^{-3})	线性拟合方程式	R^2	内摩擦角/(°)	黏聚力/kPa
40	1.4	$y=0.153x+6.73$	0.994 3	8.67	6.73
	1.5	$y=0.153x+9.5$	0.999 5	8.67	9.5
	1.6	$y=0.138x+14.47$	0.999 9	7.86	14.47

图 5-16 为不同干密度条件下黏聚力随含水率关系变化曲线。由该曲线可知,在干密度一定的条件下,桩土界面的黏聚力随着含水率的增加出现先增大后减小的特征。变化曲线拐点出现在试样含水率为 33.4% 所对应的位置,这是因为该土样为软黏土,当含水率增加但没达到该临界值时,该土样在水的作用下,黏聚性越来越强;当加的水超过该临界值且越来越多时,水的作用破坏了土样的性质,使得土样黏聚力急剧下降,从而导致界面黏聚力也随之下降。图 5-17 为不同干密度条件下内摩擦角随含水率关系变化曲线。由该图可知,随着含水率的增加,接触面的内摩擦角逐渐减小。但干密度的变化对于该接触面的内摩擦角来说,变化不大。

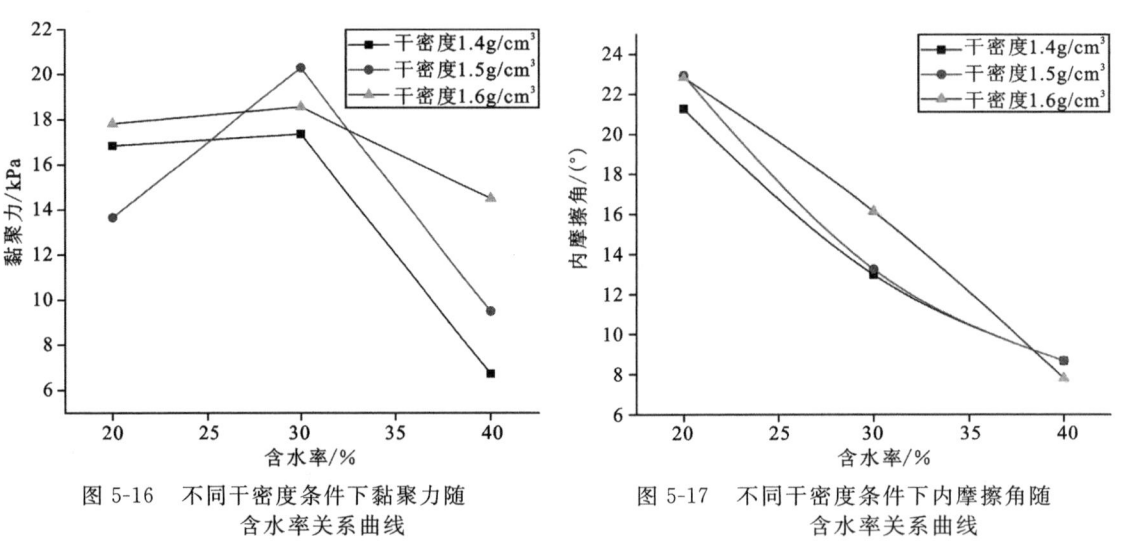

图 5-16 不同干密度条件下黏聚力随含水率关系曲线

图 5-17 不同干密度条件下内摩擦角随含水率关系曲线

由试验可知,该土样的天然密度为 1.808g/cm³,含水率为 35.96%,干密度为 1.35g/cm³,接近于 1.4g/cm³,故取干密度为 1.4g/cm³,含水率分别为 30% 和 40% 的平均值所对应的抗剪强度(即黏聚力与内摩擦角)作为下章数值计算中该粉质黏土桩土接触面黏聚力与内摩擦角的值,即黏聚力取 12.05kPa,内摩擦角取 10.83°。

5.2.6 桩土接触面本构模型

选取应用较为广泛的刚塑性模型和非线性弹性模型(即 Clough-Duncan 模型)两种模型进行分析。

接触面刚塑性模型采用 Mohr-Coulomb 准则判断是否发生塑性滑动。其中,刚塑性模型包括接触面黏聚力 c 和摩擦角 δ 两个参数。本次试验主要以 1.4g/cm³ 干密度、20% 含水率剪应力-剪切位移曲线(图 5-5)为例进行说明。

第 5 章 桩基和土体参数对邻近桥梁桩基承载及变形特性影响

接触面非线性弹性模型(即 Clough-Duncan 模型)共有 k、n、R_f、c 和 δ 等 5 个参数。模型假设接触面剪应力和相随位移关系为双曲线型,其切线剪切劲度为

$$k_s = k\gamma_w \left(\frac{\sigma}{p_a}\right)^n \left(1 - \frac{R_f \tau}{c + \sigma\tan\delta}\right)^2 \quad (5\text{-}3)$$

式中:k_s 为接触面剪切模量;γ_w 为水的容量;σ 为接触面法向正应力;p_a 为大气压;R_f 为破坏比;τ 为接触面剪应力;c 为接触面黏聚力;δ 为接触面摩擦角;k、n 为实验常数。

接触面破坏与否可以通过接触面应力水平 $S = \tau/(\sigma\tan\delta + c)$ 进行判断,当应力水平接近 1 时,说明接触面单元已经进入塑性滑动状态。

刚塑性模型认为接触面在破坏以前不发生剪切位移,破坏以后发生塑性流动。因此,该模型仅有接触面摩擦角 δ 和黏聚力 c 两个强度参数。通过上述接触面直剪试验,可得如表 5-7 所示的接触面模型参数。

表 5-7　1.4g/cm³ 干密度、20% 含水率条件下两种模型参数

接触面本构模型	c/kPa	δ/(°)	R_f	k	n
Clough-Duncan	16.85	21.28	0.89	1100	0.782
刚塑性	16.85	21.28			

对于 Clough-Duncan 和刚塑性接触面模型,均可根据模型参数和公式直接计算不同法向应力下接触面剪应力-剪切位移关系曲线。该曲线和试验结果的对比反映了接触面模型对试验结果的拟合程度。图 5-18 给出了两个模型分别采用表 5-7 所示参数的模型拟合曲线和试验结果的对比。由图可见,刚塑性模型能较好地模拟接触面的强度特性。但是,由于接触面

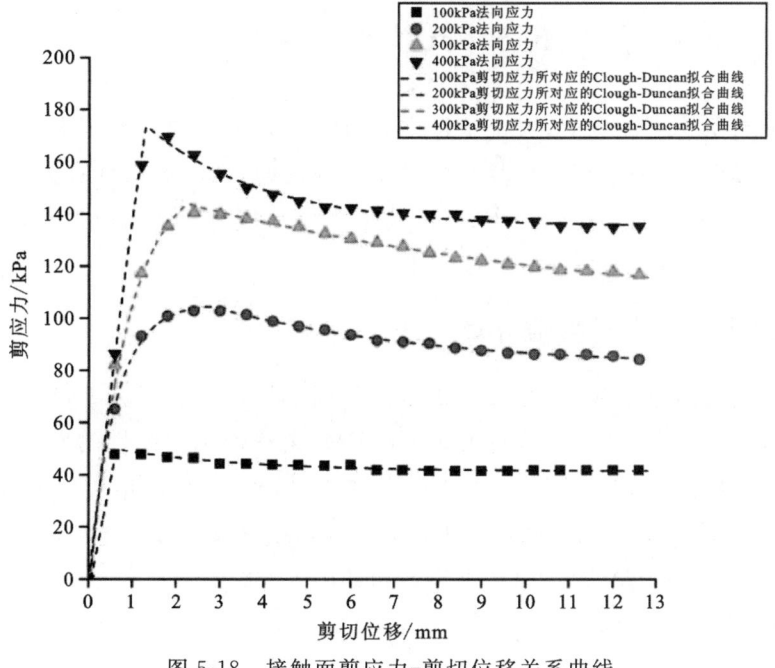

图 5-18　接触面剪应力-剪切位移关系曲线

在破坏以前不发生剪切变形,刚塑性模型不能描述接触面试验所量测得到的剪切变形特性。Clough-Duncan 模型不仅能很好地模拟了接触面的强度特性,也能较好地模拟接触面试验所量测的剪切变形特性。在本书的数值分析中,采用 Clough-Duncan 模型模拟桩土接触关系,结果准确性较好。

结合不同干密度和含水量条件下接触面剪应力-剪切位移关系曲线,采用 Clough-Duncan 接触面模型,对接触面的强度特性进行拟合,拟合得到的模型参数如表 5-8 所示。

表 5-8 1.4g/cm³ 干密度、20％含水率条件下接触面模型计算参数

含水率/%	干密度/(g·cm⁻³)	模型参数				
		c/kPa	δ/(°)	R_f	k	n
20	1.4	16.85	21.28	0.89	1198	0.722
	1.5	13.66	22.94	0.90	1163	0.743
	1.6	17.83	22.85	0.92	1141	0.749
30	1.4	12.98	17.37	0.90	1124	0.752
	1.5	13.26	20.29	0.91	1098	0.765
	1.6	16.14	18.57	0.93	1069	0.798
40	1.4	8.67	6.73	0.95	1045	0.815
	1.5	8.67	9.5	0.96	1038	0.833
	1.6	7.86	14.47	0.98	1016	0.855

5.3 数值分析模型

随着计算机计算水平的发展,岩土工程中数值计算方法得到了前所未有的发展,许多旧方法得到了进一步改进,为了解决更复杂的岩土工程问题,新的数值计算方法应运而生。数值方法大致可分为两大类:①连续介质方法,包括有限元、有限差分、边界元、无单元等;②非连续介质方法,包括离散元、颗粒元、流形元等。

5.3.1 岩土工程主要数值计算方法

由于计算机计算性能的发展,数值分析方法得到了长足的发展。立足不同的数学模型,学者们提出了不同的数值分析方法,有限元法(FEM)由线性到非线性的发展,为岩土工程模拟解决了极大的难题。从连续力学到非连续力学,出现了离散元法(DEM)和流形元法(MM),这为不连续介质力学的发展作出了很大贡献。边界元法(BEM)、无单元法(EFM)、快速拉格朗日法(FLAC)的出现又为有限变形分析作出了贡献。

1. 有限元法

有限元法(FEM)发展至今,已成为求解复杂岩石力学及岩土工程问题的有力工具,并已

被工程科技人员所熟悉。有限元分析中最基本的思想就是单元离散,即将求解域剖分为若干单元,把一个连续的介质转换为一个离散的结构物,然后分别对各单元进行分析,最后集成求解整体位移(基于最小势能原理的位移法)。就数学概念来说,有限元法是通过变分原理或加权余量法和分区插值的离散化处理把基本支配方程转化为线性代数方程,把求解域内的连续场函数值转化为求解有限个离散点处的场函数值。

2. 边界元法

边界元法(BEM)亦称积分方程法,即把区域问题转化为边界问题求解的一种离散方法。边界元法的最大特点是降低了求解问题的维数。由于采用边界变量表达物体内部变量,一般情况下只需在物体的外表边界上进行离散即可,这样原有问题降低了一维。另外,这种方法具有较高的求解精度。由于采用的基本解是无限域(或半无限域)内的满足微分方程和无限域(或半无限域)边界条件的解析解,因而在用边界量求解内部物理量的过程中引入的误差较小。边界积分方程本身也是一种精确提法,其误差仅来自离散化的处理。

3. 无单元法

无单元法(EFM)的特点是采用滑动最小二乘法所产生的光滑函数来近似场函数,从而只需计算域的几何边界及数据点,摆脱了单元限制,大大简化了前处理工作。由于提供了场函数的连续可导近似解,在材料分析中,位移计应力、应变计算结果表现出连续性,不需要进行后处理修匀。无单元法的节点生成非常容易,比较容易处理网格重构问题,因此在开裂计算中有很好的应用前景。总之,无单元法保留了有限元的一些特点,克服了有限元的不足,适用于进行岩土工程数值模拟,尤其便于跟踪裂纹扩展,为岩土工程数值模拟提供了新途径。

4. 离散元法

离散元法(DEM)是专门用来解决不连续介质问题的数值模拟方法。该方法把节理岩体视为由离散的岩块和岩块间的节理面组成,允许岩块平移、转动和变形,而节理面可被压缩、分离或滑动。因此,岩体被看作是一种不连续的离散介质,其内部可存在大位移、旋转和滑动乃至块体的分离,从而可以较真实地模拟节理岩体中的非线性大变形特征。离散元法的一般求解过程为:将求解空间离散为离散元单元阵,并根据实际问题用合理的连接条件将相邻两单元连接起来;单元间相对位移是基本变量,由力与相对位移的关系可得到两单元间法向和切向的作用力;对单元在各个方向上与其他单元间的作用力以及其他物理场对单元作用所引起的外力求合力和合力矩,根据牛顿第二运动定律可以求得单元的加速度;对其进行时间积分,得到单元的速度和位移,从而得到所有单元在任意时刻的速度、加速度、角速度、线位移和转角等物理量。

5. 流形元法

流形元法(MM)可用来求解多边形的微分方程边值问题。流形元法用定义域内待求点来安排覆盖,建立插值函数,建立的插值函数在全域定义,由覆盖组成的插值多项式将域内的求解点连在一起。多边形上一组相交的子域称为基本覆盖,边值的近似解就是覆盖上离散形式的积分,这些近似解由基本函数组成。从离散近似解中求出优化的近似式,建立近似解插值多项式。使用覆盖域组合成全域的插值函数式,再进一步运用伽辽金法便可求出近似解。不要单元,只要节点的伽辽金法较有限元法有了新的改进。

本书采用有限元软件 Abaqus、有限差分软件 FLAC3D 和二维数值模拟软件 GeoStudio 开展航道开挖与通航对桥梁桩基稳定性影响的研究。

5.3.2 模型建立

分别选择 Abaqus、FLAC3D 和 GeoStudio 软件建立数值分析模型,研究不同的土体、桩基、航道施工参数和航道通航后水的作用对桩基受力及变形的影响。

1. Abaqus 模型建立

根据所选的东西大道桥桥梁尺寸进行建模,其中桥梁墩台长 13.1m,宽 3m,高 3.5m;承台长 34.5m,宽 7.5m,高 3.5m;桩长 80m,桩径 1.8m,桩间距 4.5m;桥梁结构形式为波形钢腹板连续梁桥与混凝土变截面连续梁桥,上部结构分别简化为均布荷载,桥梁两侧主墩各 16 根桩,分 2 排,每排各 8 根(图 5-19)。

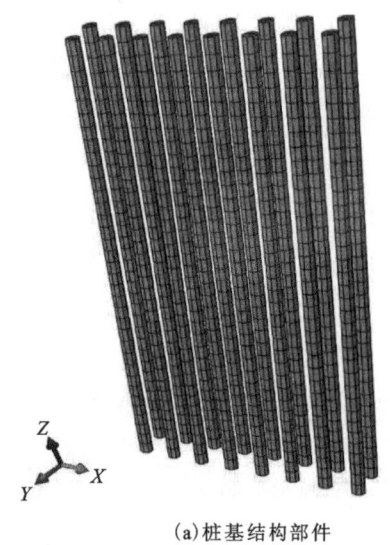
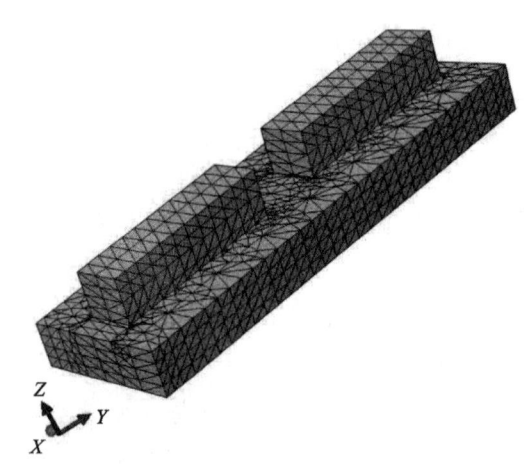

(a)桩基结构部件　　　　　　　　　　　(b)单个主墩结构部件

图 5-19　模型部件结构图

确定模型土体大小为长 200m,宽 100m,高 100m,对土体、桩基及主墩结构分别划分网格,并将各部件进行装配。整个模型共划分为 110 029 个单元、161 294 个节点,网格划分如图 5-20 所示。

此次研究区的中风化基岩、淤泥质黏土、粉砂、粉质黏土等岩土体均属于弹塑性材料,模型中土体的本构模型均采用摩尔-库仑(Mohr-Coulomb)准则:

$$f_s = \sigma_1 - \sigma_3 \frac{1+\sin\varphi}{1-\sin\varphi} - 2c\sqrt{\frac{1+\sin\varphi}{1-\sin\varphi}} \tag{5-4}$$

式中:σ_1 为最大主应力,σ_3 为最小主应力,c 为黏结力,φ 为内摩擦角。$f_s>0$ 是判断模拟的岩土体是否发生剪切破坏的标准。众所周知,绝大部分岩土体的抗拉强度较低,因此可利用抗

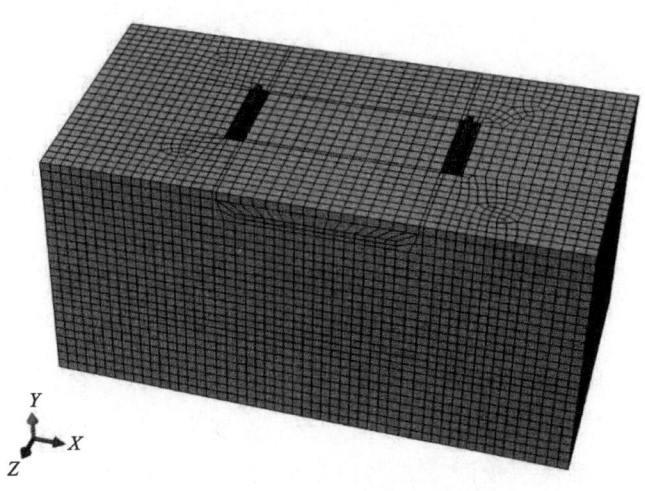

图 5-20 有限元网格划分图

拉强度准则来判断岩土体是否发生了拉破坏。

摩尔库仑准则和最大拉应力准则是摩尔-库伦本构模型所采用破坏准则，3 个主应力关系为 $\sigma_1 \leqslant \sigma_2 \leqslant \sigma_3$，破坏准则在 σ_1、σ_3 面上的表示如图 5-21 所示。

破坏包线 $f(\sigma_1,\sigma_3)=0$，则在 A 点到 B 点的这段线上，由 $f_s=0$(摩尔-库伦失稳强度)定义：

$$f_s = \sigma_1 - \sigma_3 N_\varphi - 2c\sqrt{N_\varphi} \tag{5-5}$$

B 点到 C 点阶段，由拉伸失稳准则定义：

$$f_t = \sigma_3 - \sigma^t \tag{5-6}$$

式中：φ 为摩擦角；c 为黏聚力；σ^t 为抗拉强度，且有

$$N_\varphi = \frac{1+\sin\varphi}{1-\sin\varphi} \tag{5-7}$$

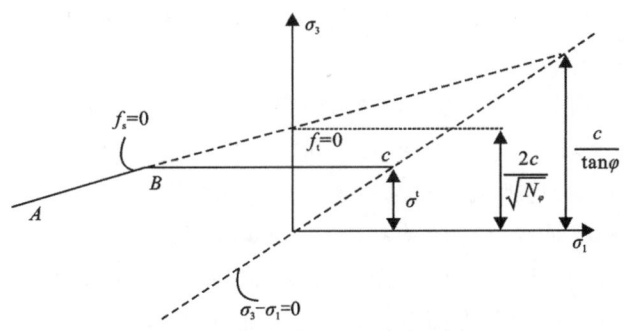

图 5-21 摩尔-库伦本构模型破坏准则

2. FLAC3D 模型建立

为了更好地开展航道开挖影响的分析，利用 FLAC3D 数值分析软件建立三维地质模型，航道为南北走向，桥梁桩基关于南北方向对称，桩基布置如图 5-22 所示。桥梁桩顶标高为 +5.8m，桥梁主航道桥跨径为 100m，航道开挖深度为 8.4m。

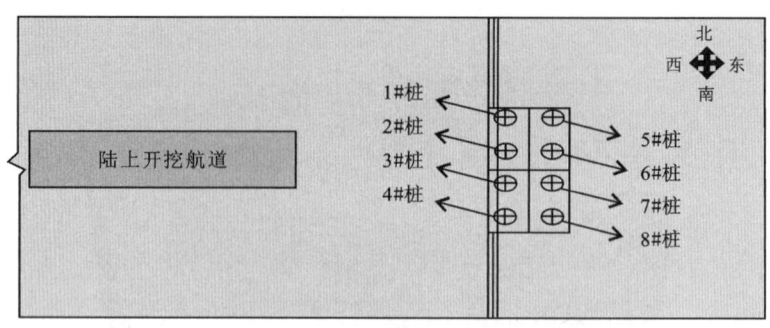

图 5-22 桥梁桩基布置图

模型建立以两桥桩所夹航道中心线中点为原点,建模具体参数如下,东西向长为 150m (即沿 x 方向),南北向长为 50m(即沿 y 方向),土层厚度为 100m(即沿 z 方向)。桩基和土体采用六面体实体单元,三维模型按渐变式网格划分,共划分单元格 557 482 个、节点 274 415 个,生成的图形如图 5-23 所示,剖面如图 5-24 所示。

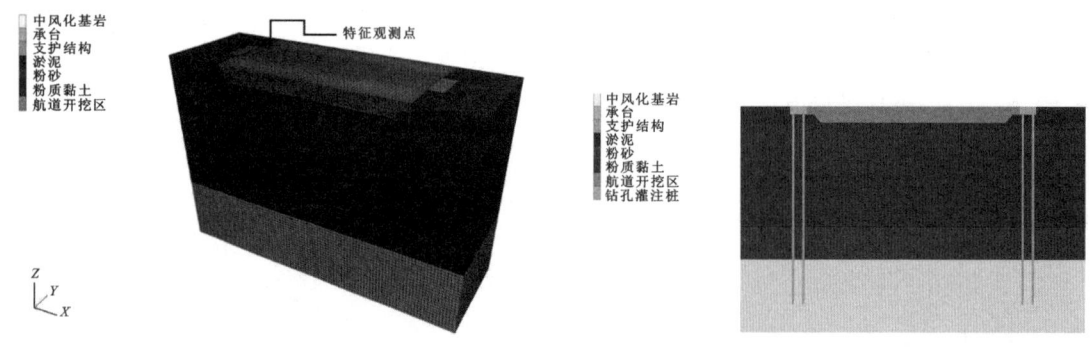

图 5-23 三维计算整体模型图   图 5-24 三维计算模型横剖面图

土体采用摩尔-库伦本构模型,桩与承台采用线弹性本构模型,桩土接触关系采用前文得到的 Clough-Duncan 模型模拟。航道开挖采用空单元模型,该模型在 FLAC3D 软件中专门用来模拟从模型中删除的部分。

模型的边界条件采用节点位移边界条件,即将整个模型的前后、左右约束其法向方向(即模型 X、Y 方向限制水平位移),底部边界采用固定约束,为了与现场工程相对应,将承台上部的实际质量(大约为 5000t)均摊到桥梁两主墩上,而承台顶部面积为 17.25m×7.5m,用实际质量除以承台顶部面积就是要施加的均布荷载 200kPa,故将桥梁承台以上部位等设施转换成均布荷载 200kPa 作用在承台顶部,其余顶部保持自由完成全部计算。桩土界面设置采用 FLAC3D 软件自带的无厚度的分界面单元(即接触面)来模拟。

3. GeoStudio 模型建立

基于上述工程地质背景,本书利用 GeoStudio 二维数值模拟软件中 sigma/w 模块建立模型。采用 Mohr-Coulomb 弹塑性本构模型、饱和-非饱和渗流达西定律、使用 Newton-Raphson 迭代方程求解软土地基中的孔隙水压力、变形情况。

本文计算采用的本构模型为弹塑性本构,其数学表达为

$$d\varepsilon_{ij} = d_{ij}^{e} + d_{ij}^{p} \tag{5-8}$$

式中：$d\varepsilon_{ij}$ 为应变增量；d_{ij}^{e} 为弹性应变增量；d_{ij}^{p} 为塑性应变增量。

另外使用 Mohr-Coulomb 屈服准则作为该弹塑性模型的屈服函数：

$$J_2 = \frac{1}{6}\left[(\sigma_x - \sigma_y)^2 + (\sigma_y - \sigma_z)^2 + (\sigma_z - \sigma_x)^2\right] + \tau_{xy}^2 \tag{5-9}$$

$$J_3 = \sigma_x^d \sigma_y^d \sigma_z^d - \sigma_z^d \tau_{xy}^2 \tag{5-10}$$

$$I_1 = \sigma_x + \sigma_y + \sigma_z \tag{5-11}$$

式中：σ_x、σ_y、σ_z 分别为 X、Y、Z 方向的正应力；τ_{xy} 为 XY 平面内的剪应力；J_2、J_3 分别为应力偏量的第二、第三不变量；I_1 为应力张量的第一不变量。

在天然情况下，斜坡浅层土体处于非饱和状态，一定深度以下可能有潜水层、承压层或暗河等，此时土体为饱和状态。土体含水量变化及斜坡渗流拖曳力会引起土的力学特性发生变化，斜坡稳定性受到不利影响。发生饱和渗流时，任意地方的含水量和渗透系数均为恒定值，此时土体含水量即为饱和含水量，土体渗透系数值即为饱和渗透系数。在发生非饱和渗流过程中，土体渗透系数随含水量和水压力发生变化。

渗流速率 v_w 与水力梯度 i_{wy} 成正比，主要用来描述岩土体中饱和渗流状态：

$$v_w = -K_w \frac{\partial h_w}{\partial y} = -K_w i_{wy} \tag{5-12}$$

式中：K_w 为饱和渗透系数；$\frac{\partial h_w}{\partial y}$ 为 y 方向即垂直方向的水力梯度，记为 i_{wy}；负号表示渗流方向与水中势能增加的方向相反。

自然条件下，并非所有岩土体中皆发生饱和渗流，大部分土体在浅层范围内受降雨、灌溉等因素影响，渗流较为复杂。Richards 根据非饱和岩土体的渗透规律，定义非饱和渗透系数与非饱和基质吸力 h 或含水率 θ 的函数，使得达西定律在处理非饱和渗流问题上得到很好的适用。非饱和达西定律可表示为

$$Q = -K(h)\nabla H \text{ 或 } Q = -K(\theta)\nabla H \tag{5-13}$$

式中：∇H 为非饱和渗流场的总水势梯度；$K(h)$ 和 $K(\theta)$ 为非饱和渗透系数，分别是关于非饱和土的基质吸力 h 或含水率 θ 的函数。

对于非线性的土体模型，采用 Newton-Raphson 迭代方法计算土中应力，令

$$\varphi_i(\sigma) = J_i + Q_i^T(\sigma - \sigma^i) + \frac{1}{2}(\sigma - \sigma^i)^T H_i(\sigma - \sigma^i) \tag{5-14}$$

其中：H_i 是由 J 的二阶导数组成的矩阵，其第 k 行第 l 列的元素是

$$H_{kl} = \frac{\partial^2 J}{\partial \sigma_{ik} \partial \sigma_{il}}$$

$\varphi_i(\sigma)$ 是在 $\sigma = \sigma^i$ 附近对 J 的二阶逼近。令 $\frac{\partial \varphi_i}{\partial \sigma} = Q_i + H_i(\sigma - \sigma^i) = 0$，则

$$\sigma^{i+1} = \sigma^i - H_i^{-1} Q_i \tag{5-15}$$

根据勘察报告与施工方图纸，建立数值模型。模型包括各土层以及上跨桥梁所需的承台、桩基和挡墙。为消除边界效应，本模型长 100m，高 95m。开挖前的模型如图 5-25 所示。

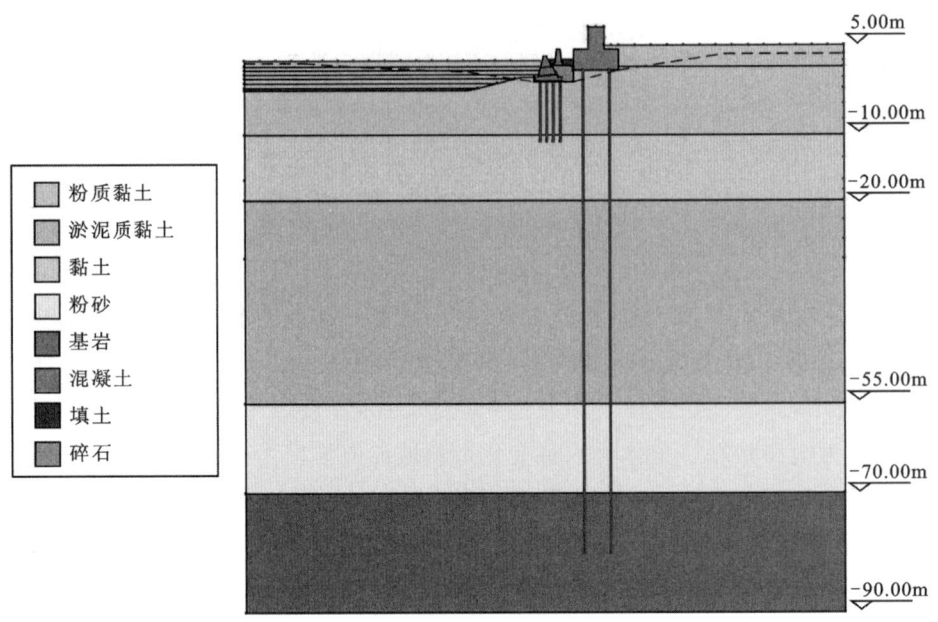

图 5-25 GeoStudio 航道开挖初始模型

5.3.3 地层参数选取

为探讨不同软土层厚度对桩基承载及变形特性的影响,在 Abaqus 模型和 FLAC3D 模型中选取了不同的软土层厚度进行分析,各模型土层参数如下。

1. Abaqus 模型土层参数

依托工程地处浙北平原区,属杭嘉湖冲湖积平原,地势平坦,海拔较低,模型涉及土层主要有以下几种。

(1)填土。灰褐色、紫红色、杂色,松散—稍密状,主要成分为碎石碎块、黏性土,表层(0.20m)为路面混凝土。

(2)粉质黏土。灰黄色、褐黄色,可塑—硬塑状,土质均匀,含铁锰质氧化物,局部夹少量粉土,干强度(土在风干或室内 105~110℃烘干后用手捏散的难易程度,干强度高指很难或用力才能捏碎或掰断,中等指稍用力即可捏碎或掰断,干强度低指易于捏碎或捻成粉末。)及韧性中等。

(3)淤泥质黏土。灰色,流塑状,土质均匀,含少量贝壳碎屑、有机质、腐殖质,干强度及韧性中等。

(4)圆砾。灰褐色,密实状,饱和,卵石含量约占 20%,粒径 2~6cm,分选性一般,磨圆度一般,矿物成分为火山岩,呈棱角状、亚圆状,圆砾含量占 30%~40%,粒径 2~20mm,充填物为黏性土及中粗砂。

(5)强风化泥质粉砂岩。棕红色,原岩结构清晰可见,岩芯呈碎块状、柱状,局部岩芯风化呈砂土状,锤击易碎。

(6)中风化泥质粉砂岩。棕红色,泥质结构,中厚层状构造,节理裂隙发育,岩芯呈柱状、长柱状,节长 10~60cm,岩体较完整,岩质软,锤击易碎。

为了方便计算与分析,将地层简化,分为 4 层,根据目标桥梁地区的工程地质资料、室内土体力学实验并结合现场勘察与工程地质手册确定各地层参数如表 5-9 所示,具体模型土层情况见图 5-26。

表 5-9 研究区土体物理力学参数

岩土体分类	密度/(kg·m⁻³)	黏聚力/kPa	内摩擦角/(°)	弹性模量/MPa	泊松比	平均层厚/m
粉质黏土	1850	22.5	18.6	17.3	0.36	12
淤泥质黏土	1730	12.8	9.2	7.3	0.48	45
粉砂	1900	16.0	22.6	24.0	0.34	10
中风化基岩	2400	30.0	35.0	42.0	0.36	33
混凝土	2460			30 000	0.20	

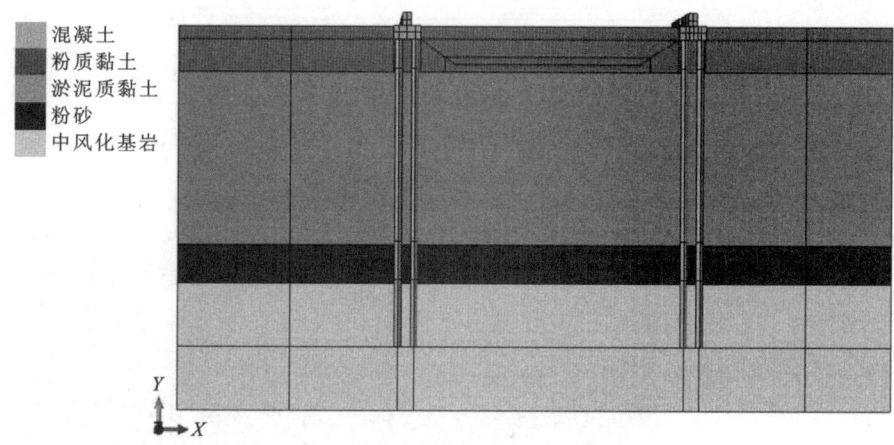

图 5-26 模型横剖面图

2. FLAC3D 模型土层参数

FLAC3D 计算模型中桩基与各土层接触界面的主要参数有接触面的法向刚度 k_n、剪切刚度 k_s、黏聚力、内摩擦角。桩土界面的法向刚度 k_n 和剪切刚度 k_s 可取接触面相邻区域土层的等效刚度的 10 倍,即

$$k_n = k_s = 10\max\left[\frac{\left(K+\frac{4}{3}G\right)}{\Delta z_{\min}}\right] \tag{5-16}$$

$$G = \frac{E}{2(1+\upsilon)} \tag{5-17}$$

$$K = \frac{E}{3(1+\upsilon)} \tag{5-18}$$

式中:K 是体积模量;G 是剪切模量;E 是土体弹性模量;υ 是土体的泊松比;$\Delta z_{\min}$ 是接触面法向方向上连接区域最小尺寸。

根据第 4 章室内桩土界面直剪试验结果,粉质黏土与混凝土接触面的黏聚力和内摩擦角,分别取 12.05kPa 和 10.83°。对比地勘报告中粉质黏土的强度参数,界面黏聚力为粉质黏土黏聚力的 0.54 倍,界面内摩擦角为粉质黏土内摩擦角的 0.58 倍。以此类推,对于混凝土桩基和其他土层界面的黏聚力和内摩擦角,根据表 5-10 中土层强度参数进行定义。界面的黏聚力取与桩相邻土层黏聚力的 0.54 倍,内摩擦角取与桩相邻土层内摩擦角的 0.58 倍。数值计算模型中桩土界面参数和土层分布如表 5-10、图 5-27 所示。

表 5-10 FLAC3D 模型研究区桩土界面参数

土性	桩土界面参数				
	切向刚度/(Pa·m^{-1})	法向刚度/(Pa·m^{-1})	黏聚力/kPa	内摩擦角/(°)	平均层厚/m
粉质黏土	2.12×10^9	2.12×10^9	12.05	10.83	1.8
淤泥质黏土	1.06×10^9	1.06×10^9	6.97	5.39	5.8
粉质黏土	2.12×10^9	2.12×10^9	12.05	10.83	45
粉砂	3.89×10^9	3.89×10^9	8.1	13.05	14.3
中风化基岩	6.70×10^9	6.70×10^9	16.2	20.3	33.1

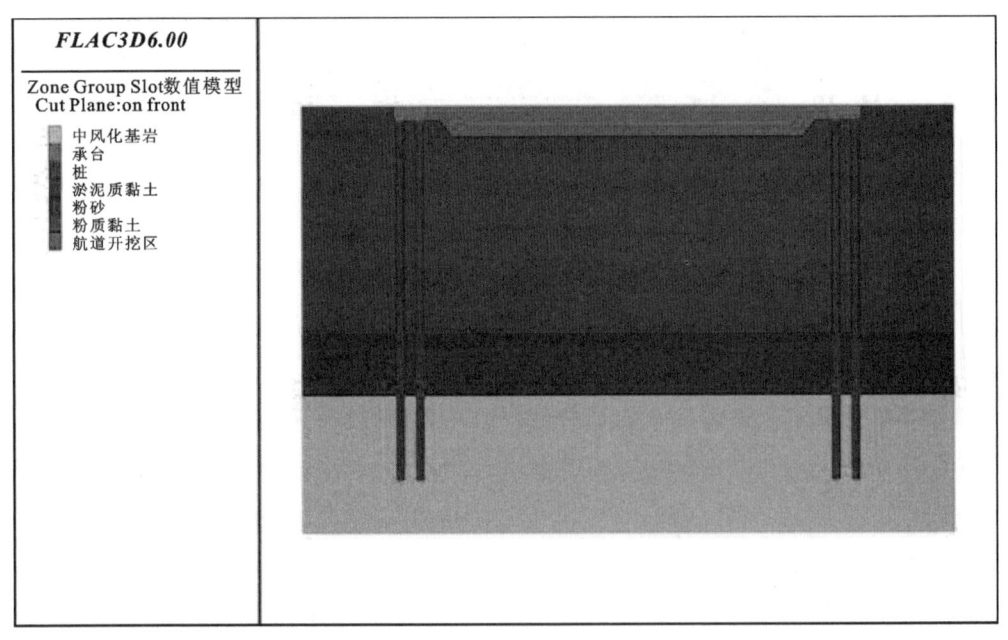

图 5-27 三维计算模型横剖面图

3. GeoStudio 模型土层参数

本工程场地土层主要为填土、黏土、粉土、淤泥质黏土、粉砂、基岩,同时根据施工设计方图纸增加了混凝土、碎石、排水口,土层标高在图 5-25 中标示,该区域各土层的主要力学参数见表 5-11(均为现场采样实验测得)。此外,由于 GeoStudio 二维模型的局限性,为保证水能正常流动,桩体设置为结构单元。航道侧地下水标高为+2m,另一侧为+3.5m。

表 5-11　模型各土层主要力学参数

岩土体分类	密度/(kg·m⁻³)	黏聚力/kPa	内摩擦角/(°)	弹性模量/MPa	泊松比
粉质黏土	1850	22.5	18.6	17.3	0.36
淤泥质黏土	1730	12.8	9.2	7.3	0.48
黏土	1920	23.2	16.8	20.6	0.30
粉砂	1900	16	22.6	24.0	0.34
基岩	2400	30	35	42.0	0.36
填土	1900	31	12.6	20.0	0.35
碎石	2350			5000	0.26
混凝土	2460			30 000	0.20

5.3.4　模型验证

建立有限元模型之后，需要与实测数据进行对比，验证有限元模型的准确性和可靠性，评估模型的适用性和误差水平，从而提高分析的可信度。此外，通过与实测数据的对比，可以评估模型参数的合理性，帮助优化模型，提高分析结果的准确性。

1. Abaqus 模型验证

本模型选用荷载传递函数来表征桩土接触关系，即假定桩土间无滑动，因此在 Abaqus 建模中桩土间选用面接触连接，并将切向接触属性设定为罚函数。

此外，本文将土体假定为半无限体，因此在设定边界条件时，对土体下表面 X、Y、Z 三个方向的位移进行约束，土体侧面则约束 X 与 Z 方向上的位移（Y 方向为竖直方向）。

计算桥梁处航道面宽 70m，实际挖深为 8m，分两次进行。根据现场施工情况，本文中数值模型的施工工况主要分为 4 个分析步：

Step1：地应力平衡

此分析步的主要目的是使土体在自重作用下固结稳定，从而使模型达到初始平衡状态。在 Abaqus 有限元模拟中，初始土体的自应力平衡（地应力平衡）是影响数值模拟结果正确性的关键因素之一。同时，Abaqus 中的初始地应力提取法对于边界与地质地层条件都较为复杂的模型能够取得较为理想的效果。因此，本书的第一个分析步选用初始地应力提取法来进行地应力平衡。

Step2：桥梁结构激活

此分析步在地应力平衡的基础上增加桥梁的群桩与墩台施工，使应力重新分布。群桩基础与承台选用绑定连接，承台、群桩基础与土体选用面接触连接，其中切向接触属性设定为罚函数，摩擦系数为 0.3。

因本书主要研究对象为航道开挖影响下的桥梁桩基，在建立模型时，对桥梁墩台以上的上部结构进行了简化，简化为均布荷载施加在墩台上表面。选取典型桥梁为某新建波形钢腹板连续梁桥和某新建三跨连续梁桥，根据两座桥上部结构质量，将计算均布荷载分别设置为 800kPa、1000kPa。

Step3:第一次开挖

为贴近现场施工实际,模型航道分两次开挖。此分析步为模拟航道第一次开挖,开挖深度3.5m,宽度为70m,沿承台边缘竖直向下开挖(图5-28)。

通过Abaqus中的"生死单元法"来实现模拟开挖,使这部分的单元不呈现激活状态,即将开挖区域土体的单元刚度矩阵乘上一个极小的数,使这些单位的各项参数设置为0。在执行此操作后,处于未激活状态的单元不参与内部计算。

Step4:第二次开挖

此分析步在第一次开挖3.5m的基础上,再次开挖4.5m,总挖深8m,此处开挖方式为放坡开挖,放坡比例为1∶1.5,此次开挖完成后,航道开挖至标定坑底位(图5-28)。

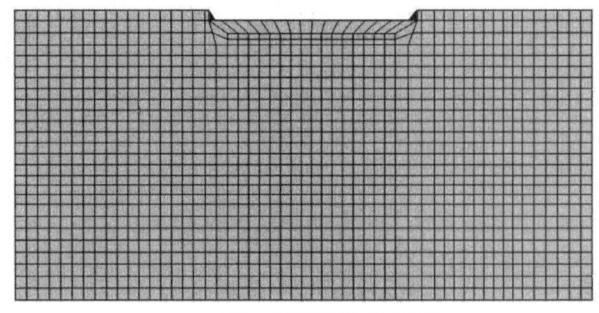

(a)第一次开挖后坑底位置　　　　　(b)第二次开挖后坑底位置

图5-28　模型开挖顺序示意图

由于航道施工尚未开挖完成,仅完成第一次开挖,即开挖深度为3.5m,因此将数值模型分析步第一次开挖,即Step3的计算数据(图5-29)与桥梁施工现场主要监测数据进行对比,验证数值模型结果的准确性。

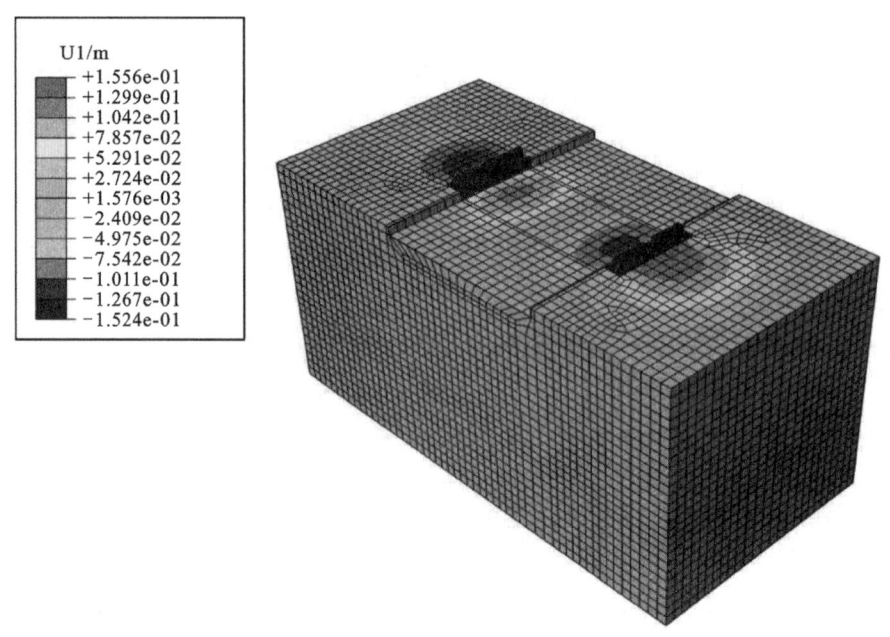

图5-29　第一次开挖模型云图(U1为X方向位移,下同)

第 5 章 桩基和土体参数对邻近桥梁桩基承载及变形特性影响

桩身位移数据验证:设置上部荷载为 800kPa,航道第一次开挖后,群桩基础发生一定量的变形,在数值模型中选取 2D 号桩对应桩基进行对比验证。沿桩身靠航道侧均布监控测点,绘制桩身沿深度 X 方向变形图,并与 2D 号桩监测数据进行对比。通过对比分析可以得出,两曲线整体发展趋势基本一致,桩基变形均呈现沿深度先变大,在 22m 达到最大值后逐渐变小并趋于稳定的趋势。虽然模拟数据的最大值大于实测数据,但考虑到模型简化及传感器采集误差等因素,数值模拟结果仍在合理范围内。

通过将数值模拟结果与工程实测数据对比(图 5-30),发现航道开挖影响下两者在不同类型数据变化趋势及规律基本一致,误差均在合理范围内。表明该数值模型能够较好地模拟桥梁桩基等下部结构在航道开挖等因素影响下的变形变化趋势。进而可知,本书数值模拟中所选用的土体本构模型、各项控制参数较为合理,对深厚软土场地具有一定的适用性。

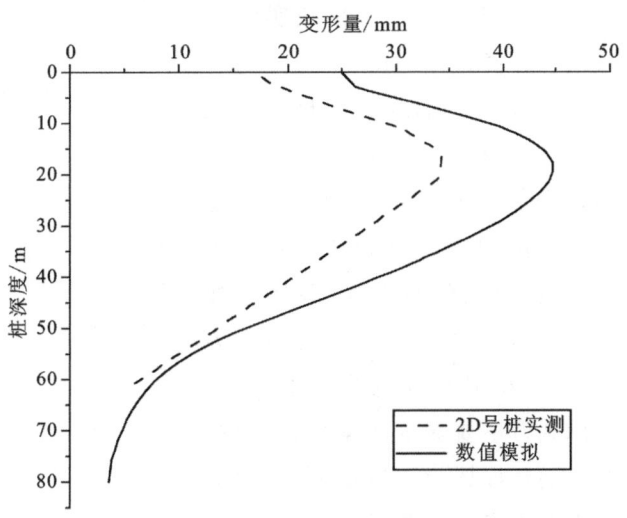

图 5-30 桩基变形对比验证

2. FLAC3D 模型验证

数值计算模型地层参照嘉绍通道长山河特大桥地勘报告进行划分,从上到下划分为淤泥质黏土、粉质黏土、粉砂、粉质黏土等地层,各地层平均厚度分别为 8.75m、13.55m、11.2m、66.5m。各土层参数以及桩土界面参数依然采用表 5-10 所示的参数,桩基参数为嘉绍通道长山河特大桥桩基参数,桩长为 92m,桩径为 1.8m。数值计算模型如图 5-31 所示。

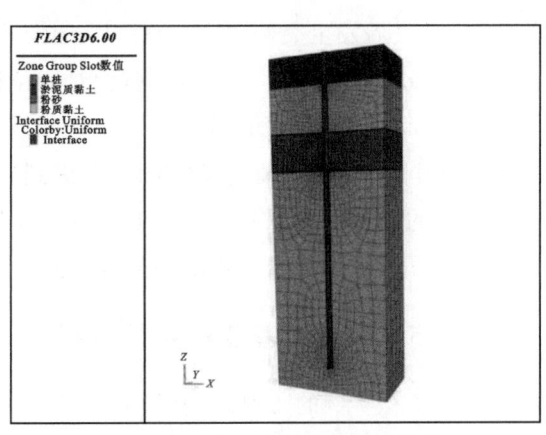

图 5-31 单桩静荷载试验数值模拟模型

通过桩顶逐级施加压力,完成单桩静载荷试验的模拟,来研究荷载与桩顶竖向沉降的变化曲线。将数值计算结果与嘉绍通道长山河特大桥桥梁桩基工程试桩静载试验结果的对比,验证模型计算参数的合理性。模型验证的具体计算过程如表 5-12 所示。

表 5-12 单桩静荷载试验数值模拟施工工况描述

编号	工况	工况描述
1	初始应力场	土体(建筑物)在自重下固结稳定下的应力分布,并将产生的位移清零
2	钻孔灌注桩施工	进行单桩施工,使之应力重分布,并将施工完成后的位移清零
3	加载	对应现场静载试验加载过程,在桩顶逐级施加 2 128.4kN 的荷载直至单桩破坏

单桩静载荷试验的数值模拟得到的 Q-S(荷载-位移)曲线与现场试桩静载试验实测得到的 Q-S 曲线对比如图 5-32 所示。

图 5-32 为单桩静荷载实测与数值计算对比图。由图可知,随着桩顶压力的逐渐增大,单桩荷载沉降曲线呈线性增长;随着桩顶压力逐渐增大,沉降曲线呈现出非线性变化;当桩顶压力超过单桩承载极限值时,曲线陡然下降,破坏特征明显,拐点明显。这是因为该桩为摩擦桩,在前几级荷载作用下,桩体承载力主要靠桩侧摩阻力提供,并且随着加载级数增加,各分层侧摩阻力逐步增大并最终达到极限,继续加载则充分发挥桩端阻力直至桩端剪切破坏。通过现场试验

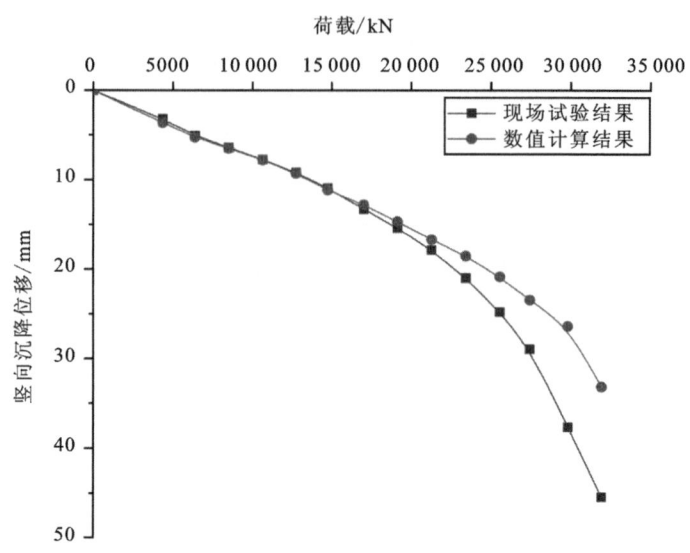

图 5-32 单桩静荷载试验实测与数值计算对比图

结果与数值计算结果对比(图 5-32),可以看出两曲线的整体发展趋势都是先呈线性变化,再缓慢变化,最后发生突变,基本上保持一致。取最大位移对应的荷载值为极限承载力,可知实测的试桩极限承载力为 31 926 kN,相对应位移为 45.44 mm。而数值计算中试桩极限承载力为 32 096 kN,相对应位移为 34.28 mm,比实测位移少 11.16mm。数值计算结果偏小的原因可能有两个:一是在数值建模中没有考虑到实际地层中厚度较薄的夹层,二是在数值计算中地层参数的差异性考虑不够。但整体来说,对比的桩顶荷载-位移关系曲线整体趋势相同。故数值计算所选用的岩土体及桩土接触面本构模型、参数对软土场地条件具有适用性。

5.3.5 桥梁桩基变形特性分析

结合工程实例的工况,在有限元软件中进行模拟,得到实际工况下桥梁桩基的变形及受力特性。

1. Abaqus 模型分析

依托航道工程此处挖深达 8m,目前仅开挖 3.5m,在验证模型准确性的基础上,进一步利用数值模型分析开挖完成后(开挖深度达到 8m),桥梁桩基的变形变化规律(图 5-33)。

1)桩基变形分析

航道工程第二次开挖后(上部荷载设置为 800kPa),其桩基变形进一步发展,对比观察两次开挖前后的桩基变形情况(图 5-34),不难发现:第二次开挖后桩身向航道侧变形进一步扩大,受开挖影响的范围也沿桩身进一步向深处发展。

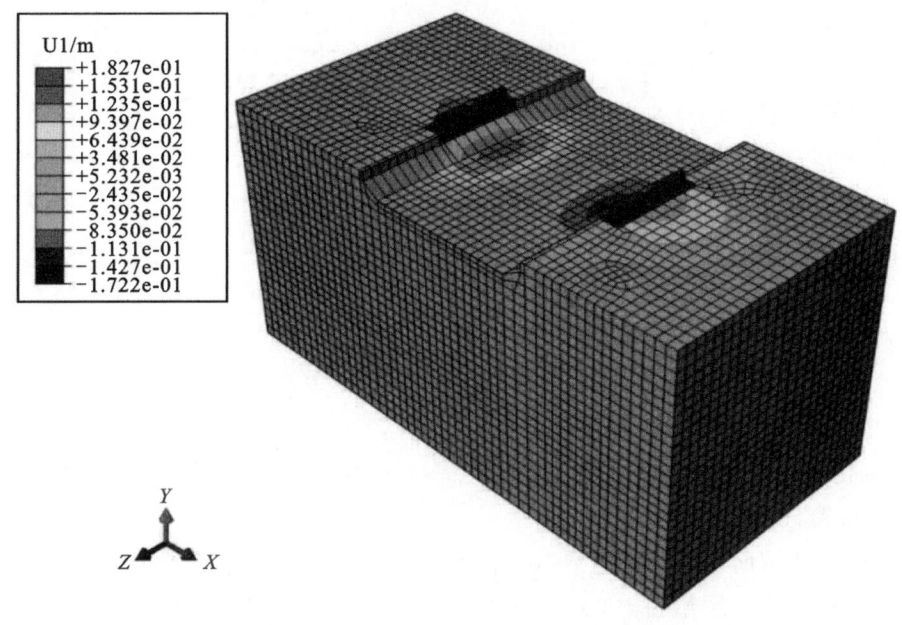

图 5-33 开挖完成后模型云图

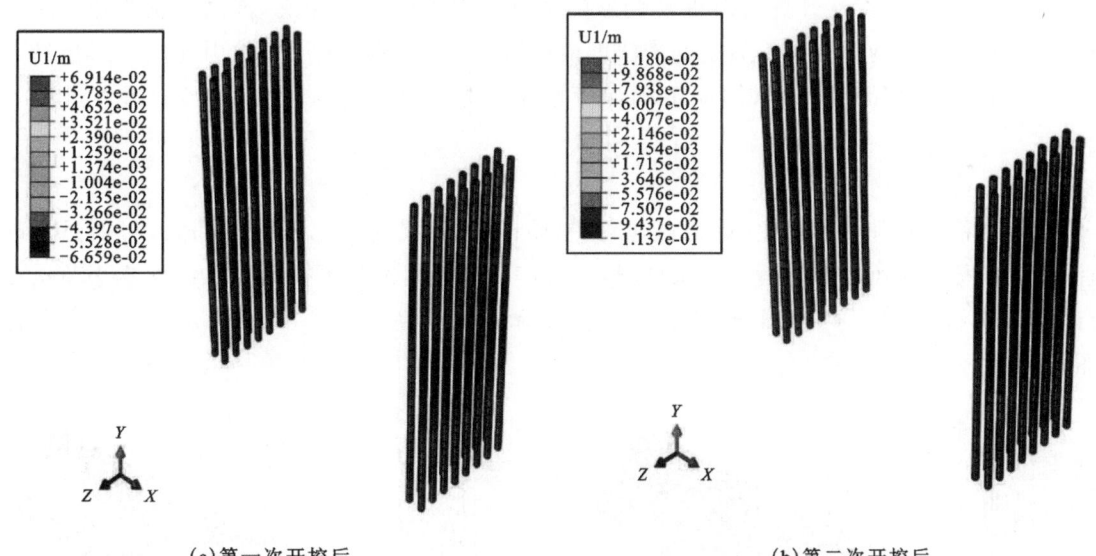

(a)第一次开挖后   (b)第二次开挖后

图 5-34 开挖完成后桩基变形云图

对两次开挖后 2D 号桩对应桩基的桩身整体变形情况进行分析,绘制两次开挖前后对比图(图 5-35)。

纵向观察桩基变形随桩深度的变化影响发现,两次开挖均在 20~30m 位置处达到桩基变形的最大值,随着桩深度增加,桩基变形逐渐减小。结合地层信息,桩基变形主要发生在淤泥质黏土层及上部的粉质黏土层中。尤其是淤泥质黏土层,层厚 45m,第一次开挖后桩身在此土层的变形均在 25mm 以上,第二次开挖后桩身在此土层的变形也均在 60mm 以上,该土层是桩身整体变形的发育土层。进一步比较淤泥质黏土层、粉砂层与基岩中桩身的变形发育情况,发现桩基变形沿深度变化速率与桩身所处土层有关。以第二次开挖后桩基变形数据为例:桩身在 27m 位置达到最大变形量后,变形量逐渐降低,观察下部变形曲线可知,曲线斜率变化明显的两处,为淤泥质黏土层与粉砂层、粉砂层与基岩层分界处。这侧面说明了深厚软土场地分布的软土层给桥梁工程安全运营带来不小的威胁。

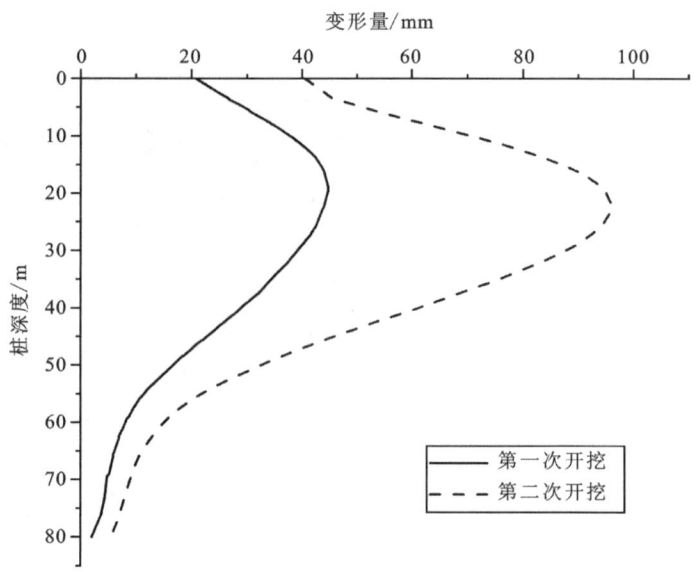

图 5-35 两次开挖桩基变形对比图

横向对比可知,虽第一次开挖深度与第二次开挖深度仅相差 1m(第一次开挖 3.5m,第二次开挖 4.5m),但第二次开挖后对桩基变形的影响远大于第一次开挖,这说明航道开挖深度对桥梁桩基稳定性的影响并不只是随着深度线性增加,3.5~8m 土层开挖引起的变形量远大于 0~3.5m 开挖时的变形量,因此不同深度航道开挖对桥梁桩基稳定性影响需做进一步研究。

2)墩台位移分析

墩台位移与桩基变形相比,更为直观、更易验证,尤其是对于已建桥梁而言,可通过全程监测墩台位移量来监控桥梁运营健康情况,具有广泛的适用性与可操作性。因此本小节重点讨论数值模拟过程中两次开挖影响下(上部荷载设置为 1000kPa)桥梁墩台位移变化(图 5-36)。

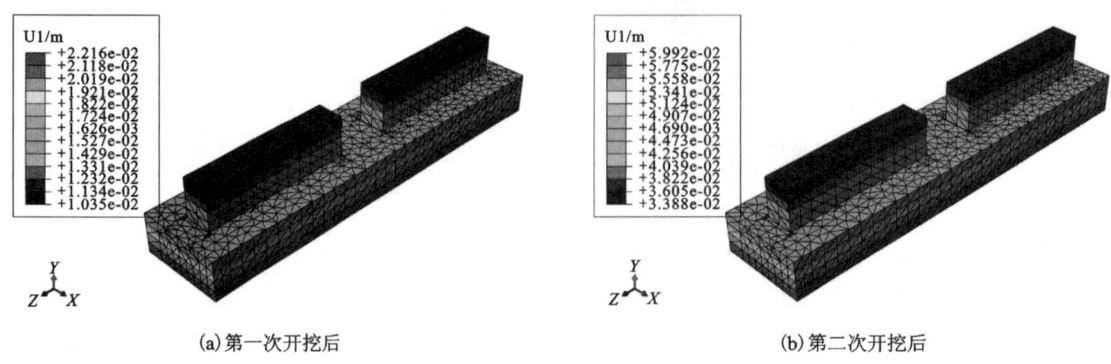

(a)第一次开挖后　　　　　　　　　　(b)第二次开挖后

图 5-36 开挖完成后墩台位移云图

进一步对 6 号测点对应墩台位置开挖完成后的数据进行分析(图 5-37),发现最大位移量达到 26mm,严重威胁桥梁工程运营安全。这说明对航道开挖施工中影响墩台位移明显的施工节点采取紧急处置手段是必要且有效的。同时说明,航道施工对邻近桥梁工程有较大影响,需要考虑地基处理或其他支护方式保障桥梁运营安全。

3)土体变形分析

航道大面积开挖后,土体势必会产生位移,进而导致邻近的

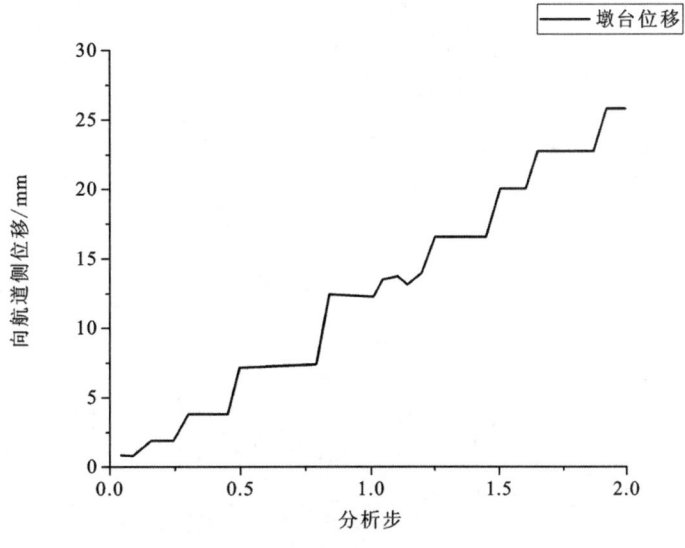

图 5-37 开挖完成后墩台位移图

桥梁桩基产生附加应力、弯矩和侧向位移。因此,对航道开挖后的土体变形开展研究分析也是厘清航道开挖对桥梁桩基稳定性影响规律的重要组成部分。航道开挖后,分析土体 X/Y 向变形情况(图 5-38),重点关注靠近桩基与航道中心线附近土体的变形情况。

X 方向上,航道底部边缘处变形最大,此处应力也较为集中(图 5-39),向航道中线方向逐渐减小,离航道底 30m 处变形已下降至毫米级;Y 方向上,桥梁桩基至航道中线均有小幅隆起,航道中线处有叠加效应,隆起幅度较为明显。

综合来看,航道开挖引起了附加应力的变化,航道边缘出现了应力集中的现象,致使航道边缘的土体向航道内侧位移,这部分土体的位移加剧了边坡的位移,位移的土体进而又会对航道边缘产生新的附加应力,连锁的相互作用使航道边缘的土体变形较大。航道中线附近的航道底部隆起与航道开挖卸荷及土体的应力释放有关。

航道开挖破坏了原有的土体平衡(应力场),使得土体在卸载后发生反弹,反弹后土体变得相对松弛。因此,在土体松弛和蠕变作用下,航道底部土体的隆起会进一步增大。此外,深厚软土场地的航道开挖,开挖后的航道底多为黏性地基,积水严重。在黏性土吸水饱和的过程中,其体积会变大,从而产生膨胀,进一步影响航道底部的隆起量。

观察桥梁桩基附近土体变形情况可以发现,上部粉质黏土层与淤泥质黏土层 X 向变形较大,且呈现以桩基为中心向外扩散减小的趋势,并伴随着较为严重的隆起,这与应力变化的趋势吻合。通过对航道中线附近土体的观察可知,X 方向未见明显位移趋势,表面的隆起多出现在粉质黏土层与上部土体,深部土体未见明显位移。

进一步地,提取桩基附近的土体变形数据,绘制桩基附近土体变形沿深度分布图(图 5-40)。航道开挖后,粉质黏土层与淤泥质黏土层土体变形明显,粉质黏土层土体整体变形在 80~130mm 之间;淤泥质黏土层土体变形跨度较大,12~40m 深度土体变形均在 80mm 以上,在 27m 深度处达到土体变形最大值,为 137.80mm,随后沿深度逐渐变小;粉砂层的最大土体变形已低至 25mm 以下,基岩层最大土体变形则小于 3mm。

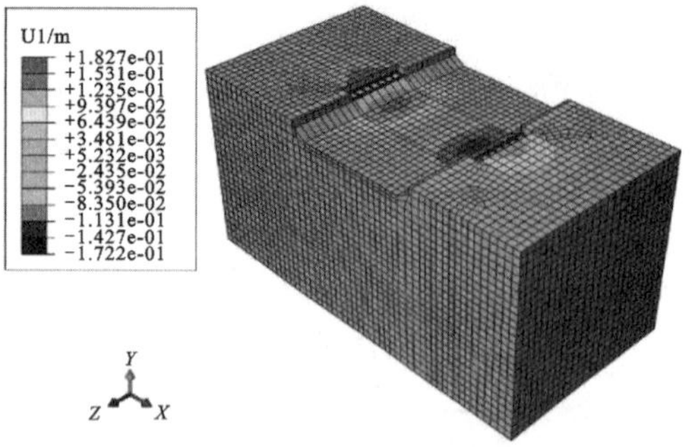

(a) 土体X向变形云图 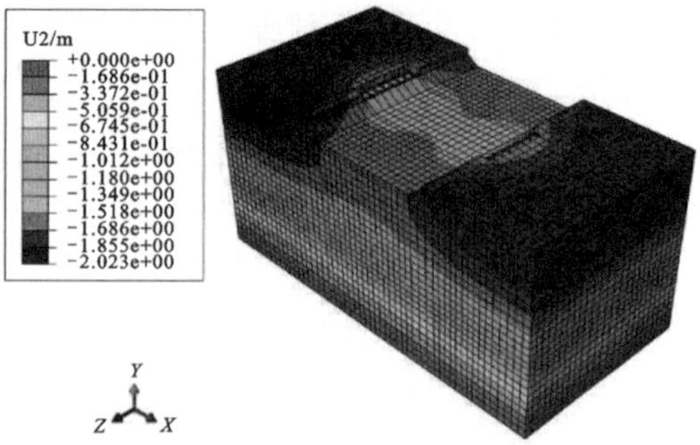　　　　　　　　　　(b) 土体Y向变形云图

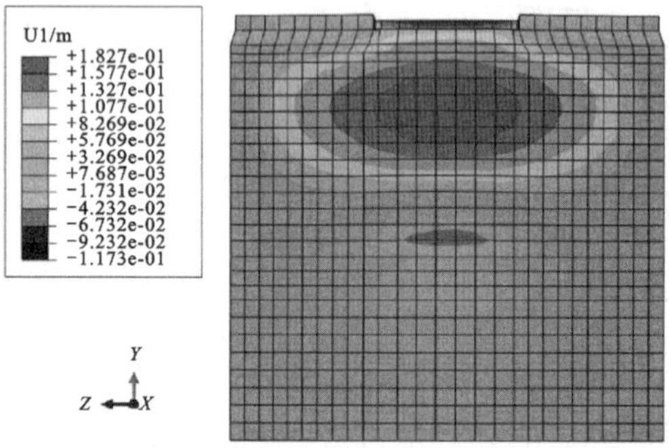

(c) 桩基附近土体X向变形图 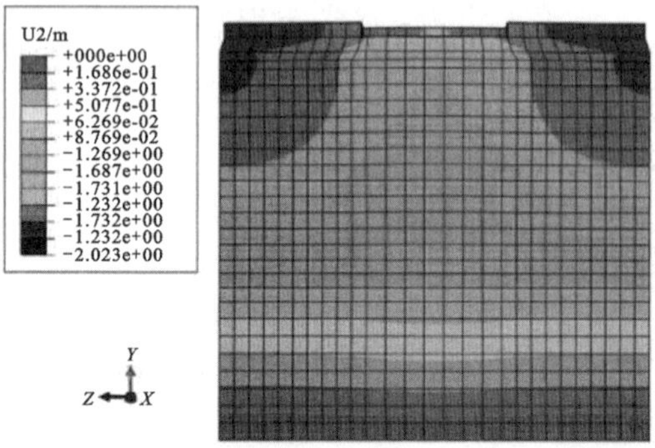　　　　　　(d) 桩基附近土体Y向变形图

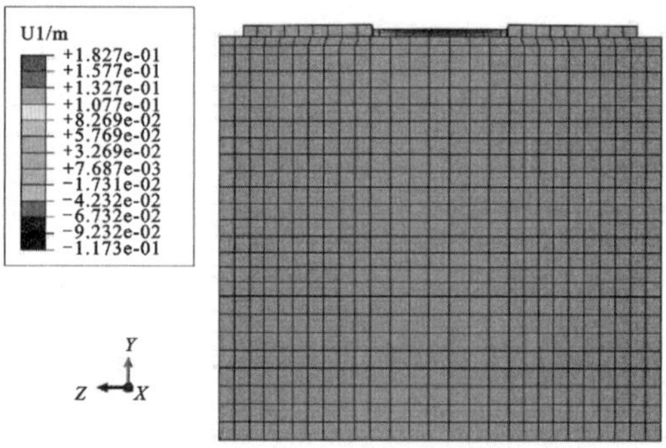

(e) 航道中线土体X向变形图 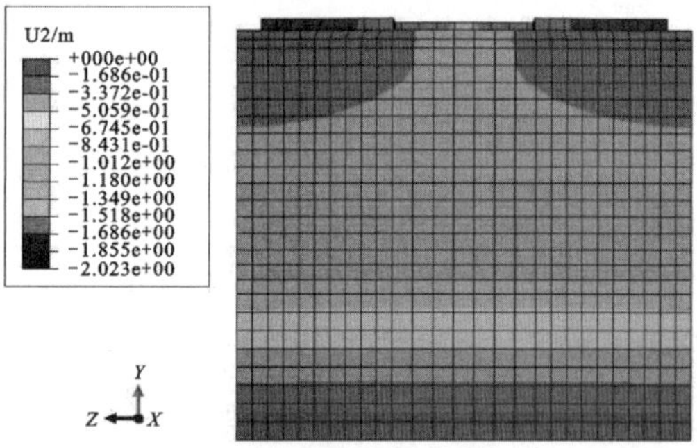　　　　　　(f) 航道中线土体Y向变形图

图 5-38　开挖完成后土体变形图（U1 为 X 方向位移，U2 为 Y 方向位移）

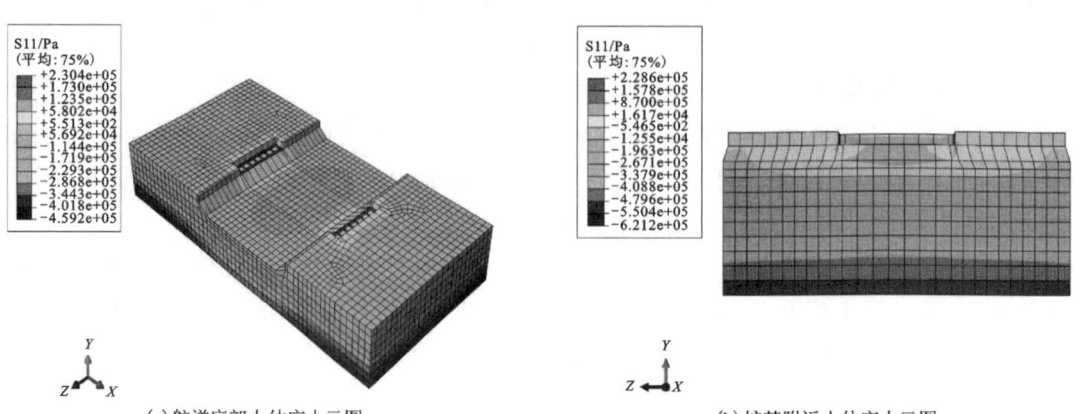

(a) 航道底部土体应力云图　　　　　　　(b) 桩基附近土体应力云图

图 5-39　开挖完成后土体应力图（S11 为 X 方向主应力，下同）

航道边坡出现的位移现象导致变形曲线在 0~10m 深度出现尖角状的形态,对土体变形沿深度变化的整体趋势影响不大。进一步比较土体变形沿深度分布图(图 5-40)与桩身沿深度变形图(图 5-35)发现:土体变形与桩基变形沿深度的分布规律基本一致,且土体变形大于桩基变形,同深度土体变形量约为桩基变形的 1.5 倍。

结合航道开挖影响下土体的变形规律可知,航道开挖卸荷破坏了原有的土体平衡,引起航道底部土体向上隆起,航道边坡土体向内位移。但深厚软土场地表层土一般下卧有层厚较大的淤泥质黏土,在土体大规模卸荷后,这部分承载性差、流塑性强的土体变形大于表层土,一方面加重了航道底部土体的隆起,另一方面推动桩身向航道侧移动,使处于黏土层的桩基变形严重。因为混凝土刚度较大,桩基变形会向上传递至桩顶与墩台,承台与墩台的位移又会对航道边坡土体产生挤压,造成进一步的位移。因此,在实际工程中,可以将桥梁墩台位移作为桥梁工程安全施工与运营的预警参数。

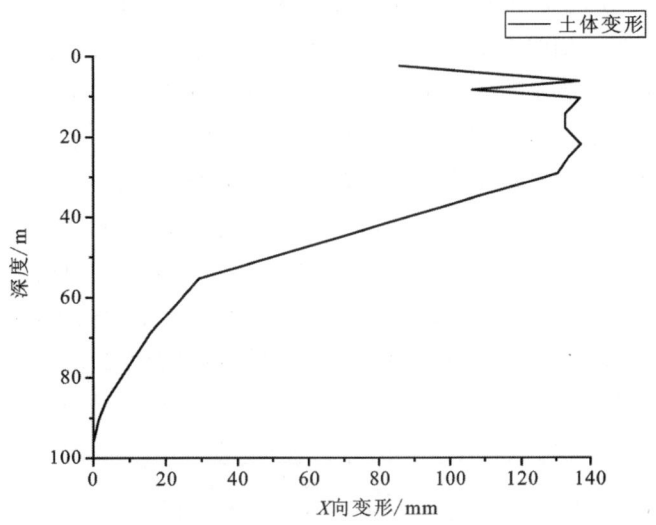

图 5-40 桩基附近土体变形沿深度分布图

根据上述影响机理与影响规律,墩台与承台的位移要略晚于桩基变形,一般而言,墩台产生较小变形时,下部桩基已经产生了较大变形,这不利于桥梁工程安全运营。因此,对于深厚软土场地的新建桥梁,可将工程场地软黏土层中部的土体变形监测及对应的桩身监测作为重点监测指标。

2. FLAC3D 模型分析

在模型验证完成之后,建立航道开挖数值计算模型,得到开挖以后各桩的水平位移和桩身弯矩,并对比其变形特性。航道开挖数值计算过程如表 5-13 所示。

表 5-13 航道开挖施工工况描述

编号	工况	工况描述
1	初始应力场	土体(建筑物)在自重下固结稳定下的应力分布,并将产生的位移清零
2	钻孔灌注桩与承台及上部桥梁施工	进行群桩与承台及上部桥梁施工,使应力重新分布,将施工完成后的位移清零
3	开挖	航道开挖至坑底位置

对模拟结果进行分析发现(图 5-41、图 5-42),随着航道的开挖,处于土体影响区域的邻近桩基会受到影响,从而产生附加的弯矩和变形。以靠开挖侧最近的 1 号桩为例进行分析,提取桩身不同节点位置的位移和应力数据,得到了航道开挖不同深度时桩基水平位移随桩深的

变化曲线,如图 5-41 所示。同时得到了航道开挖不同深度时桩身不同节点位置的弯矩分布特征,如图 5-42 所示。分析可知,随着开挖深度越深,桩基最大水平变形与最大弯矩逐渐增大,两者呈正相关关系。表 5-14 为分步开挖下桩基水平位移与弯矩的变化,由该表可以更明显地看到,随着开挖深度逐渐增大,桩基最大水平变形所出现的位置逐渐下移,当航道开挖完毕以后,桩基最大变形出现在桩基中部。分析认为,最大变形出现在桩基中部的原因一是在数值计算中,桩基顶部与承台是采用固定约束且桩基端部嵌固于中风化基岩中,在该条件下桩基的受力类似于材料力学中两端固定压杆受力情况,此时通过欧拉公式求解压杆最大变形值出现在中部位置;二是因为东西大道桥是梁式桥,航道开挖完毕以后,桩基顶部依然是深埋在土里,并没有裸露出来,桩基整体类似于围护结构。

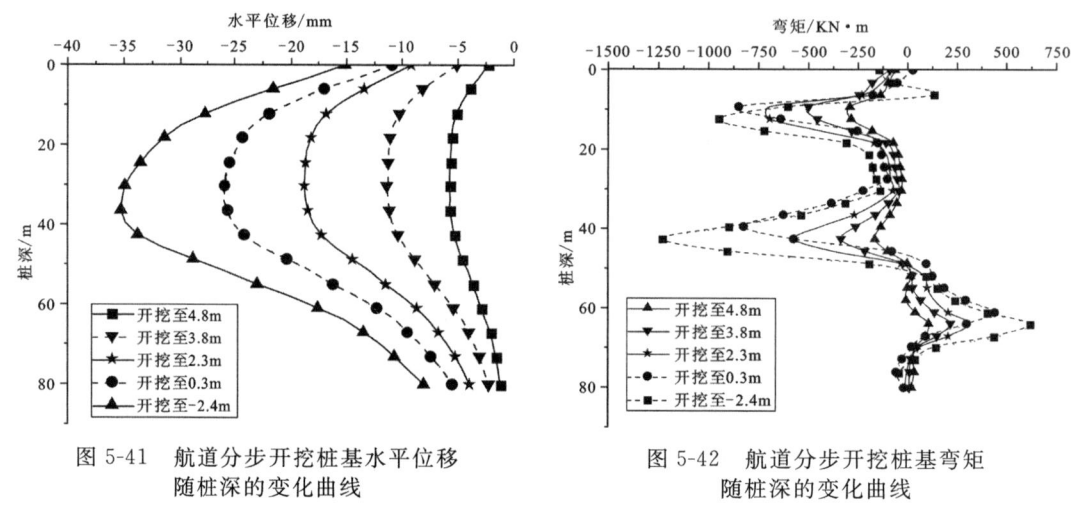

图 5-41　航道分步开挖桩基水平位移
随桩深的变化曲线

图 5-42　航道分步开挖桩基弯矩
随桩深的变化曲线

表 5-14　分步开挖下桩基水平位移与弯矩

开挖位置	桩顶水平位移/mm	最大水平位移/mm	最大水平位移出现的位置/m	最大弯矩/(kN·m)
开挖至 4.8m	2.23	5.71	距桩顶 28.34	301.56
开挖至 3.8m	5.08	11.38	距桩顶 28.34	498.06
开挖至 2.3m	9.15	18.80	距桩顶 28.34	738.34
开挖至 0.3m	10.94	25.94	距桩顶 33.40	997.13
开挖至 −2.4m	14.87	31.76	距桩顶 38.50	1 237.15

图 5-43 为航道开挖完成后桥梁桩基水平位移云图。航道开挖导致附近岩土体的卸载效应,从而改变了原有土体应力平衡状况,在桩基作用力下,周围岩土体自身进行重新平衡,这一阶段代表着岩土体应力重新分配,也同时引起了岩土体的水平运动,而桥梁桩基就处在这种自我平衡并运动的岩土体内,势必会造成桩基变形。

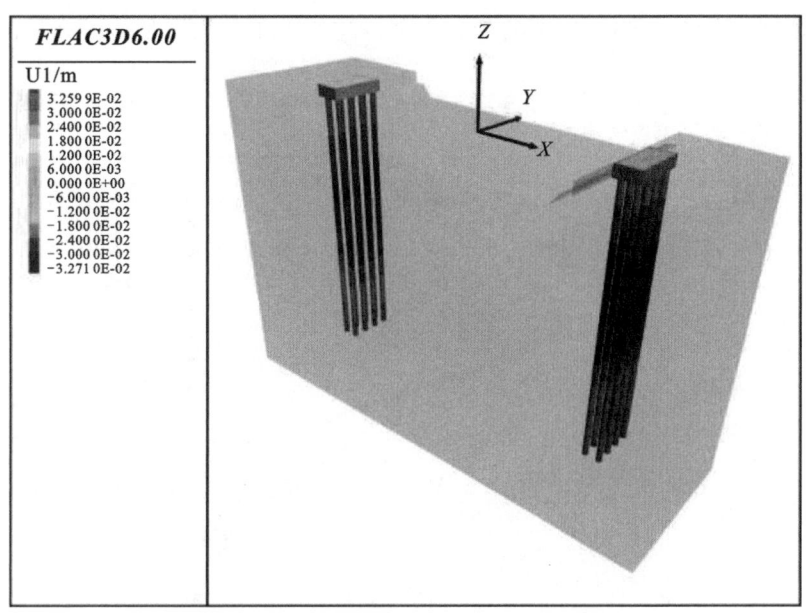

图 5-43　航道开挖后桩基水平位移云图

图 5-44 为航道开挖后各桩桩顶水平位移随着时间的增加而逐渐增大的曲线图。当数值计算达到软件默认收敛准则(即平均力比值为 10^{-5})时,数值计算达到平衡,此时各桩桩顶水平位移平均位移值大约为 14.87mm,这是由于各桩桩顶上面都连接着承台,在承台的作用下,各桩的受力基本上保持一致,从而在开挖过程中,各桩共同向开挖区一侧倾斜,且各桩水平位移基本相同。

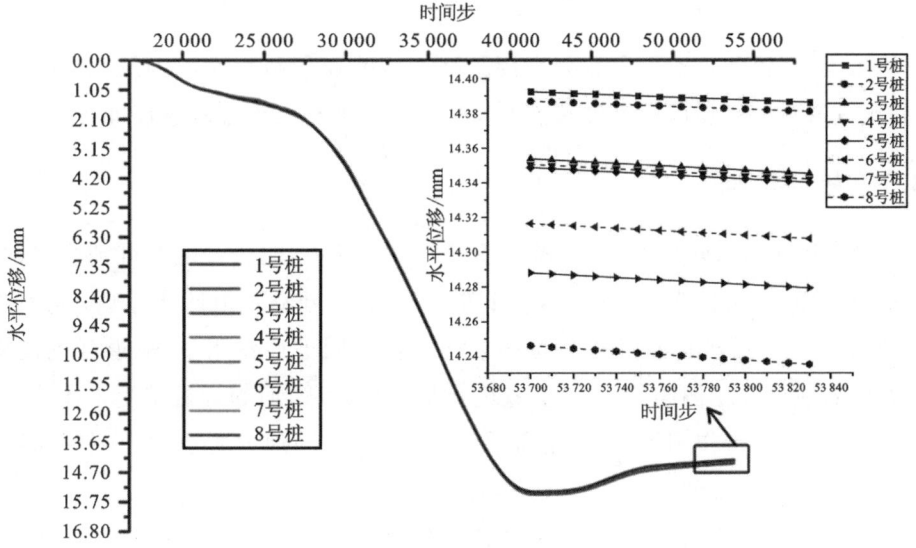

图 5-44　航道开挖后各桩桩顶水平位移曲线图

航道开挖后,各桩都向着坑内开挖一侧倾斜,最大水平位移出现在桩部中间位置,距离桩顶大约38.5m,且邻近开挖侧一列桩的最大水平位移要大于背离开挖侧一列桩的(图5-45)。

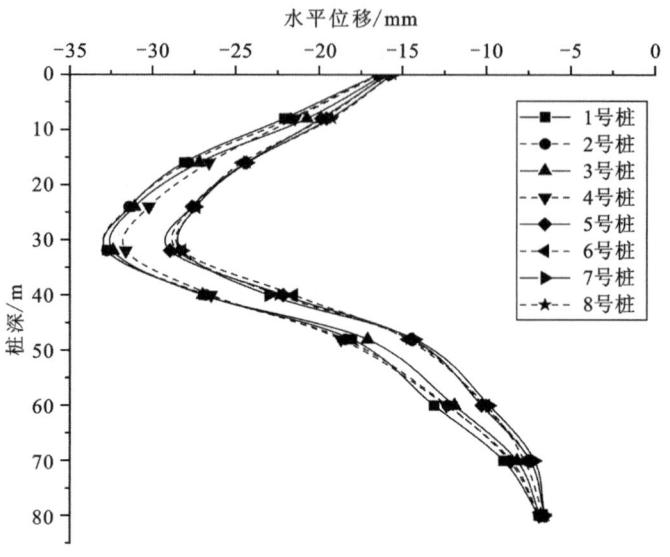

图5-45 航道开挖后各桩水平位移随桩深的变化曲线

从图5-45中可以看到,航道开挖后,各桩的弯矩随桩深的变化曲线基本上保持一致。当数值计算平衡时,1号桩的水平位移最大,故在后续重点分析航道开挖对不同因素的影响时,取1号桩进行分析。

5.4 桩基设计参数敏感性分析

桩基的长度、直径和材料等参数会直接影响桩基的强度和刚度,进而影响其受力和变形特性,本节就航道开挖对邻近桥梁桩基受力及变形影响的桩基参数敏感性进行分析。

5.4.1 桩径影响

在上一节FLAC3D模型的基础上考虑不同桩径条件下,航道开挖对桩基稳定性的影响。保持土层信息不变,按桩径为1.2m、1.4m、1.6m、1.8m各建立数值计算模型进行航道开挖数值计算。图5-46为不同桩径桩基水平位移云图。在不同桩径作用下,航道开挖使得各桩桩顶水平位移向着航道开挖侧倾斜,航道开挖使坑周土体位移,而邻近桩基受土体位移作用,产生桩身偏移,各桩在承台作用下,由于上部受力,都不约而同地向着坑内一侧弯曲,最大偏移基本上出现在桩长的1/2处。

图5-47为航道开挖后不同桩径桩水平位移随桩深的变化曲线,可知各曲线整体趋势一致,航道开挖后最大水平位移出现在距离桩顶约40m处,各桩最大水平位移值在32.04~33.53mm这个区间,基本上变化不大。桩的整体水平位移随着桩径的增大而逐渐减小。

第 5 章 桩基和土体参数对邻近桥梁桩基承载及变形特性影响

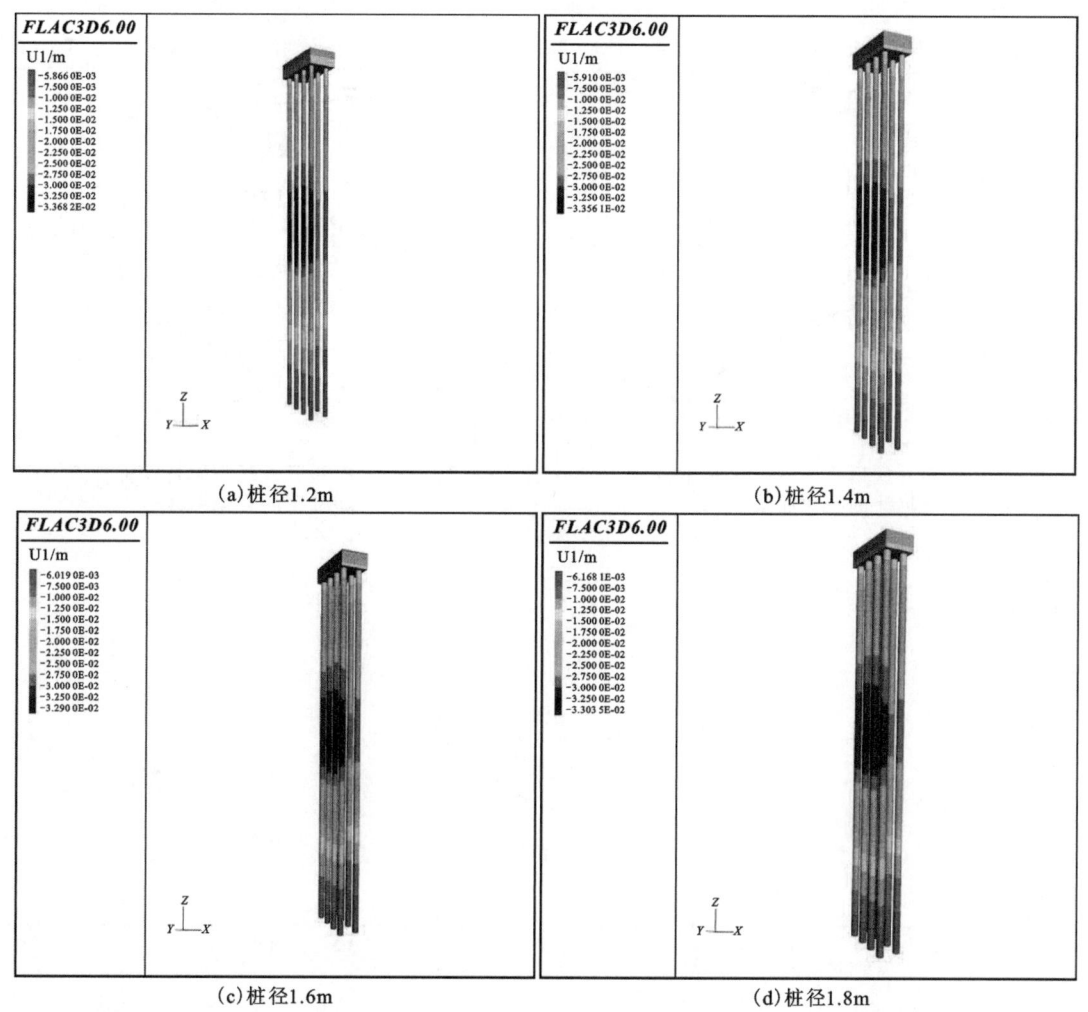

图 5-46 不同桩径桩基水平位移云图

图 5-48 为航道开挖后不同桩径桩弯矩随桩深的变化曲线。由图可知,不同桩径桩弯矩整体变化趋势基本上保持一致,在桩深范围为 0~2.5m 时,桩顶弯矩较大。这是因为该范围刚好处于航道开挖层,当航道内的土层被挖开后,坑外的土体不约而同地向着开挖侧运动,从而对桩产生一个挤压作用,使桩产生较大的向着开挖侧的弯矩。不同桩径桩最大弯矩依然出现在桩长的 1/2 处,与不同桩径桩最大水平位移所出现的位置基本上保持相同。由于航道开挖深度较浅、桩基较长且各桩桩顶还作用着承台与上部桥梁荷载,在承台与上部桥梁荷载的约束作用下,导致各桩桩身中部的弯矩与水平位移要大于各桩桩顶开挖侧的弯矩与水平位移。

借鉴《建筑桩基技术规范》(JGJ 94—2008)中桩基垂直度的概念,定义桩顶水平位移与桩基长度的百分比为垂直度偏差。图 5-49 为航道开挖后桩基桩顶水平位移及垂直度偏差随桩径的变化曲线。从图中可以看出,航道开挖后,不同桩径的桩基桩顶水平位移基本上变化不大。

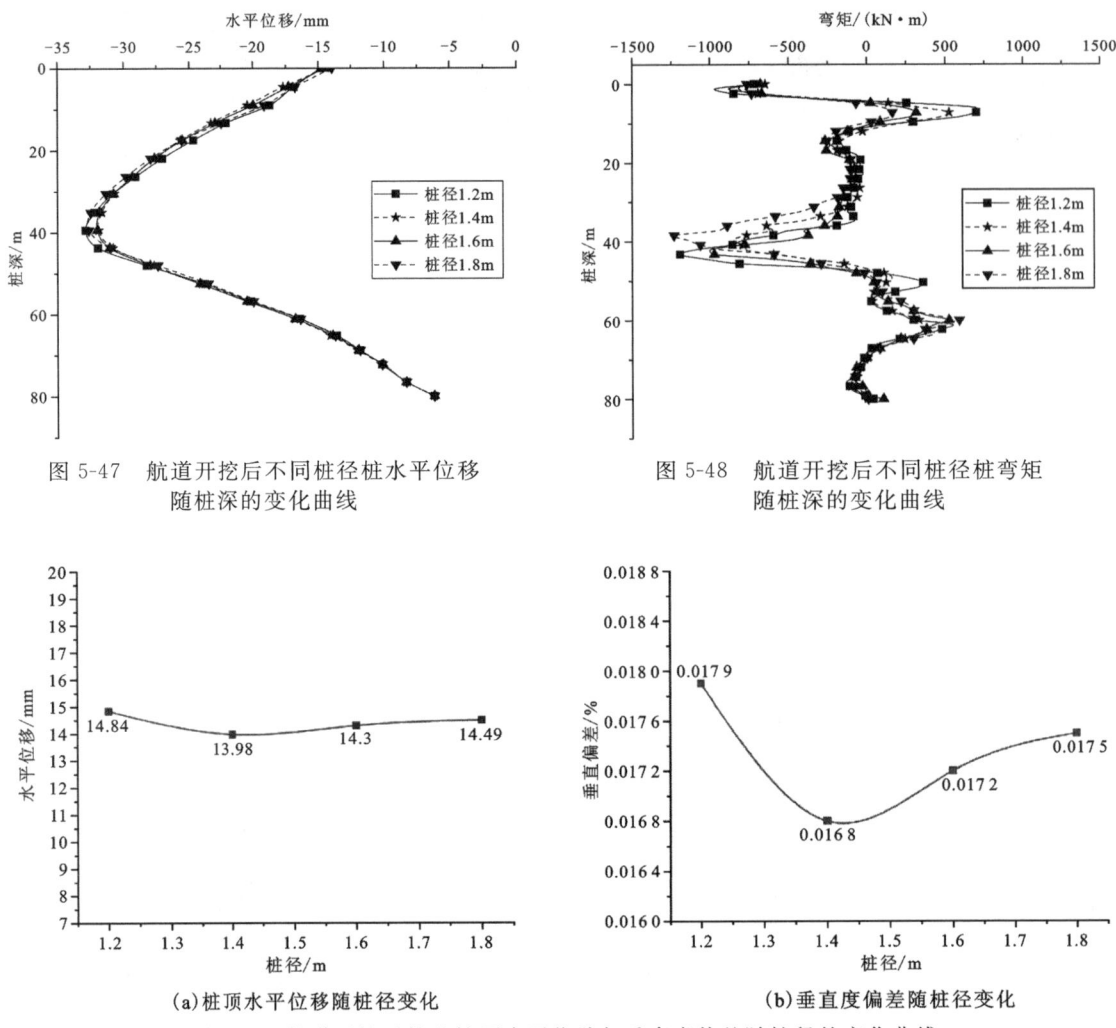

图 5-47 航道开挖后不同桩径桩水平位移随桩深的变化曲线

图 5-48 航道开挖后不同桩径桩弯矩随桩深的变化曲线

(a) 桩顶水平位移随桩径变化

(b) 垂直度偏差随桩径变化

图 5-49 航道开挖后桩基桩顶水平位移与垂直度偏差随桩径的变化曲线

根据《建筑桩基技术规范》(JGJ 94—2008)可知，泥浆护壁钻孔灌注桩的垂直度允许偏差为 1%，数值计算得出不同桩径桩基的垂直度偏差远远小于规范值，满足规范要求。这说明在现场施工中，对于长桩来说，桩径的增大对桩基控制水平位移的帮助有限。在本书数值分析中，尽管不同桩径桩顶水平位移相差比较小，但相对来说，在桩径为 1.4～1.5m 时，垂直度偏差最小，相对桩基桩顶水平位移取得最小值。

5.4.2 桩长影响

在已验证的 FLAC3D 模型的基础上考虑不同桩长的影响，为了控制单一变量，数值计算模型中去掉最底层的中风化基岩，考虑桩体完全置于软土层中。计算工况保持桩径不变，按桩长为 53m、63m、73m、83m 分别建立数值计算模型，再次进行航道开挖数值计算。图 5-50 为不同桩长桩基水平位移云图，图 5-51 为航道开挖后不同桩长桩水平位移随桩深的变化曲线。由两图可知，航道开挖后，不同桩长桩基水平位移随桩深的变化曲线趋势一致，都向着坑内一侧倾斜,最大水平位移值均出现在距离桩顶 1/2 到 2/3 倍桩长处,各桩最大水平位移按桩长由大到小分别为 32.07mm、31.52mm、31.97mm、31.76mm。

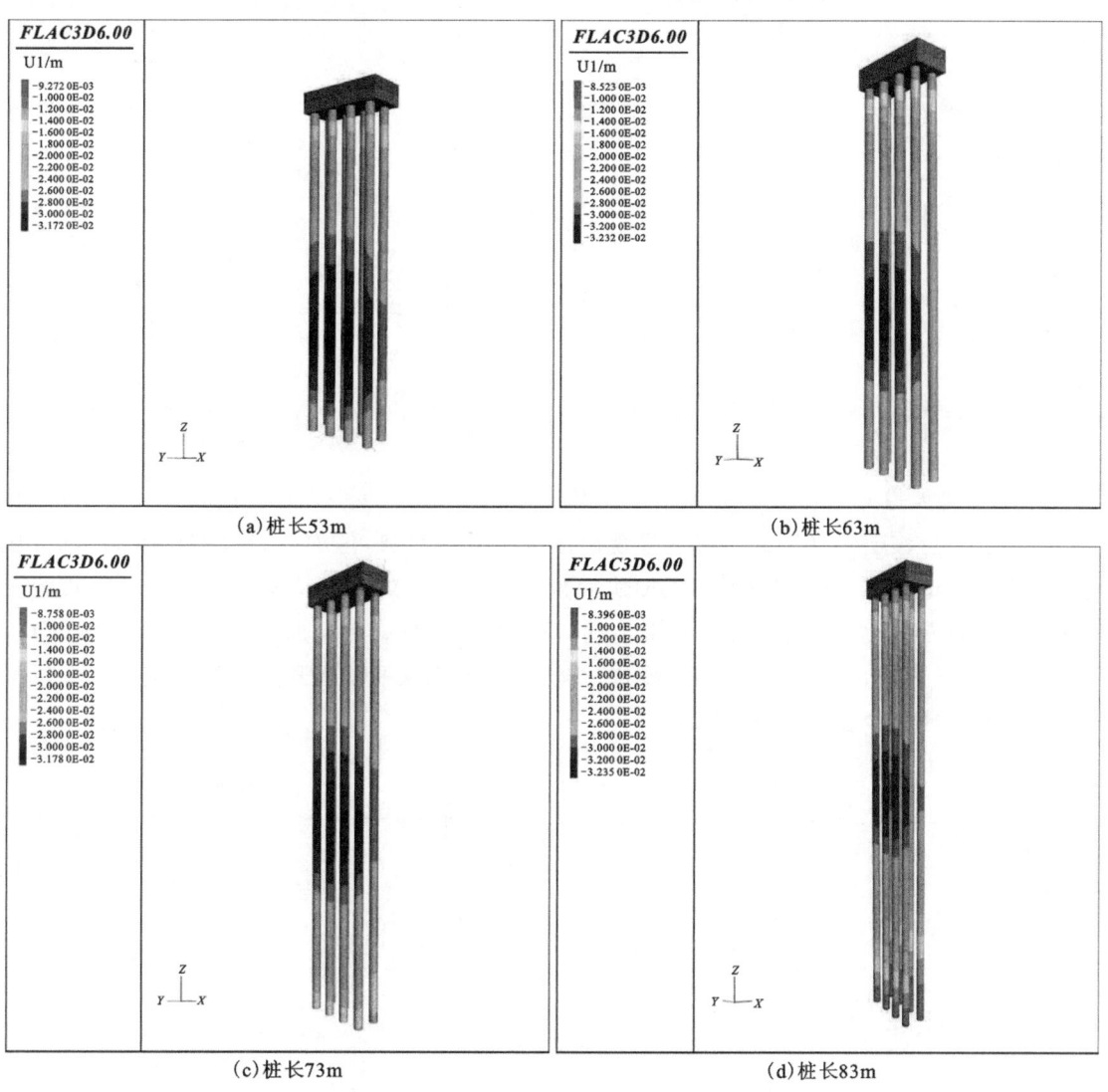

图 5-50　不同桩长桩基水平位移云图

图 5-52 为航道开挖后不同桩长桩弯矩随桩深的变化曲线。由图可知,弯矩整体变化趋势基本上一致,最大弯矩依然位于距离桩顶 1/2 到 2/3 倍桩长处,桩长从 83m 变化到 63m 时,弯矩整体变化较小,但桩长从 63m 变化到 53m 时,桩基最大弯矩处弯矩变化较大。这是因为摩擦桩主要力的来源为桩土相互作用时的桩侧摩阻力,当桩埋置较深时,桩与土相互接触比较多,相互作用范围比较大,桩的水平承载力也随之变大。当桩长逐渐减小时,桩侧摩阻力也随之减小,一旦桩长超过某一临界值时,桩的水平承载力不足以抵消土的开挖扰动对于桩的影响力,使得桩的水平位移急剧增大,从而大大影响桩的水平承载力,使之发生破坏。

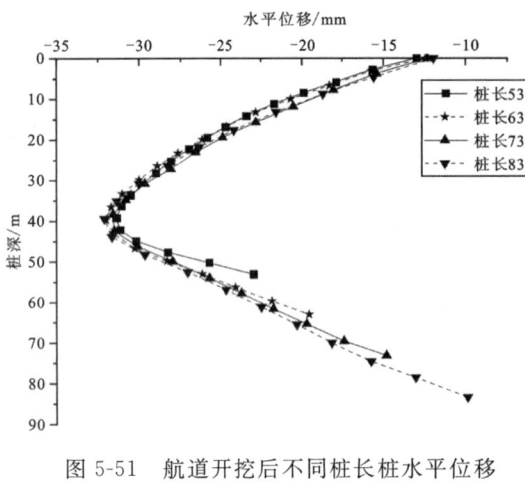
图 5-51 航道开挖后不同桩长桩水平位移随桩深的变化曲线

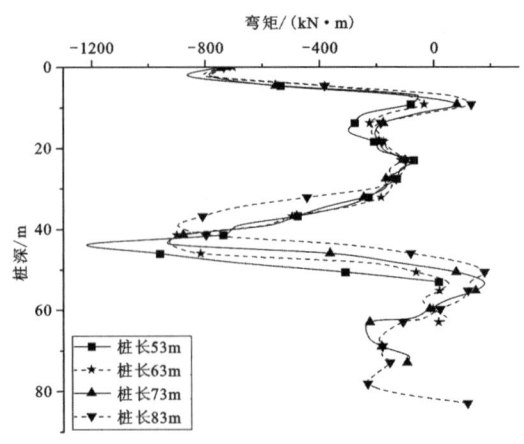
图 5-52 航道开挖后不同桩长桩弯矩随桩深的变化曲线

图 5-53 为航道开挖后桩基桩顶水平位移及垂直度偏差随桩长的变化曲线。由图可知,桩基桩顶水平位移随着桩长由长到短呈现出逐渐增大的趋势,但增大趋势有所不同,当桩长从83m 到 53m 时,增长趋势呈现出先加快后减缓再加快的态势。从垂直度偏差随桩长的变化曲线也可以看出,当桩长从 83m 到 63m 时,垂直度偏差呈线性增加,几乎是一条直线,但从 63m 到 53m,该直线出现了转折点,转变成一条折线,该现象在航道开挖后桩基桩顶水平位移随桩长的变化曲线中表现得更加明显。

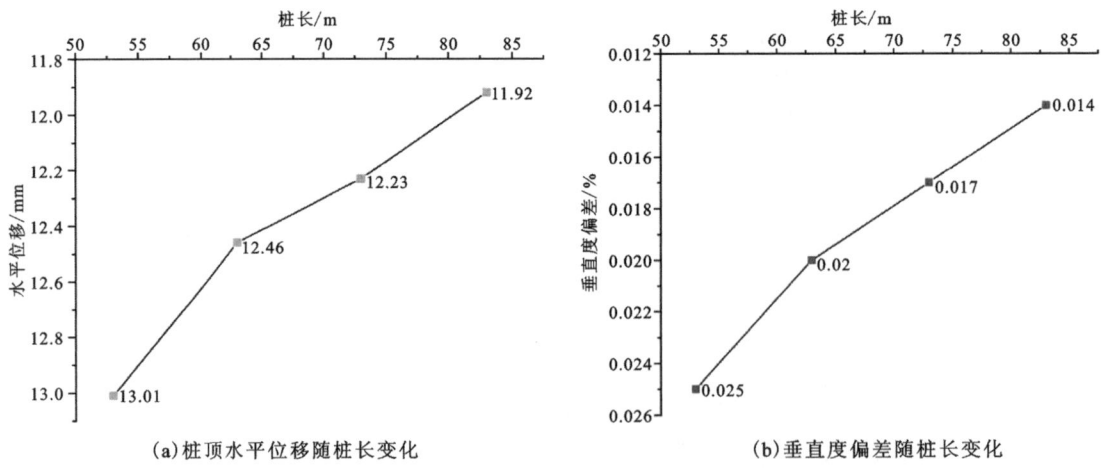

(a) 桩顶水平位移随桩长变化　　(b) 垂直度偏差随桩长变化

图 5-53 航道开挖后桩基桩顶水平位移及垂直度偏差随桩长的变化曲线

5.4.3 桩基刚度影响

影响桩基刚度的因素主要有桩径、配筋、桩身材料。在此研究由桩身材料引起的桩基刚度变化对桩基稳定性的影响。图 5-54 为不同桩基刚度桩水平位移云图,图 5-55 为航道开挖后不同桩基刚度桩水平位移随桩深的变化曲线。

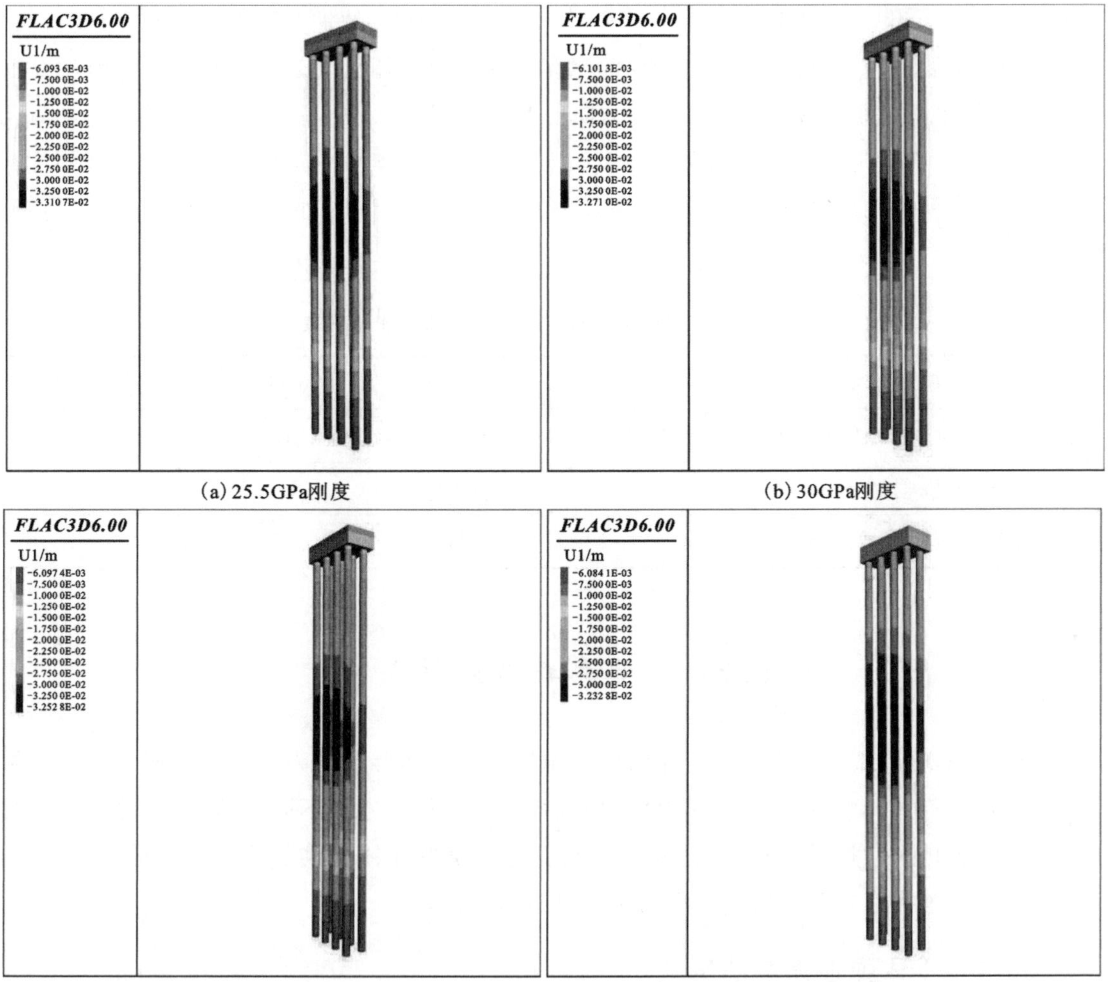

第 5 章 桩基和土体参数对邻近桥梁桩基承载及变形特性影响

(a) 25.5GPa 刚度

(b) 30GPa 刚度

(c) 32.5GPa 刚度

(d) 36GPa 刚度

图 5-54 不同桩基刚度桩水平位移云图

由图 5-54 可知，航道开挖后，桩基整体向着航道方向变形，随着桩基刚度的逐渐增加，桩基最大水平位移逐渐减小，当桩基刚度为 25.5GPa 时，桩体最大水平位移为 32.08mm；当桩基刚度为 36GPa 时，桩体最大水平位移为 31.42mm。

表 5-15 为不同桩基刚度桩水平位移值对比情况表。由表可知，桩基刚度为 25.5GPa、30GPa、32.5GPa、36GPa 时，桩基沿桩深水平方向的位移峰值分别约为 32.08mm、31.76mm、

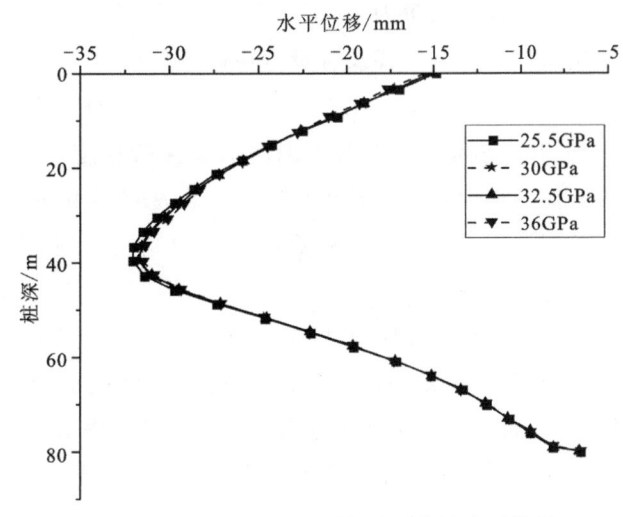

图 5-55 航道开挖后不同桩基刚度桩水平位移随桩深的变化曲线

31.61mm、31.42mm,而桩基刚度为 32.5GPa、30GPa、25.5GPa 的桩基因航道开挖所产生的最大水平变形值距离较桩基刚度为 36GPa 的增幅分别为 0.6%、1.08%、2.10%。分析图 5-55 和表 5-15 可知,桩基刚度越小,桩基水平方向的变形也就越大,桩基刚度越大,桩基水平方向的变形越小,二者呈现出负相关关系。但由表 5-15 可知,桩体水平位移并不随着桩基刚度的增大而有非常明显的减小,桩基刚度由 30GPa 变化到 25.5GPa 时,两桩基之间水平变形增长幅度最大。

表 5-15 不同桩基刚度桩水平位移值对比情况表

桩基刚度	36GPa	32.5GPa	30GPa	25.5GPa
桩基水平方向最大位移值/mm	31.42	31.61	31.76	32.08
较 36.5GPa 时增幅/%		0.60	1.08	2.10
较前一桩基刚度增幅/%		0.60	0.47	1.01

5.5 土体参数敏感性分析

弹性模量 E、黏聚力 c 均是对土体性质影响较大的土体参数。为了进一步阐明土体参数对桩基变形特性的影响,在用 FLAC3D 模型进行数值计算时考虑不同土体特性,分别对土体介质赋予不同的弹性模量和黏聚力,采用控制变量法模拟各种参数条件下的航道开挖过程,并对各种土体参数在桩基结构变形中的敏感性进行分析。

5.5.1 土体弹性模量的影响

通过控制其余参数不变,改变土体弹性模量来研究其对桩基变形的敏感程度。数值分析分别考虑弹性模量为 10MPa、15MPa、20MPa 和 30MPa 这 4 种不同的条件,对不同土体弹性模量条件下桩基位移及桩身弯矩进行分析。

图 5-56 为不同弹性模量条件下所得的桩顶水平位移随时间步变化曲线。随着计算时间步的增加,桩顶水平位移逐渐增大并保持稳定。土体弹性模量越小,桩顶位移越大。图 5-57 为不同弹性模量下桩基水平位移随桩深的变化曲线。桩身最大水平位移出现在桩基上半部分位置。随着土体弹性模量的增大,桩基最大水平位移出现位置逐渐下移,并且最大水平位移量逐渐减小。

表 5-16 为不同弹性模量条件下的桩顶水平位移、桩身最大水平位移和最大水平位移位置、桩身最大弯矩和最大弯矩位置,弹性模量从 10MPa 增长到 30MPa,桩顶水平位移减小了 88.6%,桩身最大水平位移减小了 64.6%,桩身最大弯矩减小了 63.2%。由此可见,土体的弹性模量是影响桩基变形的主要参数,土体弹性模量的增加,可以很好地降低桩基结构的变形量。

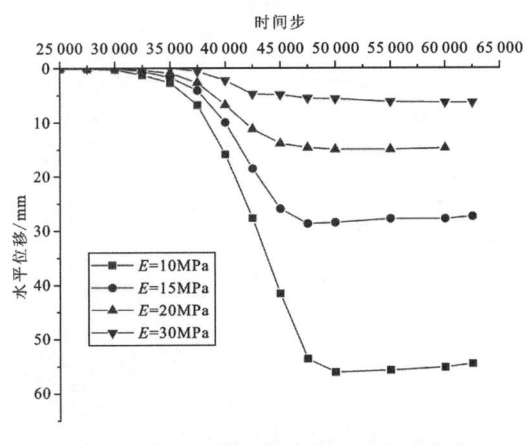

图 5-56 不同弹性模量下桩顶水平位移随时间步变化曲线

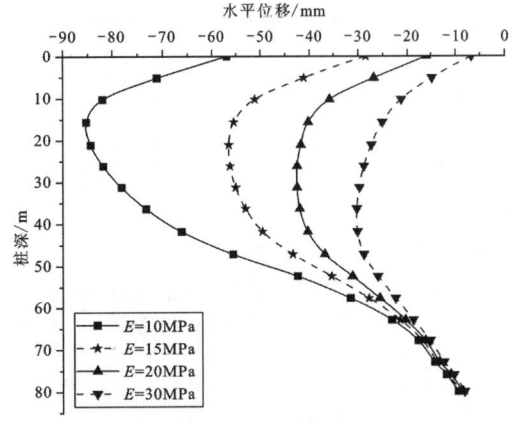

图 5-57 不同弹性模量下桩基水平位移随桩深的变化曲线

表 5-16 不同弹性模量下桩基水平位移与弯矩

弹性模量/MPa	桩顶水平位移/mm	桩身最大水平位移/mm	最大水平位移出现的位置/m	桩身最大弯矩/(kN·m)	最大弯矩出现位置/m
10	53.77	80.82	距桩顶13.96	4 037.35	距桩顶9.23
15	27.10	53.49	距桩顶19.08	3 097.11	距桩顶9.23
20	14.85	40.33	距桩顶27.15	2 438.75	距桩顶9.23
30	6.12	28.58	距桩顶35.98	1 487.62	距桩顶9.23

5.5.2 土体黏聚力的影响

通过控制其余参数不变,改变土体黏聚力来研究其对桩基变形的敏感程度。数值分析考虑黏聚力分别为 10kPa、15kPa、20kPa 和 30kPa 4 种不同条件下对桩基位移及桩身弯矩的影响。

图 5-58 为不同黏聚力条件下所得的桩顶水平位移随时间步变化曲线。随着计算时间步的增加,桩顶水平位移逐渐增大并趋于稳定。土体黏聚力越小,桩顶位移越大。图 5-59 为不同黏聚力条件下桩基水平位移随桩深的变化曲线。桩身最大水平位移出现在桩基上半部分位置。当土体的黏聚力越大时,桩顶的水平位移量越小,桩基的水平位移量也越小,但差距并不明显。

表 5-17 为不同土体黏聚力条件下的桩顶水平位移、桩身最大水平位移和最大水平位移位置、桩身最大弯矩和最大弯矩位置统计表。可以看出,黏聚力从 10kPa 增长到 30kPa,桩顶位移减小了 88.6%,桩身最大水平位移减小了 0.6%,桩身最大弯矩增长了 31.5%。故土体黏聚力对桩基变形的影响不明显。

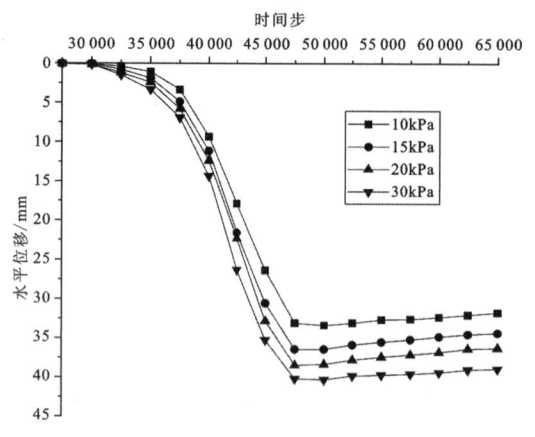

图 5-58 不同黏聚力下桩顶水平位移随时间步变化曲线

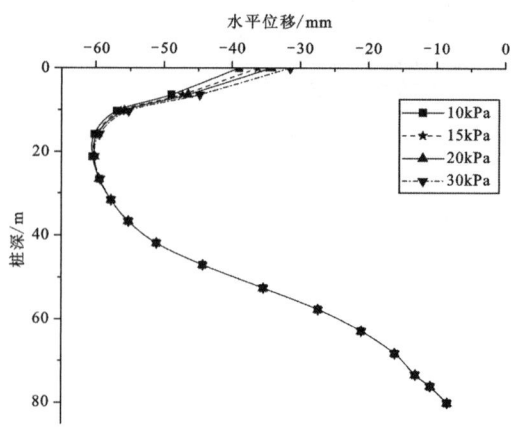

图 5-59 不同黏聚力下桩基水平位移随桩深的变化曲线

表 5-17 不同黏聚力下桩基水平位移与弯矩

黏聚力/kPa	桩顶水平位移/mm	桩身最大水平位移/mm	最大水平位移出现的位置/m	桩身最大弯矩/(kN·m)	最大弯矩出现位置/m
10	38.87	60.59	距桩顶19.11	2 732.60	距桩顶9.23
15	36.17	60.39	距桩顶19.11	3 033.05	距桩顶9.23
20	34.36	60.30	距桩顶18.98	3 259.21	距桩顶9.23
30	31.60	60.20	距桩顶18.94	3 592.08	距桩顶9.23

5.6 小 结

通过对现场的粉质黏土土样进行基本物理试验,获取了土体基本物理特性指标。在此基础上开展了一维固结压缩试验,测定了土体的压缩特性。同时开展了重塑粉质黏土试验和混凝土试块接触面直剪试验,探究了桩土接触面在不同含水率、不同干密度、不同法向应力影响下的剪切特性以及界面抗剪强度参数及切向刚度的变化规律。利用现场勘察、室内试验和数值仿真相结合的手段,对航道开挖进行了全程模拟,就航道开挖对桥梁桩基稳定性影响开展了关于桩基参数、土体参数的敏感性分析。

(1)海宁典型软土含水量较大,均值为35.96%;孔隙比平均值为0.97,孔隙率较高;土的压缩系数平均值为0.542MPa^{-1},为高压缩性土。

在法向应力较低、含水率较高的情况下,重塑粉质黏土试样和混凝土试块接触面剪应力-剪切位移曲线具有理想弹塑性特征;在含水率较低、法向应力较高的情况下,接触面剪应力-剪切位移曲线具有明显应变软化特征。

当法向应力一定时,重塑粉质黏土试样干密度越大,界面峰值强度越大。同时,界面峰值强度随着含水率的增加而逐渐减小,下降速率随着含水率的增加而加快。

第 5 章　桩基和土体参数对邻近桥梁桩基承载及变形特性影响

重塑粉质黏土试样和混凝土试块接触面的切向刚度受含水率的影响变化较大,试样干密度变化对切向刚度影响不显著。在干密度、法向应力一定时,桩土接触面的切向刚度随着含水率的增加而逐渐减小,并且切向刚度减小的速率在含水率较高的条件下更为明显。在含水率一定时,切向刚度随法向应力的增加而出现非线性增加趋势,在较大法向应力条件下增加速率更为显著。

在干密度一定的条件下,桩土界面的黏聚力随着含水率的增加出现先增大后减小的特征,变化曲线拐点位置含水率约为 33.4%。同时,桩土界面的内摩擦角随着含水率的增加而减小。当含水率保持不变时,干密度的变化对桩土界面强度参数影响不大。

刚塑性模型能较好地模拟接触面的强度特性。但是,由于认为接触面在破坏以前不发生剪切变形,刚塑性模型不能描述接触面试验所量测得到的剪切变形特性。Clough-Duncan 模型不仅很好地模拟了接触面的强度特性,也较好地模拟了接触面试验所量测的剪切变形特性。

(2)随着桩顶压力的逐渐增大,单桩荷载沉降曲线呈线性增长,当桩顶压力超过单桩承载极限值时,桩基迅速发生破坏。数值计算得到的浙江余杭地区深厚软黏土地层条件的灌注桩试桩极限承载力为 52 153kN,相对应的沉降量为 83.21mm。

(3)航道开挖工程势必会引起土体扰动而造成桩基偏移,对超长桩来说,满足承载力的同时,一味增大桩径,对桩基水平承载力的提升与控制桩基水平倾斜的帮助有限。

(4)航道开挖过程中,对于超长桩来说,在满足承载力的前提下,桩长的减少,会节约大部分资金,但同等情况下,桩长不能随意减小,一旦桩长减小超过它所能承受的临界值时,桩的水平承载力不足以抵消土的开挖扰动对桩的影响力,使得桩的水平倾斜急剧增大,从而大大影响桩的承载力,使之发生破坏。

(5)土体的弹性模量是影响桩基变形的主要参数,土体弹性模量的增加,可以很好地降低桩基结构的变形量,土体黏聚力对桩基变形的影响较小。

第6章 航道开挖与通航对邻近桩基承载及变形特性影响

航道开挖对临近桥梁桩基稳定性的影响是一个复杂而关键的工程问题。除了桩基参数、土体参数等因素外,航道参数、开挖方式以及通航后的土体含水率变化也会对桩基稳定性产生重要影响。在研究过程中需要综合考虑这些因素,并通过科学的方法和合理的工程措施,确保桩基的稳定性,保障桥梁工程的安全运行。

航道的大小通常由船舶通航的需求和水域的地形决定,航道的宽度和深度需要能够容纳船舶安全通行,并考虑到船舶的吃水和宽度等因素。边缘净距是指航道边缘到附近障碍物(桥梁桩基等)的距离,边缘净距的大小需要考虑船舶的操纵性和安全性。航道的开挖方式通常依据现场工程地质条件决定,可以采用支护后开挖和直接开挖两种方式。航道通航后会引起附近土体含水量的变化,进而影响土体中桩基的稳定性。航道开挖参数、开挖方式和通航后的土体含水量变化都会影响邻近桥梁桩基的稳定性,本章就这些影响因素进行敏感性分析。

6.1 航道开挖参数敏感性分析

航道开挖的深度、宽度,开挖区域到桩基的距离等因素决定着土体卸荷的大小和影响范围,进而影响桩基的受力状态和变形,本节就航道开挖对邻近桥梁桩基受力及变形影响的航道开挖参数敏感性进行分析。

6.1.1 航道开挖深度对桥梁桩基稳定性的影响

在 Abaqus 模型的基础上,利用经过验证的土体本构模型、各项控制参数,进一步对不同深度、宽度、边缘净距的航道开挖对桥梁桩基稳定性的影响展开研究。桩基形式、土层分布与典型桥梁一致,控制开挖宽度为 70m,边缘净距为 0m,开挖次数均为两次,开挖深度分别为 4m、6m、10m、12m,探讨不同航道开挖深度对桥梁桩基稳定性的影响。各开挖深度模型变形云图见图 6-1。

由图 6-1 可知,开挖深度越深,航道边缘土体应力集中现象越明显,变形也越大,为进一步观察桩基变形,绘制云图(图 6-2)展开分析,并取 2D 号桩对应桩基变形数据,绘制不同开挖深度桩基变形图(图 6-3)。

第 6 章 航道开挖与通航对邻近桩基承载及变形特性影响

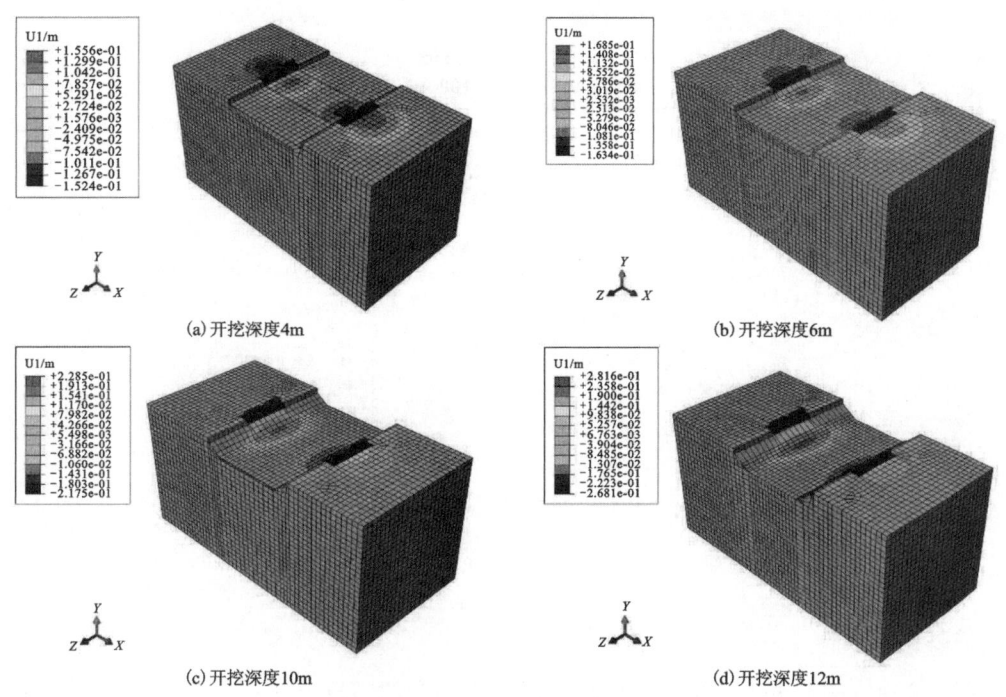

图 6-1 不同开挖深度模型变形云图

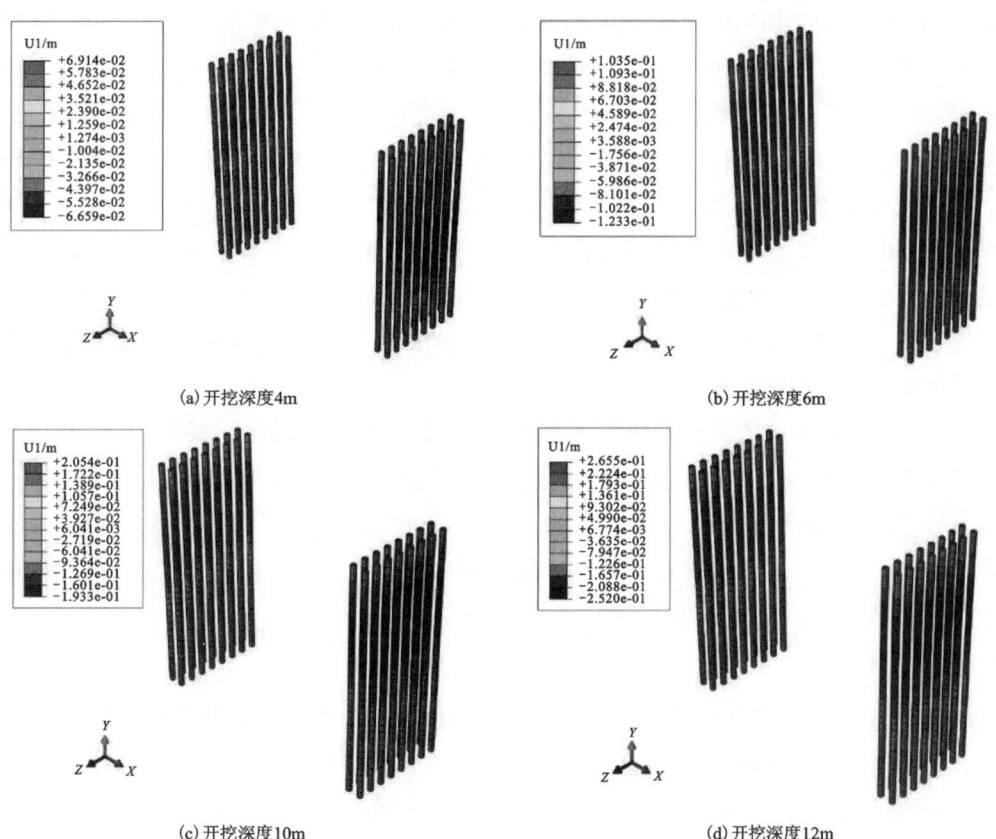

图 6-2 不同开挖深度桩基变形云图

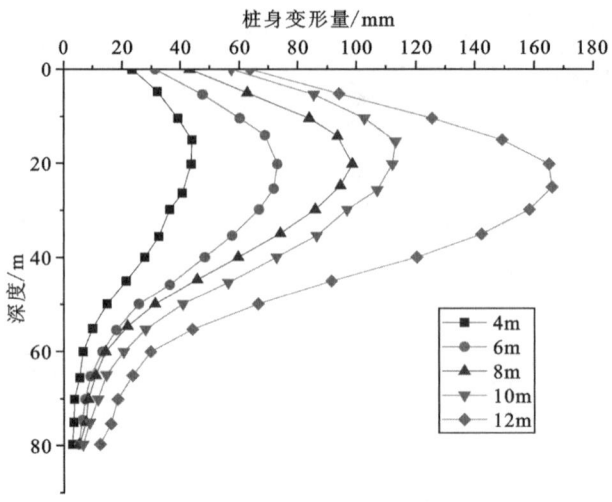

图 6-3 不同开挖深度桩基变形图

1. 桩基变形规律

从图 6-2、图 6-3 中可以看出,在其他因素保持不变的情况下,开挖深度越大,桩身最大变形量越大,4m、6m、8m、10m、12m 开挖深度对应最大桩基变形量分别为 44.76mm、73.69mm、97.74mm、114.41mm、166.68mm,且不同开挖深度最大变形量均出现在 25～30m,说明桩身最大变形位置与航道挖深无明显联系,但最大变形量与航道挖深密切相关,呈现出非线性的正相关,即随着航道开挖深度的增加,桩身最大变形量也增加,但增加的速率在逐渐降低。

结合模型中土层相关信息,发现桩身主要变形与所处土层密切相关。例如开挖深度仅 4m 时,黏土层中的桩身仍有较大变形(40m 长的桩基变形量超过 20mm)。同时,在不同开挖深度情况下,桩身主要变形均发生在粉质黏土层与淤泥质黏土层,而粉砂层及基岩层中桩基变形均在较小范围内。表层粉质黏土层厚 12m,当开挖深度达 12m 时,淤泥质黏土层裸露,因淤泥质黏土流塑性强,在表层覆土开挖后,本就受到桥梁上部荷载作用的淤泥质黏土有了更大的位移趋势,使桩基变形增加明显。

综合来说,在无支护结构与其他安全措施下,航道挖深小于表层土层厚时,开挖深度每增加 2m,桩身最大变形增加 12～20mm;当开挖深度达到表层土层厚时,桩基变形急剧增加。因此在深厚软土场地建设航道工程,需严格勘察下卧软土层性状及厚度,且设计通航水位及开挖深度时,不宜将航道底设置在下卧软土层中,如无法避免开挖至软土层,需进行地基处理保障桥梁运行安全。

2. 墩台位移规律

墩台位移监测在保障新建航道工程穿越已建桥梁工程安全施工中具有重要意义。对不同开挖深度下主墩墩台位移开展研究,绘制不同开挖深度墩台位移云图(图 6-4)。

取 6 号测点对应位置墩台位移,比较不同开挖深度墩台最大位移量(图 6-5),发现墩台位移随开挖深度的增加而增加,呈线性变化规律。

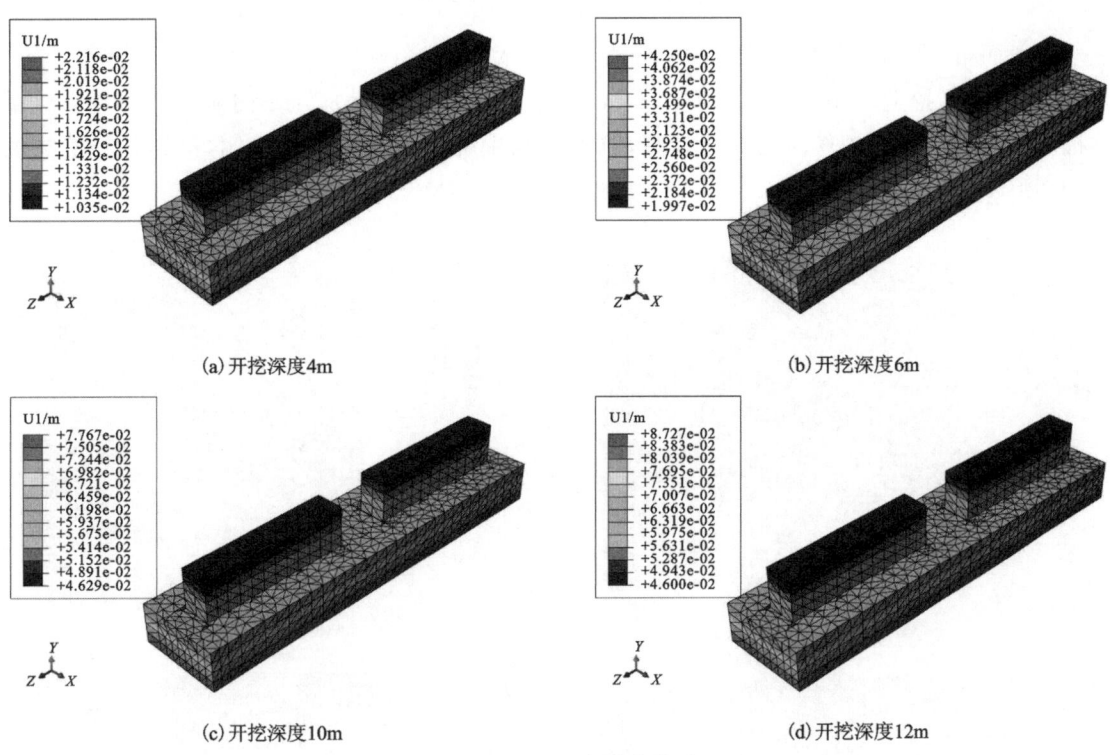

图 6-4 不同开挖深度墩台位移云图

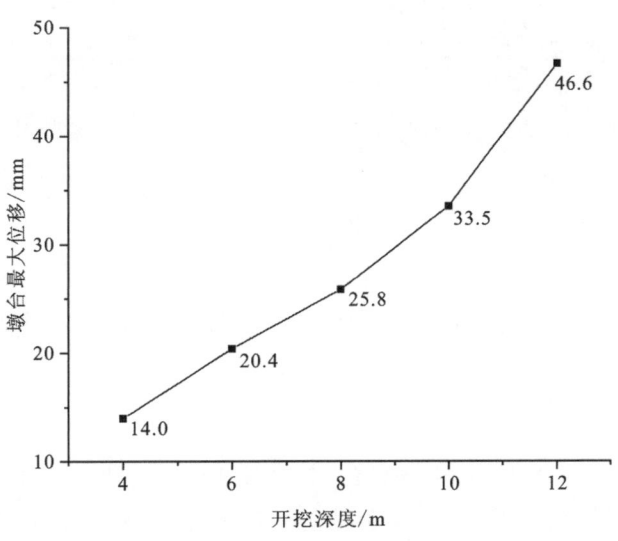

图 6-5 不同开挖深度墩台最大位移

当开挖深度小于表层土层厚时,开挖深度每增加 1m,墩台最大位移量约增加 15%。需进一步研究其他影响因素下,墩台最大位移变化情况,以期获得普遍性规律应用于工程监测。

6.1.2 航道开挖宽度对桥梁桩基稳定性的影响

一般而言,我国内河Ⅲ级航道的单线直线通航宽度为30~50m,直线段双线底宽约45m。因此,取航道开挖宽度30m、40m、50m、60m,保持其他因素不变,探讨不同航道开挖宽度对桥梁桩基稳定性的影响规律。为简化计算,航道两侧主墩模型只设置了单侧,得到各开挖宽度模型变形云图(图6-6)。

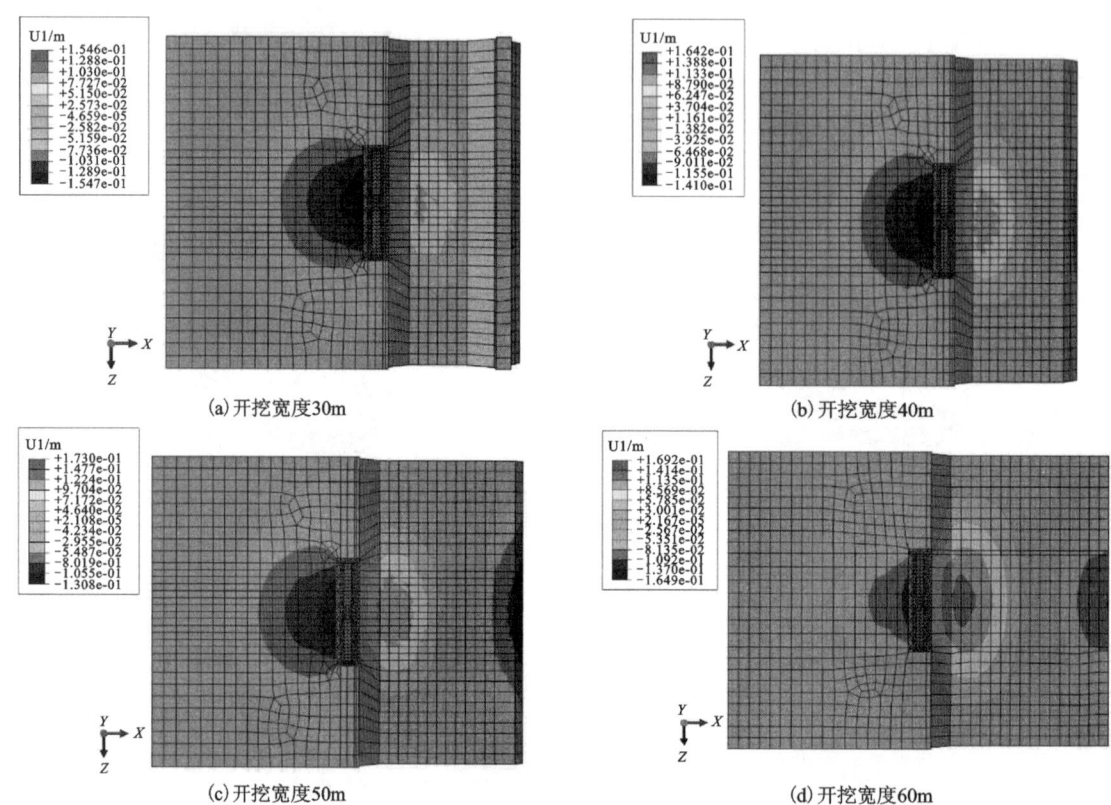

(a) 开挖宽度30m　　(b) 开挖宽度40m

(c) 开挖宽度50m　　(d) 开挖宽度60m

图6-6　不同开挖宽度模型变形云图

从图6-6可知,当其他条件不变时,随开挖宽度增加,航道边缘土体的应力集中效应愈大,引起的 X 方向位移也愈大,为进一步厘清不同宽度航道开挖对桥梁桩基稳定性的影响,绘制云图(图6-7)展开分析。

1. 桩基变形规律

由图6-7可知,桩身最大变形量随航道开挖宽度的增大而增大,且无论航道开挖宽度变化如何,桩身主要变形位置影响不大,说明桩基变形的产生与航道开挖的宽度无明显联系。为进一步分析桩基变形情况,取2D号桩对应桩基,绘制不同开挖宽度桩基变形图(图6-8)。

由图6-8可知,航道开挖宽度为30m、40m、50m、60m、70m时,桩身最大变形量分别为47.84mm、65.59mm、82.11mm、88.582mm、97.74mm,且最大变形量所处深度均在20m左右。

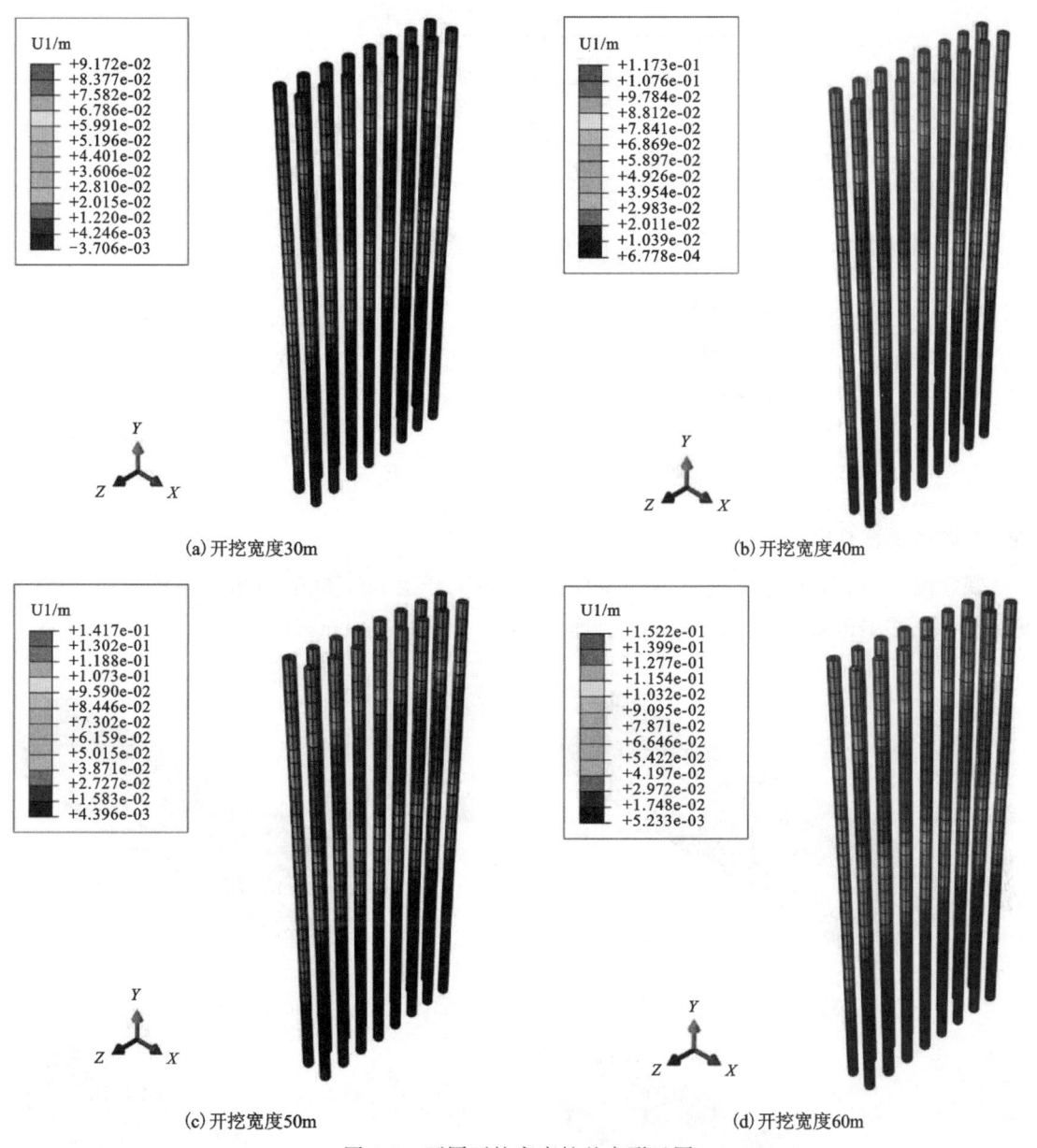

图 6-7 不同开挖宽度桩基变形云图

总的来说,桩基变形量随航道开挖宽度的增大而增大,且增大量随航道开挖宽度的增大而减小。换言之,当航道开挖宽度增加到一定值,桩基变形量将不随着航道宽度的增加而增加。此外,桩身顶端位移也有着同样的规律,即顶端位移增加的量值随航道开挖宽度的增加而不断减小,桩基变形不会随航道开挖宽度的增加而无限增加。

因此,对于某些极限情况下的航道开挖,若航道直线通航宽度已较大(如一级航道),减小航道开挖宽度并不能显著提高桥梁工程运营安全;相反,对于直线通航宽度较小的航道(如三级及以下航道),减小航道通航宽度,可大幅提高桥梁工程安全的稳定性。

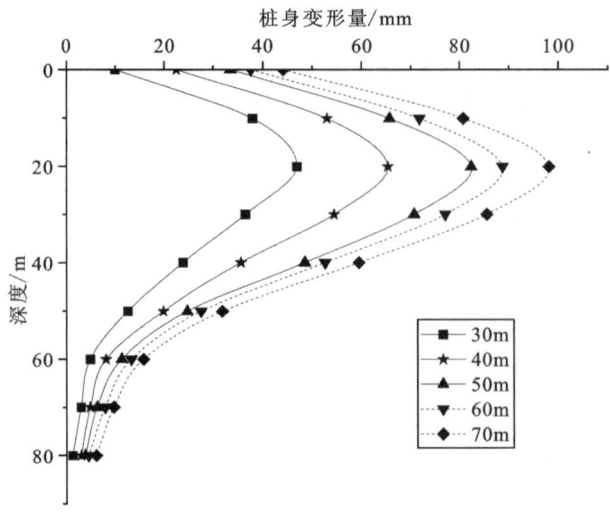

图 6-8 不同开挖宽度桩基变形图

2. 墩台位移规律

观察图 6-9 不同开挖宽度下墩台位移情况,除了开挖宽度 30m 时墩台位移较小,其他宽度下墩台位移整体未见明显区别,进一步取 6 号测点数据进行分析(图 6-10)。

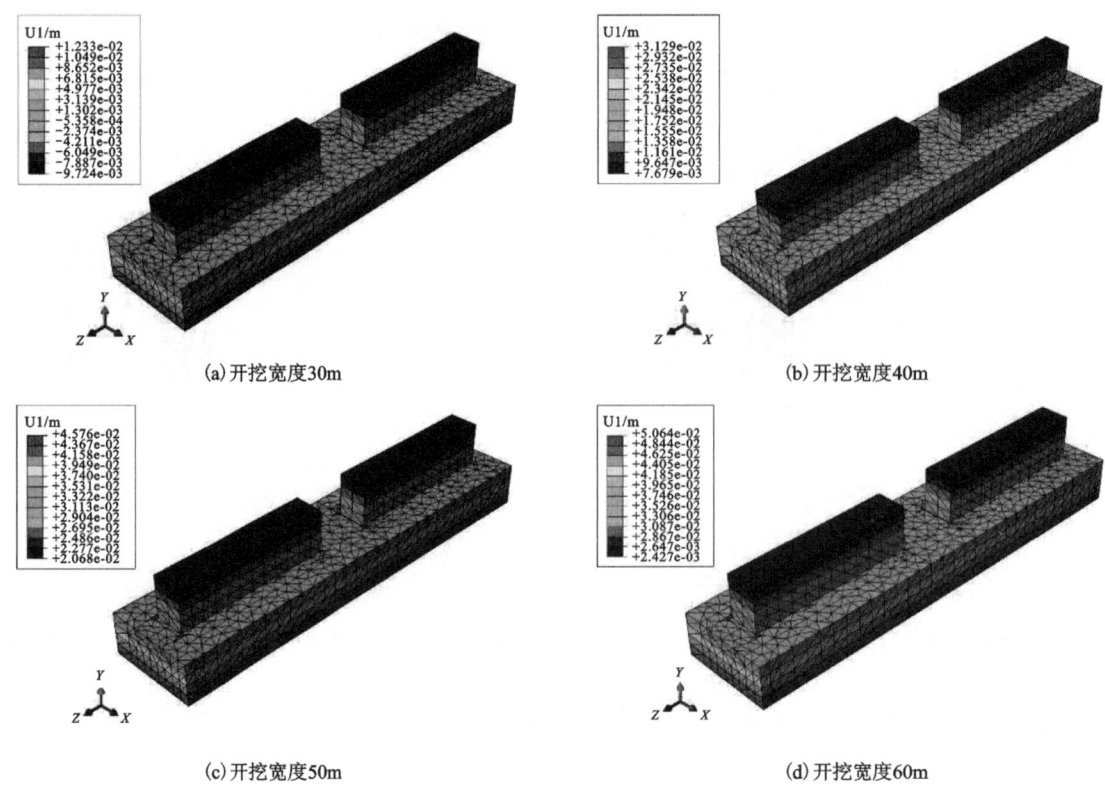

图 6-9 不同开挖宽度墩台位移云图

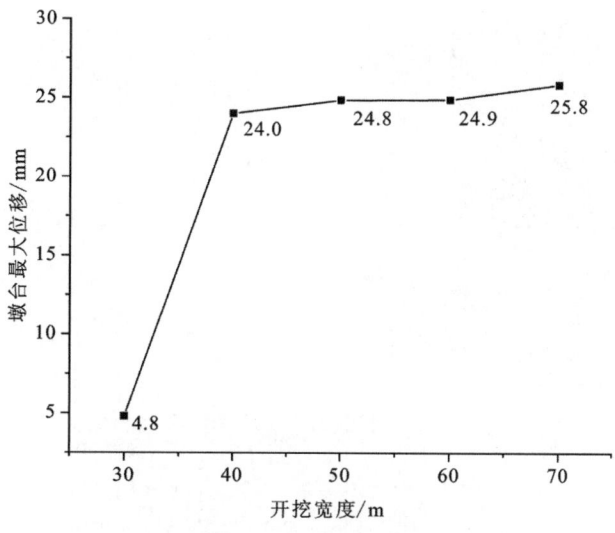

图 6-10　不同开挖宽度墩台位移图

从图 6-10 可知,墩台位移的整体趋势是随开挖宽度的增大而增大,但并不是线性关系,如 50m 与 60m 开挖宽度相差 10m,但墩台位移仅相差 0.1mm,这与桩基变形规律相一致。

6.1.3　航道开挖边缘净距对桥梁桩基稳定性的影响

在典型桥梁边缘净距为 0 的基础上,选取净距 5m、10m、15m,保持其他因素不变,进一步研究桩基稳定性影响规律(图 6-11)。

从图 6-11 中可以看出,随着边缘净距的增加,土体受附加应力影响集中在桩基周围,航道边缘土体变形明显减少,边坡溜坍现象也得到改善,大大提高了航道工程建设与运营安全。

1. 桩基变形规律

选取 2D 号桩对应桩基开展不同边缘净距桩基变形规律研究,绘制桩基变形沿深度变化图(图 6-12)。

由图 6-12 可得,边缘净距分别为 0m、5m、10m、15m 时,桩身最大变形量分别为 97.74mm、86.39mm、74.01mm、57.04mm。桩基变形随边缘净距的增加而减小,且当边缘净距较小时,边缘净距每增加 5m,桩身最大变形平均减小约 11mm。当边缘净距达到一定数值时,桩基变形大幅减小,如边缘净距从 10m 增加到 15m,但桩基变形减小了 17mm。换言之,当边缘净距增加到一定程度,航道开挖对桥梁桩基稳定性影响极其有限。因而,在航道工程设计时,在允许范围内需尽可能增加边缘净距。

2. 墩台位移规律

取墩台 6 号测点对应的位置绘制不同边缘净距墩台位移图(图 6-13)。由图可知,墩台位移并没有随边缘净距的增加而降低或明显增加,说明墩台位移并不受边缘净距改变的影响。这是因为虽然边缘净距增加,但桩顶及承台周围土体所受附加应力并没有随之消失,依然会有较大的侧向压力作用于承台上。

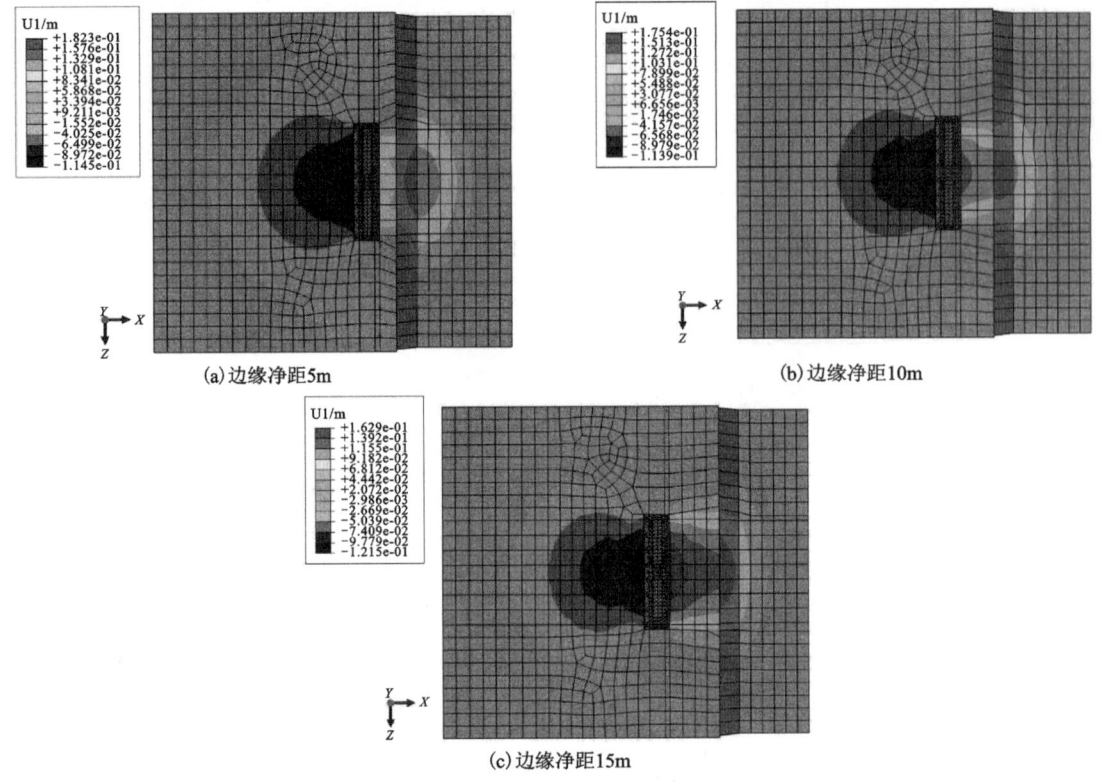

图 6-11　不同边缘净距模型变形云图

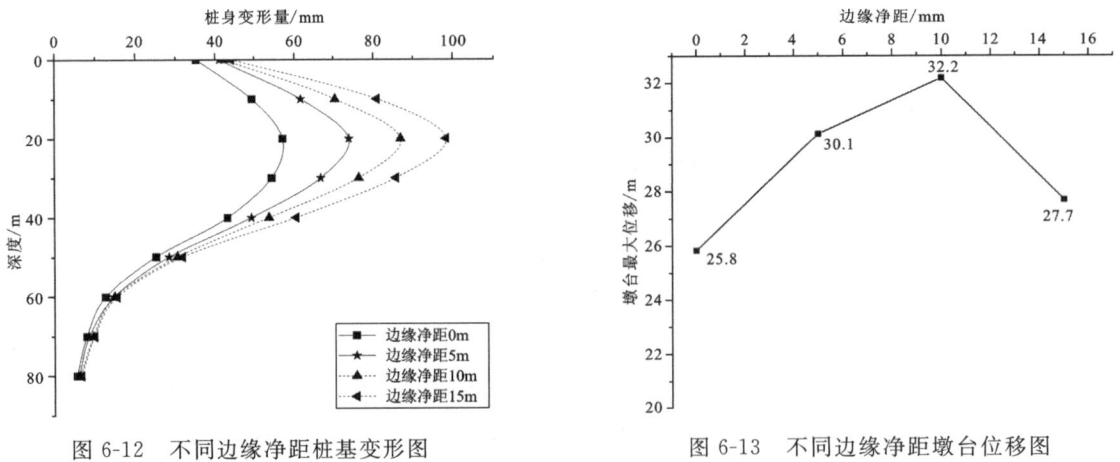

图 6-12　不同边缘净距桩基变形图　　　图 6-13　不同边缘净距墩台位移图

6.2　开挖工艺与工序的影响

借助 FLAC3D 有限元模型,研究选择不同施工方案进行航道开挖时对上跨桥梁桩基产生的影响,为目标区航道开挖及桥梁施工提供技术指导和保障。

模型土层采用摩尔-库伦本构模型,桩、承台以及支护结构采用线弹性本构模型,桩土界面采用库仑剪切本构模型。其中,土层的参数、桩的参数、承台的参数以及桩土界面的参数依然取自表 5-10 的参数,支护结构的参数采用表 6-1 的参数。

表 6-1 支护结构物理力学参数

岩土体分类	密度/(kg·m^{-3})	弹性模量/MPa	泊松比
支护结构	2450	30 000	0.20

为了模拟实际施工过程中航道开挖对东西大道桥主墩桩基的影响,采用分步施工的方式进行计算(通过激活与钝化对应单元实现)。分别考虑航道土体直接开挖与先采取支护结构再进行土体开挖两种施工条件。

土体直接开挖模拟过程为:①原地基(初始应力场分析,位移清零);②打入桩基(激活桩基单元);③航道土体开挖。

先支护再开挖模拟过程为:①原地基(初始应力场分析,位移清零);②打入桩基(激活桩基单元);③进行排桩或地连墙支护(激活支护单元);④航道土体开挖。

6.2.1 航道直接开挖

图 6-14 为航道直接开挖后土体水平偏移云图。由于土体大面积卸载,坑侧土体向着坑内一侧最大水平位移值达 156mm。航道开挖侧土体多为软黏土,大面积开挖使得周围土体对边坡产生挤压效应,致使土体向着坑内一侧发生较大位移。

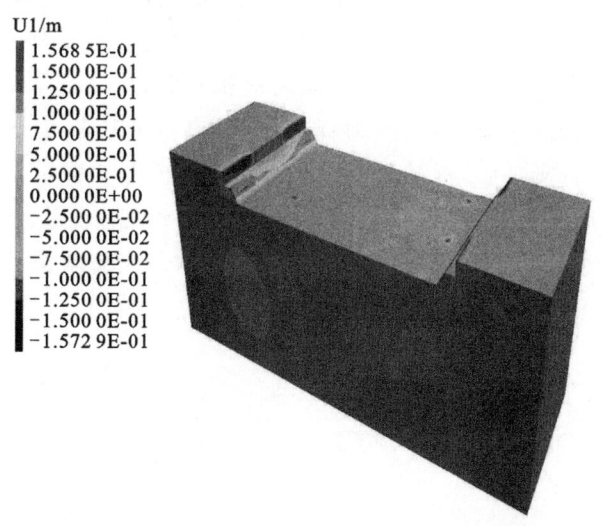

图 6-14 航道直接开挖土体水平位移云图

6.2.2 先支护再开挖

图 6-15、图 6-16 分别为先支护再开挖航道土体水平位移云图和桩基水平偏移云图。由两者可知,土体大面积卸载后,在支护结构作用下,开挖导致土体向着坑内一侧滑动的效应逐渐被抵消,最大水平位移仅为 48.15mm,说明支护结构的存在,大大增强了航道开挖侧边坡

的抵抗能力。但对于桩基来说,支护结构主要影响桩基顶部的水平位移,而对于桩身位移来说,影响的变化较小,基本可以忽略。

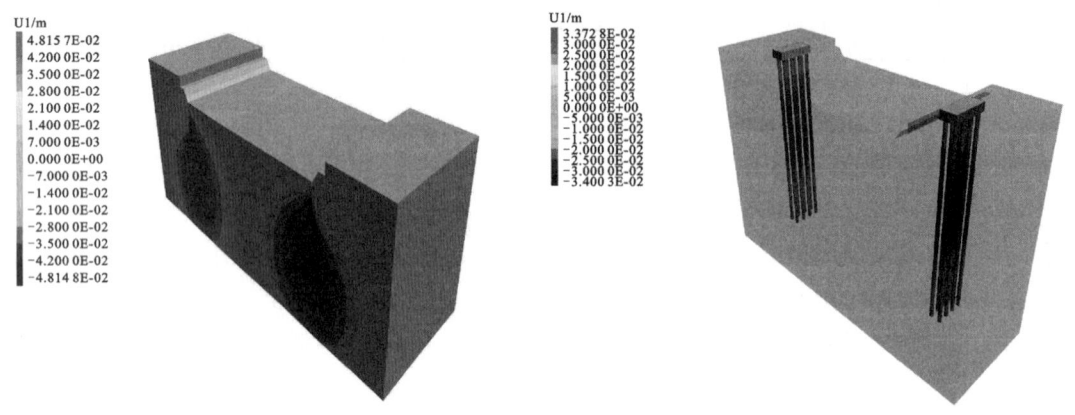

图 6-15 航道先支护再开挖土体水平位移云图　　图 6-16 航道先支护再开挖桩基水平偏移云图

6.2.3 支护效果评价

航道开挖后,桩基与土体一起向着开挖侧倾斜。以 1 号桩桩顶位移时程表征桩基变形过程,以特征观测点的位移时程表征土体变形特征,特征观测点位置如图 5-23 所示,对比不同施工条件的模拟计算结果,进行支护效果评价。图 6-17 为航道不同施工条件下桩基桩顶水平偏移曲线,从图中可以明显看出,当采取直接开挖方式施工时,桩基顶部位移随着时间步的增加而逐渐增大,最大位移为 15.1mm。采取先支护再开挖的方式施工时,桩基顶部偏斜曲线先反向增大再逐渐正向增大。这是因为土体大面积卸载,坑底隆起,支护结构的存在使得桩基顶部向着背离开挖侧方向倾斜,当应力释放完毕以后,桩基随着土体的运动逐渐向着开挖侧倾斜直至平衡。进行支护后,桩基顶部偏斜位移减小至为 4.95mm。

图 6-18 为航道不同施工条件下土体特征观测点的水平偏移曲线。当未采取支护进行开挖施工时,土体偏斜位移随着时间步的增加而逐渐增大,最大偏斜位移为 137.49mm。采取支护结构后,土体倾斜位移减小至 6.6mm。

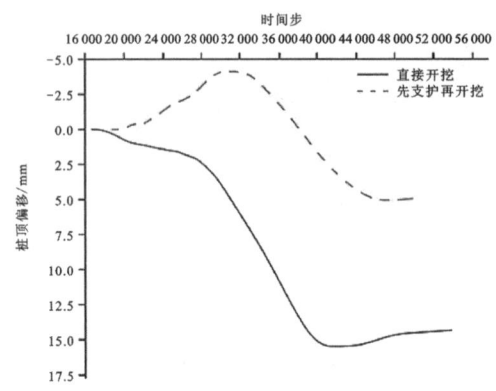　　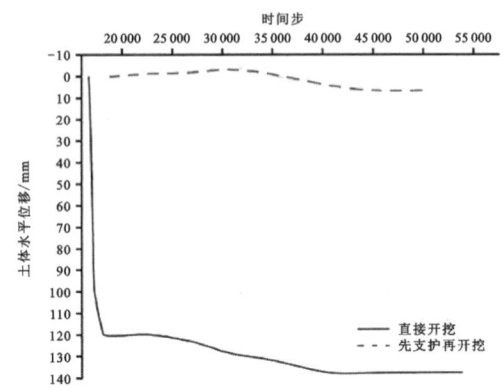

图 6-17 航道不同开挖方式桩基桩顶水平偏移曲线　　图 6-18 航道不同开挖方式土体水平偏移曲线

对比不同施工条件的模拟结果,采取支护结构以后,桩基桩顶位移减小量达66%,土体位移减小量达95%。这说明,在实际施工中,可以优先采用先支护加固后开挖的方式,这不仅节省了人力,还保证了施工效益,更重要的是可以更好地保证桩基的稳定性,减小桩基因航道开挖扰动的影响。

图6-19为航道不同开挖方式下1号桩基水平方向正应力随桩长变化曲线。由图可知,当采取直接开挖方式施工时,水平主应力随着桩长的增加而逐渐增大,最大应力值出现在桩底位置,可以达到1200kPa。当采取先支护再开挖的方式施工时,因土体大面积卸载,坑底隆起而导致支护结构拉着桩基顶部向航道开挖一侧的相反方向运动,从而导致桩基顶部出现较大的反向水平应力,桩顶水平主应力为−527kPa。当开挖应力释放完毕以后,开挖侧周围土体逐渐向着

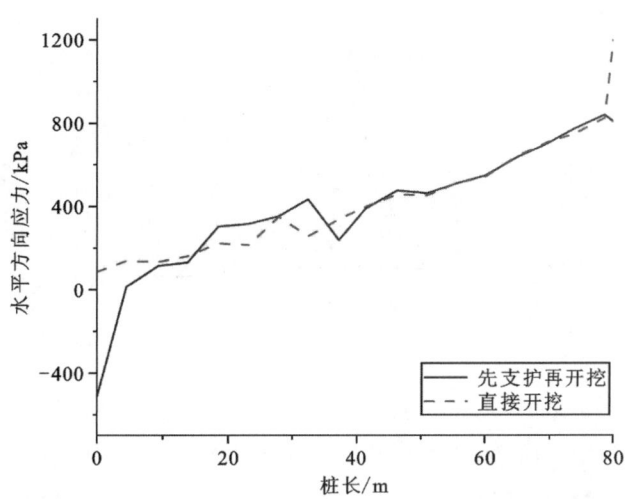

图6-19 航道不同开挖方式下桩基水平应力随桩长变化曲线

坑内运动,在土体的冲击作用下,桩基水平应力逐渐正向增大,当计算达到收敛时,桩基最大水平应力出现在桩底一侧,最大为804kPa,相比直接开挖施工条件,桩基最大应力减小33%。支护结构的存在使得土体对桩基的水平冲击作用逐渐减弱,故在实际施工中,优先采用先支护加固后开挖的方式,更加有利于桥梁桩基的稳定性。

6.3 航道通航对桩基变形影响

土体的含水率变化会影响其抗剪强度、压缩性、孔隙水压、黏聚力等力学特性,新开挖航道在通航后,航道内水分迁移至桩周土体中,会引起桩周土体性能变化,进而影响桩基的承载和变形特性,本节就航道通航对邻近桥梁桩基受力及变形影响进行分析。

6.3.1 计算工况

在航道护岸前,护岸与承台间及承台后选取3条孔压监测截面(图6-20),每条截面选取−1m(1-1截面)或0(2-2、3-3截面)、−5m、−10m、−15m、−20m这5个监测点,监测航道开挖桩周土体孔压变化情况。对于模型边界,模型底部设置X、Y固定边界,模型两边设置X固定边界。在经过长期的地质作用之后,显然地下水应该是稳定状态。根据地质报告,在模型初始阶段:航道内侧土体的地下水定为2m,右侧定为3.5m,在相应区域的土体上边缘施加定水头边界条件;在工程开始时,航道侧的定水头边界消除。在挡墙和承台等混凝土结构单元,外边缘施加不透水边界条件(水流量为0)。同时,承台上部施加100kN的荷载。

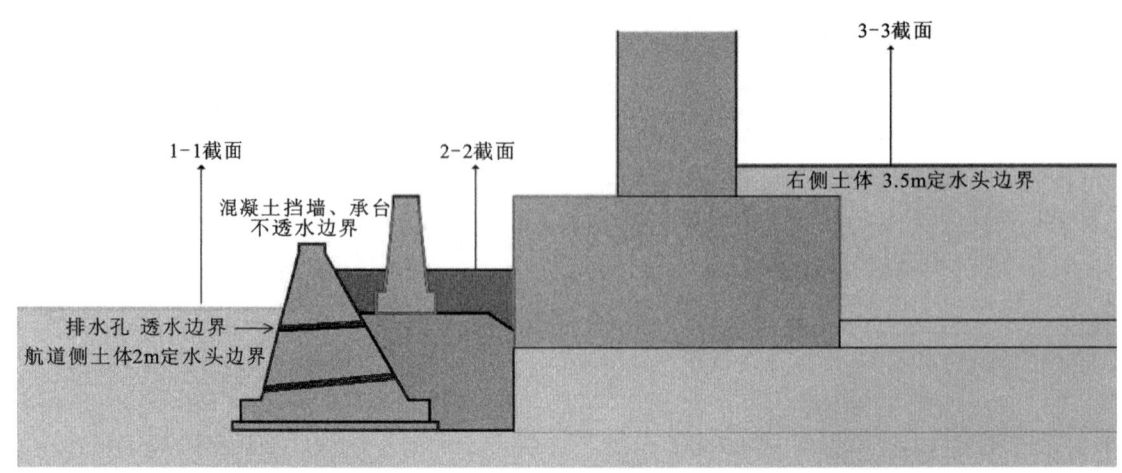

图 6-20 模型中边界条件的施加及监测面选取

根据施工条件的开展,本模型将经过 3 个阶段。

第一阶段,未开挖阶段。模型运行 7 天后到达稳定初始状态。

第二阶段,开挖阶段。航道内侧进行开挖,每日均匀开挖,7 天之后航道开挖至标高 $-2.4m$,中间存在长 8.8m 比例为 1∶4 的斜坡(图 6-21)。之后再运行 6 天,使模型保持稳定。因此第二阶段总计 13 天。

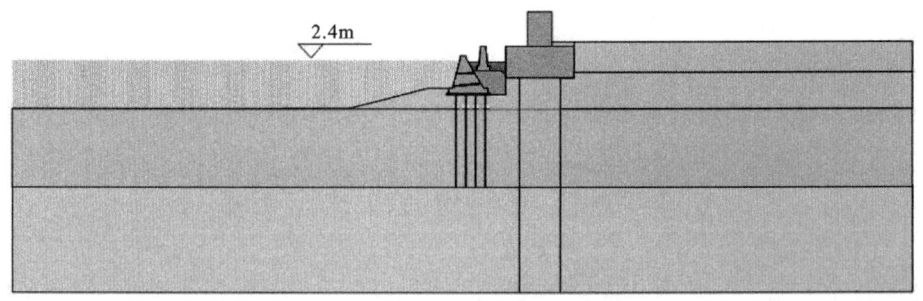

图 6-21 开挖与通航水位模型

第三阶段,通航阶段。在第二阶段的基础上,向航道一侧注入河流,注水的边界条件设置如图 6-22 所示。河流深度为 5m,平均分 7 次阶梯式(1 天内注水一次并稳定 7 天),第三个阶段总计 56 天。

3 个阶段总计 76 天,在每个阶段开始时数据的计算需要清除上一个阶段的变形累加值。

6.3.2 航道开挖对桩周土体孔压影响分析

在航道内侧的土体被开挖之后,取开挖之后第 7 天(工况第 20 天)的计算结果(图 6-23)。桩基以下 20m 内在同一水平面上,航道外侧的水压高于航道内侧,因此航道外侧需要对航道开挖侧的水分损失开始补偿,航道外侧的地下水开始向航道侧流动。

第 6 章 航道开挖与通航对邻近桩基承载及变形特性影响

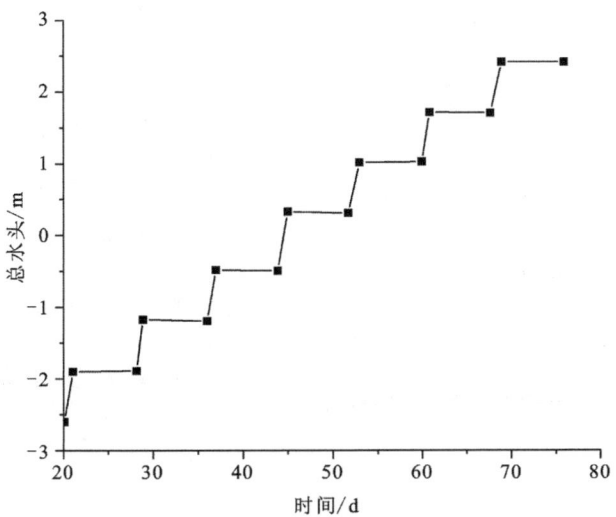

图 6-22 通航水位边界条件设置

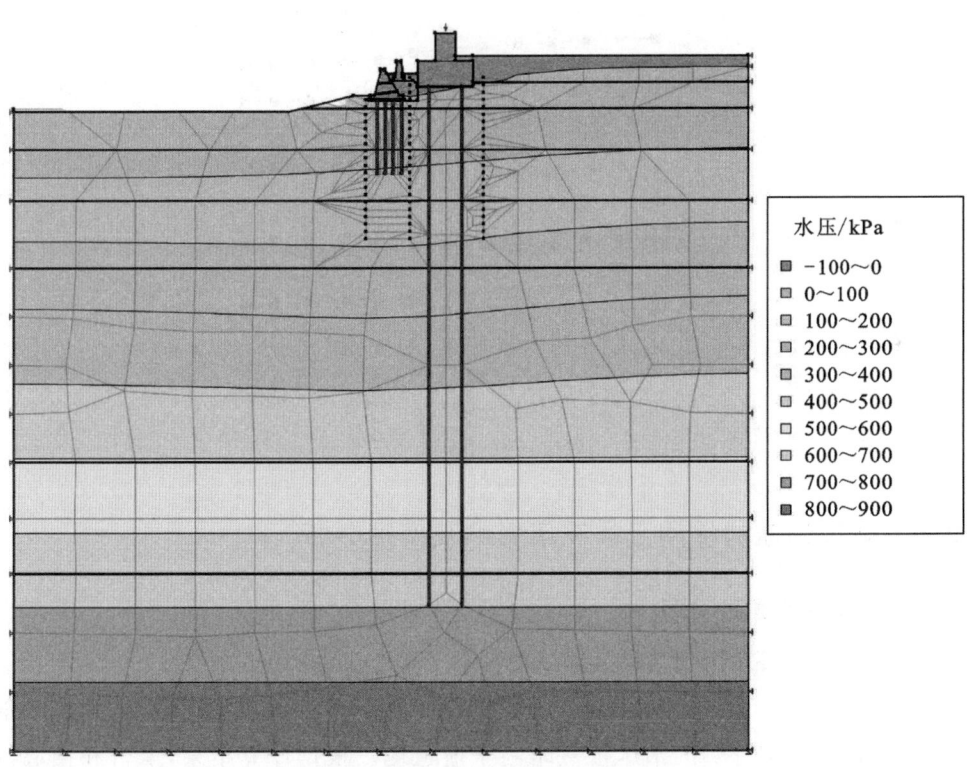

图 6-23 航道开挖后水压分布图

对航道开挖后 7 天内的水压变化进行分析,3 条截面水压变化规律基本一致(图 6-24),表层水压随着开挖进程开始减小,开挖完成后水压缓慢补偿开始回升,随后趋于稳定;对于较深处土而言,随着表层水压的减少,深层需要向表层补充水分,因此水压在 4 天后也开始减小,随着表层水分补充后趋于稳定。

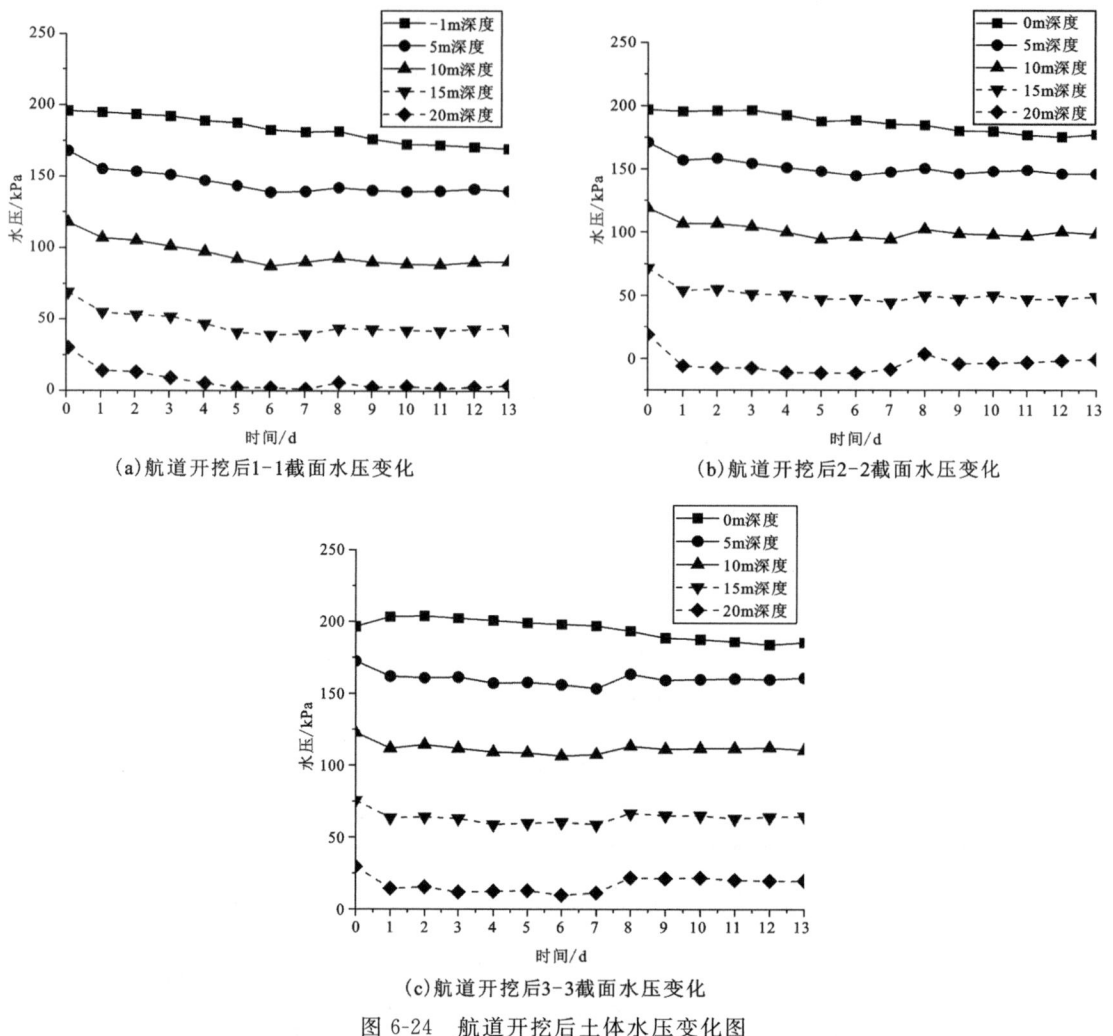

图 6-24 航道开挖后土体水压变化图

6.3.3 航道通航对桩周土体孔压影响及变形分析

1. 航道通航对水压影响分析

当工况进入第三阶段,即项目进入通航阶段,通航完成的水压分布如图 6-25 所示。从图中可以发现,开挖一侧的水压在通航注水之后显著增加。但因为航道侧通航高度低于航道外侧地下水高度,所以航道外侧的水压依然略高于航道侧。根据计算结果,承台和挡墙内部填土、碎石层会随着通航时航道注水而逐渐饱和。

对航道通航后的水压变化进行分析(图 6-26),3 个截面的水压变化总体保持一致,均由于航道侧河水注入产生负压而下降,随后补水水压回升。而 3-3 截面处于航道外侧,其水头高于靠航道侧,会对负压区域进行补水,水压的补充进程相较于 1-1 截面与 2-2 截面相对较慢,在通航 20 天后水压才慢慢回升。

第 6 章 航道开挖与通航对邻近桩基承载及变形特性影响

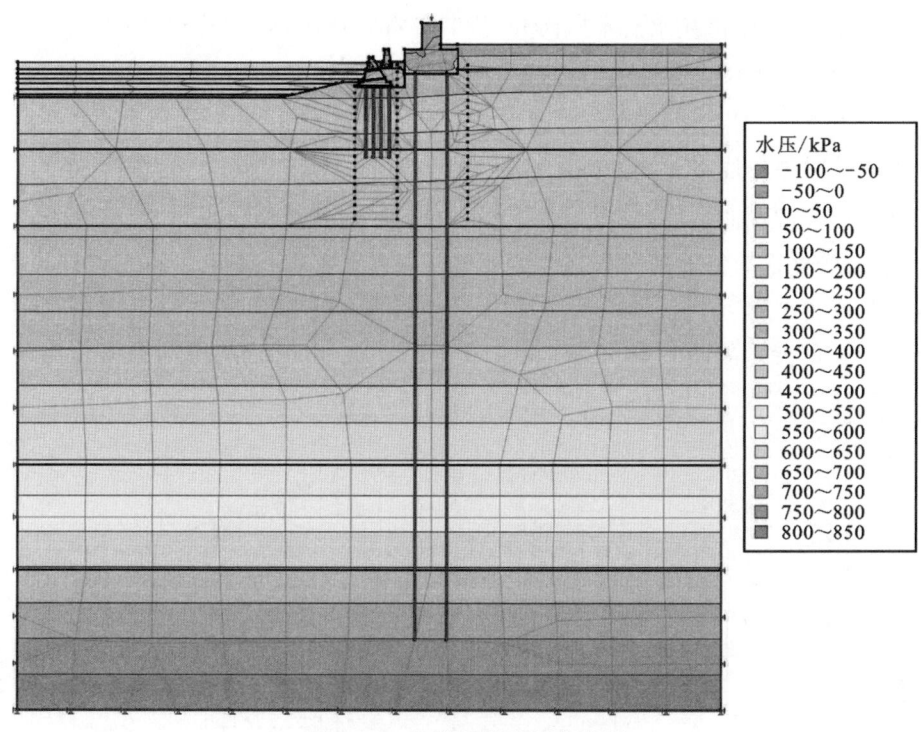

图 6-25 航道通航水压分布图

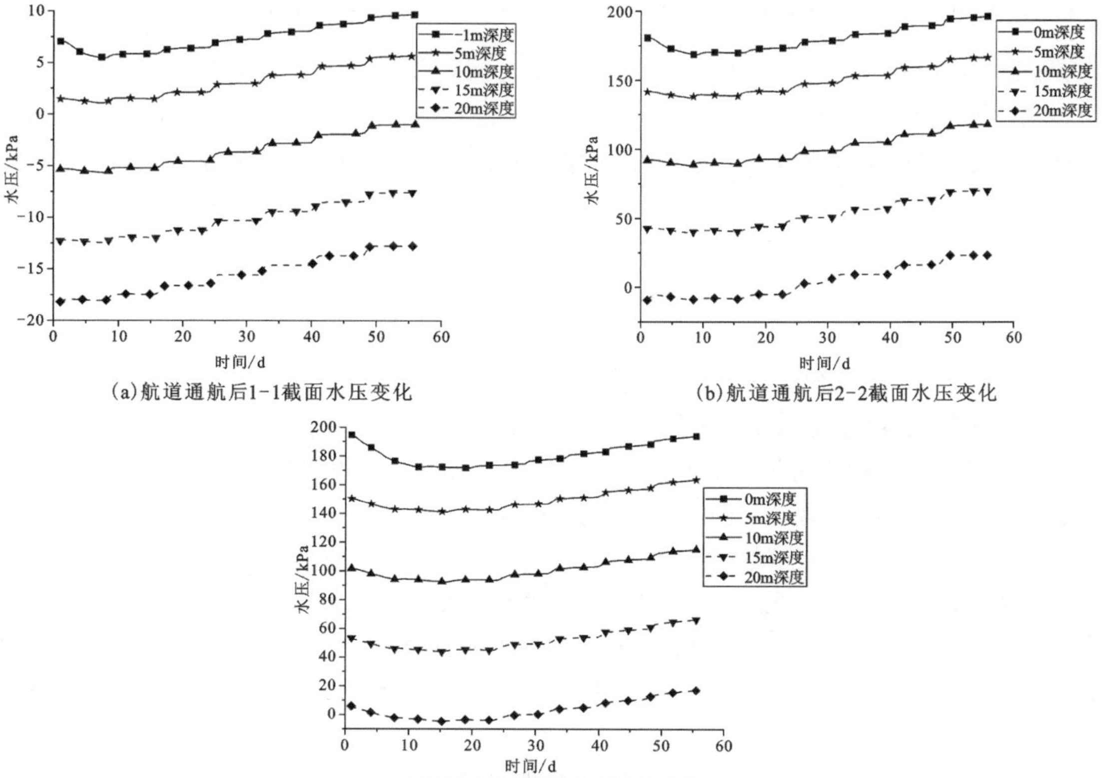

(a) 航道通航后 1-1 截面水压变化

(b) 航道通航后 2-2 截面水压变化

(c) 航道通航后 3-3 截面水压变化

图 6-26 航道通航后土体水压变化

从图中可知,即使航道注水后水压回升,依旧没有到达土体未开挖时的水压初始值,说明航道周边土体的孔隙水压力会随着航道注水而缓慢上升,但其孔压大小无法恢复至航道开挖前的水平。

2. 航道通航对桩身位移影响分析

利用监测点分析航道通航后的土体 X 方向变形情况如图 6-27 所示。通航过程中由于河水的注入,对土产生扰动使上部的桩基受到主动土压力,桩基上部产生小幅度向航道外侧偏移的趋势。航道注水到达一定高度后,上部扰动对桩基的影响逐渐减小,桩基开始向航道侧偏移。而 Y 方向的变形如图 6-28 所示,相较于开挖时期,通航时期桩基沉降相对较缓,但总趋势上依然会发生沉降。

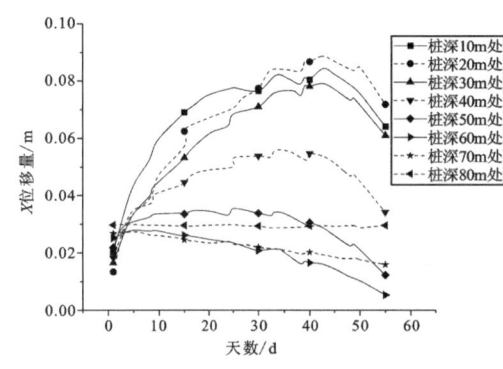 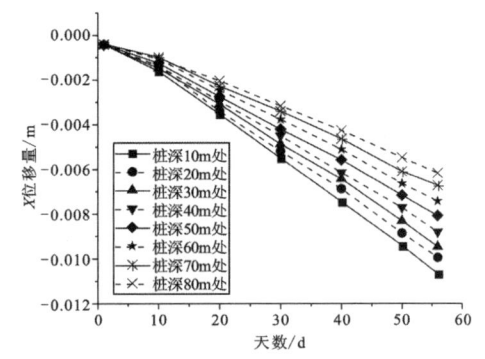

图 6-27 通航后桩基土体 X 向位移(向右为 $X+$)　　图 6-28 通航后桩基土体 Y 向位移(向上为 $Y+$)

航道开挖引起的墩台向航道的倾斜趋势在航道通航后有所减小。同时,受到水压力的影响,桩基产生向背离航道侧运动的趋势,并在通航水压稳定后达到新的平衡。航道通航后的这种背离航道侧的位移要远小于航道开挖时造成的影响,且航道开挖至通航直至最后平衡还需一定时间才能达到。

6.4　小　结

本章在第 5 章的基础上,就航道开挖对桥梁桩基稳定性影响开展了关于航道开挖参数、航道不同开挖方式和航道通航等参数的敏感性分析。

(1)航道开挖深度会对桩基变形及墩台位移产生影响。随着开挖深度的增大,桩身的变形增大,但随开挖深度的增大,桩的变形增大幅度逐渐减小;墩台的位移量近乎线性地随开挖深度的增大而增大。

(2)随着航道开挖宽度的增大,桩身的变形也随之增大,但超过一定范围后,桩基变形不再随着开挖宽度的增大而增大。墩台位移也随航道开挖宽度的增大而增大。但当开挖宽度小于 40m 时,其变化更为显著。当开挖宽度大于 50m,航道开挖宽度增大对墩台位移量的影响减小。

(3)桩基变形随边缘净距的增大而减小,对于边缘净距较小的航道,增大边缘净距,桩基变形会大幅减小。因此,在航道工程设计时应在允许范围内,应尽可能增加边缘净距。换言之,对于直线通航宽度较小的航道,可通过减小航道通航宽度来提高桥梁工程安全的稳定性。

(4)航道开挖过程中,采取边坡先支护加固后开挖的方式,可以大幅减小桩基顶部与开挖侧周围土体的倾斜,有利于桥梁桩基的稳定性。当采取直接开挖的方式施工时,桩基顶部最大偏斜位移为14.3mm。当采取先支护再开挖的方式施工时,进行支护后,桩基顶部偏斜位移减小至为4.95mm。当未采取支护进行开挖施工时,土体偏斜位移随着时间步的增加而逐渐增大,最大偏斜位移为137.49mm,采取支护结构后,土体倾斜位移减小至6.6mm。当采取直接开挖的方式施工时,水平主应力随着桩长的增加而逐渐增大,最大应力值出现在桩底位置,可以达到1200kPa。采取先支护再开挖的方式施工,桩基最大应力减小33%。

(5)深厚软土场地开展航道开挖,需谨慎设计通航水位,不宜将航道底设置在下卧软土层中,如无法避免开挖至软土层,需进行地基处理保障桥梁运行安全。桩基变形的发生主要与深厚软土层的分布有关,因此在深厚软土场地进行航道开挖,须尤其注意沿线桥梁工程安全监测。

(6)航道通航后,周围土体的孔隙水压力会随着注水过程有一个先降低随后缓慢增大直至稳定的过程,但由于土体受到扰动,通航稳定后的孔隙水压力仍小于航道开挖前土体的孔隙水压力。航道通航后,受到航道内水自身重力的影响,桥梁桩基也会产生一个向航道侧偏移的趋势,但随着注水过程的不断进行,桩基会产生背离航道的偏移趋势,并随着通航水位达到后逐渐趋于稳定。桩基背离航道偏移的大小远小于航道开挖时桩基向航道内偏移的距离。

第 7 章　软土桥梁桩基变形影响预测方法

自改革开放以来,中国经济得到了飞速发展,基础设施建设突飞猛进,但是在桥梁工程的质量和保养维修等方面缺乏经验,经过了长达 30 年的基础设施建设黄金期,这些桥梁设施逐渐步入了老龄化阶段,一些结构病害逐渐显露出来,其中大部分桥梁由于没有重视采取保护性措施而发生损伤以至于桥梁承载能力降低。自 2006 年开始,我国的危桥数量急剧增多,随着时间的推移,维修管理费用也逐年攀升。我国在"十五"期间,投入危桥维护管理资金 87.4 亿元,在"十一五"期间危桥维护管理资金投入达到 189.5 亿元,"十二五"期间,这一金额达到了 300 亿元,至"十三五"期间,我国明确了"创新引领,建养并重"的桥梁建设和管养思想,投入资金近 400 亿元用于危桥的检测的维护。尽管这种改造力度在不断加大,保障了交通要道上桥梁安全运营,但是对于偏远地区甚至农村公路上的大量小型危桥仍然无法从根本上解决这一问题。

基础设施存在是否安全、健康和耐久等问题,迫切需要对其采取维护措施,但是当前世界各国注重的是基础设施的建设,在对既有设施的维护管理方面投入资金严重不足。因此,面对桥梁维护管理和科学决策的技术需求,结合我国的基本国情,需要转变传统的桥梁维护理念,应用桥梁预防性养护技术、桥梁状态评估以及使用寿命预测等技术来延长桥梁的使用寿命。通过结构检测或结构健康监测来对服役桥梁的运营状态进行评估和预测,并制定针对性的管理和维护方案,是目前应对桥梁老龄化现状的基本手段,尤其是在软土地区,由于土壤特性的不稳定性,桥梁桩基经常面临更为严重的变形和稳定性问题。这一挑战迫使工程领域必须准确预测软土桥梁桩基变形的影响,确保桥梁设施的安全。对于软土地区,桥梁桩基变形影响的精准预测成为当前工程设计与施工中迫切需要解决的关键问题。本章介绍软土地区桥梁桩基变形影响预测的主要方法,并以京杭大运河世纪大道桥和东西大道桥为例,对桩基变形进行预测与分析,验证实际工程项目中预测方法的应用情况。

7.1　预测方法概述

桥梁桩基作为整个桥梁结构的重要支撑部分,其稳定性与变形特性直接关系到桥梁的安全和使用寿命。影响桥梁桩基变形的因素众多(施工条件、混凝土时变性能、预应力损失、车辆荷载、环境温湿度等),针对桥梁结构稳定性这一复杂问题各国学者进行了大量的研究。目前桥梁桩基变形常用的预测模型有①经验预测模型:对数模型、双曲线预测模型等;②全过程预测模型:Logistic 模型、Gompertz 模型、Von Bertalanffy 模型、Richards 模型等;③数学预测

第7章 软土桥梁桩基变形影响预测方法

模型:经典灰色 GM(1,1)模型、神经网络预测模型等。

现有桥梁桩基变形的预测主要是针对桩基总沉降量的预测。李洪涛等(2019)引入幂指函数模型来预测桩基在桥墩施工后的沉降,结合新建崇礼铁路桥项目工程实例,比较指数函数模型、Logistic 函数模型和幂指函数模型对桩基沉降的预测情况,并对3种模型的预测效果进行了评价。除了引用经典预测模型外,不少学者在经典预测模型中引入荷载系数、沉降缩减系数等概念进行桩基变形预测的研究(胡中波等,2015;周志军等,2019),这些研究通过考虑实际施工和使用过程中桥梁所受荷载的影响因素,以及地基固结沉降、荷载缓解等因素后的修正系数,使得预测更加全面和精确。在桥梁桩基沉降的预测研究中,不同的数学模型或方法也被用于预测桩基沉降,如经典 GM(1,1)灰色模型(张永清,2001;蔡君君和王星华,2009)、龚帕兹预测模型(刘庆华等,2006)等。在经典模型的基础上也同样进行改进,或根据桥梁竣工后墩台沉降观测实测值建立预测模型,对桥梁桩基沉降进行了预测研究。张兴明等(2016)分别采用折线法、双曲线法、百分率法、抛物线法及灰色理论等方法对现场静载试验得的荷载-沉降曲线数据进行预测,通过多种方法进行比较分析,可以更全面地评估各种方法的优劣势,为选择最佳的预测模型或方法提供依据。

此外,众多学者采用各种新手段对桥梁其他变形进行预测,为桥梁变形预测提供了更加多样化的思路和途径。欧晓春等(2023)基于长短期记忆网络模型具备的容错性高、记忆功能强等优势,建立了长短期记忆(LSTM)网络预测模型,有效预测堆载作用下厂房桩基长期沉降变形特征。余腾等(2017)将小波神经网络引入桥梁位移预测中,通过数值拟合来讨论桥梁位移和影响因素之间的非线性关系,小波神经网络能够对任意函数进行,并且在处理局部特征方向表现良好,能够较为准确地对桥梁变形值进行合理预估。黄腾等(2013)深入分析蚁群算法机理后,从某大跨度桥梁变形现实情况出发,把桥梁变形量看作蚁群路线选取和信息素释放的根据,利用启发函数和蚁群搜索机理,建立了优化蚁群算法模型,并对桥梁变形进行预估,为大跨度桥梁变形量预测提供一种新的思路。胡小伍(2014)将卡尔曼滤波引入到铁路桥梁变形分析数据预处理中,以减小随机噪声对沉降变形分析的干扰,结合模糊神经网络方法对桥梁变形展开预测,使预测结果精确度更高。因此,通过不断探索和应用各种新的技术手段和方法,探寻适合于软土地区桥梁桩基变形的预测模型有着重要的现实意义和工程应用价值。

鉴于影响桥梁变形的因素较多,因此众多学者引入组合预测模型以改善预测模型的预测精度和适用性。自 Bates 和 Granger(1969)首次提出组合预测方法以来,组合预测模型因其博采众多预测方法的优势,将多个不同预测模型的信息组合,有效地改善预测模型的拟合能力,提高预测精度,从而成为了国内外预测界研究的热点课题。一些学者在经典预测模型和全过程预测模型的基础上,以指数模型、Logistic 模型和 Gompertz 模型为基础,利用熵权法、最小二乘法等方法,获得各基础模型的权重值,建立了最优加权组合模型。同时依托工程项目,以刘介章特大桥、瓦屋特大桥以及建国大桥等多个工程案例实际监测数据为基础,采用各单一预测模型和组合预测模型对其长期沉降特征进行预测,实例验证了变权组合预测模型的拟合精度比单个预测模型拟合精度高(李秀珍等,2008;吴清海,2009;余江,2023)。赵明华等(2005,2007)在分析总结现场变形规律的基础上,建立了边坡变形的成长曲线反函数变权重组合时变预测模型和软土路基沉降预测的变权重组合 S 型增长模型,实例证明了组合模型比单项模型具有明显的优越性,组合模型有较高预测精度。在数学预测模型的基础上,李伟鹏和王泽勇(2017)将灰色模型和 BP 神经网络进行耦合,建立了桥梁桩基沉降的初步预测模型,再利用马尔科夫链建立了误差修正模型,实现了桥梁桩基沉降的分阶段预测。该模型发挥了灰色模型"累加生成"灰色序列的优点,增加了沉降数据的规律性,又充分利用了马尔科夫链的非线性预测能力。刘玉欣(2015)把一些不同的单项预测模型进行信息的结合,对高速铁路桥梁工后沉降进行预测,从而提高预测模型的准确性。

因此,针对软土地区的桥梁桩基施工和运营,建立可靠的预测模型具有重要的技术支持和保障作用,有助于确保桩基在施工和使用过程中的安全可靠。同时,对于桩基的设计、施工和管理人员而言,可靠的预测模型具有显著的实用性和适用性,能够为其工作提供重要的指导和支持。

7.1.1 经验预测模型法

经验预测模型法是软土桥梁桩基变形预测中一种常用的方法,其核心理念在于通过总结和归纳历史试验数据,建立基于经验的模型,从而实现对桩基变形的预测。这一方法的应用旨在简化复杂的软土桩基变形问题,通过利用已有的实测数据,为工程设计和施工提供快速而有效的变形预测手段。

经验预测模型法的基础是充分而翔实的实地试验数据。在软土地区,桥梁桩基的变形受到多种因素的影响,如地质条件、荷载情况、施工方式等。通过系统的试验,可以获得各类桥梁桩基在实际工程条件下的变形数据,形成一个庞大而多样化的观测数据库。这些试验数据为建立经验预测模型提供了必要的基础,使得模型能够更好地反映软土地区桩基变形的真实情况。经验预测模型法通过对试验数据的整理、分析和统计处理,寻找其中的规律和关联性。在此过程中,可以采用多种数学和统计方法,如回归分析,来发现变形的潜在规律。通过这种方式,经验预测模型能够以一种相对简单的形式表达桩基变形的趋势,从而为工程实践提供便捷的预测工具。

经验预测模型法的优势之一在于其实施相对简单、成本较低。由于建模的依据是已有的试验数据,无须深入理解桩基变形的机理,使得这一方法在实际应用中具有较大的灵活性。在工程项目中,尤其是在已有大量试验数据的情况下,经验预测模型法能够迅速提供初步的变形预测,为决策提供及时支持。然而,经验预测模型法也存在一些局限性。模型的准确性受到数据质量和试验范围的限制。在试验数据不足或者无法完全覆盖各种工程条件的情况下,模型的预测结果可能不够准确。另外,由于其建立在历史数据的基础上,对于新型或特殊条件的工程项目,可能需要额外的调整和修正。因此,在实际应用中,经验预测模型法常常需要结合其他更为精密的方法,以提高变形预测的准确性和可靠性。

7.1.2 全过程预测模型

全过程预测模型是一种综合考虑系统内在机理、物理过程以及多种影响因素的预测模型。与经验预测模型相比,全过程预测模型更注重对系统整体性的理解,不仅考虑历史数据的统计特征,还通过深入的数学建模、物理学原理或系统动力学等手段,对系统内部的各种过程和相互关系进行建模。这使得全过程预测模型在处理复杂系统、理解系统行为以及应变多变环境方面具有独特的优势。

全过程预测模型的建立通常基于对系统的深入理解。通过对系统的结构、特性和运行机理进行详尽分析,可以建立更为准确的模型。这种方法通常涉及物理学、工程学、数学建模等多个学科领域的知识,以确保对系统各个方面的考虑都能够得到充分的体现。全过程预测模型在理论基础和建模准确性方面相对较高。全过程预测模型在应对复杂的系统行为时更具优势。对于一些难以通过经验总结或者简单模型描述的系统,全过程预测模型能够更全面地考虑系统内部的各种相互关系和影响因素,从而提供更为准确和全面的预测结果。这对于需要深入理解和精准预测系统动态变化的工程和科学问题尤为重要。全过程预测模型常常借助先进的数学工具和计算技术,如微分方程、偏微分方程、数值模拟等。通过运用这些工具,全过程预测模型能够更细致地刻画系统内部各个部分的变化规律,更好地模拟真实世界的复杂动态过程。

然而,全过程预测模型也面临一些挑战。首先,建立这类模型通常需要对系统的内在机理和复杂相互关系有深刻的理解,这对于一些复杂系统可能是一个较大的难题。其次,这类模型通常需要大量的数据进行验证和调整,特别是在模型参数的确定上需要足够的实测数据。综合而言,全过程预测模型以其对系统整体性的理解和对复杂系统行为的深刻刻画在工程、科学研究中发挥着重要作用。通过不断提高对系统内在机理的理解、发展先进的数学工具,全过程预测模型有望未来在更广泛的领域得到应用,为复杂系统的预测和优化提供更为科学和有效的手段。

7.1.3 数学预测模型

数学预测模型作为软土桥梁桩基变形预测领域的先进手段,以其强大的数据处理能力和自适应性在近年来逐渐引起广泛关注。这一方法不同于传统的经验预测模型法,它通过对大量数据的学习和训练,能够自动识别并捕捉桩基变形的复杂规律,为预测提供更为准确和全面的结果。数学模型技术的核心在于利用算法和模型从数据中学习。在软土桥梁桩基变形的背景下,数学模型技术的基本原理为输入桩基变形观测数据,并通过算法自动调整模型的参数,使其适应数据中潜在的模式和规律。通过不断迭代学习,数学模型技术能够对桩基变形的复杂性进行更为深入的理解,建立更为精准的预测模型。数学模型技术具有很强的适应性和泛化能力,一旦模型得到训练,它可以很好地适应新的数据,并在面对未知情况时进行合理的预测。这使得数学模型技术在处理复杂而动态的软土桥梁桩基变形问题时能够更好地应对各种变化,提高了预测的可靠性。此外,数学模型技术能够处理大规模且高维度的数据。在软土地区,桥梁桩基变形受多种因素影响,如土壤性质、地下水位、荷载情况等,这些因素相互交织,形成复杂的数据结构。数学模型技术的强大数据处理能力使得它能够更全面地考虑这些因素,挖掘变形背后的潜在关联,为桩基变形提供更为精细化的预测。

数学模型技术的应用也存在一些挑战。其结果通常被认为是"黑箱"模型,即难以解释其内部的决策过程。这在工程实践中可能引发一定的不确定性和难以理解的问题。数学模型需要大量的标注数据进行训练,而在某些情况下,难以获取足够的标注数据。所以,在应用数学模型技术时需要权衡其优势和局限性,充分考虑工程实践的具体需求。因此,数学模型技术作为软土桥梁桩基变形预测的先进手段,通过其强大的数据处理能力和自适应性,为预测变形提供了新的可能性。在逐步解决模型的可解释性和数据获取难题的同时,数学模型技术有望在软土桥梁桩基变形问题的研究中发挥更为重要的作用,为工程实践提供更准确和可靠的变形预测。

7.2 预测模型理论

7.2.1 经验预测模型

经验预测模型基于历史观测数据,通过统计分析和回归方法,总结系统变量的经验规律。它假设过去的行为模式在未来仍然有效,通过对已有数据的拟合,建立描述系统行为的简化模型。这种模型不涉及对系统内在机理的深入理解,仅通过观测到的数据关系进行预测。经验预测模型在数据充分的情况下表现良好,然而,其局限性在于对新情况的适应能力较差,且缺乏对系统内在机理的深刻理解。经验方法是采用与变形曲线相似的曲线进行拟合,然后外延求出施工后的变形量。常用的方法有双曲线预测模型、指数预测模型等。

1. 双曲线预测模型

变形-时间的关系可以用以下典型双曲线式进行拟合

$$S_t = \frac{t}{a+bt} \tag{7-1}$$

式中:S_t 为变形量;t 为时间;a、b 为常量参数;对式(7-1)进行转化,得到

$$\frac{t}{S_t} = a + bt \tag{7-2}$$

式(7-2)是线性方程,把实测获取的多组(t_i,S_t)代入式(7-2),用最小二乘法求得参数 a、b。最终变形,得到

$$S = \lim_{t \to \infty} S_t = \lim_{t \to \infty}(\frac{t}{a+bt}) = \frac{1}{b} \tag{7-3}$$

此方法即双曲线法。

2. 指数预测模型

1953 年,荷兰 Van der Veen 曾提出($S \sim t$)曲线的如下指数表达形式

$$S_t = S_m[1 - \exp(-a \times t)] \tag{7-4}$$

式中:S_m 为最终变形量。1982 年日本的宇都一马等对指数表达式提出了无量纲形式

$$\frac{S_t}{S_m} = [1 - \exp(-\frac{t}{T_j})] \tag{7-5}$$

式中:T_j 为($S\sim t$)曲线上的拐点所对应的时间。最终变形量为

$$S = \lim_{t \to \infty} S_t = S_m \tag{7-6}$$

此方法即为指数预测模型。

在桥梁沉降预测、桥梁挠度预测、桥梁裂缝扩展预测、桥墩位移预测等方面,经验预测模型通过分析和比较过去的趋势,可以对未来的情况做出合理预测。与传统的理论模型相比,经验预测模型更具灵活性和适应性,能够更好地捕捉到各种复杂因素的影响,从而提高预测的准确性和可靠性。通过应用经验预测模型,可以提前发现潜在问题,制订更有效的维护和修复策略,进而提高桥梁的安全性和稳定性。

7.2.2 全过程预测模型

全过程预测模型通过深入理解系统内在机理、物理过程和相互关系,建立综合数学模型。采用微分方程等高级数学工具,可以更准确地模拟系统内部各部分的动态变化。全过程预测模型不仅关注历史数据统计特征,更注重对系统整体性的理解,能更全面地预测复杂系统的动态行为。尽管建模复杂且需要深刻理解系统,全过程预测模型在面对多变系统、深刻理解系统行为的需求方面具有显著优势。全过程预测模型有 Logistic 模型、Gompertz 模型、Von Bertalanffy 模型、Richards 模型。

1. Logistic 模型

Logistic 模型,也称为 Logistic 回归模型,是一种二元分类算法,用于建模一个二元因变量(响应变量)与一个或多个自变量之间的关系。这个模型基于 Logistic 函数,也被称为 Sigmoid 函数,具有"S"形曲线。Logistic 模型在统计学和机器学习中广泛应用,特别适用于解决分类问题。

Logistic 模型的核心是 Logistic 函数,其数学形式如下

$$f(x) = \frac{1}{1 + e^{-x}} \tag{7-7}$$

Logistic 函数的特点是将任意实数映射到区间(0,1),因此适用于处理二分类问题。在 Logistic 回归中,该函数的输入通常是线性组合

$$\text{Logit}(p) = \ln\left(\frac{p}{1-p}\right) = \beta_0 + \beta_1 x_1 + \beta_2 x_2 + \cdots + \beta_n x_n \tag{7-8}$$

式中:p 是事件发生的概率;$x_1,x_2,\cdots,x_n$ 是自变量;$\beta_0,\beta_1,\beta_2,\cdots,\beta_n$ 是模型的参数。

Logistic 模型的预测输出是一个概率值,表示事件发生的概率。通常,可以设置一个阈值(例如 0.5),当预测概率大于阈值时,将样本分为正类别(事件发生);当预测概率小于阈值时,将样本分为负类别(事件不发生)。

2. Gompertz 模型

Gompertz 模型是一种生物学上用于描述生长过程的数学模型,它最初用于描述人口的增长,但后来在多个领域中都找到了应用。这个模型以其在生长过程中的特定形式而著称,其方程具有与 Logistic 模型相似的形式。

Gompertz 模型的方程通常表示为

$$N(t) = N_0 \cdot e^{-e^{-r \cdot (t-t_0)}} \tag{7-9}$$

式中：$N(t)$ 是时间 t 的总体变形量；N_0 是初始时刻 t_0 的变形量；r 是变形增长速率的参数；t_0 是开始变形的时刻。

该模型的非线性函数模型，可以通过对桥梁桩基的变形数据进行拟合，得到描述变形趋势的参数，从而实现对桥梁桩基变形的定量分析和预测。此外，Gompertz 模型还可以与其他技术手段相结合，如传感器、图像识别等，实现对桥梁桩基变形的实时监测和智能预警。

3. Von Bertalanffy 模型

Von Bertalanffy 模型是一种生物学上常用于描述生物体尺寸和生长过程的数学模型。该模型最初由奥地利生物学家 Ludwig von Bertalanffy 在 20 世纪中期提出，主要用于描述生物体在时间上的尺寸变化。Von Bertalanffy 模型的主要特点是考虑非线性和非等速生长，与 Logistic 模型等其他生长模型相比更为灵活。

Von Bertalanffy 模型的方程通常表示为

$$L(t) = L_\infty \cdot (1 - e^{-k \cdot (t-t_0)}) \tag{7-10}$$

式中：$L(t)$ 是时间 t 的变形函数；L_∞ 是在无限条件下的最终变形；k 是变形增长速率参数；t_0 是开始变形的时刻。

Von Bertalanffy 模型通过拟合参数，可以准确描述系统在给定初始条件下随时间变化的趋势。该模型包括 3 个参数：最大增长率、最终时间和平稳时间。当应用于桥梁变形领域时，该模型可以用于描述桩基变形的趋势和程度，并预测其未来的变化趋势。

4. Richards 模型

Logistic 模型、Gompertz 模型、Von Bertalanffy 模型等生长模型能较好地反映全过程的沉降量与时间的关系，得到较为广泛的应用且取得了较好的效果，但这些模型在结构上仍然存在一些不足。它们具有固定的拐点，但是却只能准确描述某一种特定形状的"S"曲线，所以要建立数学模型描述一个给定的生长过程时，要对生长方程的比选做大量的工作，这是一个比较花费时间的工作，而且在对不同的生长过程进行比较分析时，一旦建模采用的生长方程不同就会在模型层次上失去了可比性，只能采用原始数据或曲线图等较为粗略的方法。

Richards 模型的提出使这些问题得到了解决。Richards 模型是一种高度灵活的生长模型，可以适应递增、饱和、递减等多种生长趋势。相比之下，Logistic 模型和 Gompertz 模型更适用于递增、饱和趋势，Von Bertalanffy 模型主要用于生物体尺寸的增长。Richards 模型的参数更多，因此具有更强的适应性，可以更好地拟合和描述多种生长趋势，包括更为复杂和多阶段的变化。这使得 Richards 模型在面对生长过程中可能发生的各种情况时更具优势。在面对复杂的生物体变化、生命周期或阶段性生长时，Richards 模型能够更好地拟合实际数据，因为它具有更多的自由度，能够更灵活地适应数据的各种形状。

Richards 模型表达式为

$$S_t = S_\infty (1 - Ae^{-Bt})^{1/(1-m)} \tag{7-11}$$

式中：S_∞ 为最终沉降量；A 为初始沉降值参数；B 为瞬时沉降速率；t 为时间；m 为待取参数。

Richards 预测模型的特点如下。

(1)不过原点。当 $t = 0$ 时，$S_t = S_\infty (1 - Ae)^{1/(1-m)} > 0$。

(2)单调性。S_t 是关于时间 t 的单调增加函数。$S_t = \dfrac{S_\infty}{1-m}(1 - Ae^{-Bt})^{m/(1-m)} e^{-Bt} > 0$，其中，$A$ 与 $1-m$ 同号。

(3)有界性。当时间 t 趋近于无穷大时，S_t 趋向于 S_∞，即 $\lim\limits_{t \to \infty} S_t = S_\infty$。

(4)呈"S"形曲线，存在反弯点。

(5)良好的可塑性。当 m 取不同值时，对应"S"形曲线图形发生系列变化。当 $0 \leqslant m < 1$ 时，参数 m 增大，所反映的初期沉降速率就变小。当 $m > 1$ 时，参数 m 增大，反映的初期沉降速率变大。这增强了 Richards 模型拟合能力。当 m 取某一特定值时，Richards 模型又可以演变成其他预测模型。

当 $m = 0$，为 Mitseherlieh, Brody 模型，$S_t = S_\infty (1 - Ae^{-Bt})$，具有指数模型的特征。

当 $m = 2/3$，为 Von Bertalanffy 模型，$S_t = S_\infty (1 - Ae^{-Bt})^3$。

当 $m \to 1$，为 Gompertz 模型，$S_t = S_\infty e^{(-Ae^{-Bt})}$。

当 $m = 2$，为 Logistic 模型，$S_t = S_\infty (1 - Ae^{-Bt})^{-1}$。

由 Richards 模型的特点可知：Richards 模型能代替上述 4 种演变模型。更难能可贵的是，能够准确描述这 4 种模型之间的过渡类型和 m 大于 2 对应的类型。这使得 Richards 模型不仅能预测在荷载稳定条件下主固结期间的沉降，也能描述沉降从发生、发展、成熟到稳定呈"S"形变化规律，所以引入该模型进行桩基沉降预测，可以更好地提高拟合和预测精度。Richards 模型参数较多，需要更多的数据进行拟合，但模型的复杂性可能导致过拟合的风险。因此，在选择模型时，需要根据具体的应用场景、数据特点以及对模型解释性和预测性能的需求来权衡选择。

7.2.3 数学预测模型

数学预测模型的类型有很多，各自都有相应的预测模式。目前，常见的预测方法包括单耗法、弹性系数法、统计分析法、灰色系统理论、插值拟合法（线性回归法）、时间序列预测法、神经网络模型法等。其中，灰色预测理论与神经网络模型法在岩土工程领域适用最为广泛。

1. 灰色预测理论

灰色系统为部分信息已知、部分信息未知的系统。灰色系统理论是研究解决灰色系统分析、建模、预测、决策和控制的理论。它把一般系统论、信息论、控制论的观点和方法延伸到社会、经济、生态等抽象系统，结合应用数学方法，建立了一套解决不完备系统即灰色系统的理论和方法。

灰色系统的任务是用少量数据建模，目标是微分方程建模，要求动态信息的开发、利用和加工。一般来说，微分方程只适合连续可导函数，而灰色系统的行为特征是用时间序列表征，是一种离散的函数。为建立微分方程模型，灰色系统理论通过关联分析，提取建模所需变量，并在对离散函数的性质进行研究的基础上，实现对离散数据建立微分方程的动态模型，即灰色模型。在建模过程中,灰色系统理论充分开发利用了少量数据中的显信息和隐信息。从经验上来说,对系统的探测是通过在一定时间周期内对某个变量的观测进行的。与一般的观点不同,灰色理论认为,时间序列包含着极为丰富的信息,它蕴藏着参与系统动态过程的全部其他变量的痕迹。

灰色模型(gray model)简称 GM 模型,是灰色系统理论的基本模型,也是灰色控制理论的基础。它以灰色模块(所谓模块是时间数列 $X^{(m)}$ 在时间数据平面上的连续曲线或逼近曲线与时间轴所围成的区域)为基础,以微分拟合法建立的模型。一般的灰色模型为 GM(h,n) 模型,表示 h 个变量的 n 阶微分方程。在岩土工程有关变形问题的预测研究中,目前用得最多的是 GM(1,1)模型,因为变量越多,阶数越高,计算量就越大,且精度不一定就高,主要是将看似离散的数据序列经数据变换后形成有规律的生成数列,对生成数列建立微分方程,得到模型计算值。

桥梁桩基变形预测的灰色 GM(1,1)模型预测方法如下。

设 $\{X^{(0)}(t_i)\}$ 为等时距沉降的原始时间,序列为

$$X^{(0)} = [X^{(0)}(t_1), X^{(0)}(t_2), X^{(0)}(t_3), \cdots, X^{(0)}(t_n)] \tag{7-12}$$

式中:$t_1, t_2, t_3, \cdots, t_n$ 为与沉降序列相对应的时刻,时距 $\Delta t_i = t_{i+1}, \cdots, t_i = \text{const}(i = 1, 2, \cdots, n-1)$。

因此,可用序列号 $k(k = 1, 2, \cdots, n)$ 来代替 t_k。

将沉降的原始时间序列做一次累加生成,得序列 $X^{(1)}$

$$X^{(1)} = [X^{(1)}(1), X^{(1)}(2), X^{(1)}(3), \cdots, X^{(1)}(n)] \tag{7-13}$$

其中,$X^{(1)}(i) = \sum_{k=1}^{i} X^{(0)}(k)$,$i = 1, 2, \cdots, n$。

$X^{(1)}$ 可建立 GM(1,1)模型的微分方程为

$$\frac{dX^{(1)}}{dt} + aX^{(1)} = u \tag{7-14}$$

记参数列为 a,按最小二乘法,求 a,得到

$$a = \begin{bmatrix} a \\ u \end{bmatrix} = (B^T B)^{-1} B^T y_N \tag{7-15}$$

其中

$$B = \begin{bmatrix} -\frac{1}{2}[X^{(1)}(1) + X^{(1)}(2)] & \cdots & 1 \\ -\frac{1}{2}[X^{(1)}(2) + X^{(1)}(3)] & \cdots & 1 \\ \vdots & \ddots & \vdots \\ -\frac{1}{2}[X^{(1)}(n-1) + X^{(1)}(n)] & \cdots & 1 \end{bmatrix} \tag{7-16}$$

$$y_N = [X^{(0)}(2), X^{(0)}(3), \cdots, X^{(0)}(n)] \tag{7-17}$$

由于为等时距,当到达第 $k+1$ 时刻时,共经历 k 个时间间隔,微分方程的解为

$$X^{(1)}(k+1) = \left[X^{(0)}(1) - \frac{u}{a}\right] e^{-ak} + \frac{u}{a} \tag{7-18}$$

当 $k \to \infty$ 时，$X^{(1)}(k+1) \to \dfrac{u}{a}$，$\dfrac{u}{a}$ 即为总沉降量。

通过灰色预测模型计算出的数值是一次累加生成值，必须进行还原生成才能得到真实的变形值。对于第 $k+1$ 时刻的变形预测值为

$$X^{(0)}(k+1) = X^{(1)}(k+1) - X^{(1)}(k) = \left[X^{(0)}(1) - \dfrac{u}{a}\right](\mathrm{e}^{-a} - 1)\mathrm{e}^{-a(k-1)} \tag{7-19}$$

变形预测模型需要使用等时距的变形观测数据值，但鉴于变形观测工作时间长，观测周期难以保持一致等不利因素，难以得到等时距的原始数据。桥梁过程中考虑到测量数据的不等间隔性，需要建立不等时距的预测 GM(1,1)模型。针对不等时距问题，实际中常用的方法有：①在原始数据中内插个别缺少的数据，使其符合等时距的要求，然后建立预测模型；②在原始不等时距序列基础上生成新的等时距序列，构成灰色模型后再还原。

现举例，采用 Lagrange 插值法将不等时距沉降序列转变成为等时距序列。

设原始不等时距沉降数列为

$$X^{(0)} = \{X^{(0)}(t_i) \mid i = 1, 2, \cdots, n\} \tag{7-20}$$

计算平均变形时间间隔 Δt_0 为

$$\Delta t_0 = \dfrac{1}{n-1}(t_n - t_1) \tag{7-21}$$

计算等时间间隔的灰色变形值 $X^{(0)}(i)(i=1,2,\cdots,n)$。当 $i=1$ 时，$X^{(0)}(i) = X^{(0)}(t_i)$；当 $i=n$ 时，$X^{(0)}(n) = X^{(0)}(t_n)$；当 $i=2,3,\cdots,n-1$ 时，用 Lagrange 插值函数分段线性插值，则有

$$X^{(0)}(i) = X^{(0)}(t_{i-1}) + \dfrac{X^{(0)}(t_i) - X^{(0)}(t_{i-1})}{t_i - t_{i-1}}[(i-1)\Delta t_0 - t_{i-1}] \tag{7-22}$$

从而得到等时距变形的时间序列为

$$X^{(0)} = \{X^{(0)}(i) \mid i = 1, 2, \cdots, n\} \tag{7-23}$$

此方法即灰色预测模型。

2. 神经网络模型法

桥梁桩基所接触的岩土体大多是天然形成的、具有一定结构和构造的，而天然岩土体又具有很大的随机性、模糊性、信息不完整性，所以这是一个高度复杂的非线性系统。神经网络是一个非线性的动力系统，特别适用于研究复杂的非线性问题。

神经网络是由大量的简单的处理单元（简称神经元）广泛相互连接而形成的复杂网络系统，它拥有人脑功能的许多基本特征，是一个高度复杂的非线性动力学系统。神经网络具有大规模并行、分布式存储和处理、自组织、自适应和自学习能力，特别适合处理需要同时考虑许多因素和条件的、不精确和模糊的信息问题。人工神经元是人工神经网络的基本单元，从图 7-1 中可以看出它相当于一个多输入单输出的非线性阈值器件。单个人工神经元往往是不能完成对输入信号处理的，它需要按一定的规则连接并让网络中每个神经元的权值和阈值按一定的规则发生变化，才能实现所设计的神经网络的功能要求。人工神经网络的连接形式及其拓扑结构多种多样，但总的来说有两种形式，即分层型神经网络和互连型神经网络。

分层型神经网络又分为一般前馈网络、反馈型前馈网络和内层互联前馈网络,它们的拓扑结构如图 7-1 所示。分层型神经网络中按所有神经元的功能可分为若干层,一般有输入层、中间层(隐层)和输出层。互连型神经网络的拓扑结构如图 7-2 所示。

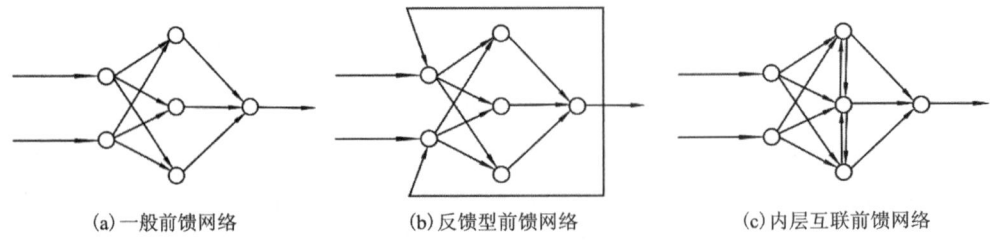

(a) 一般前馈网络　　(b) 反馈型前馈网络　　(c) 内层互联前馈网络

图 7-1　分层型神经网络拓扑结构

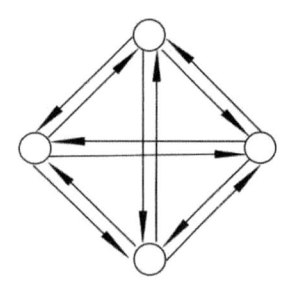

图 7-2　互连型神经网络

由图 7-2 可知互连型神经网络的任意两个神经元彼此间相互连接,构成了全互连神经网络。假如不是全部的神经元彼此都相互连接则就构成了局部互连神经网络。在人工神经网络的发展过程中,已经提出了许多种不同的神经网络模型,具有代表性的网络模型主要有感知器神经网络、线性神经网络、BP 神经网络、自组织网络、反馈网络等。本节主要介绍 BP 神经网络。

BP 神经网络是前向网络的一个重要组成部分,是当前最常用的一种多层前馈神经网络。其神经元的传递函数是 S 型(Sigmoid)函数

$$f(x) = \frac{1}{1+e^{-x}} \tag{7-24}$$

输出量为 0 到 1 之间的连续量,它能够实现从输入到输出的任意非线性映射。由于权值的调整所采用反向传播学习算法,所以也常被称为 BP 网络。

BP 神经网络模型主要包括 4 个方面:①函数近似,利用输入值及其对应的输出量,对网络进行近似化处理;②模式辨识,将其与一个未确定的输出量相关联;③分类,按适当的方法对输入量进行归类处理;④数据压缩,为了方便传送或储存,降低输出量的维数,减少工作量。

具体来说就是数据由输入层输入,经过隐含层处理后由输出层输出,若输出数据误差较大则会反馈回去,重新调整各因子权重后重新输出。实现 BP 网络预测的分析步骤主要分为 10 步:读取数据、设置训练数据和预测数据、训练样本数据归一化、构建 BP 神经网络、网络参数配置(训练次数,学习速率,训练目标最小误差等)、BP 神经网络训练、测试样本归一化、BP 神经网络预测、预测结果反归一化与误差计算、验证集的真实值与预测值误差比较。最基础的 BP 神经网络至少含有 1 个隐含层,总共 3 层,其拓扑结构如图 7-3 所示。

针对输入神经网络模型的数据,首先需要进行归一化处理,将其转换为数值矩阵,即输入矩阵 $X = (x_1, x_2, \cdots, x_n)^T$,输出矩阵 $Y = (y_1, y_2, \cdots, y_m)^T$。其中,输入数据归一化公式为

$$X_n = \frac{X - X_{\min}}{X_{\max} - X_{\min}} \tag{7-25}$$

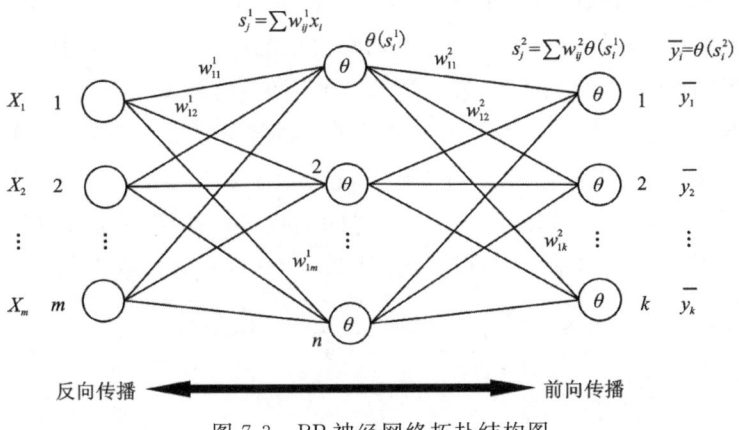

图 7-3　BP 神经网络拓扑结构图

式中：X_n 为数据处理结果；X 为未处理数据；X_{min} 为未处理数据最小值；X_{max} 为未处理数据最大值。

根据神经网络模型的计算步骤，在确定网络架构并输入数据后，需对数据进行网络训练，使计算机不断学习并校正最初设定的权值、阈值，使网络能够在输入矩阵和输出矩阵之间形成明确的对应关系。

神经网络模型的学习过程可以分成两个阶段：一是输入数据样本，确定计算迭代的阈值和权重，然后按一层一层的顺序依次进行运算；二是当 BP 神经网络的输出层输出结果和其预先设置的输入值的误差较大的时候，则进入 BP 神经网络的反向传播阶段，并进行网络权值的更新，直到输出结果和期望结果误差满足一定条件为止。重复进行这两个过程，直至网络能够收敛。

其中，信号的前向传播过程的主要步骤如下。

(1) 神经网络隐含层的第 i 个节点的输入变量 net_i：

$$net_i = \sum_{j=1}^{M} w_{ij} + \theta_i \tag{7-26}$$

(2) 神经网络隐含层的第 i 个节点的输出变量 y_i：

$$y_i = \varphi(net_i) = \varphi(\sum_{j=1}^{M} w_{ij} + \theta_i) \tag{7-27}$$

(3) 神经网络输出层的第 k 个节点的输入变量 net_k：

$$net_k = \sum_{i=1}^{q} w_{ki} y_i + a_k = \sum_{i=1}^{q} w_{ki} \varphi(\sum_{j=1}^{M} w_{ij} + \theta_i) + a_k \tag{7-28}$$

(4) 神经网络输出层第 k 个节点的输出变量 o_k：

$$\begin{aligned} o_k &= \varphi(net_k) = \varphi(\sum_{i=1}^{q} w_{ki} y_i + a_k) \\ &= \varphi\Big[\sum_{i=1}^{q} w_{ki} \varphi(\sum_{j=1}^{M} w_{ij} + \theta_i) + a_k\Big] \end{aligned} \tag{7-29}$$

式中，x_j 表示 BP 神经网络的输入层的第 j 个节点的输入参数（$j = 1,2,\cdots,M$）；W_j 表示 BP 神经网络的隐含层的第 i 个节点到输入层的第 j 个节点之间的神经网络权值参数；θ_i 表示 BP

神经网络中隐含层第 i 个节点的阈值参数;$\varphi(x)$ 表示 BP 神经网络的隐含层的激励函数;W_{ki} 表示 BP 神经网络的输出层的第 k 个节点到隐含层的第 i 个节点之间的权值参数($i=1$,$2\cdots,q$);a_k 表示 BP 神经网络的输出层第 k 个节点的阈值参数,$k=1,2,\cdots,L$;$\varphi(x)$ 表示 BP 神经网络的输出层的激励函数;o_k 表示 BP 神经网络输出层的第 k 个节点的输出。

信号的反向传播过程:误差信号反向传播首先经过输出层,所以先调整隐含层和输出层之间的权值。然后再向前调整输出层和隐含层之间的权值。在调整权值的阶段,沿着网络逐层反向进行调整。当神经网络输出与期望输出不等时,会存在输出误差,误差函数 Loss 为

$$\text{Loss} = \sum \frac{1}{2}\left[t\arctan(et)-\text{output}\right]^2 \tag{7-30}$$

此方法即 BP 神经网络预测模型。

7.3 工程实例——京杭大运河世纪大道桥、东西大道桥桥梁变形预测

我们经过详细的工程实地调查,获取了大量的变形数据。这些数据主要来源于现有桥梁在土体开挖过程中的桩顶位移、桩身的最大位移以及桩基的沉降情况。为了深入研究和评估航道开挖对桥梁根基稳定性的具体影响因素和程度大小,基于这些信息构建一个利用 BP 神经网络(反向传播算法训练得到的多层前馈型神经网络模型)进行预测和分析的高效精准数学模型,提供更加全面深入且具备科学指导意义的参考依据和技术支持。

7.3.1 输入层参数

预测模型的准确性需要考虑多个影响因素。经过综合分析和归类整理后确定设计因素、桩基参数以及支护结构和水文地质条件这 4 个类别是影响模型精度的关键所在,进一步细化后又可以将其分解为 15 项具体且主要的影响因子,具体见表 7-1。

表 7-1 桩基变形影响因素

类别	设计因素	桩基参数	支护结构	水文地质条件
影响因子	开挖深度 开挖宽度 航道通航等级 施工顺序 开挖次数	桩基长度 桩身直径 嵌岩与否	支护形式 边缘净距 支护刚度	水文条件 软土层厚度 土体参数 环境温度

在对研究区域进行深入调研的基础上,经过综合评估筛选了结合前述研究区内调研情况,选取航道开挖深度、开挖宽度、桩基长度、桩身直径、支护形式、边缘净距、软土层厚度、土体黏聚力、土体内摩擦角 9 个影响因素作为预测模型输入影响因子。各影响因子赋值见表 7-2。

表 7-2 各影响因子赋值情况

影响因子	量化标准
开挖深度	根据航道具体开挖深度赋值
开挖宽度	根据航道具体开挖宽度赋值
桩基长度	根据桥梁桩基长度赋值
桩身直径	根据桥梁桩身直径赋值
支护形式	①无支护②旋喷桩③挡墙④钻孔灌注桩⑤地连墙
边缘净距	根据工程具体边缘净距赋值
软土层厚度	根据场地具体工程地质条件赋值
土体黏聚力	根据场地具体工程地质条件赋值
土体内摩擦角	根据场地具体工程地质条件赋值

7.3.2 样本库建立

在广泛调研区内桥梁工程和收集相关文献数据的基础上，以本文研究中的京杭大运河世纪大道桥和东西大道桥为例，确定 BP 神经网络模型训练样本，汇总桩顶位移相关数据 107 组，桩身最大位移相关数据 73 组，桩基沉降相关数据 11 组。相关样本数据随机选取其中的 70% 为训练组，剩下的 30% 为测试组。

7.3.3 模型算法设置

由 BP 神经网络模型的拓扑结构可知，在设计隐含层时，首先需要确定隐含层单元个数。由神经网络隐含层可知，隐含层神经元个数应该取 4~14 为宜，保持其他参数不变，分别选取不同神经元个数设置不同的模型。使用研究对象桥梁施工过程监测数据确定 BP 神经网络模型训练样本，汇总相关样本数据 30 组，对所有模型训练 50 次，选取其中结果最优的 5 次统计其最大误差率，见表 7-3。

表 7-3 各神经元个数最大误差

神经元个数	最大绝对误差/mm	误差率/%	最大相对误差率/%	最大误差测试组号
4	2.154 6	21.546	21.546	22
5	−1.716 7	−17.167	17.167	22
6	2.864 4	20.46	20.46	25
7	2.245 7	27.387	27.387	24

续表 7-3

神经元个数	最大绝对误差/mm	误差率/%	最大相对误差率/%	最大误差测试组号
8	−1.981 9	−19.819	19.819	22
9	2.165 8	23.829	23.829	27
10	2.354 2	23.542	23.542	22
11	1.668 4	22.245	22.245	29
12	0.542 2	28.537	28.537	30
13	−1.756 3	−17.563	17.563	22
14	2.524 6	25.246	25.246	22

由表 7-3 可知,隐含层神经元个数为 5 个时,相对误差率最小。因此,确定隐含层神经元个数为 5 个。

此外,结合 BP 神经网络模型各算法的适用情况,在优化神经网络权重方面的有效性和广泛应用性的基础上,选取梯度下降法作为训练算法,采用 Purelin 函数作为隐含层传递函数,保持网络结构的简单性和稳定性。同时,训练次数、学习速率、训练目标最小误差分别设置为 1000、0.01 和 0.000 01,以确保模型的收敛性和准确性。在完成模型的训练后,对样本数据进行了归一化处理,并进行了预测值与实际值的比对,进一步分析预测误差,以评估模型的性能和可靠性。

7.4 桩基变形预测结果验证与分析

对桩基变形预测结果的验证与分析是一个持续的过程,需要不断收集和分析数据,并根据实际情况优化和调整模型,以适应环境变化和新的数据特征。通过检验预测结果,可以及时发现模型中的错误或偏差,并进行调整和修正,从而提高预测精度,使模型更准确地反映实际情况。通过可靠性分析,可以确定模型是否能够可靠地预测未来趋势,降低因模型错误而导致的决策风险。在复杂多变的环境中,预测模型还需要不断调整优化,引入多样化的机器学习算法,建立多模型并行的优化机制,以应对新的变化,及时发现并处理问题,确保模型能够适应不断变化的环境。

7.4.1 桩顶位移预测结果分析

通过科学计算软件 Matlab(Matrix Laboratory)运算 BP 神经网络,进行桩顶位移预测结果检验和预测模型可靠性分析。桩顶位移预测模型录入共 107 组数据,随机抽取 75 组数据用于 BP 神经网络学习,剩余 32 组数据用于验证 BP 神经网络预测桩顶位移结果。由图 7-4 可知,验证测试组的 32 组数据的桩顶位移预测误差均在 5mm 以内,表明整体预测效果较好。

第 7 章 软土桥梁桩基变形影响预测方法

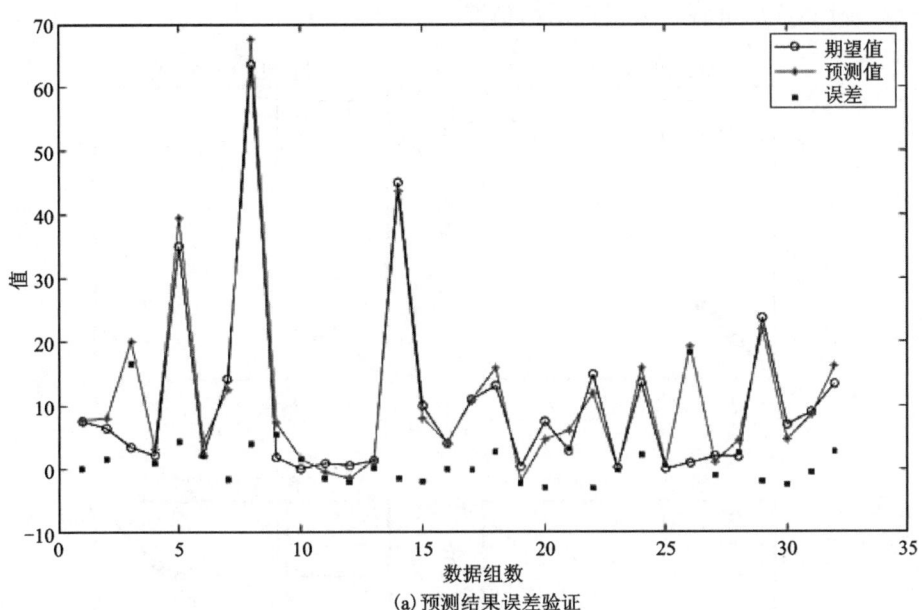

(a) 预测结果误差验证

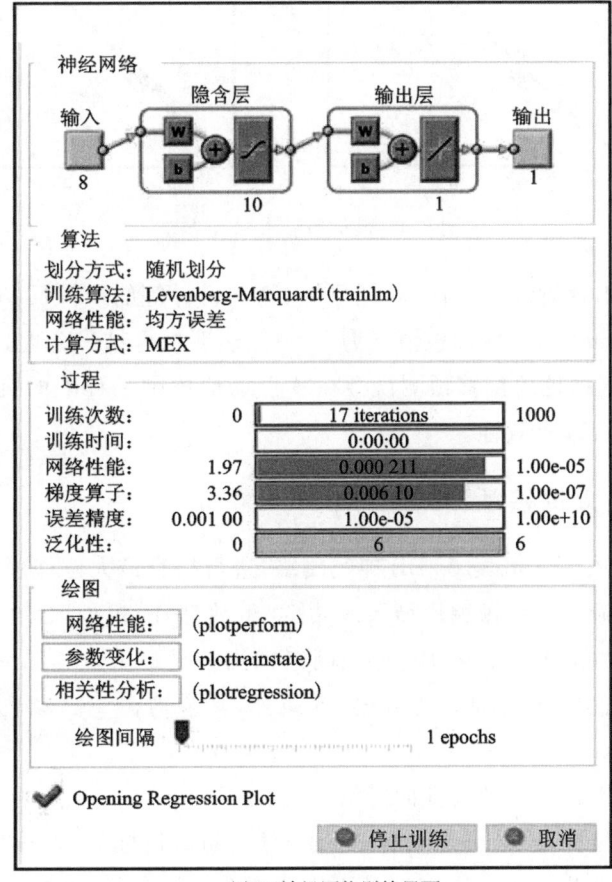

(b) BP 神经网络训练界面

图 7-4 桩基变形预测模型计算最优解

进一步分析此最优解各参数线性回归情况(图7-5)。

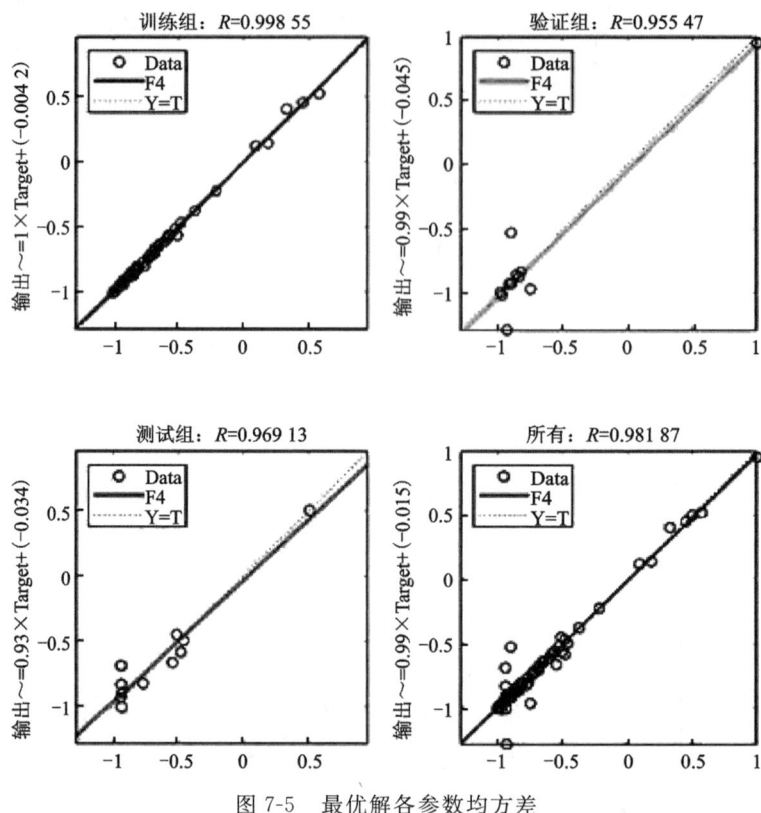

图7-5 最优解各参数均方差

通过分析图7-5中针对训练目标、验证目标、测试目标等的线性回归系数,发现任意一项线性回归系数R均大于0.96(最理想情况为$R=1$),表明拟合结果合理,预测精度较高。这进一步证明了BP神经网络桩顶位移预测模型在软土场地桥梁工程中的良好应用,验证了本书所选取的各项参数的合理有效性。

7.4.2 桩身最大位移预测结果分析

通过科学计算软件Matlab运算BP神经网络,进行桩身最大位移预测结果检验和预测模型可靠性分析。桩身最大位移预测模型录入共73组数据,随机抽取50组数据用于BP神经网络学习,剩余23组数据用于验证BP神经网络预测桩身最大位移结果。由图7-6可知,测试组的23组数据的桩顶位移预测误差除第18组外,其余均在20%以内,表明整体预测效果较好。

进一步分析此最优解各参数线性回归情况(图7-7)。

通过对图7-7的分析,针对训练目标、验证目标、测试目标等,发现任意一项线性回归系数R均大于0.96(最理想情况为$R=1$),从而表明拟合结果合理,预测精度较高。这进一步证实了BP神经网络桩身最大位移预测模型在软土场地桥梁工程中的良好应用。同时,该结果也验证了本书所选取的各项参数的合理有效性。

第7章 软土桥梁桩基变形影响预测方法

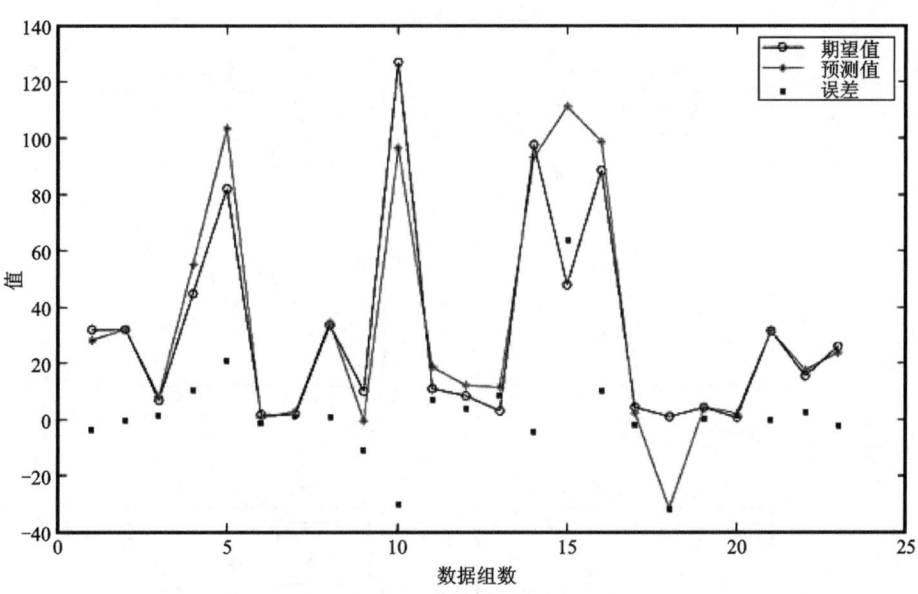

(a) 预测结果误差验证

(b) BP神经网络训练界面

图 7-6 桩基变形预测模型计算最优解

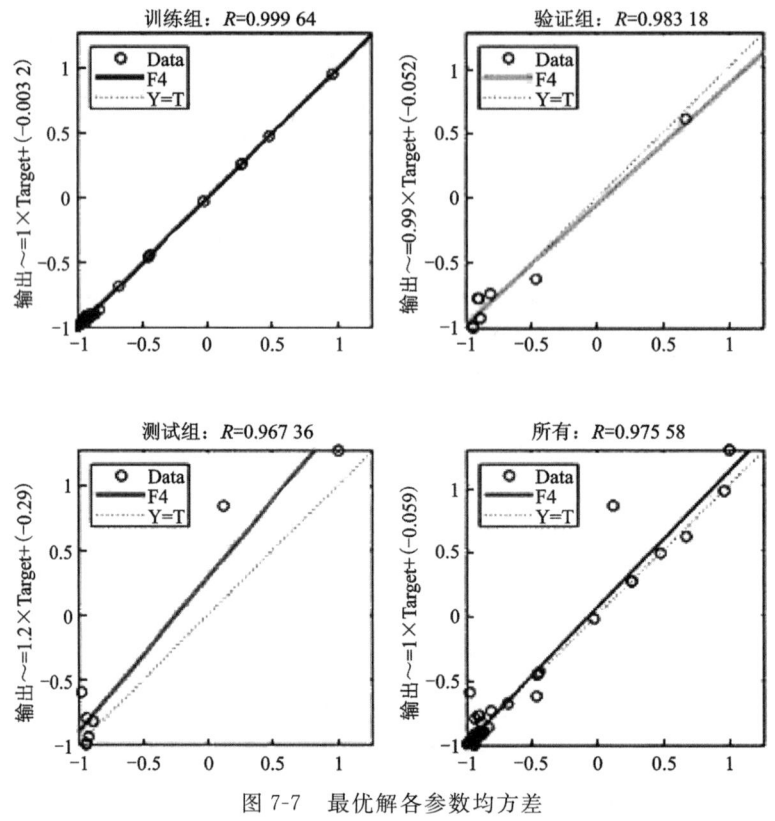

图 7-7　最优解各参数均方差

7.4.3　桩基沉降预测结果分析

通过科学计算软件 Matlab 运算 BP 神经网络,进行桩基沉降预测结果检验和预测模型可靠性分析。桩基沉降预测模型录入共 60 组数据,随机抽取 40 组数据用于 BP 神经网络学习,剩余 20 组数据用于验证 BP 神经网络预测桩基沉降结果。由图 7-8 可知,测试组的 20 组数据的桩基沉降预测误差均在 20% 以内,表明整体预测效果较好。

进一步分析此最优解各参数线性回归情况(图 7-9)。

通过图 7-9 的分析,针对训练目标、验证目标、测试目标等,发现任意一项线性回归系数 R 均大于 0.91(最理想情况为 $R=1$),表明拟合结果合理,预测精度较高。这进一步证实了 BP 神经网络桩基沉降预测模型在软土场地桥梁工程中的良好应用。同时,该结果也验证了本书所选取的各项参数的合理有效性。

7.4.4　BP 神经网络预测模型应用

进一步将 BP 神经网络桩顶位移预测模型、桩身最大位移预测模型、桩基沉降预测模型应用于依托工程,基于 Matlab 软件中进行 GUI 界面设计,使用者逐次输入所需预测对象的基本参数即可预测到桩顶位移、桩身最大位移、桩基沉降结果。基于 deploytool 将训练完成的

第 7 章　软土桥梁桩基变形影响预测方法

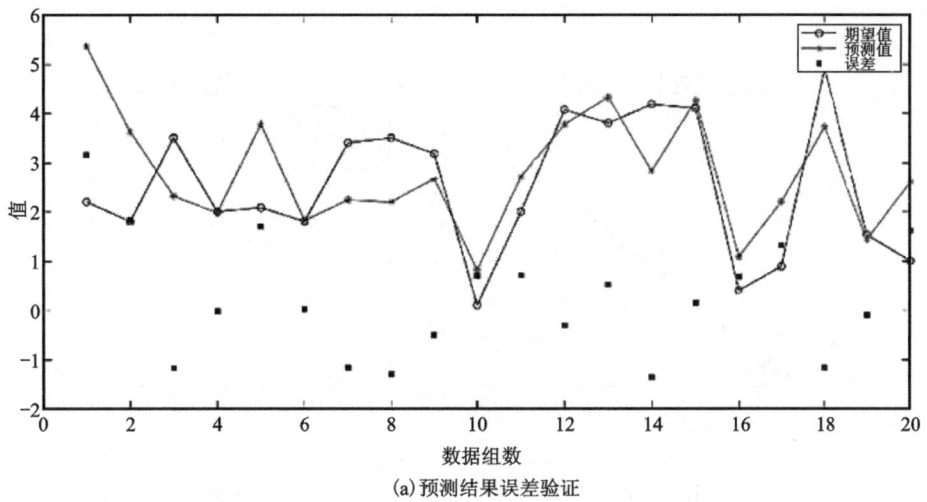

(a) 预测结果误差验证

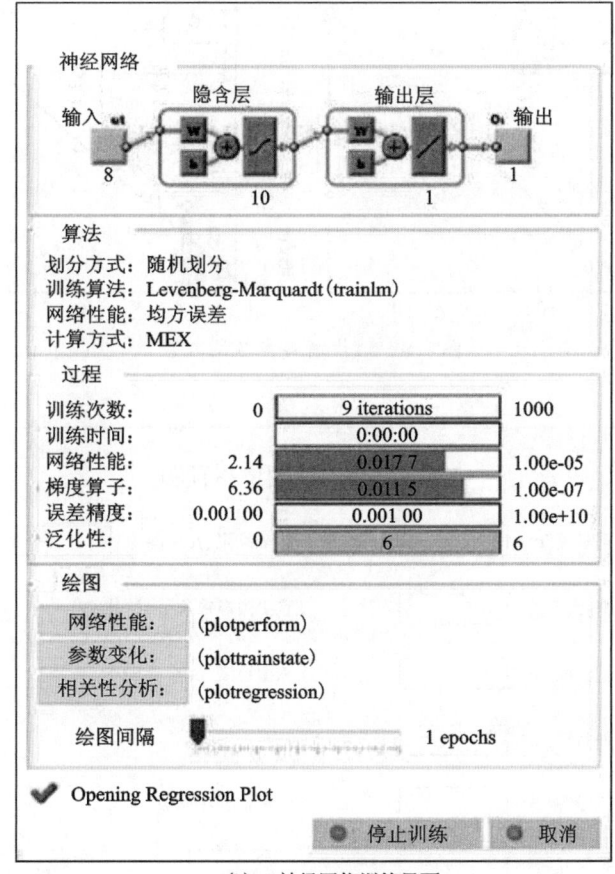

(b) BP神经网络训练界面

图 7-8　桩基变形预测模型计算最优解

BP 神经网络模型导出,集成可安装使用的独立软件供软土场地桥梁工程使用。BP 神经网络桩顶位移预测模型、桩身最大位移预测模型、桩基沉降预测模型 GUI 界面如图 7-10~图 7-12 所示。

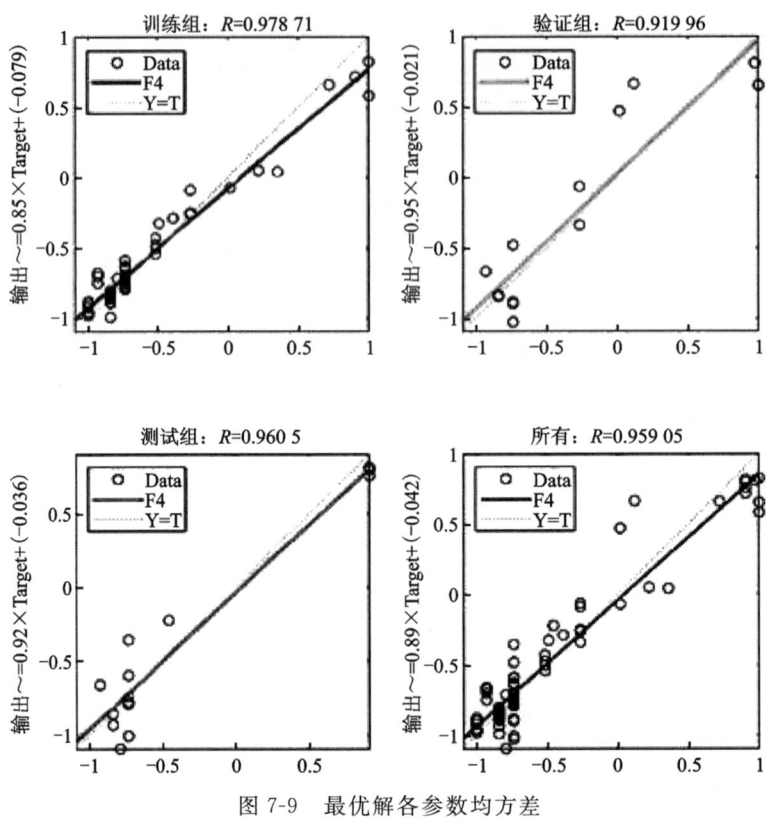

图 7-9 最优解各参数均方差

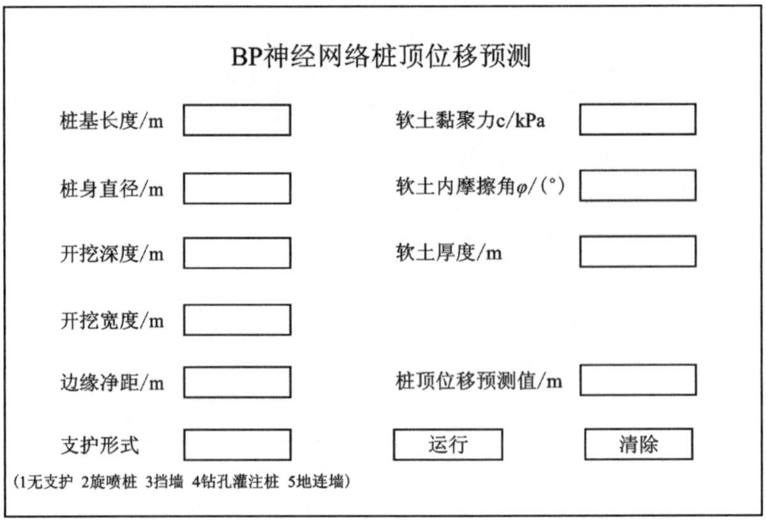

图 7-10 BP 神经网络桩顶位移预测模型 GUI 设计

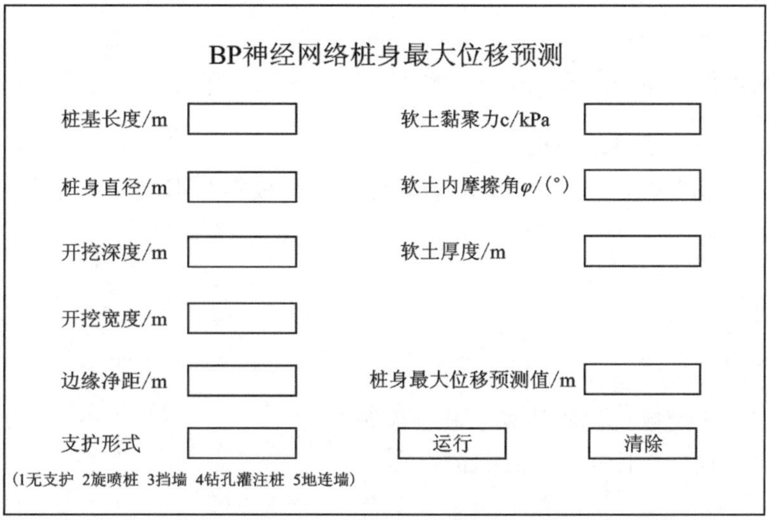

图 7-11　BP 神经网络桩身最大位移预测模型 GUI 设计

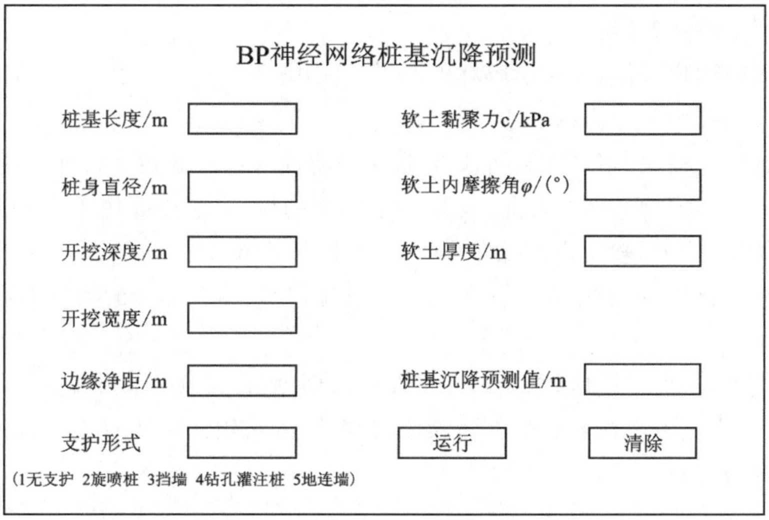

图 7-12　BP 神经网络桩基沉降预测模型 GUI 设计

7.4.5　BP 预测模型使用说明

针对项目所开发的航道开挖对上跨桥梁桩顶位移预测软件 V1.0、航道开挖对上跨桥梁桩身最大位移预测软件 V1.0、航道开挖对上跨桥梁桩基沉降预测软件 V1.0 作如下使用说明。

在 Windows 系统中，软件安装程序为软件安装包目录下的 for_redistribution \ MyAppInstaller_web，双击打开后执行安装指令即可安装到指定位置，双击快捷指令即可打开软件界面开始运行。

用户设计部分本软件的操作采用统一的用户界面，操作界面中的主要对象包括三类。

1. 文本框

(1)图示:文本框如图 [　　　] 所示。

(2)功能:用于输入或显示数据。

(3)操作:若在输入状态,光标停止文本框左边界处根据数据类型和单位,输入有关信息即可。

2. 按钮

(1)图示:文本框如图 [运行] 所示。

(2)功能:用于开始后台代码计算或显示数据。

(3)操作:光标悬浮在按钮上,单击即可。

3. 标签

(1)图示:文本框如图 1无支护 2旋喷桩 3挡墙 4钻孔灌注桩 5地连墙 所示。

(2)功能:用于显示数据。

(3)操作:无须用户操作,仅用于解释说明界面使用。

运行模块及主要操作分为以下 4 个部分。

桥梁桩参数输入模块:用户在输入文本框内手动输入桩基长度/m、桩身直径/m、开挖深度/m、开挖宽度/m、支护形式(1 无支护、2 旋喷桩、3 挡墙、4 钻孔灌注桩、5 地连墙)、边缘净距/m、软土黏聚力 c/kPa、软土内摩擦角 φ/(°)、软土厚度/m。

运算预测模块:用户点击用户界面底部运算按钮,参数输入部分的数据即可带入 BP 神经网络中运算。

结果显示模块:运算完成后,结果即显示在底部预测值/m 文本框中显示。

清除模块:用户点击用户界面底部清除按钮,即可清除软件中所有文本框内的数据,以便于进行下一次预测运算。

7.5 小　结

本章系统地介绍了软土桥梁桩基变形影响预测方法,概述了经验预测模型法、全过程预测模型和数学预测模型,涵盖了各种预测方法的基本原理。深入探讨了经验预测模型法、全过程形预测模型和数学预测模型的理论基础。本章以京杭大运河世纪大道桥和东西大道桥为例,应用 BP 神经网络预测模型对桩基变形预测结果进行了验证与分析,包括对桩顶位移、桩身最大位移和桩基沉降等预测结果的分析,并进行结果验证和分析。本章内容涵盖了软土桥梁桩基变形影响预测方法的原理和实践应用,同时介绍了一些预测模型的具体操作方法,为实际工程项目的设计和施工提供了可靠的指导和支持。

第8章 软土地区桥梁桩基变形和应力预警方法

8.1 竖向荷载下桩基受力特性

桩是在地基中设置的柱型构件,依靠地基土体提供的侧摩阻力和端阻力承担荷载。通过打入、压入或植入等方式设置的称为预制桩;通过钻孔灌注设置的称为灌注桩。按工程应用,桩主要有3类:第一类桩与地基及连接桩顶的承台组成基础,用于承担上部结构传来的竖向和水平荷载;第二类桩主要用于支挡土压力,如基坑围护结构中的支护、边坡中的抗滑桩等;第三类桩用于形成复合地基。其中第一类桩在工程应用最为广泛,也是本书主要介绍的对象。

8.1.1 概述

对于桩基而言,多数情况下是用来承受竖向荷载的,竖向荷载下单桩和群桩的承载力的确定和验算是桩基设计计算的主要内容。实际工程中桩基所处的地质条件千差万别,桩型各异,施工方法多种多样,受力性状各不相同,但有一点是相同的,即竖向荷载下单桩和群桩,都是通过桩侧土或桩端土经桩身向下传递荷载的。

1. 竖向荷载下桩基的工作原理

竖向荷载下,桩基功能是将作用于承台的竖向荷载传递到深部土层,以满足上部结构物对于基础的承载力和变形的要求。由于现代建筑材料性能和成桩技术的发展,对于各种地质条件、不同荷载大小,均可通过变化桩的截面、长度和数量,以及进入良好持力层不同深度等来实现上述要求。竖向承载桩基可由单根桩或多根桩构成,但工程实际中大多数为多根构成的群桩。群桩桩顶与承台相连,承台将荷载传递到各基桩桩顶或承台底与承台周围地基土上,形成协调承受上部荷载的承台-桩群-土体系。

桩顶竖向荷载由桩侧摩阻力和桩端阻力承受,以剪应力形式传递给桩周土体的荷载最终也将扩散分布于桩侧土层和桩端持力层。持力层受桩端荷载和桩侧荷载而压缩(含部分剪切变形),桩基因此产生沉降。

单桩的承载力随桩的几何尺寸与外形、桩周与桩端土的性质、成桩的工艺等而变化。对于群桩基础,由于承台与桩顶同步沉降,承台底面的土必然受到压缩从而产生土反力,该土反力也分担一部分荷载。

由于群桩的承台-桩群-土的相互影响和共同作用,群桩的工作性质和破坏特征与单桩迥然不同。群桩设计时,不仅要掌握单桩的性状和承载力的变化规律,还需考虑群桩基础的群桩效应。

2. 影响单桩竖向承载力的因素

1)桩侧土的性质与土层分布

桩侧土的强度与变形影响桩侧阻力的发挥性状与大小,从而影响单桩承载力的性状与大小。桩侧土的某些特性将在一定条件下引起桩侧阻力降低,甚至出现负摩阻力,从而使单桩承载力显著降低。桩侧土层的分布不仅影响桩侧阻力沿桩身的分布,而且影响单桩的承载力,例如桩周土体有湿陷性土、可液化土、欠固结土层时,桩基会因这些土层的沉降而产生负摩阻力,当这些土层分布于桩身下部时,会导致桩基的中性点深度大于这些土层位于桩身上部时的情况,从而使单桩所受下拉荷载增加,承载力降幅增大。软硬土层、黏性土与非黏性土层分布的相对位置也会影响侧阻力的发挥特性。

2)桩端土层的性质

桩端持力层的类别与性质直接影响桩端阻力的大小和沉降量。低压缩性、高强度的砂、砾、岩层是理想的具有高端阻力的持力层。特别是位于砂、砾层中的挤土桩,可获得很高的端阻力。高压缩性、低强度的软土几乎不能提供桩端阻力,并导致桩发生突进型破坏,对应的沉降量和沉降时间效应显著增加。

3)桩的几何特征

桩的总侧阻力与其表面积成正比,因此为提高桩的承载力,可采用较大比表面积(表面积与桩身体积之比"A/V")的桩身几何外形,如"▲""I""糖葫芦"形等。为提高总桩端阻力,采用钻扩、挖扩、夯扩等扩底桩则是很常见的。

桩的直径、长度及其比值是影响总侧阻力和总端阻力比值、桩端阻力发挥程度和单桩承载力的主要因素之一。相同的土层、采用不同长径比,或相同的材料用量,采用不同的桩径、桩长,可获得明显不同的单桩承载力。

4)成桩效应

挤土桩、非挤土桩、部分挤土桩三大类成桩工艺的成桩效应是不同的。成桩效应影响桩的承载力及其随时间的变化。一般来说,饱和土中的成桩效应大于非饱和土的成桩效应,桩群的成桩效应大于独立单桩的成桩效应。

各类成桩工艺的质量稳定性是不同的,因此成桩质量对于承载力的影响也不容忽视。例如,预制桩的桩身质量稳定性高于灌注桩,灌注桩中干作业的质量稳定性高于泥浆护壁作业的,干作业中人工挖孔的质量稳定性又高于机械作业的。

5)其他因素的影响

除上述直接因素外,尚有许多其他间接条件的变化也会对桩基承载力产生影响,如地震、地裂缝、洪水、地下水位变化和岩溶发育等。既有建筑桩基周边进行新工程建设时,会对既有建筑桩基产生不同程度的影响,有时甚至是严重影响,如基坑开挖、地铁穿越或相邻施工等。

3. 桩基的竖向极限承载力

桩基的竖向极限承载力包括两层含义：一是桩基结构自身的极限承载力；二是支撑桩基结构的地基土极限承载力。通常情况下，桩基的极限承载力是受地基土极限承载力制约。

1）单桩的竖向极限承载力

单桩竖向静力荷载试验是确定单桩竖向极限承载力和宏观评价桩承载变形性状的可靠依据。静载试验所得荷载-沉降（Q-s）曲线的形态随桩侧和桩端土层的分布与性质、成桩工艺、桩的形状和尺寸（桩径、桩长及其比值）、应力历史等诸多因素的变化而变化。常见的Q-s线形大体可划分为"陡降形"和"缓变形"两种基本类型。对于"陡降形"，Q-s出现明显陡降段，相应的沉降梯度剧增，破坏点明显，称其为"突进型"破坏；对于"缓变形"，当荷载值超过一临界值后，沉降梯度的变化趋缓或趋于常量，称其为"渐进型"破坏。

对于陡降形Q-s曲线，其极限承载力即为与破坏荷载相等的陡降起始点荷载。对于缓变形Q-s曲线，极限承载力取值方法诸多，如有的取Q-s曲线斜率转变为常数或斜率减小的起始点荷载为极限承载力，有的取s-$\log t$（t为历时）曲线尾部明显弯曲的前一级荷载为极限承载力，有的取s-$\log Q$曲线转变为陡降直线的起始点荷载为极限承载力；有的取$\log s$-$\log Q$第二直线交会点荷载为极限承载力，等等。其方法不下20种，但在许多情况下，常因荷载特征点不明显，使取值结果带有任意性，加之有的取值方法的物理意义并不明确，因而对于缓变形Q-s曲线的极限承载力宜综合判定取值。对Q-s曲线呈缓变形的桩，荷载达到"极限承载力"后再施加荷载，并不会导致桩的失稳和沉降的显著增大，即承载力并未达到极限，因而该极限承载力实际为"拟极限承载力"。

按照以可靠性理论为基础的极限状态设计准则，第一类极限状态，即承载能力极限状态是：结构物（桩基）达到最大承载能力或不适于继续承载的变形。因此，对于Q-s曲线呈缓变形的单桩，可按控制沉降量确定其极限承载力。特别是对于大直径桩，一般根据上部结构类型和对沉降的敏感度取某一沉降值所对应的荷载为极限承载力。该极限沉降值通常取$40\sim60$mm或（$3\%\sim6\%$）D（D为桩端直径）。桩径小、群桩基础、上部结构对不均匀沉降敏感的桩取低沉降值；反之，取高沉降值。

对于单桩基础，其工作性状与单桩静载试验是一致的，因此，按上述方法确定的单桩极限承载力即为桩基的极限承载力。

2）群桩的竖向极限承载力

对于群桩基础，其承载力因群桩效应而发生不同于单桩的变化，一般情况下，群桩基础的承载力由3部分组成：各基桩的桩侧阻力、端阻力和承台竖向土阻力。群桩基础受竖向荷载后，承台、桩群、土形成一个相互作用、共同工作体系，其变形和承载力均受相互作用的影响和制约。

4. 桩基竖向承载力的确定方法

1）单桩竖向承载力的确定方法

单桩极限承载力Q_u由总极限侧阻力Q_{su}和总极限端阻力Q_{pu}组成，若忽略两者间的相互影响，可表示为

$$Q_u = Q_{su} + Q_{pu} = \sum l_i q_{sui} + A_p q_{pu} \qquad (8-1)$$

式中：l_i 为桩周第 i 层土厚度；A_p 为桩端底面积；q_{sui}、q_{pu} 分别为第 i 层土的极限侧阻力和持力层极限端阻力。

Q_u、q_{sui}、q_{pu} 的确定通常采用以下几种方法。

①原型静载试验法。原型静载试验是传统的也是最可靠的确定承载力的方法。它不仅可确定极限承载力，而且通过埋设各类测试元件可获得荷载传递、桩侧阻力、端阻力、荷载—沉降关系等诸多资料。由于试验费用、工期、设备等原因，往往只能对部分工程的少量桩进行试验，《建筑桩基技术规范》（JGJ 94—2008）规定，对于设计等级为甲级的建筑基础，应通过单桩静载试验确定。

②静力学计算法。根据桩侧阻力、桩端阻力的破坏机理，按照静力学原理，采用土的强度参数，分别对桩侧阻力和桩端阻力进行计算。由于计算模式、强度参数与实际的某些差异，计算结果的可靠性受到限制，往往只用于一般工程或重要工程的初步设计阶段，或与其他方法综合比较确定承载力。

③原位测试法。对地基土进行原位测试，利用桩的静载试验与原位测试参数之间的经验关系，确定桩的侧阻力和端阻力。常用的原位测试法有静力触探法（CPT）、标准贯入试验法（SPT）、旁压试验法（PMT）。

④经验法。根据静载试验结果与桩侧、桩端土层的物理性指标进行统计分析，建立桩侧阻力、端阻力与物理性指标间的经验关系，利用这种关系预估单桩承载力。这种经验法简便而经济，但由于各地区间土的变异性大，加之成桩质量有一定离散性，因此，经验法预估承载力的可靠性相对较低。一般只适于初步设计阶段和一般工程，或与其他方法综合比较确定承载力。经验法用于地区性规范的可靠性是较高的。

2）群桩竖向承载力的确定方法

由于通过载荷试验确定群桩基础承载力难于实现，传统也是现行的办法是以单桩极限承载力为已知参数，根据承台效应（群桩效应）系数计算群桩极限承载力。

8.1.2 竖向荷载下单桩荷载传递特性

竖向荷载下单桩的荷载传递特性是指：作用在桩顶的竖向荷载通过桩与桩周土的作用（桩侧阻力、桩端阻力），将荷载传递到桩侧与桩端下地基土中的规律与特点，以及与其相伴的沉降变形特性。

1. 桩-土体系的荷载传递

桩侧阻力与桩端阻力的发挥过程就是桩-土体系荷载的传递过程。桩顶受竖向荷载后，桩身压缩而向下位移，桩侧表面受到土的向上摩阻力，桩身荷载通过发挥出来的侧阻力传递到桩周土层中去，从而使桩身压缩变形随深度递减。随着荷载增加，桩端出现竖向位移和桩端反力。桩端位移加大了桩身各截面的位移，并促使侧阻力进一步发挥。一般靠近桩身上部土层的侧阻力先于下部土层发挥，而侧阻力先于端阻力发挥出来。

由图 8-1(a)可以看出，任一深度 z 桩身截面的荷载为

第 8 章 软土地区桥梁桩基变形和应力预警方法

$$Q(z) = Q_0 - u\int_0^z q_s(z)\mathrm{d}z \tag{8-2}$$

竖向位移为

$$s(z) = s_0 - \frac{1}{E_p A}\int_0^z Q(z)\mathrm{d}z \tag{8-3}$$

由微分段 $\mathrm{d}z$ 的竖向平衡可求得 $q_s(z)$ 为

$$q_s(z) = -\frac{1}{U}\frac{\mathrm{d}Q(z)}{\mathrm{d}z} \tag{8-4}$$

微分段 $\mathrm{d}z$ 的压缩量为

$$\mathrm{d}s(z) = -\frac{Q(z)\mathrm{d}z}{E_p A} \tag{8-5}$$

故

$$Q(z) = -E_p A\frac{\mathrm{d}W(z)}{\mathrm{d}z} \tag{8-6}$$

将式(8-6)代入式(8-4)中可得

$$q_s(z) = \frac{E_p A}{U}\frac{\mathrm{d}^2 s(z)}{\mathrm{d}z^2} \tag{8-7}$$

式(8-2)~式(8-7)中：A 为桩身截面面积；E_p 为桩身弹性模量；U 为桩身周长。

式(8-7)就是桩-土体系荷载传递分析计算的基本微分方程，通过在桩身埋设应力或位移测试元件，利用式(8-4)和式(8-6)即可求得轴力和侧阻沿桩身的变化曲线[图 8-1(c)、图 8-1(d)]。

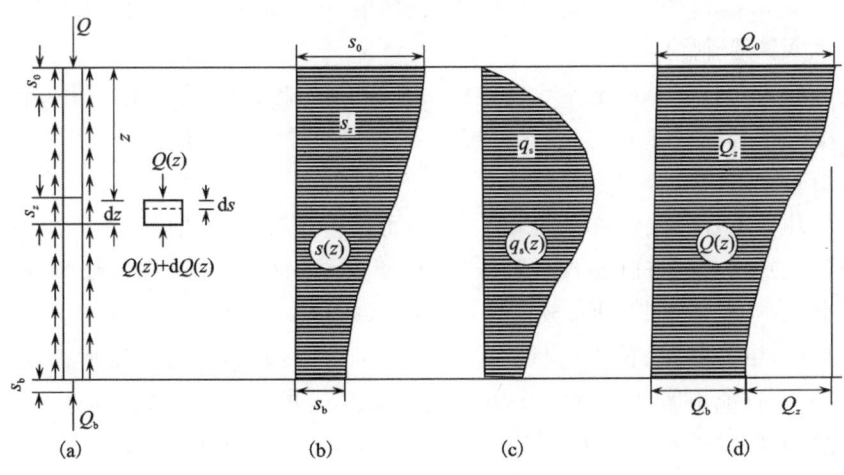

图 8-1 桩-土体系荷载传递分析

2. 荷载传递性状随有关因素的变化

Butterfied 和 Poulos(1971,1983)通过理论分析得到桩-土体系荷载传递性状随有关因素变化的一般规律如下。

(1)桩端土与桩周土的刚度比 E_b/E_s 愈小，桩身轴力沿深度衰减愈快，即传递到桩端的荷载愈小。在桩的长径比为 $L/d=25$ 情况下，$E_b/E_s=1$ 时，即均匀土层中，桩端阻力占总荷载约 5%，即接近于纯摩擦桩；当 E_b/E_s 增大到 100 时，其端阻力占总荷载约 60%，即属于端承载，桩身下部侧阻的发挥值相应降低；E_b/E_s 再继续增大，对端阻分担荷载比影响不大。

(2) 随桩土刚度比 E_c/E_s (桩身刚度与桩侧土刚度之比)的增大，传递到桩端的荷载增大，侧阻发挥值也相应增大；但当 $E_c/E_s \geqslant 1000$ 后，端阻分担的荷载比变化不明显。

(3) 随桩的长径比 L/d 增大，传递到桩端的荷载减小，桩身下部侧阻发挥值相应降低。当 $L/d \geqslant 40$，在均匀土层中，其端阻分担的荷载比趋于零；当 $L/d \geqslant 100$，不论桩端刚度多大，其端阻分担荷载值小到可忽略不计。

(4) 随桩端扩径比 D/d 增大，桩端分担荷载比增加。对于均匀土层中的中长桩($L/d=25$)，其桩端分担荷载比，等直径桩仅约 5%，$D/d=3$ 的扩底桩可增至约 35%。

上述荷载传递的理论分析结果说明，单桩极限承载力所对应的某特定土层的极限侧阻力 q_{su} 和极限端阻力 q_{pu}，由于桩长与桩径比或桩端、桩周土刚度比异常，或由于该土层分布位置的变化，其发挥值是不同的。为有效发挥桩的承载性能，取得最佳经济效果，设计时应根据土层的分布与性质，运用桩土体系荷载传递特性，合理确定桩径、桩长、桩端持力层等。

3. 单桩的荷载-沉降特性

单桩竖向静力荷载试验的 $Q\text{-}s$ 曲线是桩-土体系荷载传递、侧阻和端阻发挥性状的综合反映。$Q\text{-}s$ 线形随桩侧土层分布与性质、桩径、桩长、长径比、成桩工艺与成桩质量等诸多因素的变化而变化。由于桩侧阻力一般先于桩端阻力发挥出来(支承于坚硬基岩的短桩除外)，因此 $Q\text{-}s$ 曲线的前段主要受侧阻力制约，而后段则主要受端阻力制约。但是，下列情况则例外：①超长桩($L/d>100$)，$Q\text{-}s$ 全程受侧阻性状制约；②短桩($L/d<10$)和支承于较硬持力层上的短至中长($L/d \leqslant 25$)扩底桩，$Q\text{-}s$ 前段同时受侧阻和端阻性状的制约；③支承于岩层上的短桩，$Q\text{-}s$ 全程受端阻制约。

单桩 $Q\text{-}s$ 曲线与只受基底土性状制约的平板载荷试验不同，它是总侧阻 Q_s、总端阻 Q_p 随沉降变化过程的综合反映。因此，许多情况下不出现初始线性变形段，端阻力的破坏模式与特征也难以用 $Q\text{-}s$ 明确反映出来。

下面介绍几种工程实践中常见的 $Q\text{-}s$ 曲线，可进一步剖析荷载传递和承载力性状。

(1) 软弱土层中的摩擦桩(超长桩除外)。由于桩端一般为刺入剪切破坏，桩端阻力分担的荷载比例小，$Q\text{-}s$ 曲线呈陡降形，破坏特点明显，如图 8-2(a)所示。

(2) 桩端持力层为砂土、粉土的桩。由于端阻所占比例大，发挥端阻所需位移大，$Q\text{-}s$ 曲线呈缓变形，破坏特征不明显，如图 8-2(b)所示。端阻力的潜力虽较大，但对于建筑物而言已失去利用价值，因此常以某一极限位移 s_u(一般 s_u 取 40～60mm)，控制确定其极限承载力。

(3) 扩底桩。支承于砾、砂、硬黏性土的扩底桩，由于端阻破坏所需位移量过大，端阻力所占比例较大，其 $Q\text{-}s$ 曲线呈缓变形，极限承载力一般可取 $s_u=(3\%\sim6\%)D$，桩径大者取低值，桩径小者取高值，如图 8-2(c)所示。

(4) 泥浆护壁作业，桩端有一定沉渣的钻孔桩。由于桩底沉渣强度低、压缩性高，桩端一般呈刺入剪切破坏，接近于纯摩擦桩，$Q\text{-}s$ 曲线呈陡降形，破坏特征点明显，如图 8-2(d)所示。

(5) 桩周为加工软化型土(硬黏性土、粉土、高结构性黄土等)和无硬持力层的桩。由于侧阻在较小位移下发挥出来并出现软化现象，桩端承载力低，因而形成突变、陡降形 $Q\text{-}s$ 曲线，与图 8-2(d)所示孔底有沉渣的摩擦的 Q-s 曲线相似。

(6)干作业钻孔桩孔底有虚土。Q-s 曲线前段一般与摩擦桩相同,随着孔底虚土压密,Q-s 曲线的坡度变缓,形成台阶形,如图 8-2(e)所示。

(7)嵌入坚硬基岩的短粗端承桩。由于采用挖孔成桩,清底效果好,桩身较短,桩身压缩量小和桩端沉降小,在侧阻力尚未充分发挥的情况下,便由于桩身材料强度的破坏而导致桩的承载力破坏,Q-s 曲线呈突变、陡降形,如图 8-2(f)所示。

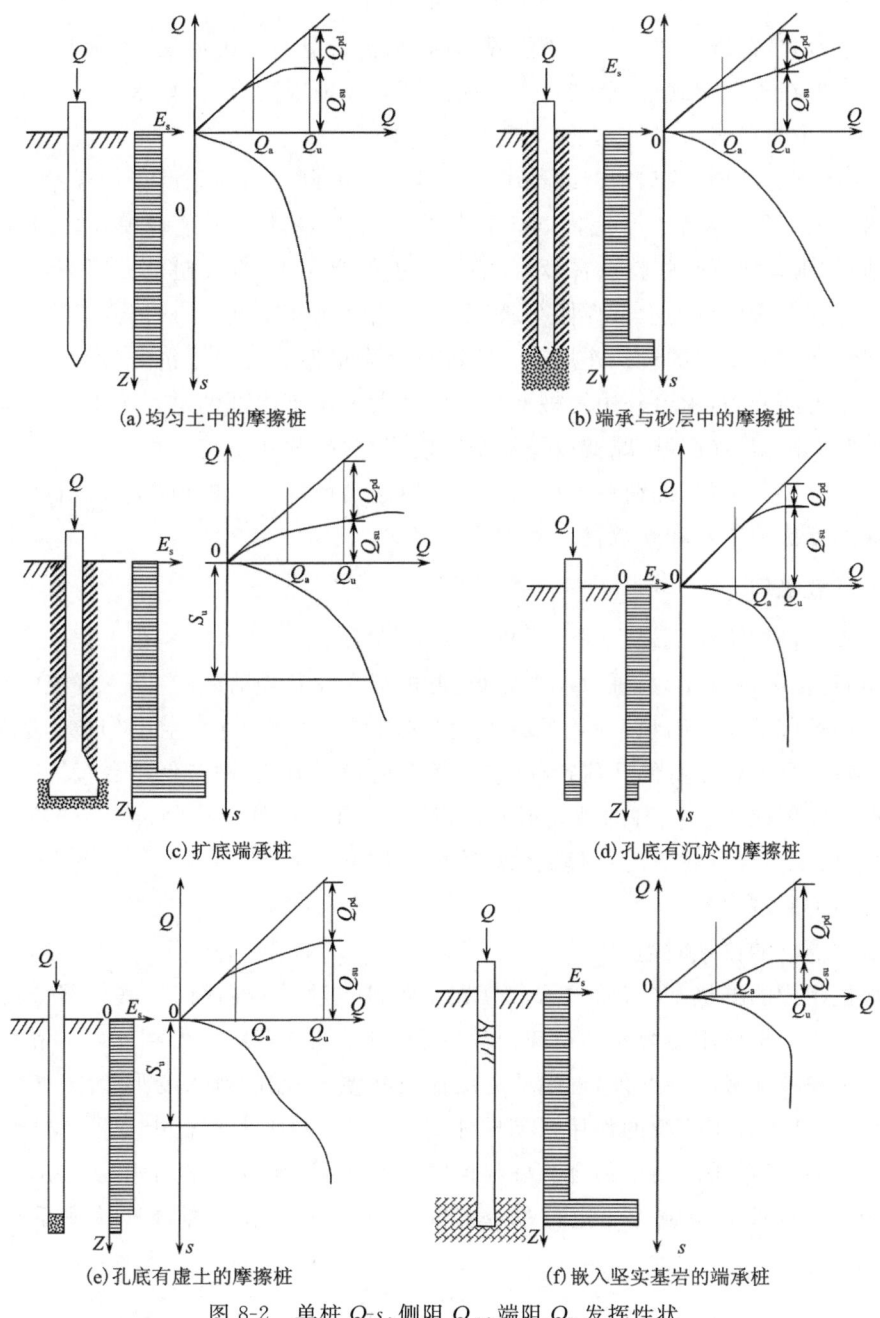

(a)均匀土中的摩擦桩　　(b)端承与砂层中的摩擦桩

(c)扩底端承桩　　(d)孔底有沉於的摩擦桩

(e)孔底有虚土的摩擦桩　　(f)嵌入坚实基岩的端承桩

图 8-2　单桩 Q-s、侧阻 Q_s、端阻 Q_p 发挥性状

8.1.3 竖向荷载下群桩承载特性

不同于单桩承载特性,群桩基础受竖向荷载后,承台、群桩、土形成一个相互作用、共同工作的体系,其变形和承载力均受相互作用的影响和制约。这种相互作用的影响和制约通常称为群桩效应。群桩效应通过群桩效应系数 η 表现出来。群桩效应系数 η 定义为

$$\eta = \frac{\text{群桩中基桩的平均极限承载力}}{\text{单桩极限承载力}} = \frac{Q_{ug}}{Q_u} \tag{8-8}$$

对于低承台式,荷载一般是经由桩土界面(包括桩身侧面与桩底面)和承台底面两路径传递给地基土。但在长期荷载下,荷载传递的路径则与多种因素有关,如桩周土压缩性、持力层的刚度、应力历史与荷载水平等,大体上有两类基本模式。

第一是桩、承台共同分担,即荷载经由桩土界面和承台底面两条路径传递给地基土,使桩产生足够的刺入变形,保持承台底面与土接触的摩擦桩基就属于这种模式。研究表明,桩-土-承台共同作用有如下一些特点:①承台如果向土传递压力,有使桩侧摩阻力增大的增强作用。②承台的存在有使桩的上部侧阻发挥减少(土相对位移减小)的削弱作用。③承台与桩有阻止桩间土向侧向挤出的遮拦作用。④刚性承台有迫使桩同步下沉,桩的受力如同刚性基础底面接触压力的分布,承台外边缘桩承受的压力大于位于内部的桩。⑤桩-土-承台共同作用还包含着时间因素(如固结、蠕变以及触变等效应)的问题。

第二是桩群独立承担,即荷载仅由桩土界面传递给地基土。桩顶(承台)沉降小于承台下面土体沉降的摩擦端承桩和端承桩就属于这种模式。

1. 群桩承载机理

群桩效应是群桩承载机理区别于单桩的关键,群桩效应具体反映在以下几方面:群桩的侧阻力与端阻力、承台土反力、桩顶荷载分布、群桩沉降及其随荷载的变化、群桩的破坏模式。

制约群桩效应的主要因素,一是承载类型、桩侧与桩端的土性、土层分布和成桩工艺(挤土或非挤土);二是群桩自身的几何特征,包括承台的设置方式(高或低承台)、桩距 S_a、桩长 L 及桩长与承台宽度比 L/B_c、桩的排列形式、桩数 n。由于在低承台情况下,群桩效应的影响更显著,现就低承台群桩效应的一般变化规律分述如下。

承载类型的影响

1)端承型群桩的群桩效应

由端承桩组成的群桩基础,通过承台分配于各桩桩顶的竖向荷载,其大部分由桩身直接传递到桩端。由于桩侧阻力分担的荷载份额较小,因此桩侧剪应力的相互影响和传递到桩端平面的应力重叠效应较小。此外,桩端持力层比较坚硬,桩端的刺入变形较小,承台底土反力较小,承台底地基土分担荷载的作用可忽略不计。因此,端承型群桩中基桩的性状与独立单桩相近,群桩相当于单桩的简单集合。桩与桩的相互作用、承台与土的相互作用,都小到可忽略不计。端承型群桩的承载力可近似取为各单桩承载力之和。即群桩效率系数 η 可如式(8-9)近似取为1。

$$\eta = \frac{P_u}{nQ_u} \approx 1 \tag{8-9}$$

式中：P_u、Q_u 分别为群桩和单桩的极限承载力；n 为群桩中的桩数。

由于端承型群桩的桩端持力层刚度大，因此其沉降也不会因桩端应力的重叠效应而显著增大，一般无须计算沉降。

当桩端硬持力层下存在软弱下卧层时，则需附加验算以下内容：单桩对软弱下卧层的冲剪；群桩对软弱下卧层的整体冲剪；群桩的沉降（主要是软弱下卧层的附加沉降）。

2）摩擦型群桩的群桩效应

由摩擦桩组成的群桩，在竖向荷载作用下，其桩顶荷载的大部分通过桩侧阻力传递到桩侧和桩端土层中，其余部分由桩端承受。由于桩端的刺入变形和桩身的弹性压缩，对于低承台群桩，承台底也产生一定土反力，分担一部分荷载，因而使得承台底面土、桩间土、桩端土都参与工作。承台、桩、土相互影响共同作用。桩群中任一根基桩的工作性状明显不同于独立单桩，群桩承载力不等于各单桩承载力之和，其群桩效率系数 η 可能小于 1 也可能大于 1，群桩沉降也明显超过单桩。

群桩几何特征的影响

1）桩距对群桩效应的影响

桩距对侧阻力的影响：桩侧阻力只有在桩土间产生一定相对位移的条件下才能发挥出来，群桩的桩间土竖向位移受相邻桩影响而增大，桩土相对位移随之减小。这使得在相等沉降条件下，群桩侧阻力发挥值小于单桩。在桩距很小的条件下，即使发生很大沉降，群桩中各基桩的侧阻力也不能得到充分发挥。

由于桩周土的应力、变形状态受邻桩影响而变化，因此桩距的大小不仅制约桩土相对位移，影响发挥侧阻所需群桩沉降量，而且影响侧阻的破坏性状与破坏值。

桩距对端阻力的影响：群桩的端阻力不仅与桩端持力层强度与变形性质有关，而且因承台、邻桩的相互作用而变化。一般情况下，端阻力随桩距减小而增大，这是由于邻桩的桩侧剪应力在桩端平面上重叠，导致桩端平面的主应力差减小，以及桩端的侧向变形受到邻桩逆向变形的制约而减小所致。

持力土层性质和成桩工艺的不同，桩距对端阻力的影响程度也不同。在相同成桩工艺条件下，群桩端阻力受桩距的影响，黏性土较密实土大、密实土较非密实土大。就成桩工艺而言，非饱和土与非黏性土中的挤土桩，其群桩端阻力因挤土效应而提高，提高幅度随桩刚度的增大而减小。

2）承台对群桩效应的影响

低承台限制了桩群上部的桩土相对位移，从而使桩基上段的侧阻力发挥值降低，即对侧阻力起"削弱效应"。侧阻力的承台效应随承台底土体压缩性的提高而降低。

承台对桩群上部桩土相对位移的制约，还影响桩身荷载的传递性状，侧阻力的发挥不像单桩那样开始于桩顶，而是开始于桩身下部（对于短桩）或桩身中部（对于中、长桩）。

对于低承台，承台还具有限制桩土相对位移、减小桩端贯入变形的作用，从而导致桩端阻力提高。这一点在高低承台群桩的对比试验中表现得很明显。承台底地基土越软，承台效应越小。

3)桩长与承台宽度比的影响

当桩长较小时,桩侧阻力受承台的削弱效应而降幅较大;当承台底地基土质较好,桩长与承台宽度比 L/B_c 为 1～1.2 时,承台土反力形成的压力泡包围了整个桩群,桩间土和桩端平面以下土因受竖向压应力而位移,导致桩侧剪应力松弛而使侧阻力降低。当承台底地基土压缩性较高时,桩侧阻随桩长与承台宽度比的变化将显著减小。

2. 群桩的沉降比

在常用桩距条件下,由于相邻桩应力的重叠导致桩端平面以下应力水平提高和压缩层加深,因而使群桩的沉降量和延续时间往往大于单桩。桩基沉降的群桩效应,可用每根桩承担相同桩顶荷载条件下,群桩沉降量 s_G 与单桩沉降量 s_1 之比,即沉降比 R_s 来度量,表达式为

$$R_s = \frac{s_G}{s_1} \tag{8-10}$$

群桩效应系数越小,沉降比越大,则表明群桩效应越明显,群桩的极限承载力越低,群桩沉降越大。

群桩沉降比随下列因素而变化。

(1)桩数影响:群桩中的桩数是影响沉降比的主要因素。在常用桩距和非条形排列条件下,沉降比随桩数的增加而增大。

(2)桩距影响:当桩距大于常用桩距时,沉降比随桩距的增大而减小。

(3)长径比影响:在相同桩长情况下,沉降比随桩的长径比 L/d 的增大而增大。

8.2 水平荷载下桩基受力特性

桩基除了承受较大的竖向荷载外,往往还需承受较大的水平荷载(如波浪力、震动力、船舶撞击力以及行车的制动力等)和力矩,从而导致受力情况更复杂。

20世纪30年代以前,人们偏重于研究竖向荷载下基桩的工作性能,而对水平荷载下基桩的工作性能研究较少;之后,国内外学者才开始对水平受荷桩的工作性能进行研究,如我国张有龄先生在1937年提出的张氏法、苏联安盖尔斯基的 k 法等。20世纪60年代后,由于管桩和大直径钻孔桩的普遍应用,积累了大量水平静载试验桩数据,由此促进了水平受荷桩的作用机理和计算方法的深入研究。

8.2.1 水平荷载下单桩受力特性

随着建筑物越来越高,风力和地震力等水平荷载作用已成为建筑设计中的控制因素,桩基的水平承载力和位移计算已成为建筑设计的重要内容之一。事实上,只要直桩有一定的入土深度,保证地基土对桩产生一定的弹性抗力和嵌固作用,竖直桩也能承受一定的水平力。

港口工程中,高桩码头水平力一般由斜桩或叉桩承受,竖直桩只考虑用来承受垂直力,随着码头吨位的增大和向外海的发展,加上要考虑风力、地震力的作用,水平力越来越大,这就要求竖直桩也能承受较大的水平力。

第 8 章 软土地区桥梁桩基变形和应力预警方法

对铁路部门而言,随着铁路桥梁跨度的加大,作用在桥梁桩基上的荷载也越来越大,这就要求人们采用直径较大的桩去代替过去的小直径桩。但大直径斜桩施工困难,这也迫切要求人们研究在水平荷载作用下竖直桩的工作性能。

1. 单桩工作性能

水平荷载作用下,桩基的工作性状涉及桩身半刚体结构部件和土体之间的相互作用问题,因而极为复杂,其水平承载能力不仅与桩本身材料强度和截面尺寸有关,且很大程度上取决于桩侧土的水平抗力。

水平荷载作用下桩身产生挠曲变形,且变形随深度变化,导致桩侧土体所发挥的水平抗力也随深度变化。当桩顶未受约束时,桩顶的水平荷载首先由靠近地面处的土体承担。荷载较小时,土体虽处于弹性压缩阶段,但桩身水平位移足以使部分压力传递到较深土层。随荷载增加,土体逐步产生塑性变形,并将所受水平荷载传递至更大深度。当变形增大到桩材不能容许或桩侧土体屈服破坏时,桩-土体系便趋于破坏,桩的水平承载力丧失。

桩的材料强度和截面尺寸越大其抗弯刚度就越大,水平力作用下桩身的挠曲变形就越小。另外,土体强度越大,水平抗力就越大,对桩身挠曲变形的约束作用也越大,桩的水平受力变形特性受桩-土相对刚度的影响较大。

通常根据桩-土相对刚度,桩基可划分为刚性桩和弹性桩。当桩身无量纲入土深度 $ah \leqslant 2.5$ 时,桩的相对刚度较大,可不考虑水平荷载作用下桩本身的挠曲变形,称为刚性桩,其水平承载力取决于桩侧土强度及其稳定性,如墩基和沉井基础等;当 $ah > 2.5$ 时,桩的相对刚度较小,桩身挠曲变形较大,称为弹性桩,其水平承载力取决于桩材抗弯刚度和桩侧土强度,一般情况下弹性桩居多。其中,无量纲入土深度中 a 为桩的变形系数,h 为桩的锚固深度。

2. 刚性桩的破坏

当桩的长度较小或桩周土体软弱时,桩的刚度远大于土体的刚度,则在水平荷载作用下,桩本身挠曲变形极微,可忽略不计,故桩体将产生全桩长的刚体变形。

当桩顶自由时,桩身将绕靠近桩端的一点"O"转动,"O"点上方的土层和"O"点到桩底之间的土层产生被动抗力。这两部分作用方向相反的土抗力构成力矩共同抵抗桩顶水平荷载的作用,并构成力的平衡。当水平荷载达到一定值时,桩侧土体开始屈服,随荷载增加,屈服逐渐向下发展,直至桩身因转动而破坏。对于桩顶自由的刚性桩,当桩身抗剪强度满足要求时,桩体本身一般不发生破坏,故其水平承载力主要由桩侧土的强度控制。在桩径较大时,尚需考虑桩底土偏心受压时的承载能力。

当桩顶嵌固在承台中时,因桩顶受到约束而不能产生转动,与承台一起产生刚体位移以获得土体抗力,当土体抗力不足以平衡水平荷载或嵌固处的弯矩超过桩截面极限抵抗矩时,桩基失效而被破坏。

3. 弹性桩的破坏

当桩的长径比较大或桩周土体较坚实时,桩土相对刚度较小,此时在桩顶水平荷载作用下,由于桩侧土体水平抗力的约束,桩体本身将产生随深度的增大而逐渐减小的挠曲变形,且达一定深度后,挠曲变形趋近于零。此时,随水平荷载的不断增加,桩身在较大弯矩处断裂或使桩体产生过大侧向位移直至桩周土体屈服破坏,桩的水平承载能力丧失。

当桩顶受承台约束时,除可能出现上述弯曲破坏外,在桩顶与承台嵌固处也将产生较大弯矩,并因桩材屈服而形成塑性铰。桩材对弹性桩的破坏性状也有一定影响,如钢筋混凝土桩,其抗拉强度低于轴心抗压强度,故桩身挠曲时首先在截面受拉侧开裂而趋于破坏。因此钢筋混凝土桩用作弹性桩时,应控制其截面开裂并限定相应的位移;而钢管桩抗压强度与抗拉强度基本一致,但抗弯刚度一般低于同直径的钢筋混凝土实心桩。水平荷载作用下,与钢筋混凝土桩不同,可承受较大的挠曲变形而不产生截面受拉破坏。故钢管桩用作弹性桩时,应控制其水平位移以免失稳。H钢桩比钢管桩的刚度大,但打入时两翼缘之间土体扰动较大,在相同水平力作用下所产生的水平位移一般比钢管桩大,通常可达140%。

此外,桩体发生转动或破坏之前,桩顶将产生较大的水平位移,而该水平位移往往使所支承结构物的位移量超出容许范围或使结构不能正常使用,故设计时还须考虑桩顶位移是否满足上部结构所容许的限度。

试验研究表明,循环荷载作用下桩的水平位移会明显增大,其主要原因有:①循环次数增加导致桩体累积残余变形加大;②循环荷载作用降低土体刚度和强度,使土体水平抗力降低。

此外,这种抗力的降低还与土质、循环次数等有关,如:①浅层土抗力的降低多于深层土;②黏性土抗力的降低比砂性土多;③土抗力随循环次数的增加而降低,但当循环次数达一定值(如40～50次)后趋于稳定;④循环次数对桩列上前、后桩位置的影响不大。

8.2.2 水平荷载下群桩受力特性

由于群桩基础与承台为刚性连接,因此都将承担一定量的外荷载,其分担能力与桩的尺寸、布置、桩距、桩数和地基土刚度等有关。对有些情况,还可在计算中考虑承台底面下土的抗力和摩擦力。此外,当群桩基础各桩相邻较近时,还将在桩基中产生土压力叠加效应。这种效应将随着外荷载的增大而发展到使土产生剪切破坏。据研究,若桩距大到一定程度,桩距大于$8d$(一般认为大于$6d$即可,d为桩的直径或边宽)时,此种效应可不予考虑。因此,如何选用恰当的桩距,也是设计中应慎重考虑的问题之一。

群桩基础存在整体破坏和非整体破坏两种情况。群桩基础随地基滑移而破坏,群桩承台因变位增大而影响使用功能。如上部结构遭受不可容许的变形和支座移位而导致桥坍移等均属整体破坏范围。此时,桩与桩间土没有相对位移,桩间土无松动且承台板底面同土一般不脱离,桩上段一般也无断裂,水平荷载作用方向的最前方地面将出现开裂。桩、土形成整体,如同实体基础那样承载和变形,桩侧阻力的破坏面发生于桩群外围,如图8-3(a)所示。非整体破坏是指各桩的桩、土产生相对位移,各桩的侧阻力剪切破坏产生于各桩桩周土体或桩土界面,如图8-3(b)所示,这种破坏模式的划分实际上就是桩侧阻力破坏模式的划分。非整体破坏表现为在桩身或承台或两者的连接处发生断裂。当桩入土较浅时,最前方的桩还可能被上拔。这种破坏最常见的原因是承台和桩在承载过程中,伴随有桩前方地基土屈服,使桩-土体系的塑性变形不断发展。据国外研究,承受竖向荷载、水平荷载和弯矩的群桩基础,只要其中各单桩具备抵抗下压荷载的能力,群桩将不会发生整体破坏,故单桩的验算是群桩基础设计计算的前提。群桩基础的滑移属于地基抗滑稳定问题。我国公路桥梁地基基础设计规范规定,一般情况下不需要进行群桩基础的抗倾覆和抗滑移验算。但在特殊情况下,例如路堤填土超载作用下桥台群桩基础,应验算群桩基础向前方移动或被剪的可能。

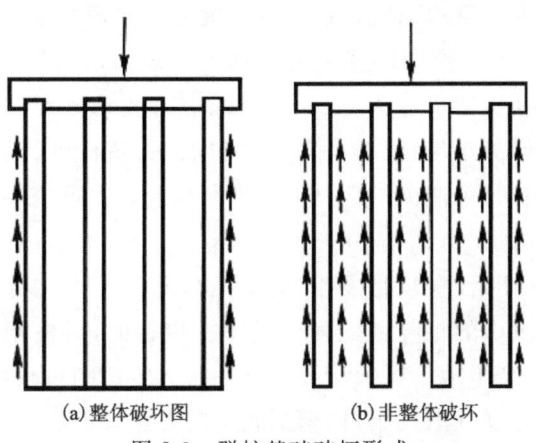

图 8-3 群桩基础破坏形式

8.3 桥梁桩基础预警指标

预警一词最早被用在军事方面,之后预警体系的思想被逐渐应用于地震预测、环境监测、财务预警、社会安全、生态安全、工程监测等领域。预警体系中首先是预警指标的选取,包括静态性和动态性,静态性是指达到险情状态的限值,动态性是指达到险情状态之前的发展方向和速率。

桥梁桩基作为把上部结构、墩台自重及车辆荷载传递给地基的结构物,其自身的受力稳定性至关重要。软土地区桥梁桩基在周围土体扰动作用下,会不可避免地发生变形,进而导致其受力状态发生改变,土体开挖施工过程中及时地进行桥梁桩基监测并修正是避免施工事故发生最直接且最有效的方法之一。合理的预警指标是达到预警效果的前提,因此确定正确有效的预警指标十分重要。

8.3.1 桩基应力预警指标

软土地区桩基作为桥梁结构的承重构件,上部结构的所有荷载均传递至桩基,由桩基和桩侧土体共同承担,其承载力是否满足要求十分重要;由于深厚软土场地条件复杂,土体较软弱,桩基在土体中难免发生变形,桩基在发生变形的情况下还必须满足承载力的要求和结构的完整性,因此,从桩基承载力和结构裂缝控制要求决定的桩身最大位移两个角度出发,定义桩基应力预警指标。

1. 桩基承载力预警指标

单桩承载力是指单桩在荷载作用下,地基土与桩本身的强度和稳定性均能得到保证,变形也在容许范围内,以保证结构物的正常使用所能承受的最大荷载。它取决于土对桩的支承力和桩身材料强度,取用两者中的较小值作为预警指标。单桩承载力的计算是桩基工程的一个重要环节。

按土对桩的支承力确定单桩承载力的方法分为静力法和动力法两大类。前者根据室内和原位土工试验的资料,后者则根据沉桩过程中或沉桩后的现场动力测试的资料。应用理论分析方法或者应用工程实践经验来估算单桩承载力。静力法可分为经验公式法、理论计算法、现场静载试验法等。动力法可分为打桩公式法、应力波动方程法等。单桩承载力主要由土对桩的支承力所控制;但对于端承桩、外露段较长的桩、超长桩、混凝土质量不易控制的就地灌注桩等,单桩承载力有时可能由桩身材料强度所控制。本研究中单桩抗压承载力分为桩侧阻力与桩端阻力两部分。

桩在轴向压力荷载作用下,桩顶将发生轴向位移,此位移由桩身弹性压缩变形和桩底土层压缩值组成,由于置于土中的桩与其侧面土是紧密接触的,当桩相对于土向下位移时就产生土对桩向上作用的桩侧摩阻力。桩顶荷载沿桩身向下传递的过程中,必须不断地克服这种摩阻力,桩身轴向力就随深度逐渐减小,传至桩底轴向力也即桩底支承反力,桩底支承反力在数值上等于桩顶荷载减去全部桩侧摩阻力。

桩侧摩阻力和桩底阻力的发挥程度与桩土间的变形形态有关,二者达到极限值时所需要的位移量是不相同的。试验表明:桩底阻力的充分发挥需要有较大的位移值,而桩侧摩阻力只要桩土间有不太大的相对位移就能得到充分的发挥。根据摩擦桩轴力传递规律,单桩容许承载力作用于桩基时,桩顶轴力的数值与容许承载力相同,因此将桩顶轴力作为桩基承载力预警指标。

2. 桩身截面受拉区应力预警指标

混凝土的裂缝是不可避免的,其微观裂缝是由本身物理力学性质决定的,但其裂缝有害程度是可以控制的。有害程度的标准根据使用条件决定。桩基在土体中发生变形后,其受力状态由轴心受压变为偏心受压,危险截面位于水平变形最大处,该截面受拉区最大,其截面控制要求由受拉区边缘混凝土决定,当桩基变形继续增大,受拉区边缘拉应力超过混凝土抗拉强度,桩基开裂破坏。结合上述内容,选取危险截面处的变形,即桩身最大变形量作为桩基结构裂缝控制要求下的预警指标。

8.3.2 桩基变形预警指标

桩侧土体变形对桩基的影响属于被动桩受荷问题。根据桩基与周围土体的相互作用,桩基可分为两大类:第一类桩基直接承受外荷载并主动向土中传递应力,称为"主动桩";第二类桩基并不直接承受外荷载,只是由于桩周土体在自重或外荷载下发生移动而受到影响,称为"被动桩"。桩基在基坑开挖过程中的受力是典型的被动受力。在主动桩中,桩上的荷载是"因",而桩相对于土体的变形或运动是"果";在被动桩中,土体运动是"因",而土体在桩身上引起的荷载是"果"。由于被动桩因土体移动产生的桩侧荷载难以确定,因此,被动桩问题比主动桩要复杂得多。

工程中常见的被动桩主要有以下几种:①在挤土桩施工过程中,由于打桩(或压桩)引发的挤土效应会使周围土体产生水平位移,进而引起邻近桩身挠曲;②建于软土地基中的桩基码头,由于开挖和堆土而使土体产生显著沉降和水平位移,从而导致码头的偏位甚至损坏;③地面堆载附近的桩基,或路堤旁建筑物的桩基,由于堆载引起土体侧向移动,可能对桩基施加巨大的水平荷载;④抗滑桩,人们常利用桩的侧向承载能力来加固边坡,增加边坡的稳定性,这类桩属于典型的被动桩;⑤基坑、隧道、航道等开挖条件下相邻的桩基,此类工程引起桩的挠曲变形甚至毁坏,不容忽视。

软土地区河流分布密集,通常大多数航道紧邻着新建桥梁的桩基进行开挖,此时桥梁的桩基根据受力特征也可视为被动桩进行研究与分析,而航道开挖的过程可以视作基坑开挖来进行类比研究。

基坑开挖卸荷,最直接的后果是打破了土体的初始平衡状态,引起基坑周边土体应力重分布,从而引起周围地层的移动和变形,导致地面沉降和不均匀沉降、土体向基坑内侧变形,对周边环境及建(构)筑物造成不利影响。建(构)筑物容许变形研究可以分为两种基本方法:第一种是基于工程实例的经验方法,通过建立建(构)筑物破坏程度(通常为裂缝宽度)与建(构)筑物易测量且能反映建(构)筑变形性状(如差异沉降、角变位等)之间的对应关系,给出建(构)筑物的沉降的控制标准。第二种是力学分析方法,主要通过对结构的受力和变形进行分析,得出建(构)筑破坏程度与其附加内力及变形的关系。基于这两种方法结合实际工程,选取墩台沉降与偏移作为桩基变形预警指标。

8.4 桥梁桩基预警阈值

桩基预警指标是结构内力变化与调整的外在宏观表现,其特征和数值大小是整个桩基结构工作是否正常最重要、最直观的标志,是施工安全预警报警的主要依据。确定预警指标的阈值,通过监测获得事故突发征兆,为制止事态朝极端发展赢得抢救先机,对于预警方法的建立十分重要。

8.4.1 桩基应力预警阈值

1. 桩基承载力预警阈值

根据《公路桥涵地基与基础设计规范》(JTG 3363—2019),钻孔灌注成桩的摩擦桩,其单桩轴向受压承载力容许值按下式计算

$$R_a = \frac{1}{2}u\sum_{i=1}^{n}q_{ik}l_i + A_p q_r \tag{8-11}$$

$$q_r = m_0 \lambda [f_{a0} + k_2 \gamma_2 (h-3)] \tag{8-12}$$

式中:R_a 为单桩轴向受压承载力容许值(kN),桩身自重标准值与置换土重标准值(当桩重计入浮力时,置换土重也计入浮力)的差值作为荷载考虑。u 为桩身周长(m)。A_p 为桩端截面面积(m^2),对扩底桩,取扩底截面面积。n 为土的层数。l_i 为承台底面或局部冲刷线以下各土层的厚度(m),扩孔部分不计。q_{ik} 为与 l_i 对应的各土层与桩侧的摩阻力标准值(kPa),宜采用单桩摩阻力试验确定,当无试验条件时,据表8-1确定。q_r 为桩端处土的承载力容许值(kPa),当持力层为砂土、碎石土时,若计算值超过下列值,宜按下列值采用:粉砂 1000kPa,细砂

1150kPa，中砂、粗砂、砾砂1450kPa，碎石土2750kPa。f_{a0}为桩端处土的承载力基本容许值(kPa)，据表8-2～表8-8确定。h为桩端的埋置深度(m)，对于有冲刷的桩基，埋深由一般冲刷线起算；对无冲刷的桩基，埋深由天然地面线或实际开挖后的地面线起算；h的计算值大于40m时，按40m计算。k_2为容许承载力随深度的修正系数，据表8-9确定。γ_2为桩端以上各土层的加权平均重度(kN/m³)，若持力层在水位以下且不透水时，不论桩端以上土层的透水性如何，一律取饱和重度；当持力层透水时则水中部分土层取浮重度。λ为修正系数，据表8-10确定，其中l为桩端土层厚度，d为桩的直径。m_0为清底系数，据表8-11确定，其中t为桩端沉渣厚度。

表8-1　钻孔桩桩侧土的摩阻力标准值q_{ik}

土类		q_{ik}/kPa
中密炉渣、粉煤灰		40～60
黏性土	流塑，$I_L>1$	20～30
	软塑，$0.75<I_L\leqslant 1$	30～50
	可塑，硬塑，$0<I_L\leqslant 0.75$	50～80
	坚硬，$I_L\leqslant 0$	80～120
粉土	中密	30～55
	密实	55～80
粉砂、细砂	中密	35～55
	密实	55～70
中砂	中密	45～60
	密实	60～80
粗砂、砾砂	中密	80～90
	密实	90～140
圆砾、角砾	中密	120～150
	密实	150～180
碎石、卵石	中密	160～220
	密实	220～400
漂石、块石		400～600

注：I_L为液限。

表8-2　岩石地基承载力基本容许值　　　　　　　　　　单位：kPa

坚硬程度	节理发育程度		
	节理不发育	节理发育	节理很发育
坚硬岩、较硬岩	>300	2000～3000	1500～2000
较软岩	1500～3000	1000～1500	800～1000

续表 8-2

坚硬程度	节理发育程度		
	节理不发育	节理发育	节理很发育
软岩	200~1000	500~1000	500~800
极软岩	400~500	300~400	200~300

表 8-3 碎石土地基承载力基本容许值　　　　　　　　　　　　单位：kPa

土名	密实程度			
	密实	中密	稍密	松散
卵石	1000~1200	650~1000	500~650	300~500
碎石	800~1000	550~800	400~550	200~400
圆砾	600~800	400~600	300~400	200~300
角砾	500~700	400~500	300~400	200~300

表 8-4 沙土地基承载力基本容许值　　　　　　　　　　　　单位：kPa

土名	湿度	密实度			
		密实	中密	稍密	松散
砾砂、粗砂	与湿度无关	550	430	370	200
中砂	与湿度无关	450	370	330	150
细砂	水上	350	270	230	100
	水下	350	210	190	
粉砂	水上	300	210	190	
	水下	200	110	90	

表 8-5 粉土地基承载力基本容许值　　　　　　　　　　　　单位：kPa

孔隙比 e	含水量 w/%					
	10	15	20	25	30	35
0.5	400	380	355			
0.6	300	290	280	270		
0.7	250	235	225	215	205	
0.8	200	190	180	170	165	
0.9	160	150	145	140	130	125

表 8-6 不同刚度黏土地基承载力基本容许值　　　　　　　　　　　　　　　单位：kPa

刚度/MPa	10	15	20	25	30	35	40
容许值/kPa	380	430	470	510	550	580	620

表 8-7 一般黏性土地基承载力基本容许值　　　　　　　　　　　　　　　　单位：kPa

孔隙比 e	液限 I_L												
	0	0.1	0.2	0.3	0.4	0.5	0.6	0.7	0.8	0.9	1.0	1.1	1.2
0.5	450	440	430	420	400	380	350	310	270	240	220		
0.6	420	410	400	380	360	340	310	280	250	220	200	180	
0.7	400	370	350	330	310	290	270	240	220	190	170	160	150
0.8	380	330	300	280	250	240	230	210	180	160	150	140	130
0.9	320	280	260	240	220	210	190	180	160	140	130	120	100
1.0	250	230	220	210	190	170	160	150	140	120	110		
1.1			160	150	140	130	120	110	100	90			

表 8-8 新近沉积黏土地基承载力基本容许值　　　　　　　　　　　　　　　单位：kPa

孔隙比 e	液限 I_L		
	≤0.25	0.75	1.25
≤0.8	140	120	100
0.9	130	110	90
1.0	120	100	80
1.1	110	90	

表 8-9 地基土承载力宽度、深度修正系数

系数	土类														
	黏性土				粉土	砂土							碎石土		
	老黏性土	一般黏性土		新近沉积黏土		粉砂		细砂		中砂		砾砂、粗砂	碎石、圆砾、角砾		卵石
		$I_L \geq 0.5$	I_L 小于 0.5			中密	密实	中密	密实	中密	密实	中密 密实	中密	密实	中密 密实
k_1	0	0	0	0	0	1.0	1.2	1.5	2.0	2.0	3.0	3.0　4.0	3.0	4.0	3.0　4.0
k_2	2.5	1.5	2.5	1.0	1.5	2.0	2.5	3.0	4.0	4.0	5.5	5.0　6.0	5.0	6.0	6.0　10.0

表 8-10 修正系数 λ 值

桩端土情况	l/d		
	4～20	20～25	>25
透水性土	0.70	0.70～0.85	0.85
不透水性土	0.65	065～0.72	0.72

表 8-11 清底系数 m_0 值

t/d	0.3～0.1
m_0	0.7～1.0

根据前文所述的地层信息和桩基参数,计算得到单桩承载力为 20 948kN,取单桩承载力的 80%,即 16 758.4kN 为预警阈值,达到预警值时需密切关注,及时进行处置。

2. 桩基截面受拉区应力预警阈值

研究表明,基坑开挖对周边环境的影响具有明显的分区特性,一般认为基坑开挖引起的地面沉降主要影响范围为 2 倍基坑开挖深度。丁勇春等(2008)根据坑外土体位移的传递规律,结合坑外土体破裂面对数螺旋线位移模式,将基坑开挖对环境的影响进行简化分区:Ⅰ区为主影响区,Ⅱ区为次影响区,Ⅲ区为无影响区。水平方向主影响区范围为 0.75H,次影响区范围为 0.75～2H,2H 以外范围为无影响区。其中,H 为基坑开挖深度;D 为坑底以下围护结构插入深度(上海软土地区一般可取 D=0.9H)。

分析基坑开挖对邻近桥梁桩基的影响,首先应根据桥梁基础与基坑的空间位置关系及基坑开挖引起的地层变形影响范围,确定桥梁桩基是否受基坑开挖的影响及其影响类型;然后根据其影响类型,结合相应的变形控制标准,采取合适的基坑变形控制及环境保护措施。根据高架桥梁桩基与基坑环境影响分区的关系,本研究将航道开挖对桥梁桩基的影响类型划分为无影响桩、短桩、中长桩和长桩 4 类,如图 8-4 所示。

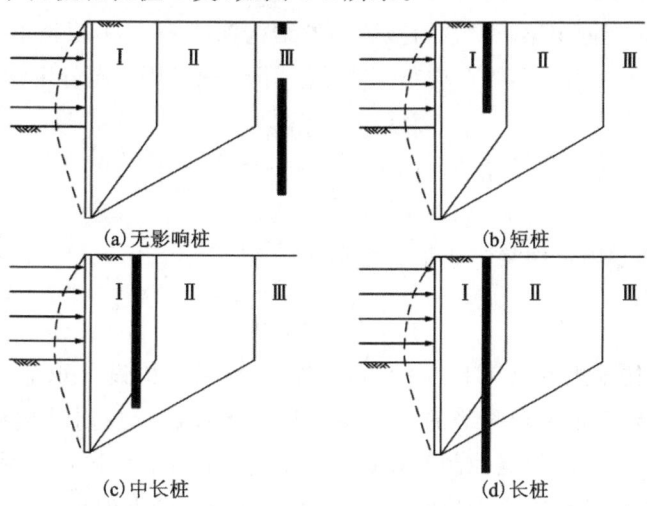

图 8-4 土体开挖对桥梁基础影响类型的划分

(1)无影响桩:当桩基全部位于无影响区(Ⅲ区)内,基坑开挖基本不会引起桩基的附加变形和次内力,可认为基坑开挖对桩基无影响,因而不必采用针对性基坑变形控制措施。

(2)短桩:当桩基全部位于主影响区(Ⅰ区)内,桩基几乎随地层同步变形(下沉和向坑内变形),此时桩基的沉降和侧向变形均明显大于其他形式的桩基,这一类型的桩基往往是基坑变形控制的重点和难点。

(3)中长桩:当桩基主体位于主影响区(Ⅰ区)内,而桩端位于次影响区(Ⅱ区)内时,由于桩端深度介于基坑围护结构深度与坑底之间时,桩端地层的承载力将会受到基坑开挖的影响,但影响程度小于主影响区。桩端承载力会有一定程度的下降,桩基会产生一定沉降,但沉降量较小,桩基沉降与附近地面沉降不同步。桩基整体变形以侧向变形为主,竖向方向产生一定量的沉降,但沉降量明显小于短桩。

(4)长桩:当桩基完全穿越主影响区(Ⅰ区)、次影响区(Ⅱ区)和无影响区(Ⅲ区),由于围护结构底部以下地层受基坑开挖的影响较小,桩端承载力并未受基坑开挖影响,桩基变形以侧向变形为主,竖向可能产生一定的上抬变形,此时桩基上部承台的刚性转动效应也可能变得十分明显。

根据混凝土结构裂缝控制要求并采用等代荷载法普通梁模型,提出桩基侧向变形及基坑变形控制指标。根据不同类型桩基单桩的侧向变形曲线形态,将短桩、中长桩和长桩分别简化为悬臂梁模型、一端固定一端简支超静定梁模型和两端固定超静定梁模型(图8-5)。根据上述假设,世纪大道桥桥梁桩基属于长桩,可简化为两端固定超静定梁模型进行计算。

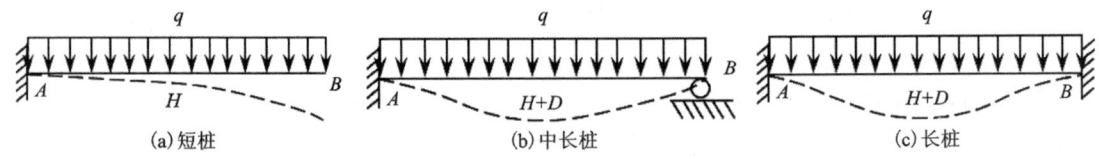

图 8-5　桩基变形简化计算模型

如图8-5(c)所示,长桩在基坑围护结构深度($H+D$)范围内侧向变形也呈现两端变形小中间变形大的特点,因此可将长桩简化为两端固定超静定梁。由于围护结构深度以下的桩基变形几乎可以忽略,则超静定梁长度取为基坑围护结构深度$H+D$,根据上海软土地区经验,可取$D=0.9H$,即梁长度为$1.9H$,则在均布荷载q作用下,两端固定超静定梁最大拉应力为

$$\sigma_{\max} = \frac{M_{\max}}{W_x} = \frac{\dfrac{q(1.9H)^2}{12}}{\dfrac{\pi d^3}{32}} = \frac{8q(1.9H)^2}{3\pi d^3} \tag{8-13}$$

均布荷载q作用下两端固定超静定梁最大变形为

$$y_{\max} = \frac{q(1.9H)^4}{384EI} \tag{8-14}$$

根据《建筑桩基技术规范》(JGJ 94—2008)和《混凝土结构设计规范》(GB 50010—2010)相关规定,如按严格要求不出现裂缝的一级裂缝控制等级进行控制,则经济代价太高。可按一般要求不出现裂缝的二级裂缝控制等级进行控制,则在均布荷载q作用下桩身截面混凝土拉应力$\sigma_{\max}$不应大于混凝土轴心受拉强度标准值f_{tk},应符合下列规定

第8章 软土地区桥梁桩基变形和应力预警方法

$$\sigma_{\max} \leqslant f_{tk} \tag{8-15}$$

假定桩身混凝土强度等级为 C30,则 $f_{tk}=2.01\mathrm{MPa}$,同时假定桩身截面直径 $d=1.8\mathrm{m}$ 的圆桩。将式(8-13)代入式(8-15),可得等代荷载 q:

$$q = \frac{3\pi d^3 f_{tk}}{8(1.9H)^2} \tag{8-16}$$

将式(8-16)代入式(8-17),可得两端固定超静定梁最大变形为

$$y_{\max} = \frac{3\pi d^3 f_{tk}}{8(1.9H)^2} \frac{(1.9H)^4}{384E \frac{\pi d^4}{64}} = \frac{3.61 f_{tk} H^2}{16Eh} \tag{8-17}$$

最大相对变形为

$$\frac{y_{\max}}{H} = \frac{3.61 f_{tk} H}{16Ed} = \frac{3.61 \times 2.01 \times 10^6 \times 8}{16 \times 30 \times 10^9 \times 1.8} = 0.07\% \tag{8-18}$$

因此,两端固定超静定梁模型由桩基应力控制的最大允许变形为 $0.07\%H$。结合现场施工情况可得根据桩基应力确定的预警指标阈值可取 5.6mm。

8.4.2 桩基变形预警阈值

对于墩台沉降与偏移,现行规范里均有较为明确的规定。

交通运输部行业标准《公路桥涵地基与基础设计规范》(JTG 3363—2019)中指出相邻墩台间不均匀沉降差值(不包括施工中的沉降),不应使桥面形成大于 2‰ 的附加纵坡(折角)。

《建筑桩基技术规范》(JGJ 94—2008)中关于单桩水平承载力规定,对于钢筋混凝土预制桩、钢桩、桩身配筋率不小于 0.65% 的灌注桩,可根据静载试验结果取地面处水平位移为 10mm(对于水平位移敏感的建筑物取水平位移 6mm)所对应的荷载的 75% 为单桩水平承载力特征值。

对于世纪大道桥,根据《公路桥涵地基与基础设计规范》(JTG 3363—2019)中关于不均匀沉降的规定,墩台的最大沉降与桩基沉降一致,均不应超过 114mm,即墩台沉降预警指标阈值为 114mm。由于墩台高度较低且易于布设监测设备,因此在本研究中假设墩台偏移与桩基位移一致,取规范中得到桩基水平承载力的位移值 10mm 为墩台偏移的允许值,即墩台偏移预警指标阈值为 10mm。

8.5 预警方法的工程应用

在提出桩基应力预警阈值和变形预警阈值后,结合 4.2 节典型软土场地航道桥世纪大道桥与东西大道桥的监测方案对两座桥梁的桩基进行预警监测,取得了良好的效果,预警方法的应用结果如下。

8.5.1 桩基应力值突变

根据东西大道桥现场监测情况,将桩身 3m 位置处的轴力近似看作桩顶轴力,其最大值小于 2500kN,远远小于桩基承载力预警阈值 16 760kN,表明设计时桩基承载力偏于安全,在桩基承载力角度不需要进行预警。

在对施工过程中的桩基进行持续监测时发现,2D号桩在2021年6月中下旬桩身轴力显著增加,其中,桩顶轴力由114.4kN增长至298.8kN,虽然轴力数据远远小于预警阈值,但数据值变化较大(图8-6)。沟通后发现,施工单位对2D号桩进行了单桩预压,因此桩身轴力急剧增加,预压结束后,轴力恢复至正常范围内,并随着施工平稳增长。

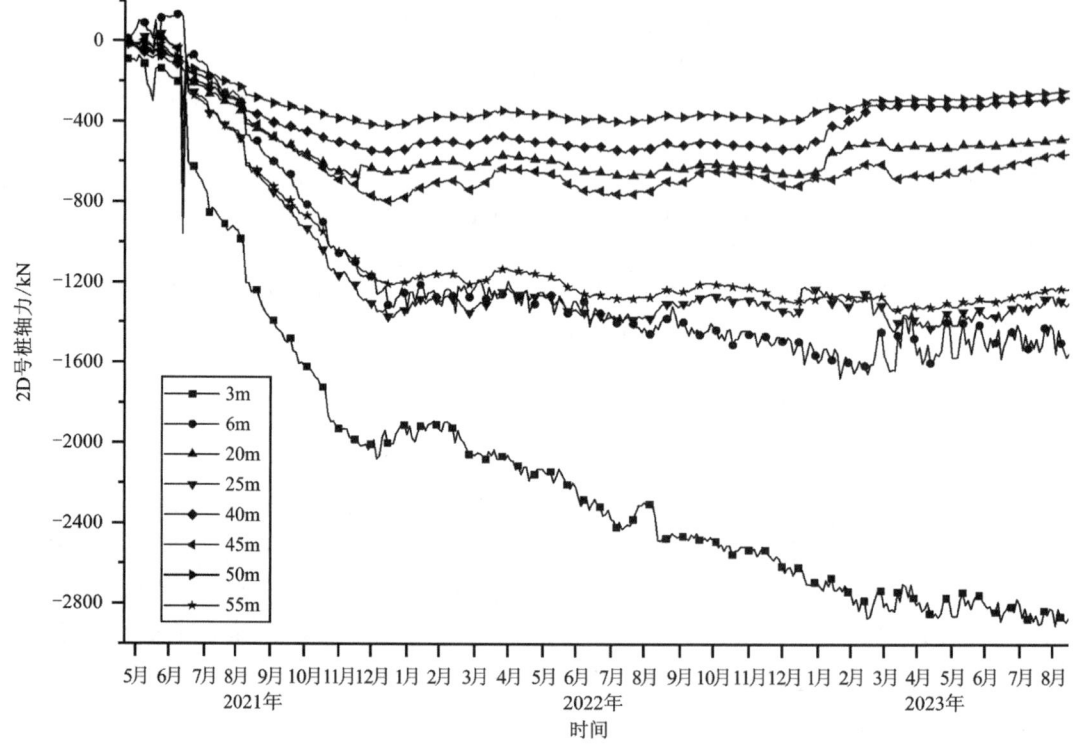

图8-6 2D桩轴力监测数据

8.5.2 桩基变形预警

根据对世纪大道桥桥梁布置的传感器(图8-7)监测发现,在2021年10月24日墩台偏移量达到12.5mm,各测点当日偏移量见表8-12。

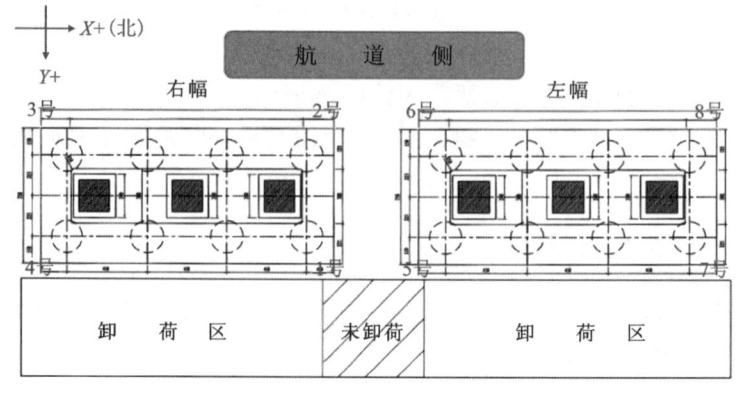

图8-7 测点布置示意图

表 8-12　墩台各测点 10 月 24 日偏移量　　　　　　　　　　单位:mm

测点编号	1	2	3	4	5	6	7	8
X方向	−0.4	−1.6	−0.2	−2.7	−5.4	−5.5		−4.3
Y方向	−6.1	−11.6	−6.4	−1.8	−9.9	−12.5		−10.5

注:Y+方向为背离航道,Y−方向为偏向航道,X+方向为北方向。

墩台偏移量达到12.5mm,超出了预警阈值(10mm),现场人员接到墩台预警警报后,迅速停止施工检查隐患。施工现场查明:施工单位进行航道护岸施工,紧贴桥梁承台边缘开挖深度6~7m(底标高−0.4m),但非航道侧卸荷开挖深度仅为2m,宽度仅3m左右,而墩台东侧的卸荷区域未贯通(左右两幅桥墩之间的近10m的区域并未进行卸荷开挖),并在卸荷区域有堆载现象(距离承台10m左右,堆高3m)。

结合预警和监测结果,现场专家组与项目部针对现场施工情况提出的处置意见如下:①加大卸荷范围,减少桥墩两侧不相等的土压力产生的水平作用力;②对卸荷处土体进行喷浆处理,并设置集排水坑,防止卸荷区域产生积水,产生更大的水平作用力使得桥墩继续偏移;③尽快迁移靠近桩基附近的碎石堆场,减小堆载产生的不利影响;④卸荷区回填时采用轻质土换填;⑤加强对桥梁偏移情况监测,必要时需设置支护桩。

施工单位根据上述意见及时采取相应处置措施,卸荷区加大卸荷范围,减少桥墩两侧不相等的土压力产生的水平作用力,并实时关注监测和预警结果。处置完成后,监测结果显示墩台偏移逐步回归正常值范围。

8.6　桩基变形及预警体系

预警体系是指由若干个相互联系的预警指标所组成的指标集。预警体系是进行评价和预警的基础,它是将抽象的研究对象按照其本质属性和特征的某一方面的标识分解成为具有行为化、可操作化结构的过程。

8.6.1　预警指标

预警指标是形成预警体系的前提和基础,本书基于桥梁桩基的受力和变形特点,考虑土体开挖对桩基的影响特点,从桩基应力和变形两个角度提出预警指标。

在桩基应力角度,桩基础作为传递上部荷载至土体的构件,同时还承担着部分的上部荷载,其承载力是否满足要求至关重要,将桩顶轴力作为预警指标;此外,桩基位于地下,由于土体性质的不均匀性,不可避免地会发生变形,此时桩基由轴心受压构件变为偏心受压构件,桩身截面会出现拉应力,而混凝土作为受压性能较好的材料,其抗拉性能较差,桩身截面受拉区拉应力最大处位于受拉区边缘,一旦受拉区边缘拉应力超过混凝土抗拉强度,桩身就会开裂,但由于实际工程中桩身边缘应力无法监测,本研究提出以受拉区边缘拉应力容许值控制的桩身最大变形(位于危险截面)为预警指标。

在桩基变形角度,桩基沉降发生沉降会导致桥面不平顺,特别是相邻桥墩间的不均匀沉降,会诱发上部结构产生次应力,影响桥梁安全运营,所以将墩台沉降作为桩基变形预警指标之一。桩身的水平位移也会影响桥梁的安全,特别是桩顶位移,当桩顶位移过大时,墩台的偏移会降低整体结构的稳定性,在此以墩台偏移作为另一个桩基变形预警指标。

基于上述预警指标,在实际工程中需考虑不同工程类型进行针对性的监测工作,对于新建桥梁,可在桩基施工时布设倾角传感器和应变传感器,监测桩身轴力和变形,采用建立水准监测网监测墩台沉降,墩台偏移可采用全站仪或布设倾角传感器进行监测;对于已有桥梁结构,桩基变形可通过在桩周土体中钻孔布设测斜仪的方式监测桩周土体变形,进而监测桩身的变形情况,墩台沉降和偏移的检测手段与新建桥梁相同。

8.6.2 监测方法与测点布置

1. 桩顶轴力监测方法及测点布置

根据本书提出的桩基承载力预警阈值,需对桩顶轴力进行监测。对于混凝土支撑结构,目前实际工程采用较多的是钢弦式应力计方法测量钢筋的应力,其基本原理是利用振动频率与其应力之间的关系建立的,受力后,钢筋两端固定点的距离发生变化,钢弦的振动频率也发生变化,根据所测得的钢弦振动频率变化即可求得钢筋内应力的变化值,然后假定钢筋与混凝土的弹性变形完全协调同步,且混凝土支撑满足平截面假定,从而计算得出混凝土支撑内力。

对于桩基,由于桩侧摩阻力的影响,现场人员在布设钢弦式应力计时,沿桩身方向可以上密下疏进行安装。钢筋应力计与受力主筋一般通过连杆电焊的方式连接,在安装钢筋应力计的位置上先截下一段不小于传感器长度的主筋,然后将连上连杆的钢筋应力计焊接在被测主筋上。钢筋应力计连杆应有足够的长度,以满足规范对搭接焊缝长度的要求。在焊接时,为避免传感器受热损坏,要在传感器上包上湿布并不断浇冷水,直到焊接完毕后钢筋冷却到一定温度为止。在焊接过程中还应不断测试传感器,检查传感器是否处于正常状态。

选择测点时,在桩基顶部布置较为密集的测点,便于监测桩顶轴力,在桩身中部和下部,测点布置可略微稀疏,与桩顶测点共同监测桩身的轴力分布状态。

2. 桩身最大位移监测方法及测点布置

对于根据二级裂缝控制等级计算桩身最大位移的方法,可采用固定式测斜仪进行监测,将测斜仪固定连接并与桩基钢筋笼绑扎成一体。选用密封式高精度固定测斜仪测量 X/Y 两个相互垂直方向倾斜变化,以及不同深度测点的倾斜方向与倾斜角度。测斜仪输出为数字信号,可使用数字数据采集仪,进行实时数据监测。

根据本项目数值模拟结果,可将监测点布置在 $1/2 \sim 2/3$ 桩长处及软弱土层和各土层交界处,其余位置均匀布置,以监测桩基整体变形形态。

3. 墩台沉降监测方法

对桩基沉降直接进行监测较为困难,因此,通常通过监测墩台沉降来代替桩基沉降。

在两墩台侧面各布设一台静力水准仪,并在主墩一定距离外选取一处水准测量基准点布设一台静力水准仪,共3台,构成局部平面监测网,进行主墩桩顶位移监测。选定基准点位置时,应选择不易产生沉降和不易受干扰等相对稳定的位置;加水时应避免水流入气管,气管的起点和终点位置需要做好防雨保护措施;系统连接完毕后,先检查线缆的供电和通信是否正常;线路正常后再给系统上电;监测期间需要定期排查储液罐里的液位,是否有漏水、有人为破坏等影响系统正常运行的因素。被测结构物周边有施工时,静力水准仪需加保护罩,并做一些警示标志。

4. 墩台偏移监测方法

与桩基沉降相同,通过监测墩台偏移来代替桩顶变形。

在墩台四角布设倾角传感器,倾角传感器的安装又分为水平安装和垂直安装两种,但无论是水平安装还是垂直安装,在安装时都应保持传感器安装面与被测物体面平行,同时减少动态和加速度的影响。例如水平安装,就是把倾角传感器水平放在一个平面上。除了保持传感器安装面与被测物体面平行外,还需保持传感线与被测面轴线平行,即两轴线不能有夹角产生。通过监测得到的墩台倾斜角度,得到其偏移变形。

8.6.3 阈值确定

1. 桩基应力预警指标阈值

桩顶连接承台,此位置处的轴力即为桩基承载的上部结构荷载,荷载值不得超过桩基容许承载力,而桩基承载力由桩侧摩阻力和桩端承载力组成,根据《公路桥涵地基与基础设计规范》(JTG 3363—2019),结合实际工程中桩周土体参数和桩端土体参数,计算得到桩基容许承载力,计算得到的容许承载力乘以0.8的安全系数,即为桩顶轴力预警阈值。

对于由混凝土结构裂缝控制要求决定的桩身最大变形,在实际工程需根据不同的开挖深度和边缘净距,判断受影响的桩基类型(短桩、中长桩和长桩),分别将其类比为悬臂梁、一端固结一段简支梁和两端固结梁,根据相应的结构类型特点,计算其在均布荷载作用下最大拉应力及挠度,将最大拉应力等代为混凝土抗拉强度,即可得到桩身界面受拉区边缘达到容许值时的变形,此变形即为由混凝土结构裂缝控制要求决定的桩身最大变形阈值。

2. 桩基变形预警指标阈值

对于墩台沉降预警阈值,交通动输部行业标准《公路桥涵地基与基础设计规范》(JTG 3363—2019)中指出相邻墩台间不均匀沉降差值(不包括施工中的沉降),不应使桥面形成大于2‰的附加纵坡(折角)。根据实际工程中的桥梁跨径,以最小跨径的2‰为墩台沉降的预警阈值。

《建筑桩基技术规范》(JGJ 94—2008)中关于单桩水平承载力规定,对于钢筋混凝土预制桩、钢桩、桩身配筋率不小于0.65%的灌注桩,可根据静载试验结果取地面处水平位移为10mm(对于水平位移敏感的建筑物取水平位移6mm)所对应的荷载的75%为单桩水平承载力特征值。绝大多数桩基础均可取10mm作为墩台偏移的预警值,对于极少数特殊桩基,可在对应规范中取值。

结合上述内容,建立了深厚软土场地航道开挖穿越桥梁工程风险预警指标体系,如图 8-8 所示。

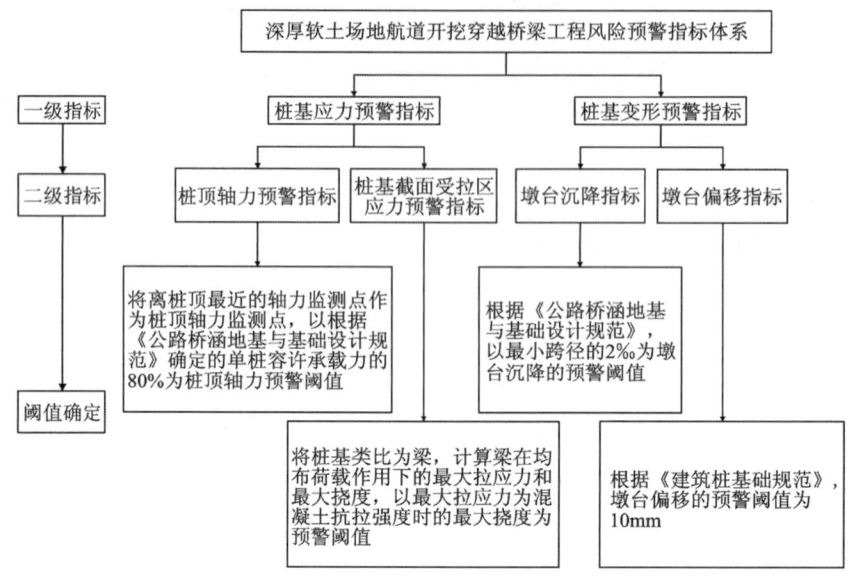

图 8-8 预警指标体系

8.7 小 结

本章介绍了竖向荷载和水平荷载作用下单桩基础和群桩基础的受力特性,并根据工程实际和桩基受力特点及变形控制要求,提出了桩基应力预警指标和桩基变形控制指标。其中,桩基应力预警指标由桩身承载力预警指标和桩基截面受拉区应力预警指标组成,桩基变形控制指标由墩台沉降和墩台偏移组成。

结合土体开挖引起桩基变形规律,给出了不同的预警指标在实际工程中的监测方法和监测点的布设建议。

对于预警指标阈值,桩身承载力预警指标以桩侧摩阻力和桩端承载力共同决定的桩顶容许承载力为阈值;桩基截面受拉区应力预警指标以危险截面受拉区边缘应力达到混凝土抗拉强度时的桩基变形量为阈值;墩台沉降的预警阈值以使桥面形成2‰的附加纵坡的沉降量为阈值;墩台偏移的预警阈值根据规范确定。根据预警指标和预警阈值,提出桩基变形和应力预警方法,结合相应的监测方法建立了软土地区桥梁桩基预警指标体系。

第9章 软土地区桥梁施工工艺与技术

近十多年来,新型建筑材料的出现以及设计、施工水平的不断提高,促使人们修建更大规模的桥梁,桥梁最大跨度纪录不断被刷新。随着桥梁跨度的增大,主梁的高跨比越来越小,施工难度随之提高,施工过程中的任何不利条件或偏差均可能对成桥内力、线形造成潜在的影响。传统的桥梁结构可靠性主要依赖于合理且保守的设计以及正确的施工。但随着跨度的增加,桥梁的刚度下降很快,施工过程中一些常规跨度范围内不太重要的因素有可能会上升为制约因素,同时,施工也会存在误差,这些都会造成实际结构与设计不符。另外,桥梁结构在其长达几十年甚至上百年的服役期间,材料老化、环境侵蚀以及动、静荷载的长期效应等一些不利因素都会导致结构的损伤累积与抗力衰减。桥梁有多种类型,按照受力特点分为梁桥、拱桥、斜拉桥、钢构桥、悬索桥和组合体系桥;按照施工方法分为现场浇筑法、悬臂施工法、转体施工法、顶推施工法、支架现浇法、横移施工法等。本章介绍软土地区桥梁主要施工工艺与技术。

9.1 施工关键技术概述

桥梁工程的建设一般历经以下几个阶段:可行性研究阶段、初步设计阶段、施工图设计阶段、现场施工阶段和竣工验收及后期运维阶段等。作为桥梁工程全寿命周期非常关键的桥梁现场施工阶段,对桥梁工程质量、施工过程安全、运营期间安全及耐久性影响巨大。随着结构形式的不断创新,新技术的不断发展,以及施工设备的迭代更新,对桥梁施工技术的要求也越来越高。

桥梁工程一般由上部结构、下部结构、支座和附属构造物组成。上部结构又称桥跨结构,是跨越障碍的主要结构;下部构造包括桥台、桥墩和基础;支座为桥跨结构与墩或桥台的支承处所设置的传力装置;附属构造物则指桥头搭板、锥形护坡、护岸、导流工程等。不同结构形式,不同的部位,其施工方法也不尽相同。

对于桥梁下部结构而言,其基础结构形式包括桩基、沉井、地下连续墙、扩大基础、复合基础等。其中,桩基工程的成孔施工方法可根据桥位地质、水位、地形条件等采用人工挖孔、回旋钻成孔、旋挖钻成孔、冲击钻成孔、冲抓钻成孔等,桩基混凝土灌注可根据地质水文条件采用干灌或灌注水下混凝土的方法施工;在深水中桥位可采用双壁钢围堰、钢吊箱、钢板桩围堰等配合桩基施工承台(系梁)。桥梁墩柱一般采用原位现浇的方式施工,对于较高的混凝土桥梁墩柱,可采用翻模、提升模板、爬模等方法施工。

桥梁上部结构形式多种多样,按所采用材料可分为圬工桥、钢筋混凝土桥、预应力混凝土桥、钢桥和钢-混凝土组合桥等,按结构受力体系可分为梁、拱和索三大体系。所用材料和结构受力体系的组合又使桥梁上部结构形式种类更加多样,不同材料、不同结构受力体系的上部结构施工方法存在很大差异,相应施工工艺流程及规范要求也不尽相同。

桥梁施工主要有以下几个特点:①生产具有流动性;②露天作业、水中及高空作业比较多;③施工周期长;④施工生产组织复杂。可见,对于桥梁工程而言,除了在结构上进行合理的设计外,还应选择合适的桥梁施工方法,要充分结合桥梁项目的建设条件(地质水文、地形条件等)将施工方法贯穿于整体结构的设计当中,本节将对软土地区主要桥型的常见桥梁施工方法进行介绍。

9.1.1 桥梁主要施工方法

桥梁设计与施工应尽量达到经济实效、技术先进、安全舒适、美观实用、快速优质的要求。当前,桥梁施工技术的发展和进步主要表现在以下几个方面。

(1)中小跨径的桥梁构件更多地考虑了工厂(现场)预制,采用标准化设计的装配式结构。该方法有助于提高工业化的施工程度,施工质量高,施工速度快。目前我国在简支体系的桥梁中普遍采用装配式结构,其中装配式简支"T"形梁跨径达到50m。

(2)悬臂施工技术施工效率较高,在大跨径桥梁中得到普遍应用,如预应力混凝土结构。目前采用悬臂施工技术的预应力梁式桥跨径已达270m,钢筋混凝土拱桥达420m,钢拱桥达550m,斜拉桥达900m。

(3)桥梁机具设备朝着大功能、高效率和自动控制的方向发展,尤其是深水基础的施工机具、大型起吊设备、长大构件的运输装置、大吨位的预应力张拉设备、大型移动模架等。这些施工设备对加快施工速度和提高施工效率起着重要的作用。

(4)依据桥梁结构的体系、跨径、材料和结构的受力状况可以更方便、合理地选择最合适的施工方法。桥梁施工技术的发展,能够更好地满足设计的要求,桥梁设计与施工之间的关系更加密切。

(5)桥梁施工应积极推广使用经过鉴定的新技术、新工艺、新结构、新材料新设备。施工中做到安全生产、文明施工,减少环境污染,严格执行施工技术规范及有关操作规程。

选择桥梁的施工方法,应充分考虑桥位处的地形、环境,安装方法的安全性经济性和施工速度。因此在进行桥梁设计时需对桥位现场条件进行详细调查掌握现场的地理环境、地质、气象水文条件。施工现场的条件不仅为选择正确合理的施工方法提供依据,同时还直接涉及桥型方案的选择和布置。在选择施工方法时,应根据以下条件综合考虑。

(1)使用条件。选择施工方法时应考虑桥梁的类型、跨径、桥梁高度、桥下净空要求、平面场地的限制、结构形式等。

(2)施工条件。主要考虑工期要求、起重能力和机具设备要求、施工期间是否封闭交通、临时设施选用、施工费用等。

(3)自然环境条件。主要考虑山区或平原地形、地质条件及软弱土层的状况、对河道和交通的影响。

(4)社会环境影响。对施工现场环境的影响包括公害、污染、景观影响,对现场的交通阻碍等。

各类桥梁可选择的主要施工方法见表 9-1。

表 9-1　各类桥梁主要施工方法

施工方法	桥型						
	简支梁桥	悬臂梁桥	连续梁桥	刚构桥	拱桥	斜拉桥	悬索桥
现场浇筑	√	√	√	√	√	√	
预制安装	√	√		√	√	√	√
悬臂施工		√	√	√	√	√	√
转体施工		√	√		√	√	
顶推施工			√		√	√	
逐孔架设		√	√	√	√		
横移施工	√	√	√			√	
提升与浮运施工	√	√	√			√	

9.1.2　现浇施工法

现浇施工法包括支架现浇施工、悬臂浇筑施工及移动模架逐孔现浇施工。

1. 支架现浇施工

支架现浇施工法是在桥梁下部结构施工完毕后,在桥位处搭设支架并在支架上依次完成模板安装、钢筋绑扎、预应力孔道制作、混凝土浇筑等施工作业,待混凝土强度达到规定强度并对梁体施加预应力作业后拆除模板、支架,完成上部梁体的制作。该方法一般适用于整体式配筋混凝土连续梁桥。支架现浇施工具有以下特点:①桥梁上部结构整体现浇,受力钢筋未切断,结构整体性好;②施工中无须设置桥梁预制场,可少占临时用地;③无大型预制构件的移运和吊装作业,需大型起重和运输设备少;④需搭设大量的支架和模板,施工费用高;⑤施工作业面大,工序交叉,对混凝土浇筑质量和施工组织要求高;⑥施工受气候、环境等影响大,施工工期相对较长。

2. 悬臂浇筑施工

悬臂浇筑施工是以桥墩为中心,采用专用设备(例如挂篮)顺桥向由桥墩向两侧,对称、平衡逐段向跨中浇筑梁体混凝土,并逐段施加预应力,最后在跨中(边跨)合龙后形成连续结构体系。悬臂浇筑施工广泛应用于预应力混凝土连续梁桥续刚构桥和预应力混凝土斜拉桥等较大跨径桥梁上部梁体的施工。悬臂浇筑施工具有以下特点:①主梁施工无须搭设支架,不受地形、地质条件限制,且不影响通航、泄洪和行车;②多孔桥跨结构可同时施工,施工速度快,施工设备(挂篮)构造简单,安装拆卸方便,且可重复使用,降低施工费用;③主梁分段悬臂浇筑,可逐节调整施工误差,易于施工控制;④对连续体系桥梁,支点处梁体施工阶段受力状态与运营阶段受力状态相接近,便于结构设计;⑤对于铰接支撑体系梁体,悬臂施工时需将桥墩和梁体临时固结保证结构稳定性,待梁体合龙后再撤出临时固结装置,使梁体支承在永久支座上完成体系转换。

3. 移动模架逐孔现浇施工

移动模架逐孔现浇施工是利用移动模架系统实现的,移动模架系统是将模板和支架设计为一个整体,支撑于桥梁墩台并能沿桥跨方向自行移动,用于现浇混凝土梁体或拼装预制梁体的大型设备。移动模架逐孔现浇施工采用沿桥墩纵向移动的支架(简称移动模架),在其上逐跨完成模板安装、钢筋绑扎混凝土浇筑及施加预应力等作业。移动模架逐孔现浇施工一般适用于桥位地质条件差、地基承载力小,以及深水、高墩等不适宜采用有支架施工的等截面预应力混凝土简支梁桥、连续梁桥等。移动模架逐孔现浇施工具有以下特点:①集梁体制作与架设于一体化,无须预制场地,无须大型运输和吊装设备;②移动模架结构受力明确,承载力大,施工作业安全性高;③环境适应性强,不受桥下地形、地质条件限制;④施工机械化程度高,依靠自身重力装置,安装、拆卸方便;⑤一次性投入大,但设备周转次数多,能更好地体现多跨现浇桥梁施工经济效益。

现浇施工法在浇筑混凝土前需要进行周密的准备工作和严格的检查。一般来说现浇施工法一次灌注的混凝土工作量大,需要连续作业,因此准备工作相当重要。在浇筑混凝土之前应对支架和模板进行全面和严格的检查,核对支架设计方案及现场施工是否符合要求。支架虽为临时结构,但它要承受桥梁的大部分恒重,因此必须有足够的强度和稳定性,同时支架的基础应可靠,构架结合要紧密,并有足够的纵向、横向、斜向的连接杆件,使支架成为整体。支架在受荷后将有变形和挠度,在安装前要进行计算,设置预拱度,使结构的外形尺寸和高程符合设计要求。支架上要设置落架设备,落架时要对称、均匀,不应使主梁发生局部受力状态。支架由多种杆件通过连接杆连接而成,构件间存在间隙,在使用前应对支架进行预压,以消除浇筑时造成的非弹性变形,同时可验证支架的强度和稳定性,进行预压的重量应为待浇混凝土重量的1.2倍。

4. 混凝土浇筑

在进行混凝土的浇筑时,不应使模板和支架产生有害的下沉。为了使混凝土振捣密实,应采用相应的分层浇筑。当在斜面或曲面上浇筑混凝土时一般应从低处开始。

(1)对于跨径不大的简支梁桥,可采用水平分层浇筑的方法,即在钢筋全部扎好以后,将梁和板沿一跨全长内水平分层浇筑,再跨中合龙。分层的厚度视振捣器的能力而定,一般为0.15~0.3m;当采用人工振捣时,厚度可采用0.15~0.20 m。为避免支架受不均匀沉陷的影响,浇筑工作应尽量快速进行,以便在混凝土失去塑性之前完成。

(2)斜层法也可用于对跨径不大的简支梁桥进行混凝土浇筑,从主梁两端对称地向跨中进行,并在跨中合龙。当采用梁式支架或支点不设在跨中时,应在支架下沉量大的位置先浇混凝土,使应该发生的支架变形及早完成。采用斜层浇筑时,混凝土的倾斜角与混凝土的稠度有关,一般为20°~25°。对于较大跨径的简支梁桥,可用水平分层或斜层法先浇筑纵横梁,待纵横梁浇筑完毕后,再沿桥的全宽浇筑桥面板混凝土。在桥面板与纵横梁间应按设置工作缝处理。

(3) 当桥面较宽且混凝土数量较大时,可将此类简支梁桥分成若干纵向单元分别浇筑。每个单元的纵横梁可沿其长度方向水平分层浇筑或用斜层法浇筑,在纵梁间的横梁上设置工作缝,并在纵横梁浇筑完成后填缝连接。之后,桥面板可沿桥全宽全面积一次浇筑完成,不设工作缝。桥面板与纵横梁间设置水平工作缝。

(4) 在支架上就地浇筑拱桥可分3个阶段进行。第1阶段浇筑拱圈或拱肋混凝土;第2阶段浇筑拱上立柱、联系梁及横梁等;第3阶段浇筑桥面系。后一阶段混凝土应在前一段混凝土强度达到设计要求后进行,拱圈或拱肋的拱架,可在拱圈混凝土强度达到设计强度的85%以上时,在第2阶段或第3阶段开始施工前拆除,但应对拆架后的拱圈进行稳定性验算。在浇筑主拱圈混凝土时,立柱的底座应与拱圈或拱肋同时浇筑,钢筋混凝土拱桥应预留与立柱的联系钢筋。主拱圈的浇筑方法主要根据桥梁跨径选定,其浇筑方法有连续浇筑法、分段浇筑法和分环分段浇筑法。连续浇筑法适用于跨径较小的混凝土拱圈或拱肋;分段浇筑法适用于跨径较大的混凝土拱圈或拱肋,可避免因拱架下沉开裂情况;分环分段浇筑法适用于大跨径钢筋混凝土拱圈,可通过计算将拱圈高度分成二环或三环,可减轻拱架负荷,节省拱架。

9.1.3 悬臂施工法

悬臂施工法是指在桥墩两侧设置工作平台,平衡地逐段向跨中悬臂浇筑或拼装梁段,直至桥跨结构合龙的施工方法,其工作原理均可用工作平台移位(挂篮或起重机)、施工梁段就位(浇筑或拼装)和施工梁段联结(强拉预应力)3个主要工作环节来说明。悬臂施工法最早主要是用来修建预应力混凝土"T"形刚构桥,由于此方法的独特优越性,后来又被推广应用于建造预应力混凝土悬臂梁桥、连续梁桥、斜拉桥和拱桥等。悬臂施工法在桥梁建设的蓬勃发展过程中,起了开创性的推动作用。

1. 悬臂施工分类

悬臂施工法通常分为悬臂浇筑、悬臂拼装和其他悬臂施工法。

(1) 悬臂浇筑是用挂篮(即悬吊模架)就地分段浇筑,待每段混凝土养护并张拉加力再将挂篮前移,以供浇筑下一节段之用。悬臂浇筑的每个节段长度一般为3~4m,特大桥不超过6m。因为节段太长,一方面将增加混凝土自重与挂篮结构的重量,另一方面还相应增加平衡重。当这两者之和过大时,由施工荷载产生的内力会过大。悬臂浇筑混凝土分2次或3次浇筑时,为使后浇的混凝重力不致引起挂篮变形,从而避免混凝土开裂,可采取相应措施,如浇筑混凝土前,先用水箱灌以相当于混凝土重的水代替混凝重。在浇筑混凝土过程中,逐渐放水使挂篮的负荷和挠度基本不变。一般大跨径梁均采用悬臂浇筑法,因此,其施工工艺日趋成熟。对于连续梁,一般有逐跨连续悬臂施工法、T构-单悬臂梁-连续梁施工法、T构-双悬臂梁-连续梁施工法。在浇筑混凝土时应注意浇筑方法、拆模时间等。

(2) 悬臂拼装是将预制好的节段,用支承在已完成悬臂上的专门悬排起重机悬吊于梁上逐段拼装。一个节段张拉锚固后,再拼装下一节段。悬臂拼装的预制长度,主要决定于悬拼起重机的起重能力,一般为2~5m为宜。节段过长则块件自重大,需要庞大的起重设备。节段过短则拼装接缝多,并使工期延长。一般在悬臂根部,因截面面积较大,节段长度较短,以后向端部逐段增长。悬臂拼装法施工的主要工序包括块件预制、移运、整修、吊装定位、预应力张拉、施工缝接缝处理等,各道工序均有不同要求,并对整个拼装质量有密切影响。块件拼装接缝一般分为湿接缝与胶接缝:湿接缝的接缝料用高强细石混凝土,胶接缝则用环氧树脂作为接缝料。

(3)悬臂施工法除上述悬拼和悬浇两大类外,在大跨径钢筋混凝土拱桥的无支架施工中还按拱圈在施工过程中保持悬臂状态的措施和方法不同分为塔架斜拉索法、斜吊式悬浇法、刚性骨架-塔架斜拉索联合法和悬臂桁架法等。

2. 悬臂施工法的特点

悬臂施工法具有许多突出的优点:如可以不用或少用支架;施工时不影响通航或桥下交通;适用于变截面桥梁结构的施工;对于墩顶承受负弯矩的桥梁,施工时的受力状态与建成后的受力状态基本一致,因而可减少或节省施工用材。但是,悬臂施工也有其不利的一面:施工技术要求较高,对于墩梁非固结的桥梁结构,还需采取临时固结措施,因而会产生施工阶段体系转换。此外,桥墩在施工过程中的受力较为不利,特别是当两个悬臂长度不同时,桥墩将承受很大的不平衡弯矩。

悬臂施工的主要特点是:①桥梁在施工过程中产生负弯矩,桥墩也要求承受由施工产生的弯矩,因此悬臂施工宜在营运状态的结构受力状态与施工状态的结构受力状态比较接近的桥梁中选用,如预应力混凝土"T"形刚构桥、变截面连续梁桥和斜拉桥等;②非墩桥固结的预应力混凝土梁桥,采用悬臂施工时应采取措施,使墩、梁临时固结,因而在施工过程中有结构体系的转换存在;③采用悬臂施工的机具设备种类很多,就挂篮而言,也有桁架式、斜拉式等多种类型,可根据实际情况选用;④悬臂浇筑施工简便,结构整体性好,施工中可不断调整位置,常在跨径大于100m的桥梁上选用;悬臂拼装法施工速度快,桥梁上、下部结构可平行作业,但施工精度要求比较高,可在跨径100m以下的大桥中选用;⑤悬臂施工法可不用或少用支架,施工不影响通航或桥下交通。

9.1.4 顶推施工法

顶推施工法是在沿桥纵轴方向的台后设置拼装场地,分节段预制或拼装一定长度的构件节段,通过水平和竖向千斤顶配合施力,将桥梁沿桥纵轴向前顶推出施工场地,随后预制或拼装一节段,就纵向顶推一节段,顶推过程中梁体跨越中间桥墩,直至到达对岸桥台。

顶推法在第二次世界大战时期产生,20世纪60年代首次被应用于桥梁结构的施工,经过几十年的发展,已成为桥梁工程中一项重要的施工方法,在中等跨径桥梁施工中具有较强的竞争力。我国第一座采用顶推法建造的桥梁是位于西延线上的狄家河桥,始建于1977年4月,一年后竣工。该桥为四跨预应力混凝土连续箱梁铁路桥,每跨跨径40m。施工过程中为减小悬臂状态造成的负弯矩,采用30m钢桁架作为导梁。此后,陆续有采用顶推法进行施工的桥梁建成,且桥型已不局限于箱梁桥。斜弯梁桥、斜拉桥、拱桥等也逐渐以顶推法施工。这些桥梁都在施工平台进行浇筑或拼装,对桥下空间几乎无影响,施工机械化程度较高。

1. 顶推施工法分类

顶推施工法按水平力的施加位置进行分类可分为单点顶推法和多点顶推法(SSY 顶推法);按顶推施工时的支承系统分类可分为设置临时滑道支承顶推法和使用与永久支承合一的滑动支承顶推法。本书将对这 4 种顶推施工方法进行一一介绍。

1)单点顶推法

单点顶推法是全桥纵向只设一个或一组顶推装置的施工方法。顶推装置通常集中设在梁段预制场附近的桥台或桥墩上,而在前方各墩上仅设置滑移支承。顶推装置的构造可分为水平-竖向千斤顶法和拉杆千斤顶法两种。水平-竖向千斤顶法的施工程序为顶梁、推移、落下竖直千斤顶(落梁)和收回水平千斤顶的活塞杆(复原)。

顶推时,升起竖向千斤顶活塞,使临时支承卸载,开动水平千斤顶去顶推竖向千斤顶。由于竖向千斤顶下面设有滑道,千斤顶的上端装有一块四氟乙烯滑板,即竖向千斤顶在前进过程中带动梁体向前移动。当水平千斤顶达到最大行程时,降下竖向千斤顶活塞,使梁体落在临时支承上,收回水平千斤顶活塞,带动竖向千斤顶后移,回到原来位置,如此反复不断地将梁体推到设计位置。

拉杆千斤顶法是将水平液压千斤顶布置在桥台前端,底座紧靠桥台,由楔形夹具固定在梁底板或将侧壁锚固设备的拉杆与千斤顶连接,通过千斤顶的牵引作用带动梁体向前运动。千斤顶回程时,固定在油缸上的刚性拉杆便从楔形夹具上松开,在锚头中滑动,随后重复下一循环。

为了防止梁体在顶推时偏移,通常在梁体两旁隔一定距离设置导向装置,也可在导向装置上设置水平千斤顶,在梁体顶推的过程中进行纠偏。

2)多点顶推法(SSY 顶推法)

多点顶推法是在多个墩台上均设置一对小吨位的水平千斤顶,将集中顶推力分散到各墩上,并在各墩及临时墩上设置滑移支承。所有顶推千斤顶通过控制系统统一控制其顶推力大小,保证所有千斤顶能够同步前进。

由于利用了水平千斤顶,传给墩顶的反力平衡了梁体滑移时在桥墩上产生的摩阻力,从而使桥墩在顶推过程中承受较小的水平力,因此在柔性墩上也可以采用多点顶推法施工。多点顶推法通常采用拉杆式顶推装置,它在每个墩位上设置一对液压穿心式水平千斤顶,穿过千斤顶中的拉杆采用高强螺纹钢筋,拉杆的前端通过锥形楔块固定在活塞插头部,后端有特制的拉锚器、锚定板等连接器与箱梁连接,水平千斤顶固定在墩顶的台座上当用水平千斤顶施顶时,将拉杆拉出一个顶程,即带动箱梁前进,收回千斤顶活塞后,锥形楔块又在新的位置上将拉杆固定在活塞杆的头部。

将二者进行比较,单点顶推可以不用大规模的顶推设备,并能有效地控制顶推梁的偏移,顶推时对桥墩的水平推力较小,便于结构采用柔性墩。在顶推弯桥时,由于各墩均匀施加顶力,能顺利施工。在顶推时如遇桥墩发生不均匀沉陷,只要局部调整滑板高度即可正常施工。采用拉杆式顶推系统,免去在每一循环顶推中用竖向千斤顶将梁顶起和使水平千斤顶的复位操作,简化了工艺流程,加快了顶梁速度。但多点顶推所需顶推设备较多,操作控制要求比较高。

3）设置临时滑道支承顶推法

顶推施工的滑道是在墩上临时设置的,由光滑的不锈钢板与组合的聚四氟乙烯滑块组成。滑道起滑移梁体和支承作用,待主梁顶推就位后,更换正式支座。我国采用顶推施工的几座预应力混凝土连续梁桥一般采用这种施工方法。在主梁就位后,拆除顶推设备,同时进行张拉后期预应力束和管道压浆工作,待管道水泥浆达到设计强度后,用数只大吨位竖向千斤顶同步将一联主梁顶起,拆除滑道及滑道底座混凝土垫块,安放正式支座。

4）使用与永久支承合一的滑动支承顶推法

它是采用施工临时滑动支承与竣工后永久支座组合兼用的支承构造进行顶推的方法。它将竣工后的永久支座安置在墩顶的设计位置上,施工时通过改造作为顶推滑道,主梁就位后,恢复为永久支座状态,它不需拆除临时滑动支承,也不需要采用大吨位千斤顶进行顶梁作业。

2. 顶推施工法的特点

顶推法施工的主要特点有:①节省施工用地,工厂化制作,能保证构件施工质量,便于施工管理和改善施工条件,避免高空作业,节约劳力,施工安全;②主梁分段预制,连续施工,施工后结构的整体性好;③机具设备简便,无须大型起吊设备和大量的施工脚手架,可不中断交通或通航;④模板、设备可多次周转使用,顶推法可以使用简单的设备建造长大桥梁,施工费用相对较低,施工过程平稳无噪声;⑤顶推法施工适用范围为中等跨径的等截面连续梁、简支梁、拱桥、斜拉桥的主梁等结构;⑥施工节段的长度一般为 10~30m,每个节段的施工周期为 7~10d;⑦顶推施工过程中主梁的每个截面都会因通过墩顶而承受负弯矩,不同的截面都会经历几次正负弯矩的交替作用,施工受力状态与运营受力状态差别较大,截面设计相对其他施工方法用钢量较多。

9.1.5 转体施工法

转体施工法是将桥梁结构本身作为施工设施,在两岸预制拼装或浇筑桥梁结构,以滑道和转盘等作为转动装置,通过牵引设备,绕着转盘等转动铰做整体旋转就位合龙的施工方法。其基本原理是将桥梁的整体结构按照实际工程需要分为 2 个或 2 个以上的分跨部分,各个分跨部分在非设计轴线但有利于施工的方向上独立施工并养护完成,再通过转动系统将这些分跨结构平稳安全地旋转至设计轴线上,最后各分跨部分进行结构合龙,形成线形与位置都达到设计要求的完整的桥梁结构。

桥梁转体施工技术早期多用于跨越深谷、山涧等地形复杂不利于采用常规施工方法的地方,是在悬崖陡壁、深山峡谷等桥位上架设桥梁的有效方法。近年来,由于交通线路的日益密集,出现了越来越多的跨线跨河桥梁,对跨越既有线路和通航繁忙的桥梁进行施工时,往往需要尽量避免影响下行线路或航路的正常运行,将分跨结构在线路两侧施工成型后,再转动到设计轴线快速合龙的转体施工方法便成为解决这些难题的最佳选择方案。不仅如此,长期的施工实践中发现桥梁转体施工法对于自平衡结构的桥梁(如连续梁桥、连续刚构桥、"T"形刚构桥等)也特别适用。

1. 转体施工法分类

按照桥梁结构在转体施工阶段转动方向的不同,转体施工方法可划分为 3 种,分别为水平转体施工法(简称平转法)、竖向转体施工法(简称竖转法)、平竖转结合施工法(简称平竖转结合法)。

1)水平转体施工法

水平转体施工又称平转施工,其原理及主要施工过程为:基于桥梁结构本身特有的对称性,利用现场有利条件先将分跨部分结构在与设计桥位线形处于相同高程平面并呈一定角度位置上装配或浇筑完成,而后借助支撑点处下方安装的平面转盘,驱动转动系统(可张拉设置在转盘上的一对预应力钢绞线束或者水平千斤顶形成转动平面力偶),带动需要合龙的分跨结构平面转动到设计轴线位置实现桥梁合龙。

水平转体可分为有平衡重转体和无平衡重转体两种类型。

第一种类型为有平衡重平面转体施工,即被转动桥梁结构在设计和转体施工过程中,尽可能使其重心在下转盘中心(即转动球铰中心)的转体桥。根据是否存在不平衡力矩分为两类,即利用桥梁结构对称性平衡的转体桥和通过专门配置平衡重的转体桥。前者也可称为自平衡平面转体施工,此方法利用了结构自身重量实现平衡,利用桥梁结构本身的对称性,在对称轴上设置转动中心实现转体而无须设置专门的永久结构进行配重。所以,自平衡转动结构本身就是对称结构,如大跨径连续梁桥或者"T"形刚构桥,跨越河流或线路转体时往往是在两侧对称悬臂施工至最大长度,而后转体到设计轴线进行合龙工作。结构转体过程基本对称,故仅需设置抵抗转体过程的临时不平衡力的相关保险即可,而不需要进行额外的平衡配重工作。近年来,我国对这种类型的转体施工进行了大量的实践,利用该方法进行了斜拉桥、"T"形刚构桥、连续刚构桥、桁架拱桥、系杆拱系等大量桥型的施工。这种类型的转体桥梁由于利用了对称结构自身重量实现平衡,因而结构材料的使用显得更合理,转体后续工程量相对较少,更为重要的是施工所需时间短,对下方线路干扰小,因而很好地满足了跨线结构修建的需求,获得了很好的工程应用。自平衡平面转体施工法一般适用于桥位地形比较开阔,线路、河流等两侧地形有利于按照转体要求来布置桥梁两侧引孔的三孔桥位。

后者的转体往往需要通过专门配置平衡重来实现结构重心与转动中心重合(被转动桥梁结构往往结构不对称),从而实现水平转动施工合龙。这种需要专门增加的平衡重可以设计成桥梁永久荷载的一部分,例如用加厚的桥台背墙作为平衡重;也可以将平衡重设计为桥梁的临时荷载,如利用台背的临时吊架配置重物,待合龙后拆除即可。该方法一般适合于桥梁两岸地形狭窄的施工情况,以及深山峡谷的山区单孔大跨度拱桥。

第二种类型为无平衡重转体施工,即转动体系不需要主动配置平衡重,而用锚固体系来实现平衡的转体桥梁施工方法及对应构造体系。相对有平衡重平面转体施工方法,该方法需要设置锚固体系将悬出的桥体上部结构用拉杆锚固以实现转体过程的稳定,并借助桥台构造或两岸山体岩石锚洞作为锚碇以平衡半跨结构悬臂状态所产生的水平拉力,通过转动中心(转盘和上端转轴)使桥梁结构做平面转动。由于取消了平衡重,可大大减轻转体自重或减少配重带来的坨工数量。本方法适用于在地质条件较好的"V"形河谷地形进行的大跨径拱桥施工。

2）竖向转体施工法

竖向转体施工法多用于拱式结构施工或斜拉桥桥塔等高耸结构的施工架设。竖转施工方法具有受地形条件影响小、竖转主要在桥台处集中施工、操作面集中、工序相对简单、施工过程结构体系明确、便于施工管理的优点。但是也存在竖转过程中结构内力方向时刻变化的问题，须严格验算竖转过程中结构受力与变形，并进行稳定性验算化。

竖转过程结构内力变化较大，需在保障结构强度的同时尽量减小结构的自重，故竖向转体施工多适用于钢管混凝土拱桥或钢桥塔。钢管混凝土拱桥的主拱圈必须先让空心钢管成拱以后再灌注混凝土，所以在竖转起吊时，不仅钢管自重相对较轻，而且钢管本身强度也高，安全度较高且易于操作。当桥位处无水或浅水时，可以将拱肋分成两半跨放在桥孔下方进行焊接拼装。当桥位处深水时，可以在桥位附近焊接拼装后，浮运至竖转位置（桥轴线处），再用起吊设备和旋转装置进行竖向转体施工。

竖向转体法施工系统一般由 4 部分组成，即转动体系（竖转铰）、牵引体系（拉索）、锚固体系、支承体系（索塔）。拉索是竖向转体牵引体系的主要构件，其索力在脱架的时候最大，此时，拉索上的水平角度达到最小，因而竖向分力值也达到最小。竖转拱桥的拱肋要完成从多跨支承，再到铰支承以及扣点处的索支承过渡。因此，脱架时要进行结构自身的变形以及受力的转化。为了使竖向转体法能顺利地脱架，有时候还需要在提升索点处安置助升千斤顶，以增加提升力，减少拉索和索塔受力。

对于竖向转体施工，其在施工工艺上，转动体系的竖转铰的构造与安装精度，牵引体系的牵引转动力装置，支承体系的索鞍索塔和锚固体系这 4 部分是保证竖向转体质量、转动平顺和安全的关键所在。

3）平竖转结合施工法

对于山区的深谷高桥、两岸陡峻及预制场地狭窄的桥位，利用两岸地形搭设简单支架，采用平转施工法具有较大的优越性。当跨越宽阔河流及桥位地形较平坦时，采用平转法施工往往难以有效利用地形，此时可采用竖转与平转相结合的施工方法，即通过竖转将组拼拱肋的高空作业变为在低矮支架上拼装拱肋的低空作业，然后通过平转完成障碍物的跨越。

水平转体和竖向转体相结合的转体施工，综合了水平转体方法与竖向转体方法的特点。这种施工工艺，更加适用于某些地形平坦而交通受限的大跨度拱桥施工。安阳钢管混凝土拱桥是第一座采用水平转体和竖向转体相结合的施工方法建设的桥梁，自此之后，陆续有广州丫髻沙大桥、广东佛山东平大桥等采用平竖转相结合的方式进行桥梁建设。

平竖转结合施工法的成功应用，不但扩大了转体施工工艺的应用范围，而且提高了转体施工应用效率。由于大跨度拱桥多为钢管混凝土拱结构形式，故平竖转结合拱桥施工多应用于钢管混凝土拱桥，其施工流程为：①转体准备阶段，安装劲性骨架、拱座索塔、扣索和张拉设备；②竖转阶段，同步张拉各扣索，将主拱肋竖转至设计高程；③平转阶段，拆除边拱支架，将两岸主拱结构平转就位；④合龙阶段，平转就位后，焊接主拱合龙段，封固转盘。

平竖转结合施工多采用竖转结构到位后平转合龙的方式，具体工艺应充分考虑设计桥型及桥位所处的自然地理条件对施工方案的影响,同时整个施工过程需充分考虑通过扣索位置的优化以确保转体过程中和转体合龙后结构处于最佳应力状态。

2. 转体施工法的特点

桥梁转体施工法多用于跨越深谷、山涧等地形复杂不利于采用常规法施工的地方。对比克服不利地形进行常规施工所需的临时支架、临时锚固、大型吊装设备转运等额外工作,转体施工法工艺相对简单且便捷快速,可以减小对既有线路的影响,并且可以将在障碍或河谷上空的高空作业转化为岸上或近地面的作业,从而在一定程度上增加了施工的安全可靠性。因而,该方法是一种适应悬崖深谷和跨越线路等各类极端地形和要求桥位的桥梁施工方法,并在特定环境中具有相对较好的经济技术效益。

桥梁转体施工法呈现出许多优点,但是也存在一些不足之处,具体表现如下。

(1) 虽然转体施工法施工工艺易于掌握,方便高效,但是转体所需的转动球铰的制作与加工却比较复杂,且要求控制精度很高,需由专门厂家生产安装,大规模推广难度较大。

(2) 通常而言,转体施工中为了降低转体重量往往采用轻型结构或者骨架结构作为转体结构,这使得转体过程中体系的刚度和稳定性往往偏低,给施工线形和结构安全带来不利影响。

(3) 由于结构在转体施工过程中处于不稳定的结构状态,尤其是竖向转体过程中结构内力不断变化,局部受力复杂而易导致开裂,对桥梁结构的整体性和局部构件的安全造成一定的隐患。

因此,具体施工采用何种施工方法需要根据桥梁实际情况以及施工环境合理选用。

9.1.6 缆索结构施工

索是桥梁工程中必不可少的一类构件,它以不同形式和作用贯穿于各种桥梁类型中。其中,预应力混凝土梁桥中预应力筋的施工、悬索桥中主缆和吊索的施工和斜拉桥中拉索的施工是索施工的主要内容。

斜拉桥用若干高强度斜拉索将主梁斜拉在塔柱上,斜拉索使主梁受到一个压力和一个向上的弹性支承的反力,这就使得桥梁的跨越能力大大增强。斜拉索对斜拉桥的工作状态影响很大,而且造价占全桥的25%～30%。因此,对其构造和施工要予以高度重视。斜拉桥的施工,一般可分为基础、墩塔、梁、索4部分,斜拉索施工有其特殊性。斜拉桥于高次超静定结构,所采用的施工方法和安装程序与成桥后的梁线形及结构恒载内力有着密切的关系,在施工阶段随着斜拉桥的结构体系和荷载状态的不断变化,结构内力和变形亦随之不断发生变化。为确保斜拉桥在施工过程中结构的受力状态和变形始终处在合理、安全的范围内,成桥后主梁的线形符合预期的设计效果,结构本身又处于最优的受力状态,在施工过程中必须进行严密的施工控制。

为了保证桥面具有一定的平直度,将桥面用吊索挂在悬索上,这种支撑系统为主缆,悬挂系统为悬索的桥梁即为"悬索桥"。与其他类型的桥梁相比,悬索桥的结构特点包括:①跨越能力强,尤其是随着新型材料、技术应用,跨度超过千米的悬索桥数量越来越多;②构造相对简单,荷载传递路径明确(吊索→主缆→索塔→两端锚);③构件可工厂生产、现场拼装,施工便利且工业化水平高。

悬索桥具有极高的美学价值,构造简练、桥面轻薄,常会成为江河水面上一道亮丽的风景线。悬索桥一般由索塔、锚碇、主缆、加劲梁等几部分组成,其施工通常包括索塔施工、锚碇施工、猫道架设、索鞍安装、主缆架设及整形索夹和吊索安装、加劲梁吊装、桥面系及防护施工等。可见,悬索桥不仅要经过一个相当复杂的施工过程才能形成,而且其工序间顺序性很强,且互相关联,须对各工序下表征结构状态的控制参数进行跟踪监测、调整、控制,才能确保施工过程安全和成桥后的结构实际状态。

9.2 典型工程实例梁体施工工艺

选取软土地区典型连续梁桥作为本节航道桥梁体施工工艺的介绍对象。其中,世纪大道桥全桥配跨 $8\times25+(57+95+57)+9\times25m$,主桥采用变截面连续箱梁,引桥采用 25m 跨简支变连续预应力 T 梁,东西大道桥全桥配跨 $8\times25+(60+100+60)+8\times25m$,主桥采用波形钢腹板-预应力混凝土组合箱梁,引桥采用 25m 先简支后连续预应力混凝土 T 梁。

9.2.1 世纪大道桥梁体施工工艺

1. 0#块施工方案及参数

世纪大道桥 0#块支架,支架采用汽车吊进行吊装,0#块共长 10m,支架沿纵桥向设置 2 根直径 800mm,厚 14mm 钢管立柱承重,间距为 6.5m,横桥向设置 4 排钢管立柱,间距为 3.733m。为保证整体稳定性,钢管立柱焊接 I32b 型钢作为纵梁及斜杆,纵梁上沿箱梁底部方向布置 I36b 型钢横梁。横梁上布置双拼 C8 支撑梁,支撑梁上布置双拼 C8 分配梁,底模采用 15mm 厚竹胶板。

连续段采用悬臂浇筑法施工,中支点 0 号梁段在墩顶浇筑,其余各梁段采用活动挂篮悬臂浇筑,挂篮单侧总重 400kN,挂篮同步对称移动。悬臂浇筑时,对称浇筑,如混凝土泵送有困难难以实现,应控制两端混凝土浇筑不平衡重不超过 20t。施工完毕后,应对备用孔道进行压浆处理。支架结构布置形式如图 9-1 所示。

2. 连续段施工方案及参数

主跨采用菱形架式挂篮施工,结构分为 2 片菱形主桁架及连接部位,组成主承重系统、底篮及悬吊系统、后锚及行走系统、模板系统。挂篮安拆采用塔吊进行吊装。

挂篮设计的技术参数:①适用最大悬臂梁段重 277.9t;②适用最大悬臂梁段长度 4m;③适用最大悬臂梁段高度 5.8m;④适用梁段宽度 18.5m;⑤挂篮自重 63t;⑥挂篮行走方式为智能系统控制行走。其结构见图 9-2。

菱形主桁架上下弦杆采用□400×300×12mm 矩形钢管;竖向腹杆采用□350×250×10mm 矩形钢管;前受压斜腹杆采用□400×300×12mm 矩形钢管;后受拉斜腹杆采用Π420×300×12mm 槽型钢;下弦杆套管导梁采用□350×250×12mm 矩形钢管。上横梁采用双拼

第 9 章 软土地区桥梁施工工艺与技术

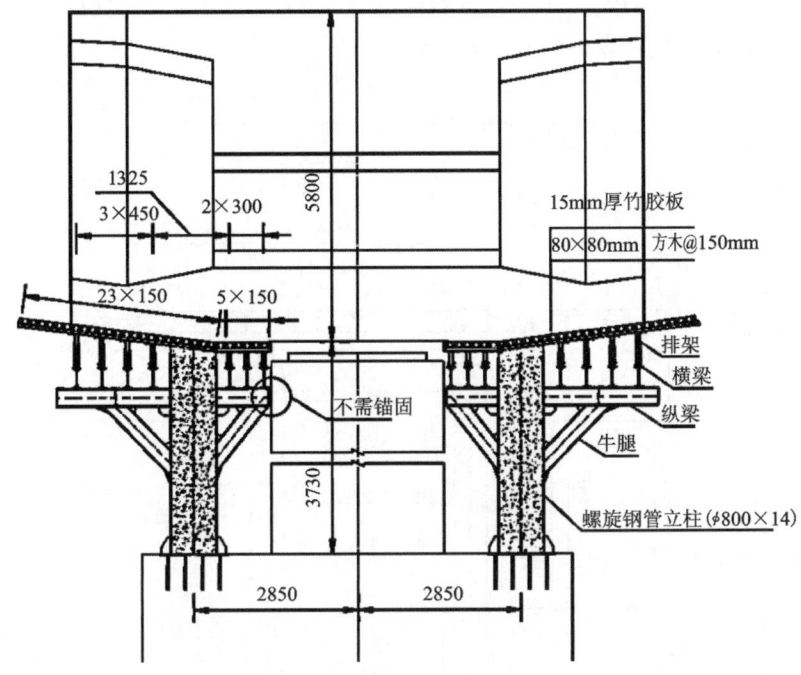

图 9-1　0♯块支架立面图(单位:mm)

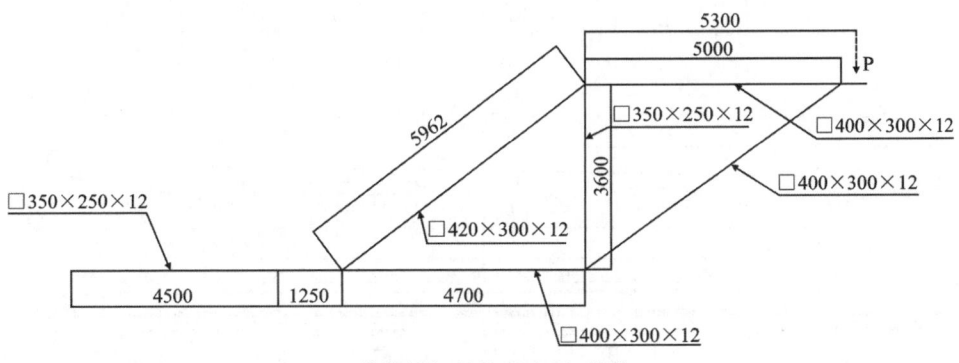

图 9-2　挂篮桁架结构示意图(单位:mm)

□200×400×10mm 矩形钢管；底篮前、后横梁采用□400×300×12mm 矩形钢管；底篮纵梁采用 HN150×300×6.5×9—6000mmH 型钢。

吊杆采用双 Φ32 精轧螺纹钢。横向门联采用方钢管桁架，桁架竖向高度 1400mm，横向宽度 500mm；弦杆采用□120×120×5mm 钢管；腹杆采用□100×50×4mm 钢管。外导梁采用□350×250×10mm 矩形钢管。

3. 边跨现浇段施工方案及参数

世纪大道桥边跨现浇段支架，边跨现浇段共长 8.34m，支架沿纵桥向设置 2 根直径 630mm，厚 10mm 钢管立柱承重，间距为 3.97m，横桥向设置 4 排钢管立柱，间距为 4.73m，为保证整体稳定性，钢管之间用Ⅰ20a 平联。钢管立柱顶部放置双拼Ⅰ36b 型钢作为纵梁，纵梁上沿箱梁底部方向布置Ⅰ32b 型钢分配梁。分配梁上布置 80mm×80mm 方木，间距 30cm，翼缘承重梁采用I20a,最大间距900mm。底模采用15mm竹胶板。各个墩均采用混凝土条形基础。支架结构布置形式见图9-3和图9-4。

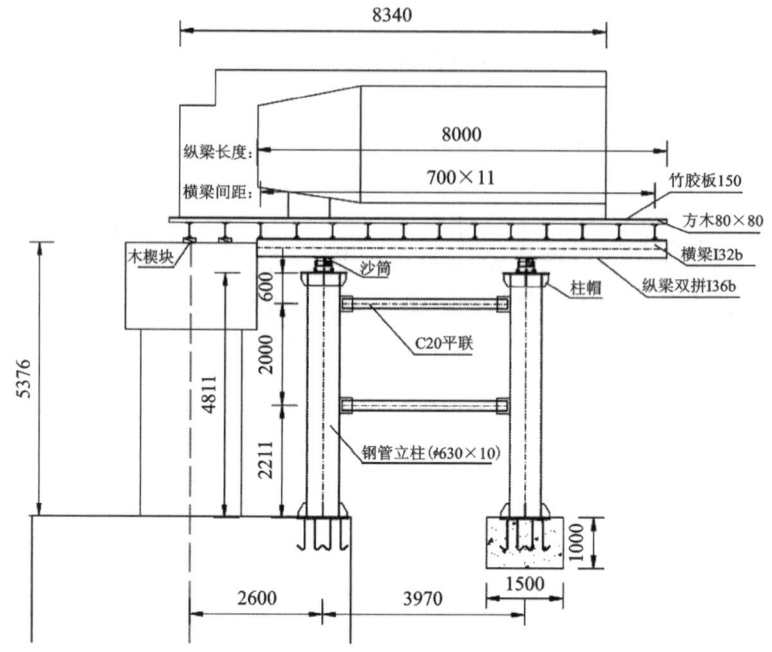

图9-3 边跨现浇段支架立面图（单位：mm）

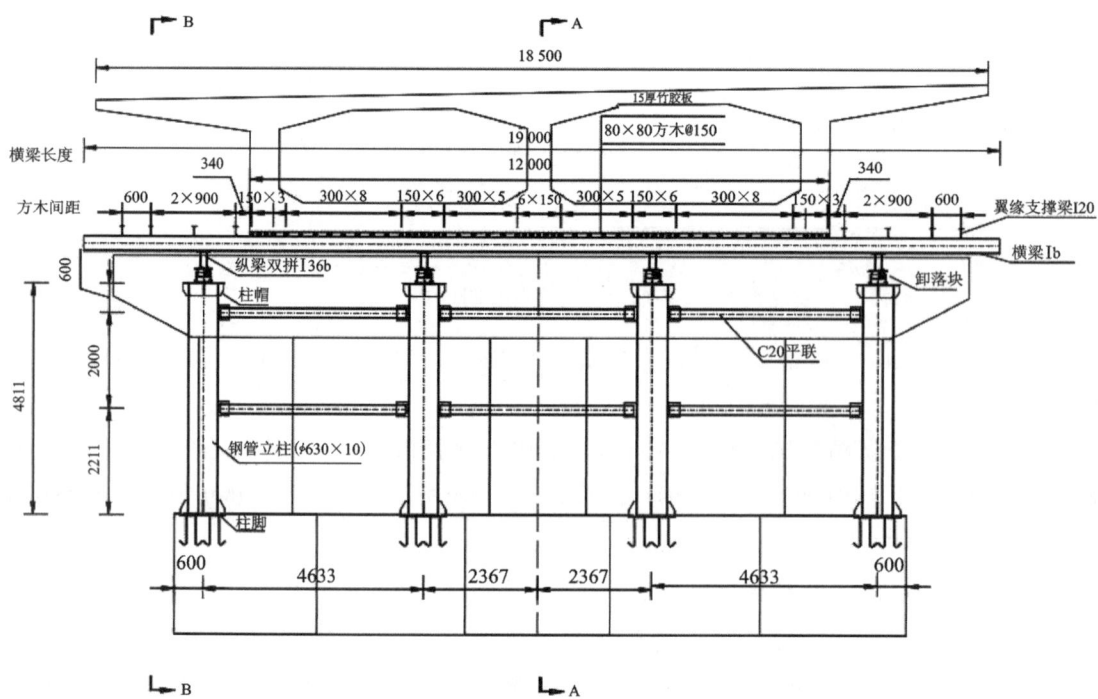

图9-4 边跨现浇段支架断面图（单位：mm）

通过悬臂浇筑的施工流程可发现施工的重点及难点主要是支架、挂篮的刚度及稳定性、梁体线形、箱梁的实体质量及外观质量控制。

9.2.2 东西大道桥梁体施工工艺

东西大道主跨(60m+100m+60m)波形钢腹板变截面现浇连续箱梁,由于波形钢腹板安装要求较高,为避免航道开挖对上跨桥梁施工的影响,本工程采用满堂支架分节段的现浇方案,箱梁共13个节段,每两个节段同步浇筑,共分为(0、1#节段)、(2、3#节段)、(4、5#节段)、(6、7#节段)、(8、9#节段)、(10、11#节段)、12#节段(合龙段)、13#节段(边跨现浇段),共计8个大节段进行现浇施工,在进行0~11#节段现浇施工的同时,择机进行13#边跨现浇段施工(但应注意与边跨合龙段浇筑时差不大于30d),然后合龙边跨再合龙中跨。

现场便道位于线路的左幅左侧,为避免左幅先施工导致右幅无法吊装,整体思路以右幅优先,右幅进度至少优先左幅1个大节段(即两个小节段),右幅边跨合龙段优先于左幅10、11#节段施工。节段现浇总体施工流程见图9-5~图9-10。

(1)优先施工右幅0、1#节段,左幅0、1#节段支架、模板、钢筋、混凝土浇筑等工序顺接左幅对应工序。此时吊重设备置于桥梁前端及侧面均可施工。

(2)右幅进入标准节段施工的同时,左幅0、1#节段施工中,但仍然以右幅为主。此时吊重设备置于桥梁前端及侧面均可施工。

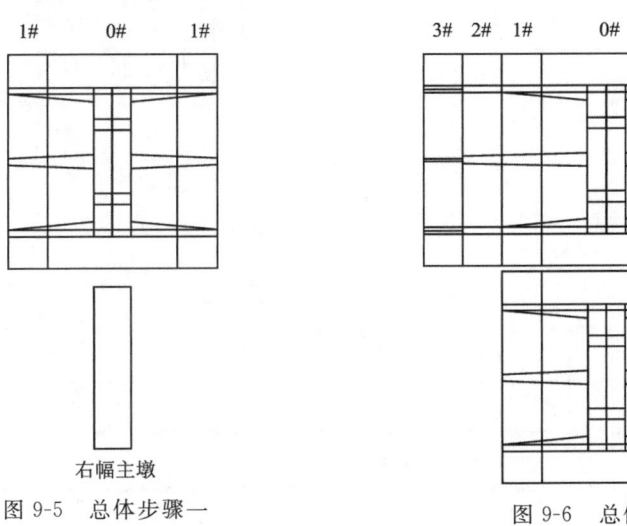

图9-5 总体步骤一　　　　　图9-6 总体步骤二

(3)在右幅8、9#节段施工时同步进行左幅边跨现浇段施工(13#节段),注意边跨现浇段的施工时间不得晚于该时间,左幅滞后右幅1个大节段(2个小节段,即8、9#节段)。此时吊重设备置于桥梁前端及侧面均可施工。

(4)右幅边跨现浇段(13#节段)在标准节段8~11#施工时已同步施工完毕,进行边跨合龙段施工,吊重设备置于左幅10~12#节段处。此时左幅标准节段8、9#节段施工中,边跨现浇段同步施工。

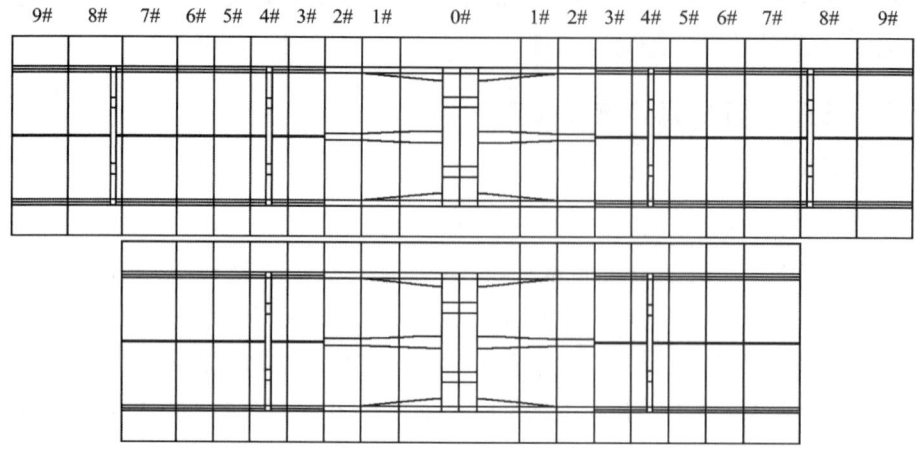

图 9-7 总体步骤三

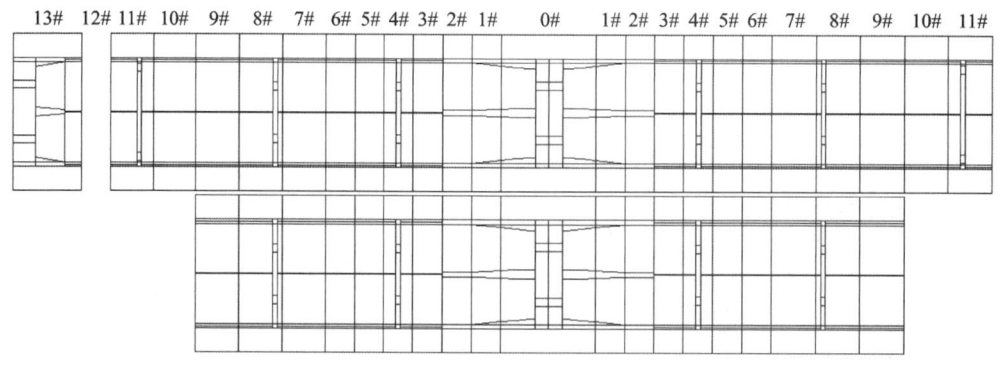

图 9-8 总体步骤四

(5)右幅边跨合龙后,左幅 10、11#节段开始施工,同步施工左幅 13#节段。

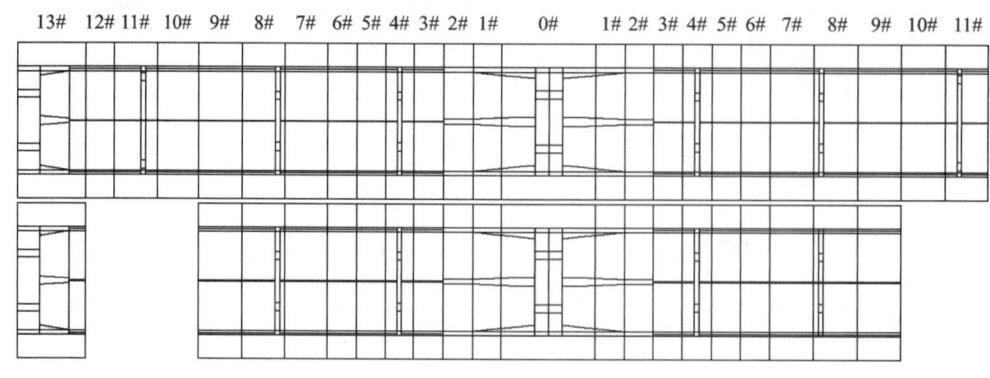

图 9-9 总体步骤五

(6)右幅中跨合龙,吊重设备置于左幅左侧便道上,合龙后按此顺序进行:龄期达到→体内预应力→体外预应力→支架拆除(支架拆除也可提前至体内预应力施工完毕)。左幅后续施工按此流程进行。

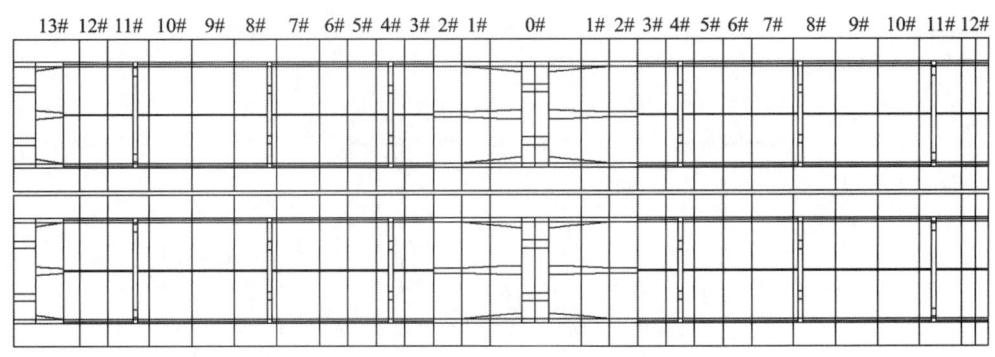

图 9-10　总体步骤六

9.3　典型工程实例施工关键技术

9.3.1　世纪大道桥施工关键技术

1. 临时固结技术

预应力混凝土连续梁桥在采用悬臂现浇法施工时，连续梁在整个施工中通常会经历数次体系的变换，由最初的墩顶临时固结到边跨合龙、中跨合龙，再到拆除墩顶临时固结，最终完成桥梁体系转换形成超静定的连续梁桥。因而在施工连续梁0#块时，应根据设计要求进行临时固结构件或结构的施工，连续梁中0#块设置临时固结的主要目的是将桥墩和0#块在悬臂浇筑施工时刚性连接为一体，让临时固结承受施工过程中由于施工不同步、材料设备布置不对称等因素导致的不平衡弯矩或扭矩（平面曲线桥），确保结构安全。0#块临时固结是保证悬臂对称浇筑施工安全的重要措施，如果处理不当，可能引起整个悬臂浇筑段的倾覆。

本工程临时固结采用体外固结，每根立柱内预埋2根32mmPSB830精轧螺纹钢，腹板部位锚固至顶板处，其他锚固至底板，下部锚固在承台内，锚固深度1020mm，立柱内灌注C40混凝土，顶部采用硫黄砂浆进行调坡（图9-11和图9-12）。

硫黄砂浆在施工时应注意以下几点。

(1) 硫黄为热施工材料，对温度要求严格。在常温下，硫黄为淡黄色固体，加温至119℃时，形成液态黄色硫黄，加温至160℃时，形成褐色液态硫黄。硫黄的脱水温度为130～150℃，与水泥、细沙的混合温度宜为140～150℃，温度低时因黏度大不能混匀，温度在170℃以上时，其黏度变化较为复杂。

(2) 硫黄在试配时应根据试验室的试验结果，控制硫黄砂浆的配合比为硫黄∶水∶水泥＝1∶0.34∶0.66。试配时将硫黄粉按配合比称量，装入铁锅内，加入量为铁锅容积的1/3～1/2，加热至130～150℃熔化、脱水；边熔边加料、搅拌，防止局部过热，待硫黄熔融后加入130℃预热干燥的水泥和砂，边加边搅拌，温度保持在140～170℃，熬制3～4h，待物体变得均匀、颜色均一、泡沫完全消失即可使用。同时注意在硫黄熬制过程中，可能会产生有毒气体二氧化硫，因此在熬制过程中施工人员应注意有毒气体防护，佩戴防毒面罩，有必要时穿防毒服并保持通风。

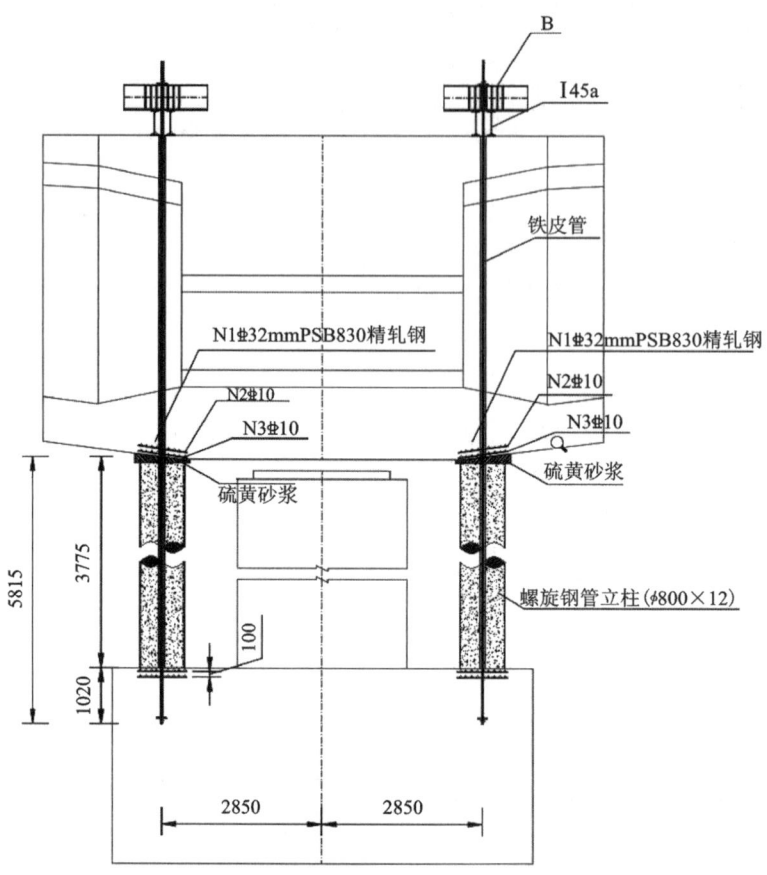

图 9-11 临时固结立面图(单位:mm)

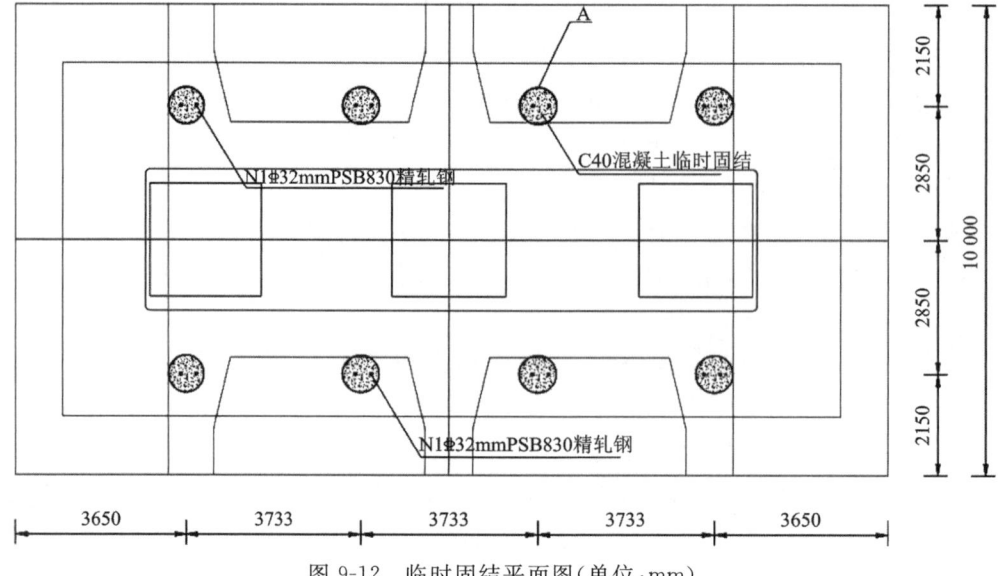

图 9-12 临时固结平面图(单位:mm)

（3）硫黄砂浆内布置 2kW 电阻丝，电阻丝均匀分布，并留有一定的空隙，一般以 5cm 为宜，不宜过近或过远，以防出现短路。当拆除临时固结支座时，只需将电阻丝接于 220V 电源上，通电后硫黄砂浆熔化成液体从四周流下，临时固结体系即可方便地拆除。

2. 悬臂现浇挂篮施工技术

挂篮是悬臂现浇施工过程中主要的临时结构，为一个能沿梁顶滑动或滚动的承重结构。挂篮主桁后端锚固、支撑在已浇梁段上，前端悬挂模板体系，在挂篮上可以进行混凝土的浇筑、张拉、压浆工作。在一个节段混凝土浇筑完成、张拉完预应力钢束后，对称前移挂篮，固定挂篮后锚、调整模板高程后，即可进行下一节段的施工。

挂篮形式多样，主要作用都是支撑模板，承受新浇筑混凝土重量，提供施工场地、调整标高。挂篮不仅强度、刚度要足够，稳定性要好，而且自重要轻，便于移动和调整标高，根据挂篮主桁架结构、抗倾覆平衡方式、行走方式等可分很多类别，按挂篮主桁结构可分为桁架式挂篮、三角形挂篮、斜拉滑动式挂篮和菱形挂篮。平行桁架式挂篮自身荷载大，弓弦桁架式挂篮杆件数量多、制作安装不便，不适合世纪大道桥悬臂现浇施工。斜拉式挂篮主要用于斜拉桥施工，用在连续梁桥施工亦不合适。三角形、菱形挂篮受力明确、结构简单，适合梁段截面尺寸适中、节段不长、重量不大的连续梁桥，因此优先考虑三角形挂篮和菱形挂篮。

两种挂篮主桁架结构都很简单，各杆件受力明确，但三角形挂篮主桁架底梁为压弯构件，所以长度不宜过长，对于箱梁节段的长度和节段重量以及主梁截面高度等都有一定的限制，施工过程中存在的不确定因素太多，不宜控制。同时菱形挂篮虽然杆件数量较三角形挂篮多，但都是预制式杆件，便于运输与组装，菱形挂篮承载能力也较三角形挂篮大，更适用于主梁截面高，节块重量大的箱梁施工。综上所述，通过综合对比分析，选用菱形挂篮悬臂施工世纪大道桥连续梁段，该挂篮有如下特点：①自重相对较轻，利用系数较高，加工制造方便，经济性较好；②主桁结构受力明确，结构简单，便于设计与验算；③刚度较大，变形较小，挂篮容易吊装拼装；④走行系统构造简单，施工作业空间大，运输材料和人员方便，节省工期；⑤利于搭设防雨设施，可全天候施工。

依据世纪大道桥相应设计资料及国家规范，设计菱形挂篮，该菱形挂篮由主桁系统、底篮系统、行走及锚固系统、模板及调整系统和附属结构组成，具体组成如下。

（1）主桁系统。菱形桁架是挂篮的主要受力构件，由 3 片菱形桁架组成，每片菱形桁架由前后弦杆、竖直杆、下水平弦杆组成，菱形桁架之间由平联桁架、剪刀撑联结成整体。主桁架杆件采用销轴连接，便于拆装和运输。

（2）底篮系统。底篮是直接承受梁段重和施工荷载的受力构件，也是立模、绑扎钢筋、混凝土浇筑、张拉预应力的操作平台，底篮系统由前下横梁、后下横梁、纵梁和底模组成，纵梁与前后下横梁点焊固定，起着将梁体底板及腹板位置混凝土荷载传递到挂篮前段承重横梁上的作用。

（3）行走及锚固系统。行走及锚固系统由走行轨道、前支座、主桁后锚系统和底模锚固系统组成，锚固系统利用 $\phi 32$ 精轧螺纹钢筋将挂篮与走行轨道直接锚于已浇筑梁段的顶板或底板上。

(4)模板及调整系统。模板及调整系统由挂篮外侧模、挂篮内模、挂篮底模、千斤顶等组成。

(5)附属结构。附属结构又称操作平台,通常通过钢丝绳悬吊在菱形桁架的前端小悬臂梁上,一般由角钢和钢筋组成,平台平面铺以木板供作业人员行走作业。

3. 合龙段施工技术

悬臂现浇施工过程中桥梁合龙段的施工标志着桥梁主体结构施工即将结束,同时也是桥梁施工中的关键环节。无论是对悬臂浇筑施工的连续刚构桥、斜拉桥、拱桥还是连续梁桥,合龙段施工质量尤其重要,是桥梁建设成败的重要标志。合龙段施工必须保持梁体线形和受力满足要求,控制合龙段施工误差。随着连续梁桥跨径的增大,一方面,梁段在悬臂现浇过程中的变形也越来越大,由于连续梁要经历一个体系转换的过程,悬臂端竖向标高变化过大易导致合龙前合龙段两侧标高相差过大,出现合龙困难的现象。如果为了全桥线形而强迫合龙,会导致结构内围与设计不符,影响结构的安全性能。另一方面,桥梁跨径增大的同时主梁横截面在施工阶段的压应力也会越来越大,桥梁设计中为确保主梁在施工过程中不出现裂缝,箱梁底板不出现拉应力,在运营过程中不出现较大的下挠,常常在跨中底板多配置预应力钢束,尽管这样解决了拉应力问题,但可能由于底板的纵向预应力筋过分密集引起底板的压应力过大,而预应力孔道的挖空也会削弱主梁截面,导致底板混凝土被压碎。因而合龙段的施工工序、施工顺序和施工质量是悬臂浇筑过程中非常重要的部分。

1)边跨合龙段

(1)利用挂篮吊杆及大梁作为边跨合龙段的吊架,在吊架上安装模板。模板调节完成后,在一天中温度最低的时间安装中跨合龙段的临时刚性连接,绑扎钢筋,拆除主墩纵向水平临时约束。

(2)边跨合龙采用吊架如图9-13所示,在吊架上安装模板。模板调节完成后,在一天中合适的温度下安装合龙段的临时刚性连接,绑扎钢筋,拆除主墩纵向水平临时约束。

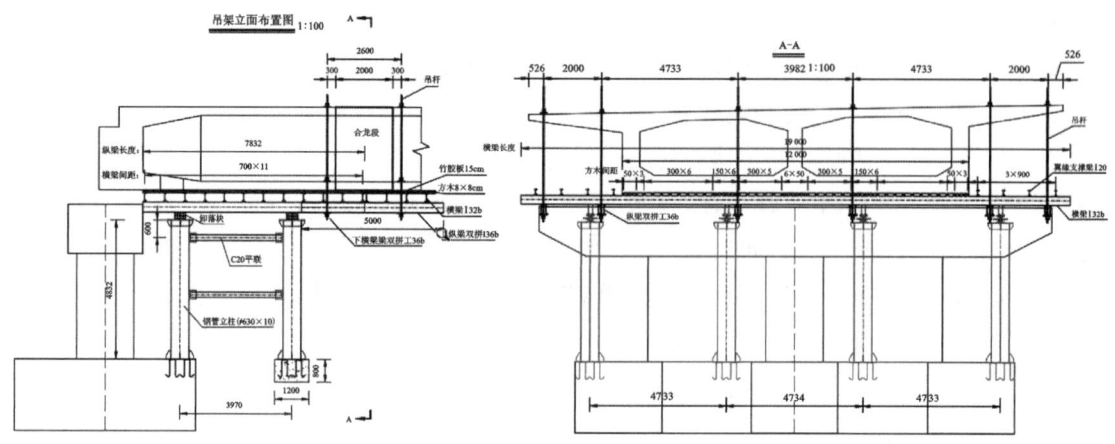

图9-13 边跨合龙吊架布置图(单位:mm)

(3)水箱配重后进行劲性骨架锁定,劲性骨架锁定前,必须进行大桥通测,合龙口高差测量、气温观测等。中跨合龙位置两侧设置配重,边跨合龙段质量约为79t,中跨合龙段位置配备的一半质量(约为40t),平面尺寸为3m×10m,高度1.5m,内侧铺双层彩条布防止漏水,在水箱内注水高度1.4m,质量约40t。浇筑合龙段混凝土,灌注边跨合龙段混凝土,每浇筑2～3m³,便放出所浇筑混凝土质量一半的水,直至混凝土浇筑完成,放完所有水。混凝土浇筑完成后立即覆盖进行养护,浇筑时间宜控制在2h以内。

(4)混凝土强度达到设计强度90%,以及龄期达到10d以上时,对称张拉底板及顶板预应力钢束(先长束后短束),再张拉横、竖向预应力筋。

合龙段施工时的温度控制和合龙顺序及劲性骨架的施工严格按照设计及施工规范要求进行,保证合龙段施工质量。

2)中跨合龙段施工

(1)悬臂端施工完成后,中跨合龙段采用吊支架施工,在两侧悬臂端配置水箱,测定悬臂两端的标高。

(2)待边跨现浇段混凝土达到设计强度后,利用边跨现浇段支架安装边跨合龙段模板,合龙温度控制在14～18℃之间,若达不到的,应在一天中平均温度较低,变化幅度较小时锁定合龙段劲性骨架,在设计的合龙温度下焊死型钢,随后临时张拉BT1和SB1(边跨)、MT1和MB1(中跨),张拉应力按每束650kN控制。安装边跨合龙段临时刚性连接,绑扎合龙段钢筋,解除主墩墩顶的支座水平约束,使梁一端在合龙口锁定的连接下能沿支座自由伸缩。混凝土浇筑选在一天中气温最低的时间进行,在温度最低时间段内,劲性骨架的预埋板要竖直表面要光洁。劲性骨架的制作和安装分两步进行:第一步,埋置预埋件于设计位置。第二步:将外刚性支撑架水平放置在预埋件上,集中施焊在最短的时间内焊好,焊缝厚度不小于8mm。劲性骨架封焊环境温度不得大于18℃。焊接支撑时要采取温控措施,避免烧伤混凝土。

(3)劲性骨架锁死后进行水箱配重,边跨合龙段质量约为79t,边跨合龙段位置配备一半质量(约为40t),平面尺寸为3m×10m,高度1.5m,内侧铺双层彩条布防止漏水,在水箱内注水高度1.4m,质量约40t浇筑合龙段混凝土,灌注边跨合龙段混凝土,每浇筑2～3m³,便放出所浇筑混凝土质量一半的水,直至混凝土浇筑完成,放完所有水。混凝土浇筑完成后立即覆盖进行养护,浇筑时间宜控制在2h以内。

(4)混凝土强度达到设计强度的90%,以及龄期达到10d以上时,对称张拉竖向预应力筋,再张拉底板及顶板预应力钢束(先长束后短束)。

(5)进行封锚压浆。

(6)在压浆达到设计强度以后,拆除挂篮和卸除桥上所有荷载。

(7)解除主墩箱梁临时固结及边墩水平约束,主墩支座的纵向约束临时锁定,限制主梁的纵向滑移。解除工作尽量保持同步,临时固结的拆除,需要待悬浇箱梁边跨合龙后张拉压浆结束后进行。

(8)张拉压浆完成后解除临时外刚性支撑和吊架,采用塔吊将材料吊装至堆放场区。

按如下步骤解除临时支撑:先拆除锚固钢筋用割枪进行切割;在割除锚固钢筋时两边确保同步进行;凿除箱梁临时支座,采取绳锯方式进行同步切割,当所有临时固结全部解除后,梁体形成单悬臂简支梁体系。

9.3.2 东西大道桥施工关键技术

1. 关键节段 0、1♯块施工技术

由于 0♯块节段长度较小,单独浇筑后下一阶段施工梁面作业空间极小,不利于小型设备的放置和施工人员的操作,因此将 0、1♯块合并整体浇筑,不仅增加后续施工节段的作业面,同时减少节段连接。因 0、1♯块内钢筋型号、类别繁多布设密集,所有纵向波纹管均要通过,同时波形钢腹板体积大、质量较重等导致吊装难度大,纵、横、竖预应力及桥梁各项预埋件在此处汇集,因此对 0、1♯块施工提出了更高的精度需求。

为了确保该节段高质量、精准地完成,施工技术人员在施工前对设计图纸进行会审,必要时借助软件等进行三维分析,将节段整体按施工步骤和工序进行分解,编制专项施工技术方案、作业指导书、技术交底和材料计划,特别是预埋件等需配合下部结构施工超前安排,确保施工一次成型。在实际的施工中经常会出现因前期的准备不足造成窝工、返工的现象,为了避免这种情况的发生,现场的技术人员要对自己的工作进行梳理,时刻保持头脑清晰、思路明确。需要预埋至顶底板混凝土的材料诸如受力钢筋、构造钢筋、支座预埋筋、监测控制基准点、锚下加强筋、三向预应力锚夹具及管道、转向器、挂篮锚固预埋件、应变片等,需要预留的墩顶体外索张拉用千斤顶悬挂预留孔、泄水管预留孔、检修孔等,这些都应该按照顺序编号,一一完成作业,认真核查,保证不要有漏缺,在开工前进行专业化的技术培训。同时还应该特别针对 0、1♯块施工质量、安全控制要点编制详细的作业指导书,明确 0、1♯块的工序施工质量、安全控制要点,对所有施工人员进行了全面的施工技术、安全交底工作,确保施工质量和施工安全。

1)关键节段 0、1♯块的高精准定位

1♯钢腹板定位发生偏差,则后续波形腹板会产生累积误差,导致最终的波形腹板安装精度受到很大影响。波形腹板的定位基本方法采用"上挂下支、内撑外顶"的方法。所谓上挂下支就是指将钢腹板顶部翼缘板悬挂在箱梁顶部模板的组合钢支架上,底部翼缘板支撑于底模板的工形钢梁顶部。内撑外顶则指箱室内采用可调式钢管横向顶紧,箱室外侧则采用可调螺旋于波形钢腹板和箱梁侧模板体系进行外顶。

通过"上挂下支、内撑外顶"的施工工法,可以将波形腹板紧固起来,避免在施工中当绑扎钢筋和浇筑混凝土的时候,波形腹板发生侧移和变形,影响定位精度。钢腹板的精准定位方法包括"粗调""精调""微调"3 种。粗调是指将波形腹板先固定于安装位置,然后通过精细调节进行精准定位,再通过微调达到最佳精度要求。在粗调过程中,为了方便定位,测量人员一般先将钢腹板的投影线提前在箱梁底模板进行勾勒。在采取这些有效措施后,可以充分保证波形钢腹板在钢筋帮助,混凝土浇筑和其他外界因素影响下,不会发生变形和偏移。

2)临时固结

为避免箱梁两悬臂偶然出现不对称荷载作用时,保证施工安全度及悬臂稳定性,设置有临时支撑体系。支撑体系主要由支撑钢管柱、钢绞线组成。支撑钢管柱采用 $\phi 800 \times 14.8$ 钢管柱,钢管柱内设置5φs15.2钢绞线2束,承台施工时预埋钢管柱基础钢板,并预埋钢绞线,预埋深度1m。

如图9-14所示,承台单侧设置3根钢管柱,单个承台对称设置共计6根钢管柱,由于钢管柱高度较矮,自身稳定性足够,不另设置连墙件。

临时固结施工注意事项:①预埋件埋设时定位准确,钢绞线埋设深度足够。②钢绞线埋设时设置钢筋辅助,及时盘卷并外套防腐,避免施工污染,避免电击。③钢管柱安装时确保垂直度,确保钢管柱轴心受压,安装时两台全站仪呈现90°布置,同时测量定位。④钢管桩与预埋件设置8块劲板,柱底与预埋件、柱顶与横梁间连接焊缝采用角焊缝,焊缝连续饱满无焊渣。⑤垫块采用与主梁同标号混凝土,同步施工,内设置4层10cm×10cm,φ10锚下钢筋网。⑥施加预应力时,应在桥墩两侧对称、同步张拉。⑦临时固结预应力体系应在主梁合龙后,体内预应力张拉前放张,钢管柱同步拆除。⑧预应力放张时应桥墩两侧对称、同步放张。

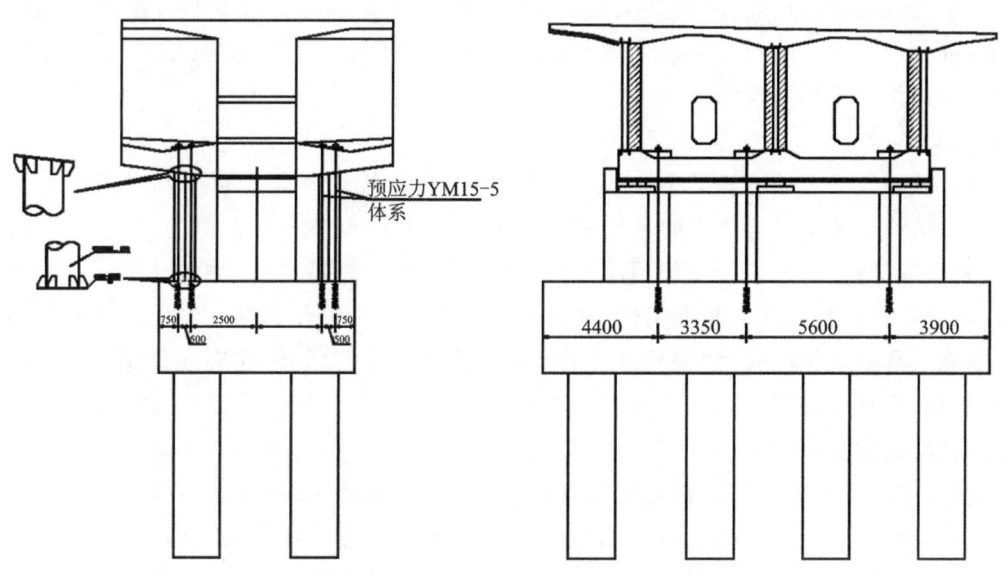

图9-14 临时固结示意图(单位:mm)

2. 支架施工关键技术

满堂支架现浇的工艺流程为:安装满堂支架并预压→安装底板模板→安装底板和横隔板钢筋骨架→安装波纹钢腹板→浇筑底板混凝土→安装顶板和横隔板模板→安装顶板钢筋骨架→浇筑顶板及横隔板混凝土→预应力施工→桥面铺装及其他附属设施工。

1)支架设计

箱梁采用盘扣式满堂支架逐段浇筑施工方案,混凝土分两次浇筑。盘扣式满堂支架设计从上至下依次为:1.5cm厚高强覆膜竹胶板,10cm×10cm木方,12号工字钢组成的分配梁,可调顶托,盘扣式满堂支架体系,可调底托,原有沥青混凝土路面及钢筋混凝土垫层。盘扣式满堂支架体系由盘扣立杆φ60×3.2mm(Q345A)、水平杆、斜撑杆组成。

水平杆标准步距为1.5m,顶、底层步距为1.0m,竖向斜杆按支架搭设规范设置,可调底座调节丝杆外露长度不大于 0.3m,最底层水平杆离地高度不大于 0.55m;可调托座丝杆外露长度不大于 0.4m,伸出顶层水平杆的悬臂长度不大于 0.65m;支架原则上可调底座长度固定,通过顶层纵杆调节纵、横坡,当丝杆外露长度不满足规范要求时,增加 0.2m 长立杆调整并增加水平杆。

2)基础处理

支架基础硬化时,对基础设置 1‰的横坡和 1‰的纵坡以确保基础排水通畅,并在较低一侧设置排水沟,将水引排至施工排水沟内,后经施工排水沟排到原道路排水沟内,确保箱梁施工期间场地内无积水。

(1)原东西大道路基路面处:原路基路面具有一定的结构强度,该处的支架基础不需要进行特殊的处理,只需要将路面上堆放的浮土、细石、杂物等清理干净就可以直接作为支架搭设的基础。

(2)承台或航道开挖处:采用混凝土渣分层回填并压实,从下往上逐层压实填筑至同原东西大道路面标高一致,并做好相应的排水措施。待压实度大于 95%时浇筑 20cm 厚 C20 钢筋混凝土垫层,作为支架搭设的基础。

3)支架搭设

首先,按箱梁坐标放出箱梁中心线及支架边线,然后按地基处理顶标高及梁底标高计算支架高度,搭设支架。支架搭设时采用测设四角高程,拉线调节支架顶托。

支架底模铺设后,先进行支架预压。根据预压数据,计算预拱值,测量放样箱梁底模中心及底模边角位置进行梁体横断面定位,并对底模标高及线形进行调整。经监理工程师检查合格后,立侧模和翼缘板底模,测放翼缘板的平面位置及模板底标高,在底腹板钢筋绑扎之前复核底模标高,在顶板钢筋绑扎之前复核顶模标高,并在混凝土浇筑过程中进行支架及地基沉降观测,位移观测。

盘扣支架搭设严格按照盘扣支架设计图进行施工,基础处理时,应做好排水设计。在已处理的支架基础上放线,精确定位盘扣支架的可调底座。可调底座放之前,必须将接触面的细石、浮土、杂物等清理干净,以保证底座放置于满足承载力的水平支撑面上,同时确保立杆竖直达到垂直受力的要求。首先在可调底座上立定位立杆,再将横杆接头插入立杆的圆盘内,放置并压紧插销,按照由下向上的顺序安装。支架搭设接近设计标高时,采用可调托座进行调平,此时支架顶应预留纵向方木和横向分配梁的空间,方便调整标高和拆模。施工过程中必须严格控制可调底座和可调托座的螺杆留在立柱内的长度。竖向应随支架搭设同步进行,保证支架的整体稳定性。

盘扣支架搭设步骤如下:①在安装支架底座之前,首先测量出箱梁的纵向中心位置,并拉好通线;②以纵向中心为准,在纵向承重梁上对称标示出竖杆位置;③在各个标点安放盘扣式脚手架"可调底座";④当搭设到第一个水平层时,各横杆与立杆连成整体后,采用可调底座来进行调平;⑤支架搭设时,做到支架各排无论在纵向或横向均在同一平面上,按照图纸一直拼装到设计标高;⑥因桥梁有一定的纵坡或横坡,所以各孔的高度不相等,可采用搭配短顶杆的办法调整,但必须满足梁底的作业空间;⑦安装支架顶的方木,要控制好方木顶面的线形,调整后标高与方木顶面设计标高相符,调整的方法是旋动"可调顶托"。

第一层水平杆和斜杆布置时斜杆采用盘扣支架配套杆件,支架按规范设置斜杆。第一层水平杆距离地面高度不得大于55cm。

脚手架施工必须严格按照施工方案搭设,并严格执行国家有关行业标准《建筑施工承插型盘扣件钢管支架安全技术规程》(JGJ 231—2010)。盘扣钢管应采用现行国家标准《直缝电焊钢管》(GB/T 13793—2016)或《低压流体输送用焊接钢管》(GB/T 3091—2015)中规定的3号普通钢管,其质量应符合现行国家标准《碳素结构钢》中Q235-A级钢的规定。钢管上严禁打孔。

4)质量要求

支架搭设要求如下:①立杆连接处外套管与立杆间隙应小于或等于2mm,外套管不得小于160mm,外伸长度不得小于110mm;②钢管焊接前应进行调直除锈,钢管直线度应小于1.5L/1000;③可调底座板的钢板厚度不得小于6mm,可调托撑钢板厚度不得小于5mm;④可调底座及可调托撑丝杆与调节螺母咬合长度不得少于6扣,顶层水平杆以上立杆(包括顶托外露螺丝杆)自由端长度不得超过60cm,顶托螺丝杆外伸长度不得超过35cm,插入立杆内的长度不得小于150mm,通过在杆顶增设调节钢管的方式控制顶托丝杆外伸长度,通过设置水平杆控制自由端高度。

架体组装质量要求:①盘扣式脚手架应按施工方案及本规程相应的基本构造规定设置斜支撑;②可调托座及可调底座伸出横杆的悬臂长度必须符合设计限定规定;③横杆扣接头应锁紧;④立杆基础应符合规定,立杆与基础间有无松动或悬空问题。

对辅助和防护措施的要求:①每步外立杆内侧应设1.2m高防护栏杆和200mm高挡脚板。②操作平台搭设位置应符合作业要求,其宽度不得小于1m,坡度以1:3为宜。③盘扣架必须满足荷载要求,确保脚手架的稳定性。按规定搭设安全网,系安全带,戴安全帽,确保人身安全。使用前必须经过验收合格方可使用。④脚手板应铺满、铺稳,离开墙面120～150mm,脚手板对接平铺时,接头处必须设两根横向水平杆,脚手板外伸长度的和不大于300mm,脚手板搭接时,接头必须支在横向水平杆上,搭接长度大于200mm,其伸出横向水平杆的长度不应小于100mm,脚手板在操作层、架体底部满铺;脚手架外侧满挂密目式安全网,安全网用铅丝绑扎牢固、绷紧。在架体底部挂安全网,安全网必须绑紧扎牢。

3. 箱梁施工线形控制

1)施工监控的目的及控制原则

连续梁为超静定结构,采用自架设的悬臂施工方法,经过多个施工阶段形成最终结构体系,成桥线形、应力与施工方法、施工顺序密切相关。在整个施工过程中,结构的几何形态、边界条件、材料特性随时间而变化,载荷作用的数值与位置也随时间发生变化,使得结构效应(位移、内力、应力、反力等)在施工过程中具有时空演变特征。整个施工过程是一个结构逐渐形成,线形、应力不断变化的过程。虽然可以采用各种分析方法计算出各施工阶段的预拱度等,但在实际施工过程中,由于施工条件的变化、计算模型误差、混凝土收缩徐变、制作误差、混凝土方量控制、施工临时荷载、预应力束张拉、量测误差和环境干扰等因素必将使结构实际状态偏离设计状态。如不及时有效地加以控制和调整,随着主梁悬臂施工长度的增加,线形和内力可能会显著偏离设计目标。为避免和消除桥梁实际状态与设计状态之间的误差,保证结构安全的任务就落到桥梁施工监控上。

为了确保主桥在施工过程中结构受力和变形始终处于安全的范围内,且成桥后的主梁线形符合设计要求,结构恒载内力状态接近设计期望,在主桥施工过程中必须进行严格的施工控制。

悬臂施工法是预应力混凝土连续箱梁桥的主要施工方法。对于分节段悬臂浇筑施工的预应力混凝土连续箱梁桥来说,施工控制就是根据施工监测所得的结构参数真实值进行施工阶段计算,确定出每个悬臂浇筑节段的立模标高,并在施工过程中根据施工监测的成果对误差进行分析、预测,对下一立模标高进行调整,以此来保证成桥后桥面线形、合龙段两悬臂端标高的相对偏差不大于规定值,结构内力状态符合设计要求。通过施工过程的数据采集和严格控制,确保结构的安全和稳定,保证结构的受力合理和线形平顺,避免施工差错,尽可能减少调整工作量,为大桥安全顺利建成提供技术保障。

施工监控的目的如下:① 根据最新颁布的高速公路桥涵设计规范进行结构验算;② 对施工方案模拟分析,对其可行性做出评价,并提出合理建议;③ 实时监测结构的应力、索力、温度、几何状态,提供安全预警;④ 提出施工调整值,确保结构应力、线形符合设计要求;⑤ 协助各方对工程建设提出合理建议;⑥ 施工监控成果可为桥梁交竣工验收提供重要依据;⑦ 施工监控信息可反映结构从施工到使用阶段的全过程信息,是后期结构管理、维护、评估的重要"指纹";⑧ 验证桥梁结构设计与施工分析理论,积累一线科学数据。

施工控制是要对成桥目标进行有效控制,修正在施工过程中各种影响成桥目标的参数误差,确保成桥后结构受力和线型满足设计要求。

受力要求:反映连续箱梁梁桥受力的因素主要是主梁的截面内力(或应力)状况。通常起控制作用的是主梁的上、下缘正应力。不论是成桥状态还是施工状态,要确保各截面应力的最大值在允许范围之内。

线形要求:线形主要是主梁的标高。成桥后(通常是长期变形稳定后)主梁的标高要满足设计标高的要求。

调控手段:由于悬臂施工属于典型的自架设施工方法,在施工过程中的已成结构(悬臂节段)状态是无法事后调整的,因此施工控制时要采用预测控制法。

对于主梁内力(或应力)的调整,可通过严格控制预应力的张拉应力大小来实现。对于主梁线形的调整,调整立模标高是最直接的手段。参数误差以及其他因素引起的主梁标高的变化可通过立模标高的调整予以修正。

2)主梁挠度观测

测点布置:立模时,当前现浇梁段悬臂端截面同时设立两个临时标高观测点,作为控制当前梁段截面梁底立模标高用,梁段浇筑完成后,每一梁段的悬臂端截面梁顶设立3个标高观测点,同时也作为坐标观测点(该梁段施工过程中,应建立起桥梁顶观测点与临时标高观测点的对应关系,监控报告中的线性数据均为换算至梁底线性数据),测点须用短钢筋预埋,高出混凝土面3~5cm,距离箱梁端头10cm,短钢筋用红漆标明、编号。主梁挠度监测测点布置如图9-15所示。

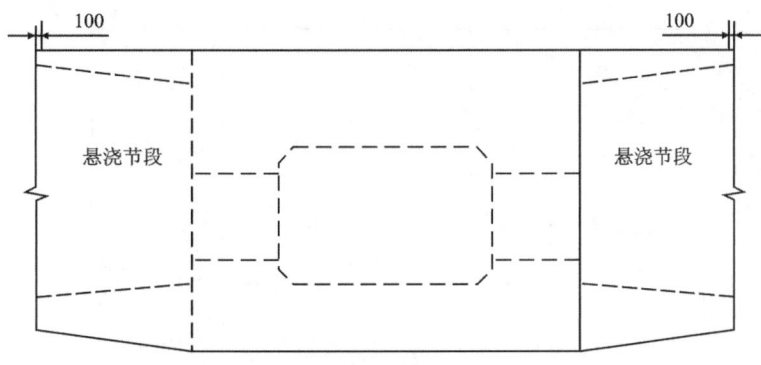

图 9-15　主梁挠度监测点侧面布置图（单位：mm）

基准点：高程控制网依托已建立的控制网点，采用二等水准测量的方法，变换仪器高法，先在各桥墩承台上各设一个高程控制点，待箱梁 0♯ 块竣工后，用水准仪加悬挂钢尺的方法移至 0♯ 块顶面上或用全站仪建立。0♯ 块上的水准点即为箱梁悬臂浇筑施工的高程控制点，如图 9-16 所示。

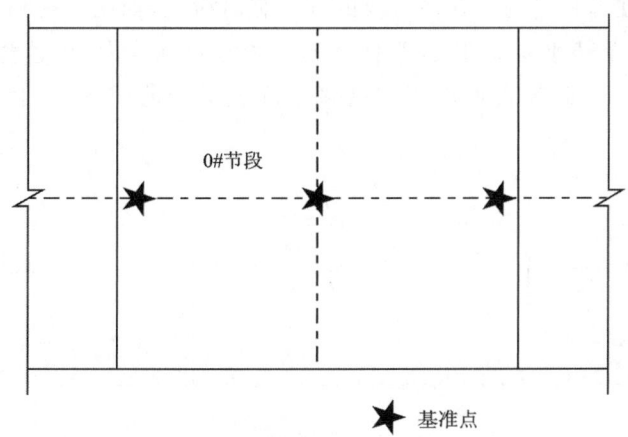

图 9-16　主梁挠度监测基准点布置示意图

测试方法：用智能全站仪、精密水准仪测量主梁线形及标高。临时水准点可设在主梁 0♯ 块顶面。临时水准点须按照监控过程中的实测数据和理论计算数据进行动态修正。施工监控过程中，主梁的标高测量须关注每一施工阶段的梁段的相对高差在允许范围之内，以保证成桥后的主梁线形平顺。

监测时间：尽量选择 19:00 至第 2 天 7:00 温度相对恒定的时间段进行测量。

测量频率：每节段混凝土浇筑完毕后进行第 1 次测量，阶段预应力张拉完毕后进行第 2 次测量，支架拆除后进行第 3 次测量。测量施工节段时应同时测量前一个节段的高程变化，每月进行一次高程联测；边跨合龙后，全桥通测；中跨合龙后，全桥通测；桥面铺装前后，全桥通测。

3）墩顶水平变位测量

测点布置：主墩 0♯ 块顶大、小里程各设 1~3 个测点，测点位置选在梁顶处且便于观测的可靠位置处，测点布置如图 9-17 所示。

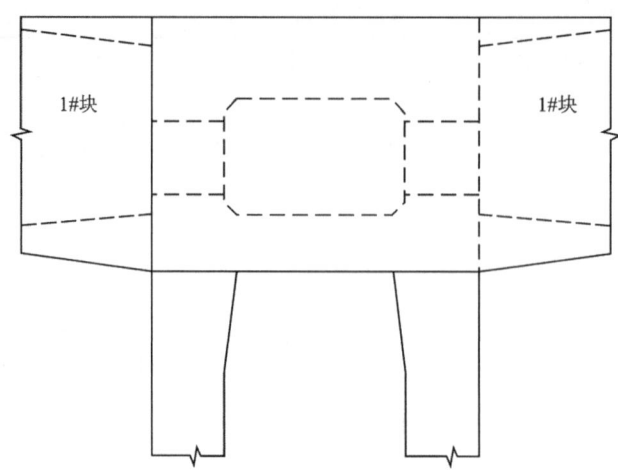

图 9-17　主梁水平位移监测点布置示意图(单位:mm)

测试方法:用全站仪测量。

根据施工需要,在施工过程中存在必要的施工临时荷载,如压浆材料及张拉压浆设备、预应力筋、千斤顶、焊机及其他零星机具,为保证箱梁两端对称受力,在悬臂浇筑两端对称设置临时堆载区域范围,临时荷载布置在规定区域且在箱梁中心线附近,桥面临时堆载区域如图 9-18 所示。

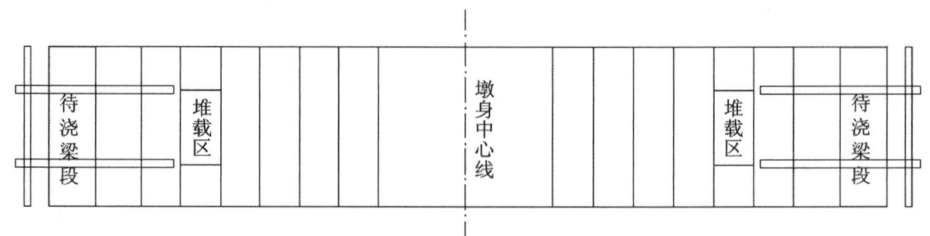

图 9-18　桥面临时堆载区域示意图

箱梁每一节段悬臂施工过程中,应进行至少以下 3 个工况的挠度测量和高程控制测量:①支架搭设完成后架设模板标高及浇筑箱梁混凝土前模板标高;②浇筑箱梁混凝土后,纵向预应力张拉前桥面标高;③纵向预应力张拉后桥面标高。

为了尽量减少温度对观测的影响,观测时间尽量安排在早晨太阳出来之前。在施工过程中,对每一节段箱梁需进行数次(至少一次)的观测,以便观察各点的挠度及箱梁轴曲线的变化过程,保证箱悬臂端的合龙精度及桥面的线型。

以上测量工况,除对当前施工节段进行高程测量外,同时对已施工的连续 3 个节段同时进行高程测量,得到箱梁节段累计实际变形数据和线型。

9.4　典型工程实例桩基施工关键技术

桩基的施工工艺有多种,除各种打入法、压入法和就地灌注法外,植入桩法近年得到较大

第 9 章 软土地区桥梁施工工艺与技术

发展,植入桩法具有环保、节能、质量可靠的优点。另外,灌注桩后注浆技术也在工程中得到应用,灌注桩后注浆技术可有效提高桩基的承载力。但钻孔灌注桩仍是目前桩基施工的主要施工工艺,本节将介绍钻孔灌注桩的施工工艺和施工关键技术。

9.4.1 钻孔灌注桩施工工艺

1. 施工前的准备工作

在软土地基的施工过程中,需要结合现场具体施工情况以及实际施工需要,对当地的水文地质条件、环境条件以及交通情况进行全面系统的调查和研究,制订科学系统的施工方案和施工进度计划,做好充分的准备工作。

首先,施工部门要对当地软土地基情况进行系统的勘查,并制定相应的调查报告,了解工程地质、地基基础以及水文地质等相关基础资料,根据后期施工和施工需求的实际情况,综合对比选择最合适的施工方案,并严格落实施工方案。然后,还需要加强现场施工数据的收集和对比分析工作,及时发现施工之前存在的各项问题,建立风险预测和风险评估系统,解决影响工程施工的各种问题,保证施工能够达到预期效果。此外,还需要做好施工之前的原材料准备、机械准备以及施工人员准备工作,确保施工方案能够得以顺利落实。

2. 钻机类型的选择

在软土地基中建设桥梁非常困难,因此需要在技术因素上进行提高,弥补软土地基的不足。

首先,在施工之前,需要选择一种合适的钻机进行钻探,这需要工作人员根据当地的实际情况进行选择,一般来说,开挖上部的土层时运用旋挖式钻机,而当开挖下层岩石时应该使用冲击钻钻机进行施工。两种钻机都有自己独特的功能和特点,运用工况也各不相同。旋挖式钻机的主要特点就是具有自动性和灵活性,它可以在桥梁深桩之中进行自由运转,仅仅几分钟就可以完成施工。这种钻机的钻头可以自由进行调整,工作人员可以通过钻机的显示面板对其进行操纵,可以节省施工时间,提高施工效率。

其次,除了旋挖式钻机,还有一种冲击钻钻机,这种钻机适合下层岩层的挖掘,某些软土地基的岩层厚度比较大,为了提高施工团队的效率,可以利用冲击钻来快速钻穿岩层,然后实现下一步的施工。富有经验的施工人员可以根据具体情况迅速判断出应该使用哪一种钻机,两种钻机相互结合起来才能够更好地进行施工。

除了这两种成孔方式外还有回旋钻和气举反循环两种施工工艺,本书将在下一节进行各类施工工艺的比较和介绍。

3. 施工场地平整

对于桥梁施工建设来说,保证施工现场平整是非常重要的,这关系到整个施工过程的质量和效率。软土地基的土质较软,承受能力低,很难承受过于沉重的钻机长时间进行作业,因此可能出现钻机在开挖岩层的过程偏移等情况,给工作人员造成麻烦,严重影响施工期限。工作人员应该对施工的区域进行清理,用一些碎石块来填压软土地基,创造一个比较平稳的底座。

4. 护筒埋设

开挖：在铺设防护管前，施工人员需通过测量取样施放确定的桩的中心点，并进行人工开挖。工程挖的土坑比桩径大20cm，能有效满足桩的要求。防护材料：项目使用的防护材料为钢，厚度为3mm，高度为1.5m。套管铺设后，应确保比施工地板高出30cm。铺设完成后，施工人员须将防护缸周围的黏土填平压实，避免渗漏，提高钻孔桩施工质量。

5. 泥浆施工

工程中使用的泥浆配方池长3m，宽4m，深2m。孔形成后，若有残余泥浆，应放在泥浆配置池中，不能直接放在地上保存，以免影响泥浆质量。要注意的是，泥浆配置池储存中的泥浆也要反复挖掘，以保证质量。

6. 钻进成孔

为了提高工程施工质量，对钻孔的参数误差进行了分析。钻孔的步骤如下：启动泥浆泵，采用低压慢进法，逐步钻出。钻井深度达到1m后，可适当提高钻井速度；在钻井过程中，施工人员应随时控制钻头和压力。在发现土层变化时，应通过判断土层类型适当调整钻井速度，同时确保钻井中的泥浆浓度合理。当钻井距离设计孔底1m时，钻井速度必须减慢，钻井完成后应清理钻孔。

7. 清孔工作

在工作人员完成钻孔工作之后，整个桥梁深桩基础施工工作还没有完成，后期的清理工作也是非常重要的。因为在钻孔过程中，钻机会留下一些碎石块或者整个施工团队会在现场留下一些垃圾等，这些都会影响到桥梁建设的美观性。工作人员在清理过程中，应该利用换浆法将孔里面的碎渣和泥浆替换出来，经过好几次泥浆循环替换之后，孔里面的碎渣完全被清理干净后才能停止工作。在替换泥浆的过程中，工作人员应该尽量保证各种原料的比例精准，避免因为放入过多的水或者泥浆造成反效果。

8. 钢筋笼吊装

如果钢筋笼由一节钢筋组成，则应采用四点平升的方法悬挂。钢筋笼上升时，应从水平方向慢慢改为垂直方向。为了避免钢筋笼在升降过程中脱落，施工人员可以使用2m的加固圈。钢筋笼进入孔时，应增加保护层。同时，通过适当增加保护层的厚度来提高钢筋笼的稳定性。将钢筋笼放入孔中时，下放速度应缓慢且保持稳定，以避免碰撞。

9. 混凝土灌注优化

水下浇筑混凝土，必须连续浇筑，浇筑速度不能太慢，以防止混凝土初凝造成混凝土桩身整体强度不均匀，同时为了减少泥浆的影响，连续浇筑混凝土最大程度减少了夹泥浆和狗洞，浇筑混凝土时的灌注速度需要控制，不宜太快，太快会造成埋管，钢筋笼上浮，需要通过灌注确定一个合理速度，使混凝土能够缓慢连续灌注，减小混凝土向下坠落冲击力，保证导管合理埋深，及时提升。在保证导管最小安全埋深的前提下先提升再快速下落导管，冲击疏通导管，若混凝土冲击力不足导致导管堵塞，应加长上部导管，加大一次性混凝土量，快速将导管疏通。

9.4.2 桩基钻孔施工工艺比选

从本书第 5 章数值模拟结果可看出,航道开挖过程中,采用先支护加固后开挖的方式,可以大幅减小桩基顶部与开挖侧周围土体的倾斜,有利于桥梁桩基的稳定性。一般来说,桩基施工工艺包括桩位放样→护筒放置→钻孔施工→清孔换浆→下放钢筋笼→混凝土浇筑,考虑航道开挖对周围土体的扰动,在钻孔施工过程中应及时检查孔径及垂直度,并在钻孔施工完成后检查孔底标高、孔径及垂直度,确认无塌孔问题后再清孔换浆进行下一步施工。

根据现场地质条件和周边环境,对旋挖钻、回旋钻、冲击钻、气举反循环进行比选,总结各施工方法如表 9-2 所示。

表 9-2 各类型钻机施工优缺点对比表

施工类型	适用条件	优点	缺点
旋挖钻	地势平坦,对场地要求较高,适应我国大部分地区的土壤地质条件	施工速度快;施工精度比较高;噪声小;有利于环保;可自行行走,移机方便;机械化程度比较高;无须提供动力电源;同条件下,单桩承载力比钻孔灌注桩高;适用地层广泛;易于管理	前期投入比较大;自重大,对场地要求比较严格;孔壁护壁差;需要机械配合作业;软土中孔内容易产生负压;施工过程短期投入增加
回旋钻	一般适用于黏性土,砂类土,粉砂到粗砂地层,含少量砂砾石、卵石的土	护壁效果好,成孔质量可靠;施工无噪音,无震动,无挤压,机具设备简单,操作方便	成孔速度慢,效率低;用水量大,泥浆排放量大,污染环境,扩孔率较难控制
冲击钻	多用于砂土、淤泥质土等水位较高的地基,由钻孔机成孔,并经过清孔、护壁等工序,相对的桩的深度较深	地下水位较高时,不用降水即可施工,基本不受雨季雨天的影响;机械施工;施工时对周围的现状影响较小;钻孔桩可以灵活选择桩径,降低浪费系数;适用于桩身较长的桩基础;可以解决地层中的孤石问题	桩底沉渣难以处理,桩身泥土影响侧摩阻力发挥;在中风化岩层很难扩底,单桩承载力难以提高,(如能满足一定扩底尺寸,单桩承载力可以达到人工挖孔桩的要求);废弃泥浆不环保,现场施工环境差;在冲击岩层或者孤石时速度慢;若桩孔处于岩层面起伏较大部位易产生斜孔;为获得较高的单桩承载力,需要用较大孔径,意味着需要大直径的钻机,对施工设备要求较高
气举反循环	多用于卵砾石、漂石、块石、基岩等复杂地层及旧基处理方面施工	钻进速度快,效率高,成本低;可有效清理沉渣,控制泥浆参数,成孔质量高	自重较大搬迁困难、时间较长,影响施工进度

3种钻机施工功效如表9-3～表9-5所示。

表9-3 冲击钻施工工效分析

序号	工序	时间/d	备注
1	准备工作	1	包括钻机就位等
2	钻孔	7	按照平均56m计
3	清孔、提钻	0.5	
4	孔径、垂直度等检测	0.2	仪器检测
5	下钢筋笼	0.3	
6	下导管	0.1	
7	二次清孔	0.2	
8	混凝土灌注	0.2	包括灌注前准备
9	钻头修补、机械保养、电器维修等	1	
10	不可预见因素	1	
	合计/d	12	

表9-4 旋挖钻施工工效分析

序号	工序	时间/d	备注
1	准备工作	1	包括钻机就位等
2	钻孔	1	按照平均56m计
3	清孔	0.5	
4	孔径、垂直度等检测	0.2	仪器检测
5	下钢筋笼	0.3	
6	下导管	0.1	
7	二次清孔	0.2	
8	混凝土灌注	0.2	包括灌注前准备
9	机械保养、电器维修等	1	
10	不可预见因素	1	
	合计/d	5	

表9-5 气举反循环施工工效分析

序号	工序	时间/d	备注
1	准备工作	1	包括钻机就位等
2	钻孔	7	按照平均100m计
3	清孔	0.5	

续表 9-5

序号	工序	时间/d	备注
4	孔径、垂直度等检测	0.2	仪器检测
5	下钢筋笼	0.3	
6	下导管	0.1	
7	二次清孔	0.2	
8	混凝土灌注	0.2	包括灌注前准备
9	机械保养、电器维修等	1	
10	不可预见因素	1	
合计/d		12	

确定主墩桩基桩径1.8m，采用反循环钻机，其他桩基采用正循环钻机。通过埋设钢护筒，制备泥浆，钻机就位开钻，泥浆液由泥浆泵钻杆送入(吸出)孔底，通过泥浆循环，将钻头切削的泥土通过泥浆包裹流入泥浆池内进行沉淀，达到钻进清孔效果。桩基钢筋笼在钢筋场内集中加工，平板车运输到施工现场，30t吊车下放钢筋笼。混凝土采用导管进行水下灌注，采用罐车运送混凝土。施工工艺流程如图9-19所示。

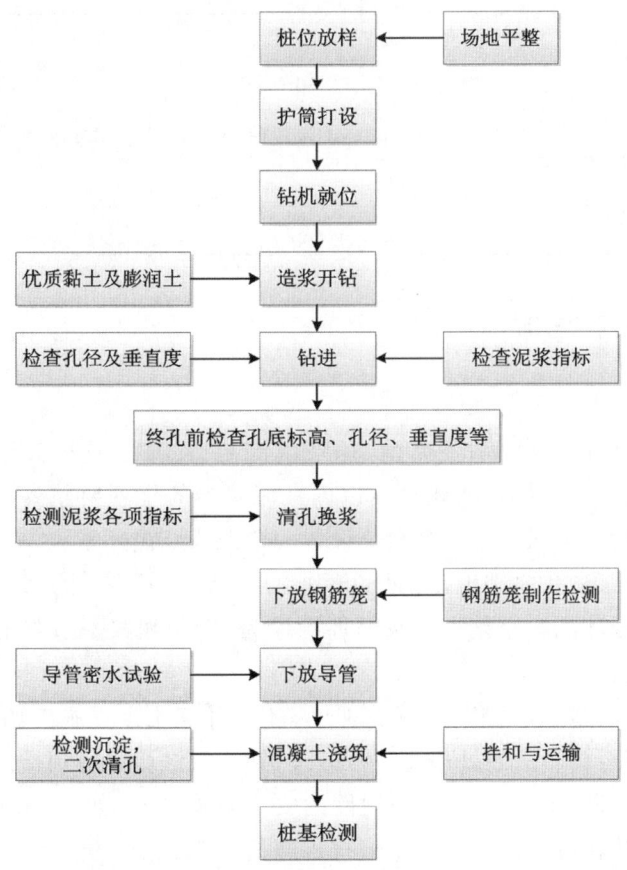

图 9-19 桩基施工流程图

9.4.3 桩基护筒设置

桩基护筒采用10mm钢板卷制成型,其内径比设计桩径大0.2m,上口外围加焊加劲环。护筒埋置考虑桩位的地质和水文情况,保持护筒高出地下水位1.5m或高出地面0.3m,为避免护筒底悬空,造成塌孔、漏水、漏浆,护筒底座在天然结实的土或夯实的黏土层上。地质较好的区段,采用开挖回填的方法埋置护筒,即确定护筒埋置位置后由挖机开挖,放置护筒后护筒周边用黏土回填夯实;对于地质条件较差区段,应挖深或换填,在孔底回填夯实300～500mm厚度的黏土后再安放护筒,以免护筒底口处渗漏塌方,夯填时要防止钢护筒偏斜。护筒埋设成功以后,由测量队复测护筒中心是否在设计位置,并在护筒四周设置十字护桩。

设计规范有如下规定:在旱地或浅水处,对于黏性土护筒底部埋置深度为1.0～1.5m,对于砂性土不得小于1.5m,并将护筒周围0.5～1.0m范围内的土挖除,夯填黏土至护筒底0.5m以下。对于河沟填土筑坝处的钻孔桩,护筒底部必须埋入河沟底部的硬土层0.5m以上,防止钻孔桩在该处出现缩颈现象。护筒的埋置深度在旱地或筑岛处宜为2～4m,对有冲刷影响的河床,护筒宜沉入施工期局部冲刷线以下1.0～1.5m,且宜采取防止河床在施工期过度冲刷的防护措施。护筒平面位置的偏差不超过5cm,垂直度的偏差控制在1.0%(表9-6)。

表9-6 钢护筒卷制控制标准

偏差部位	允许偏差	备注
外周长	±0.5%周长,且不大于10mm	测量外周长
管端椭圆度	0.5%d,且不大于5mm(d为管径)	椭圆度指管端两相互垂直直径之差
管端平整度	2mm	
管端平面倾斜	2mm	

9.4.4 桩基钻孔施工

1. 泥浆循环系统

泥浆循环系统主要由造浆机、泥浆池、循环沉淀池、泥浆泵及相关导管组成。如图9-20所示,泥浆池布置在紧邻便道侧,征地红线以内。泥浆池的排列要整齐、有序,靠近便道一侧纵向边缘成一直线,整齐美观。每4个墩位设置一个泥浆池循环系统。

施工中钻渣随泥浆从孔内排出,经泥浆槽进入沉淀池,沉淀后的泥浆经造浆池返回钻进的孔内,形成不断的循环沉淀净化。泥浆循环顺序为:新制泥浆→造浆池→桩孔→泥浆槽→沉淀池→造浆池→桩孔。

为保护环境和文明施工,泥浆集中外运处理,不得任意堆砌在施工场地内或直接向水塘、河流排放。废泥浆用运输车送到处理场进行处理;钻渣待沉淀后运到指定的弃土场。

泥浆池旁边应设置明显的警示牌和刚性的安全防护措施,如图9-21所示。泥浆池四周用φ48钢管单排架作围栏;立杆长度1.8m,打入地下0.5m;围栏高度1.3m;钢管之间用脚手架扣件或粗铁线连接结实;横杆采用红、白油漆间隔涂刷,围栏用安全绿网围护,悬挂醒目夜

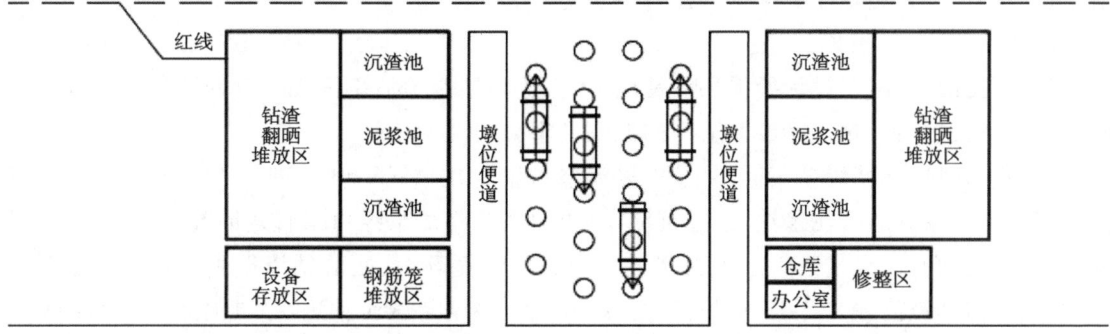

图 9-20　工点工厂化布置图

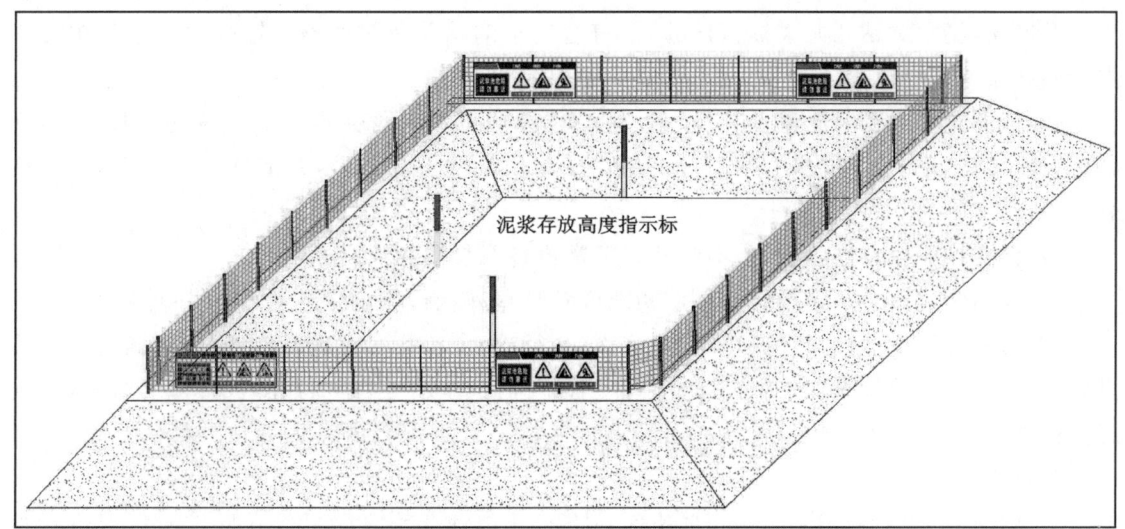

图 9-21　泥浆池布置示意图

光安全警示牌及标语,并配置足够的照明设施。

泥浆池采用挖掘机开挖,四周按 1:0.5 放坡。开挖应自上而下,逐层进行,严禁先挖坡脚或逆坡开挖。开挖完成后,对泥浆池底部及四壁进行硬化处理。

定时安排挖机及运输车对沉淀池沉渣进行清理,多余泥浆可运输至其他桩位进行回收利用。

2. 钻机施工

1)安装钻机

钻孔平台搭设好后,将钻机移至桩位,用钢枕作机座,使底座平稳,钻机底座用倒链滑车交叉对称拉紧,保证在钻进和运行中不产生位移和沉陷,钻架和钻杆要竖直,钻头、钻杆和钻径中心在一铅垂线上,其最大偏差不得大于 50mm,以保证孔位正确,钻孔顺直。将钻机底盘调成水平状态并稳定,开机试钻。钻头对准设计中心,盖上封口板,试转数圈,监控钻杆垂直度,使钻机顶部的起吊滑轮、转盘中心和桩孔中心三者在同一垂线上。钻架临时移开时,应做好标记,以确保复位后的位置准确,必要时应重新对位。钻机摆放位置要结合平台受力支撑情况,合理布置,开钻顺序要统一安排,避免干扰。

2)钻孔

(1)钻孔前,按施工设计所提供的地质、水文资料绘制地质剖面图。针对不同地层选用不同的钻头、钻进压力、钻进速度及适当的泥浆比重。

(2)开钻时以低档慢速正循环钻进,以泥浆护壁为主,钻下 5m 后改为反循环钻进。泥浆从孔口经由出浆管进入泥浆池,经过沉淀,再由泥浆泵将泥浆经由浆管送回孔底,含渣泥浆再从孔底上翻至孔口,经过浆管进入泥浆池。通过泥浆循环,孔底的钻渣即可在泥浆中沉淀下来,再人工将钻渣清除,达到清渣的目的。钻孔过程中坚持减压钻进,钻具的主吊钩始终承受部分钻具的质量,使钻杆始终在受拉状态下进行工作,钻压最大不超过钻具扣除浮力后总重力的 80%,以避免或减少斜孔、弯孔和扩孔现象。保持重锤导向作用,保证成孔垂直度。钻孔作业要连续,经常对钻孔泥浆抽检试验,不符合要求的钻孔及时调整。钻机钻进过程中孔内水头始终保持在水位线以上 2.0~3.0m,加强护壁,防止塌孔。

(3)钻进过程中及时滤渣,同时经常注意地层的变化,在地层的变化处均应捞取渣样,判断地质的类型,记入记录表中,并与设计提供的地质剖面图相对照,钻渣样应编号保存,以便分析备查。

(4)钻孔作业保持连续进行,不中断。经常检查泥浆的各项指标。

(5)开始钻进时,适当控制进尺,使初期成孔竖直、圆顺,防止孔位偏心、孔口坍塌。

(6)当钻孔深度达到设计要求时,对孔深、孔径、孔位和孔形等进行检查,确认满足设计要求后,立即填写终孔检查证,并经驻地监理工程师确认验收,方可进行孔底清理和灌注水下混凝土的准备工作。

3)终孔

当钻孔达到设计标高孔位后,对孔深、孔径、孔位和孔形、倾斜度、孔底地质情况进行检查,然后填写终孔记录,并及时通知监理工程师到现场检查验收。合格后方准进入下一道工序。孔深、孔径、倾斜度等符合下列要求:孔深不小于设计孔深,并进入设计土层;孔径不小于设计孔径;倾斜度小于 1% 孔深;孔位偏差在 50mm 以内。如图 9-22 所示,用符合规定的孔规上下两次检查钻孔是否合适,合格后方可清孔。

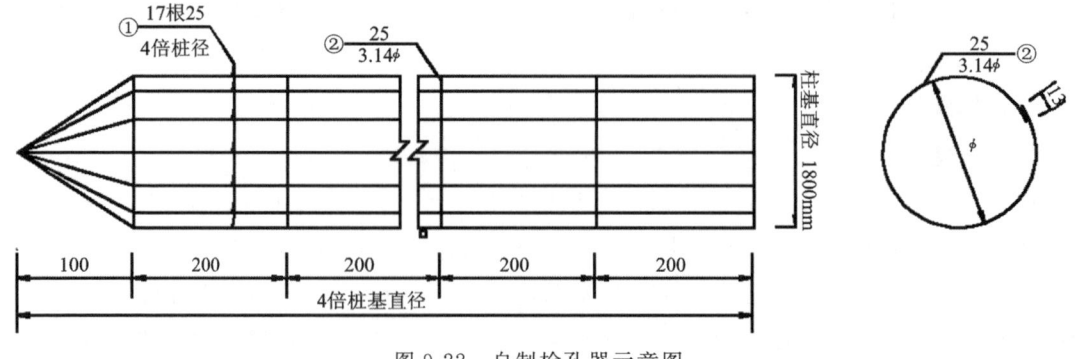

图 9-22 自制检孔器示意图

9.4.5 桩基础质量控制关键技术

1. 钻孔过程中的质量控制

首先,应该明确孔的位置,选择使用正循环或者反循环的钻机设备来进行施工,根据工程的需要选择合适钻头。钻进施工阶段,应该选择使用减压钻进方式,保证底部的钻压不能超出钻杆、钻头与压块总重的60%,从而可以预防出现斜孔、弯孔等问题。比如,泥浆护壁与成孔环节出现质量问题,就要停止钻进施工,采取措施解决问题之后可以再次进行施工。钻孔施工阶段,应该充分考虑到地质条件,选择合适比重的泥浆密度,保证内部水位高度合理。对于钻孔施工中存在的异常问题,比如塌孔、进尺尺寸不合理等,应该全面地检查施工情况,及时发现问题,上报监理、设计单位,寻找出切实可行的应对办法,确保后续施工得以顺利实施。

2. 成孔的质量控制

达到钻孔深度的尺寸之后,应该立即进行清孔,提升钻头20～30cm后继续循环。此时可以选择使用密度比较低的泥浆或者清水来实施压孔施工,结合工程的实际情况选择合适方式。应用直径小于设计桩体直径5cm的钢筋圆圈来进行直径的验收,达到要求之后可以将钢筋笼放入到孔内,但是应该提高施工速度,避免沉淀量过大的情况存在。禁止使用增加孔底深度的方式来取代清孔操作,否则将会直接导致桩尖位置的承载性能无法满足要求,同时也会因为泥浆干密度超标而导致断裂。

3. 成桩的质量控制

为了有效地避免施工中出现断桩、堵管等质量问题,灌浆施工环节需要严格控制搅拌时间和坍落度等参数。如果搅拌时间比较短,会导致结构强度无法达到要求,一般都控制在18～22cm之间,并且需要随时观察混凝土标高与导管埋入的深度尺寸。施工环节中应该严格按照施工工艺来进行,导管的抽动要按照要求来进行,保证灌注施工持续进行,升降幅度也不能过大。需要在每灌注2～3m就要进行高度测量,计算出混凝土材料的使用量和理论参数之间的相差,确定桩体的充盈系数,做好技术记录,便于后续检查。

4. 浇筑过程中的质量控制

浇筑施工环节,需要严格控制的就是导管的埋设尺寸,保证在2～6m之间。在下料施工完成之后,应该检查确定混凝土表层的上升高度,需要进行埋深尺寸的计算,以明确导管拆卸的数量,并且做好记录,避免在导管拔出之后出现断桩的问题。钢筋笼结构部分浇筑施工,需要有效地控制浇筑速度,在合理的范围内,对于埋深较大的部分,在表面进入到钢筋笼骨架一定深度之后,应该提升到规定的位置上,确保导管口要在钢筋笼骨架高出一定的高度开始进行灌注施工,避免出现钢筋笼顶出的情况。

5. 加强对垫砂层的处理

垫砂层在排水方面具有一定的优势,但是这一优势的发挥要求垫砂层具有一定的厚度,一般要求20cm左右。按照高速公路相关的施工建设标准,在软土路基的建设过程中要求运用荷载试验来检验砂垫层的排水情况,对于其中水质的凝结速度与排水的速度能够进行充分而准确地观察,要求其能够满足相应的施工要求。含沙量与清洁度是对砂垫层材料运用过程中需要重点考虑的因素。洒水压实处理工艺能够充分而有效地发挥出砂垫层的运用优势,为此要求在施工进行之前对砂砾表层情况进行充分检查与处理,确保其具有良好的湿润性。

6. 采用粒料桩加固地基

粒料桩加固地基在高速公路的施工中是一种重要的施工工艺,在运用过程中能够有效而快速地加固地基。采用的处理方式是借助振冲器把施工中收集到的一些卵石或者碎石打碎,将其压入到土基之中形成桩体,达到较为良好的排水降压与挤密效果。要求严格按照相关的施工操作规范进行加固地基操作。要求选择的碎石与卵石的含沙量低于5%。对振冲器的下沉速度做到有效控制,同时对桩位的测量放线工作能够充分监测,避免其中出现一些不良现象。为了充分发挥粒料桩在提升软土路基承载力方面的作用,可以按照梅花形间隔成桩的顺序进行施工。

7. 桩基施工常见质量问题与预防

(1)施工中发生掉钻:掉钻的原因主要为钢丝绳不能满足高强度要求,在钻进过程中,强提硬扭、钻头接触不良等。为了避免发生掉钻事故,在钻进过程中需要选择材质好的钢丝绳,提前根据钻孔深度计算钢丝绳的承受能力。

(2)孔位不正、缩孔现象:在钻机场地方面,其硬化没有达到打桩机的要求,在钻进过程中碰到较大的石块,存在倾斜度软硬土层交界造成钻头受力不均和操作不当等因素是导致钻孔缩孔、偏斜的主要原因。施工中应按要求硬化好钻进场地。

(3)断桩:实际施工中,桩基浇筑时间比较长,若混凝土坍落度没有控制好或没能及时供应混凝土,都会造成桩基混凝土流动性减弱使灌注时翻浆不到位而导致断桩事故。如没有控制好泥浆浓度,在实施软土层灌注时会导致软土层塌陷,桩基质量得不到保障。为杜绝此现象,应尽量减少高温环境下施工,合理安排施工,加强搅拌工作,配置充足的运输机械,做好混凝土监管试验工作。

(4)坍孔:坍孔预防处理原则为①保证钻孔泥浆各项指标满足规范要求;②保证钻孔时有足够的高度,在不同覆盖层选用不同的转速进入;③回填砂和黏土的混合物到坍孔以上1~2m重钻。

9.4.6 钢板桩施工关键技术

高强度塑钢板桩的工艺流程如下:高强塑钢板桩进场→验收→储存→测量放样→设备就位、调试→夹桩→插桩→振动下沉至设计标高→进入下一根桩。

1. 塑钢板桩施工方法

(1)必须先摸清地下障碍物情况,清除后才能施工。

(2)高强度塑钢板桩施工前需对小齿口进行涂抹黄油和清除木屑处理。

(3)按定位尺寸挖好沟槽,打桩机移机就位,开始打桩。

(4)由于本工程高强度塑钢板桩护岸段后方施工场地有限,为避免对场区建筑的影响,采用挖机改造为打桩机进行施工。

(5)导架安装为保证沉桩轴线位置的正确和桩的竖直,控制桩的打入精度,防止板桩的屈曲变形,提高桩的贯入能力,一般都需要设置一定刚度的、坚固的导架,亦称"施工围檩"。导架的位置不能与塑钢板桩相碰。导桩不能随着塑钢板桩的打设而下沉或变形。

(6)机械手(ZX-450)沉桩时,先放下夹具,咬住塑钢板桩,用挖机臂提升振动锤,使之竖直,插入土中;松开控制油泵;矫正塑钢板桩的垂直度,塑钢板桩垂直后,重新启动控制油泵;夹紧塑钢板桩;移动塑钢板桩,将其放在样桩位置;启动振动锤,将桩振入至要求标高。

2. 施工技术措施

(1)在施工前应对原有护岸结构前沿基底进行清障。在施工时,板桩位置可以根据护岸前沿线实际位置进行微调以保证板桩前沿线顺直。

(2)桩架安置于预定打设位置上以固定桩位,打设完成后与板桩能密切接合。分区打桩作业,每隔50m或弯折处,先行打设1支定位桩,以控制桩位基准线。

(3)桩体打设时随时调整打桩的垂直度,尽量使振动锤与板桩成一直线垂直基准面,如发觉有偏位时,应将桩体拔出重打,使打设后桩体的接缝和桩顶偏差不超过设计规范要求。

(4)板桩沉桩以标高控制为主。在沉桩时,桩锤和桩宜保持在同一轴线上。沉桩完成时应及时进行夹桩,以便桩基形成一个整体,并进行沉桩偏位的测量。

3. 施工注意事项

(1)打桩前,对桩的质量逐根进行检查,不合格者待修整后才可使用。

(2)在插打过程中随时测量每块桩的斜度,使其不超过2%,当偏斜过大不能用拉齐方法调正时,拔起重打。

(3)施工中应根据具体情况变化施打顺序,采用一种或多种施打顺序,逐步将板桩打至设计标高。

(4)施工过程中应注意原有水系的排水通畅,对施工占用的原状排水系统设置导流,保证原有排水畅通。

(5)若施工工期为当地汛期,施工过程按照汛期施工原则,做好防排水工作,施工现场设置排水系统,并与原有水系连通,保证排水通畅。

9.5 小 结

本章介绍了软土地区常用的5种桥梁施工方法,同时结合软土地区典型桥梁工程实例,探讨了连续梁桥悬臂现浇施工中的墩顶临时固结施工技术、挂篮悬臂浇筑技术和合龙段施工技术,以及变截面连续梁桥满堂支架分节段现浇施工中的支架施工技术、梁体线性控制技术。

从连续梁桥悬臂现浇施工进程来看,临时固结技术将桥墩与0#块刚性固结,以抵抗悬臂浇筑过程中的不平衡弯矩;对于航道开挖影响下上跨连续梁桥施工,悬臂现浇段选用传力明确、稳定系数高的菱形挂篮施工更有利于工程安全推进;后期桥梁合龙段施工在较低的合龙温度锁定合龙段,减少温度应力对合龙段受力产生的影响。

对于变截面连续梁桥满堂支架分节段现浇施工,重中之重是支架施工。支架搭设的步距、搭接方式等必须严格按照支架设计图进行。连续梁桥在施工过程中,温度、湿度、时间、施工都会使悬臂段产生上下扰动,严重者造成合龙困难、整体线形达不到设计要求,且各节段会相互影响,使这种影响累积叠加。因此需定期监测桥梁挠度、墩顶位移等数据,保证成桥后的线性符合要求。

除了梁体施工关键技术外,本章还结合工程实例介绍了软土地区桩基施工关键技术。对于桩基施工,首先应根据现场情况与施工要求进行方案比选,确定主墩桩基施工方法。在反循环钻机施工中,护筒的位置决定了桩基成桩位置是否满足施工要求,而钻孔施工后成孔的质量则决定了桩基浇筑完成后其承载力能否满足设计要求,因此在进行桩基施工时,针对不同的施工方法,必须重点关注不同的施工关键技术,保证成桩后桩基质量。

第 10 章　软土地区桥梁安全防护措施

随着经济的快速发展,我国桥梁建设突飞猛进。但在大批桥梁工程相继建成的同时,工程风险事故也屡屡发生。从风险事故发生的态势来看,一方面桥梁工程事故发生的可能性比过去显著提高,另一方面风险事故的后果严重程度大大增加,所以桥梁工程的风险事故也就越来越引起人们的重视。

工程风险评估旨在以科学系统分析方法,辨识并分析工程风险因素,量化风险发生的概率,评估风险损失,并寻求各种可行的风险应对策略。通过风险评估的实施,可以整体检查并消除设计中的盲点、重复或遗漏,还可以在工程实施的过程中,应用各种风险应对措施,将意外事故的发生概率降到最低,提高项目实施的安全水平,减少意外事故所造成的损失和冲击。

近年来,虽然桥梁施工企业对风险管理已足够重视,施工企业整体驾驭风险的能力逐步提升,但随着特殊结构桥梁的修建、桥梁跨径不断增大和新材料新工艺的应用,给桥梁施工阶段的风险管理又带来新的挑战。因此,为了降低桥梁施工期间的风险,避免工程事故的发生,减少经济损失,开展科学合理的桥梁施工风险评估和控制至关重要。通过施工风险分析,施工人员可以了解和掌握桥梁施工期间可能面临的各种风险,以便采取积极有效的风险应对策略,控制和降低风险水平,保障施工安全。另外,开展大型桥梁工程施工风险分析研究,对于确保桥梁工程建设的安全性和施工质量,提高桥梁工程结构全寿命周期内的经济性,均具有十分重要的理论价值和现实意义。

10.1　软土地区桥梁施工风险评价方法

桥梁建设过程中存在众多的不确定性,如结构复杂、环境变化、材料性能劣化及人为失误等。这些不确定性使得桥梁的规划、设计、施工、运营过程都不可避免地面临着风险,其中施工期间的风险尤为突出。叶耀先对 1958—1987 年间国内 285 起桥梁事故进行了分析,发现有 237 起事故发生在施工期间,约占事故总数的 83.2%。例如湖南堤溪沱大桥坍塌事故、海南万宁太阳河大桥施工坍塌事故等,这些事故对当地经济和社会发展造成了严重的影响。除坍塌事故外,其他风险病害也屡见不鲜,如福建莆田仙水溪大桥 T 梁由于临时支座左右移动,导致该片 T 梁脱落损坏;云南西双版纳州小磨公路桥梁施工时,发生吊篮坠落事件;襄阳某桥桩内透水,处理方式不妥造成断桩废桩;广州某桥钻孔桩施工时,在地下 2 m 处存在露筋问题等。历年来在国内外交通基础设施建设中桥梁出现重大坍塌和破坏的事件时有发生,部分代表性事故见表 10-1。

表 10-1 国内外部分代表性桥梁施工事故统计

时间/年	桥梁	风险事故	人员伤亡
1996	韶关白桥坑大桥	支架失稳坍塌	59人受伤,32人死亡
1999	重庆綦江彩虹桥	钢拱架焊接存在缺陷,导致运营中整桥坍塌	14人受伤,40人死亡
2000	深圳盐坝高速引桥	右幅箱梁坍塌	69人坠落,19人受伤
2001	四川隆叙铁路泸州大桥	2号桥墩安装模板,坍塌	14人受伤,1人死亡
2004	广清高速增槎路高架桥	满堂支架坍塌	7人受伤,2人死亡
2005	四川江安长江大桥	6号桥墩顶部钢筋垮塌	9人受伤,3人死亡
2006	天兴洲大桥公路引桥	吊车吊装作业中倾翻,吊杆砸向作业人群	3人受伤,2人死亡
2007	福厦铁路龙江特大桥	施工中11号墩混凝土浇筑时爆模	3人死亡
2007	天兴洲大桥铁路引桥	10号桥墩泵送混凝土施工时,模板倾倒,作业平台倾倒	2人受伤,1人死亡
2007	印度海得拉巴大桥	支架地基处理不当,导致高架桥坍塌	30人伤亡
2007	湖南沱江大桥	拆拱架时第1跨突然垮塌,因连拱效应第2、3、4孔朝第1跨方向相继倒塌	22人受伤,64人死亡
2007	越南芹苴大桥	支撑桥面的临时支架不稳,导致大桥坍塌	150人受伤,60人死亡
2008	佛山广明高速富湾大桥	大桥51号墩混凝土浇筑时爆模	死亡、失踪各1人,3人受伤
2009	青海西宁某高架桥	施工时桥墩钢筋骨架垮塌	2人死亡
2010	昆明在建机场立交桥	施工支撑体系失稳造成垮塌	34人受伤,7人死亡
2011	海南万宁太阳河桥	改造过程中发生坍塌事故	2人受伤,2人死亡
2012	浙江杭州德胜高架桥	高架桥拆除时发生坍塌	1人死亡
2013	宁波轨道交通贝雷梁	贝雷梁局部失稳倒塌	2人受伤,2人死亡
2014	湖北恩施金山大桥	箱梁三号块在浇筑中作业面坍塌	11人受伤
2014	巴西贝洛奥里藏特高架桥	在建高架桥坍塌	19人受伤,2人死亡
2016	江西泰和大桥	进行拆除工作时,第5跨挖掘机突然下沉进而全桥发生连续倒塌破坏	5人受伤,3人死亡
2017	郑州农业路沙口路高架桥	拆除施工中支架失稳导致桥面坍塌	8人受伤,1人死亡
2017	新加坡樟宜东路高架桥	在建高架桥预制横梁坍塌	10人伤亡

续表 10-1

时间/年	桥梁	风险事故	人员伤亡
2018	福建莆田仙水溪大桥	临时支座左右移动导致T梁脱落损坏	无人伤亡
2018	美国迈阿密大桥	采用"加速桥梁建造法",坍塌时结构呈简支梁体系,斜拉索未参与受力导致坍塌	9人受伤,6人死亡
2018	哥伦比亚Chirajara大桥	由于设计计算错误导致一座主塔突然倒塌	4人受伤,10人死亡
2019	安徽滁州跨襄河大桥	钢结构施工支架垮塌	15人受伤,4人死亡
2020	福州福平铁路天马山大桥	运梁车司机违规作业,制动不及时导致轨道梁等建筑用材坠落	4人受伤,2人死亡
2021	龙潭长江大桥	提前拆除劲性骨架支腿,锚碇模板失稳,向外倾覆	3人死亡,12人受伤
2021	金海公路大桥	违规拆除箱梁底钢管支撑,导致钢管立柱压溃从而满堂支架失稳,造成整个支架体系垮塌	4人死亡,1人失踪
2022	中山市横栏镇西环高速横栏北互通C匝道桥	简支曲线钢梁掉落	1人受伤

随着桥梁工程的不断发展,桥梁跨度不断增大,工程体量逐步增长,投资规模宏大,桥梁施工面临的风险日益增大。在此,将主跨300m以上、主跨150m以上的特殊结构桥梁统称为大型桥梁,大型桥梁工程一旦发生风险事件,将会造成巨大的经济损失,甚至人员伤亡,造成恶劣的社会影响。此外,施工过程中的工程事故很大概率会造成桥梁结构质量缺陷,造成多种病害发生概率的提升并导致运营期病害发生的时间提前。在此背景下,如何科学合理有效地评估大型桥梁施工过程中的风险并加以控制成为值得深入研究的课题。

10.1.1 桥梁工程施工风险评价基本原理

1. 桥梁工程施工风险评价含义及步骤

桥梁施工风险评价是在风险识别、风险概率和损失估计的基础上,建立综合考虑风险概率与风险后果的施工风险评价模型,计算确定系统风险项或总体风险的指标值,然后根据相关风险接受准则和评价标准,判断和检验相关风险是否可以接受,从而评价风险的等级水平,为风险应对与决策提供科学依据,以保障桥梁工程建设项目的顺利实施。

桥梁施工风险评价是风险分析的一个重要组成部分,是在桥梁施工风险识别、风险概率估计与风险后果估计的基础上进行的,通常包括以下步骤。

(1)确定项目风险评价目标,选取评价方法。在风险源识别、概率和损失估计的基础上,根据项目评估需要,选取能够全面描述桥梁施工期风险评价方法,计算和度量桥梁施工全过程中各风险事件及整体风险的大小。常见的风险评价方法分为两类,一类是针对单个风险事件;另一类则是根据风险识别中层次模型,从多层次、多角度对风险展开等级评定。

(2)风险指标值计算。根据评价方法需要,采用合适的概率和损失估计模型计算风险指标值,包括仅以概率值、综合概率值和损失的风险指标值算法。

(3)建立风险接受准则与评价标准。建立与桥梁施工风险评价模型相对应的风险评价指标体系,包括评价风险可接受水平的风险接受准则,以及评定风险等级大小的风险等级评价标准。依据风险评价标准,全面衡量和评价系统整体风险水平和实际风险状态,为制定风险应对措施与风险决策提供科学依据。

(4)评价系统风险等级。将风险概率与损失结果代入风险评价模型,以量化的指标表示系统风险的实际大小,并与风险接受准则进行对比分析,评判当前系统风险是否在可接受范围内,以确定建设项目是否需要制定风险控制对策。

2. 桥梁工程风险接受准则和风险等级标准的制定

风险接受准则是指在对某一工程项目进行风险评价过程中,根据工程风险管理原则所制定的、能衡量评价对象风险等级的标准,目前尚未有明确的规范条文对此做清晰的界定,在不少研究中将风险接受准则和风险评价标准视为同一概念。

根据风险评价的基本流程,对风险接受准则和风险等级标准之间的关系进行梳理,分析两者在大型桥梁施工过程中所产生的作用。

风险接受准则,表示某一项目施工过程中可接受的风险水平,反映建设单位对于风险的承受程度。依据不同的风险接受程度,风险接受准则可以直接用于风险评价,为风险应对与决策提供参考依据,这也是风险接受准则和风险等级评价标准被部分研究人员视为同一定义的原因。常用的风险接受准则有最低合理可行准则和频率与死亡人数曲线。

最低合理可行准则在运用时,依据风险严重程度分为不可忽略区域、风险最低合理可行区(ALARP区)和可忽略风险区,如图10-1所示。不同区域对应不同的风险处理方法。风险在不可接受区域时,必须对风险源采取强制控制措施以减少风险,必要时可不用考虑经济代价;风险在可忽略区域时,风险水平相对较低,因此可以不采取任何风险控制对策;风险在最低合理可行区,则需要根据工程实际情况制定最为经济合理的控制对策,降低风险,直至其等级降低至可忽略区域。

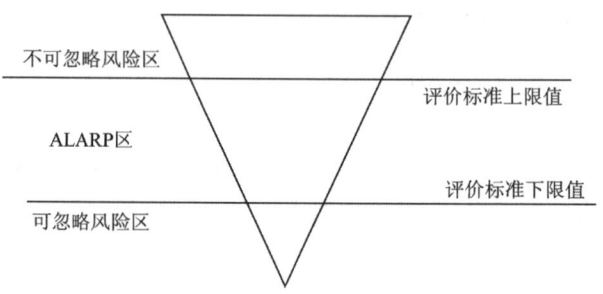

图 10-1 基于 ALARP 准则的风险接受标准

第 10 章 软土地区桥梁安全防护措施

1967年,Farlner首先采用概率论的方法得到了一条各种事故所允许的发生限制曲线,即著名的FN曲线,是一种较为常用的风险表示形式。FN曲线广泛用于定义风险接受准则,又称为FN准则。FN准则将事故的发生概率和事故产生的后果以图形的形式表示。如图10-2所示横轴表示给定事故产生的后果,如人员死亡数目、财产损失费用、环境影响损失等(不局限于图中),纵轴表示给定事故的发生概率,每种事故对应于曲线图中的一个点。FN曲线通过社会风险的上下限将整个区域分为可接受风险区、FN区和不可接受风险区。

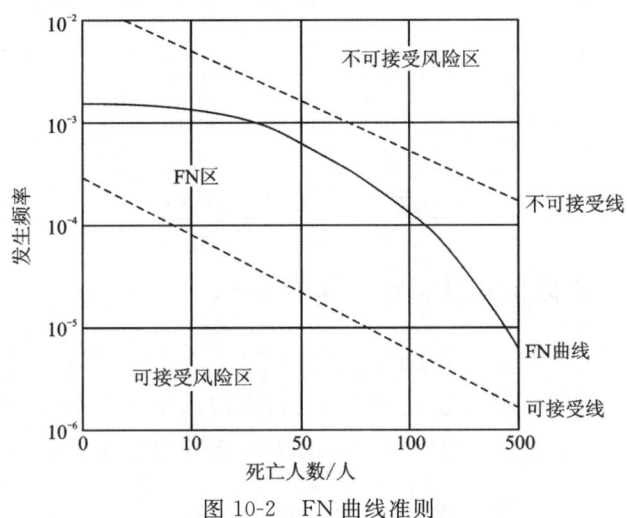

图 10-2　FN 曲线准则

根据前述两种风险接受准则划分区域可知,如将其直接应用于风险等级评价中则只能采用3级风险等级划分。但在实际工程中,采用3级等级划分很难满足评估需要,因此引入风险等级评价标准,其基本定义为:评定和判别系统风险属于何种等级水平的原则或标准是风险评价的依据。不难得知,风险等级评价标准是风险接受准则的外延和深化,通过将3级风险接受准则进行扩充,从而更加直观、科学地衡量项目的严重程度,便于风险管理与决策者开展有针对性的风险控制决策。

常用的风险等级评价标准是依据ALARP准则制定的4级风险等级接受标准,得到表10-2中4级风险等级划分和控制要求。表10-2中,Ⅱ、Ⅲ级风险是将原有的ALARP区进行了细化,更加贴合实际工程需要。

表 10-2　风险评价等级与控制要求

风险等级	接受准则	风险控制要求
Ⅰ(低度)	可以接受	按照施工中正常风险管理条例控制,不必额外制定措施
Ⅱ(中度)	有条件接受	结合工程需要,制定专项控制措施
Ⅲ(高度)	有条件接受	必须制定专项施工工艺、监测方案等控制措施
Ⅳ(极高)	不可接受	立即停止施工,不惜代价将风险等级降低到Ⅲ级及以下水平

但在如贝叶斯网络、故障树等评价方法中,由于风险指标值仅以概率为依据,为便于后续评价,在表 10-2 风险评价等级与控制要求的基础上继续细化,得到的风险评价等级与控制要求见表 10-3。

表 10-3　风险评价等级与控制要求

风险等级	接受准则	风险控制要求
Ⅰ(极低)	可以接受	按照施工中正常风险管理条例控制
Ⅱ(低)	可以接受	按照施工中正常风险管理条例控制,需密切关注其发展
Ⅲ(中)	有条件接受	结合工程需要,制定专项控制措施
Ⅳ(高度)	有条件接受	必须制定专项施工工艺、监测方案等控制措施
Ⅴ(极高)	不可接受	立即停止施工,不惜代价将风险等级降低到Ⅲ级及以下水平

10.1.2　基于风险评估矩阵法的一般风险源评价方法

风险评估矩阵法是一种简便、可靠的结构性风险评价方法,它将风险概率和损失分别作为矩阵纵列与横列,并采用相对方法将风险划为多个风险等级。表 10-4 即是一个典型的风险矩阵示例,该矩阵中将风险等级划分为 4 级,不同工程中可做不同划分。

表 10-4　风险矩阵法示例

风险概率		风险损失				
		轻微	小	一般	严重	很严重
很不可能	1	Ⅰ	Ⅰ	Ⅱ	Ⅱ	Ⅲ
不可能	2	Ⅰ	Ⅱ	Ⅱ	Ⅲ	Ⅲ
偶然	3	Ⅱ	Ⅱ	Ⅲ	Ⅲ	Ⅳ
可能	4	Ⅱ	Ⅲ	Ⅲ	Ⅳ	Ⅳ
很可能	5	Ⅲ	Ⅲ	Ⅳ	Ⅳ	Ⅳ

基于 ALARP 准则的风险矩阵法是在一般风险矩阵法的基础上根据 ALARP 准则,将风险等级划分为可忽略、可接受、不可接受等区域,同时对每种等级分别给出了基本的风险应对方法。风险矩阵法简便而精确,适用性强。

在实际工程应用中,基于 ALARP 的风险评价矩阵可根据项目风险可接受程度以及施工现场的情况具体制定。目前,基于国际隧道协会颁布的 *Guidelines for Tunnelling Risk Management* 的风险矩阵法在桥梁工程界广泛应用,其风险等级标准见表 10-5。

在桥梁工程施工风险评估中,由于大多采用专家调查法评定风险概率和损失,并且在评定数据处理时,会对多位专家的评定结果采用加权取值的方法,此时不可避免地会出现小数值,因此评定时对表 10-5 中风险矩阵法进行进一步修正,得到如图 10-3 所示的风险等级标准,风险等级评定时依据图 10-3 进行。

第 10 章 软土地区桥梁安全防护措施

表 10-5 风险等级标准

概率等级		后果等级				
		轻微的	较大的	严重的	很严重的	灾难性的
		1	2	3	4	5
很不可能	1	低度（Ⅰ级）	低度（Ⅰ级）	中度（Ⅱ级）	中度（Ⅱ级）	高度（Ⅲ级）
不可能	2	低度（Ⅰ级）	中度（Ⅱ级）	中度（Ⅱ级）	高度（Ⅲ级）	高度（Ⅲ级）
偶然	3	中度（Ⅱ级）	中度（Ⅱ级）	高度（Ⅲ级）	高度（Ⅲ级）	极高（Ⅳ级）
可能	4	中度（Ⅱ级）	高度（Ⅲ级）	高度（Ⅲ级）	极高（Ⅳ级）	极高（Ⅳ级）
很可能	5	高度（Ⅲ级）	高度（Ⅲ级）	极高（Ⅳ级）	极高（Ⅳ级）	极高（Ⅳ级）

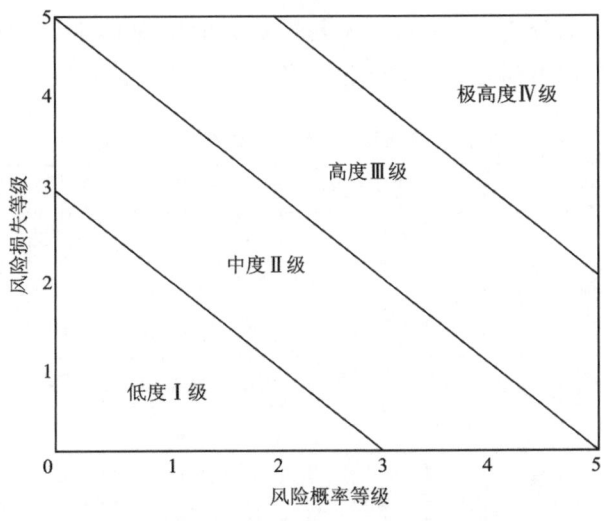

图 10-3 风险评估矩阵法风险等级标准

10.1.3 基于 LEC 法的安全风险评价方法

LEC 评价法又被称为格雷厄姆评价法，是一种半定量的风险评价方法，主要用于评价人员安全风险，该方法通过 3 个指标的乘积衡量风险量值 D，如式(10-1)所示。

$$D = L \times E \times C \tag{10-1}$$

式中：L 为事故发生的可能性；E 为人员暴露于危险环境中的频繁程度；C 为事故发生导致的后果；D 为作业环境危害程度的大小。

在工程项目评估中，D 值越大，表示人员所处环境越恶劣，必须利用某种方法降低 D 值来提高安全性。主要方法是要么降低发生事故的概率，要么减少人员处在危险环境下的频率，要么降低事故发生后的损失，直到 D 值控制在可控范围内。

事故或危险事件发生的可能性 L 与其实际发生的概率相关。若用概率来表示时，绝对不可能发生的概率为 0；而必然发生的事件，其概率为 1。但在考察一个系统的危险发生时，绝对不可能发生事故是不确切的，即概率为 0 的情况不确切。所以，将实际上不可能发生的情况作为"打分"的参考点，定其分数值为 0.1。此外，在实际生产条件中，事故或危险事件发生的可能性范围非常广泛，因而人为地将完全出乎意料之外、极少可能发生的情况规定为 1，能预料将来某个时候会发生事故的分值规定为 10，在这两者之间再根据可能性的大小相应地确定几个中间值，如将"不常见，但仍然可能"的分值规定为 3，"相当可能发生"的分值规定为 6。同样，在 0.1 与 1 之间也插入了与某种可能性对应的分值。于是，将事故或危险事件发生可能性的分值从实际上不可能的事件为 0.1，经过完全意外有极少可能的分值 1，确定到完全会被预料到的分值 10 为止。事故或危险事件发生可能性分值见表 10-6。

暴露于危险环境的频率 E 量化时，作业人员暴露于危险作业条件的次数越多、时间越长，则受到伤害的可能性也就越大。为此，该方法规定了连续出现在潜在危险环境的暴露频率分值为 10，一年中仅出现几次非常稀少的暴露频率分值为 1。以 10 和 1 为考点，在其区间根据潜在危险作业条件中暴露情况进行划分，对应确定其分值。例如，每月暴露一次的分值定为 2，每周一次或偶然暴露的分值为 3。根本不暴露的分值定为 0，但这种情况实际上是不存在的，也是没有意义的，因此不列出。暴露于潜在危险环境的分值见表 10-6。

表 10-6 LEC 分级结果

事故发生的可能性		暴露于危险环境的频繁程度		事故发生导致的后果	
分数值	L	分数值	E	分数值	C
10	完全可以预料	10	连续暴露	100	10 人以上死亡
6	相当可能	6	每天工作时间内暴露	40	3~9 人死亡
3	可能，但不经常	3	每周一次或偶然暴露	15	1~2 人死亡
1	可能性小，完全意外	2	每月一次暴露	7	严重
0.5	很不可能，可以设想	1	每年几次暴露	3	重大，伤残
0.2	极不可能	0.5	非常罕见暴露	1	引人注意
0.1	实际不可能				

发生事故或危险事件的可能结果 C 量化中，造成事故或危险事故的人身伤害或物质损失可在很大范围内变化，以工伤事故而言，可以从轻微伤害到多人死亡，其范围非常宽泛。因此，该方法将需要救护的轻微伤害的可能结果值定为 1，以此为一个基准点；而将造成多人死亡的可能结果规定分值为 100，作为另一个参考点。在两个参考点 1~100 之间，插入相应的中间值，发生事故或危险事件的可能结果分值见表 10-6。

危险性 D 量化中，确定了上述 3 个具有潜在危险性的作业条件的分值，并按公式进行计算，即可得危险性分值。要确定危险性程度时，按表 10-7 中的标准进行评定。

由风险接受标准可知，危险性分值在 20 以下的环境属低危险性，一般可以被人们接受；当危险性分值在 20~70 时，则需要加以注意；危险性分值在 70~160 时，则有明显危险，需要采取措施进行整改。同样，根据经验，危险性分值在 160~320 的作业条件属于高度危险的作业条件，必须立即采取措施进行整改；危险性分值在 320 分以上时，则表示该作业条件极其危险，应该立即停止作业直到作业条件得到改善为止。

表 10-7　危险性 D 等级量化标准

风险等级	D 值	危险程度
1	<20	稍有危险,可以接受
2	20～70	一般危险,需要注意
3	70～160	显著危险,需要整改
4	160～320	高度危险,要立即整改
5	>320	极其危险,不能继续作业

10.1.4　基于故障树的风险事件分析方法

1. 故障树分析基本流程

故障树分析(fault tree analysis)又称为事故树分析法,工程应用中常常采用这种方法对系统进行故障分析,并分析故障的可靠性。在设计系统时,首先要找到引起系统不工作的所有可能发生的故障,然后按照先总后分的模式,从上到下全面分析,把系统中所有因素间逻辑关系用逻辑符号在故障树中表示出来。分析所有引起故障发生的原因,利用数据参数计算出故障的发生概率,然后再分析发生概率对故障现象发生所起的影响作用,最后利用重要度的相关计算原理求出各个底事件的重要度,再按大小排列。采用故障树分析法预测和诊断系统异常可能出现的所有原因,分析系统中的漏洞,采取对应措施补救使其完善达到最优。

故障树分析法的基本分析流程如下。

(1)基于风险识别结果确定的事件,根据风险识别结果将最不希望发生的风险事件放在树的顶端,定义为顶事件。

(2)故障树构建:根据顶事件,采用逻辑分析的方法找出所有可能导致这一事件发生的直接因素或事件,定义为中间事件,继续推出可能导致中间事件发生的基本事件与原因、顶事件、中间事件与底事件之间用逻辑门符号与箭线连接,即形成故障树分析的树状图。

(3)故障树分析:故障树法可以做定性分析,也可以做定量分析。定性分析有最小割集分析;定量分析主要为结构重要度、概率重要度和关键重要度分析。故障树方法在具体定量计算时,无法准确计算底事件,需结合其他概率分析方法共同使用。

2. 故障树基本符号及构建原则

故障树分析法有两类符号:事件符号、逻辑门符号。

事件符号分为 4 种:①结果事件符号,表示由其他事件或者其他事件的组合导致发生的事件,由矩形框表示;②基本事件符号,表示不需要再继续分析发生原因的风险事件,用圆形符号表示;③开关事件符号,表示系统正常状态下必然发生或者必然不发生的事件,用屋形符号表示;④未探明事件,表示是由其他事件导致发生,但暂时无法或不必要识别其发生原因的事件,用菱形框表示。在故障树中,事件的作用是描述系统与元器件的故障状态。

故障树中常用事件的定义如下。

(1)底事件:位于故障树的底端并不进一步向下发展的事件,这类事件总是连接某个逻辑门,作为逻辑门的输入事件。

(2)基本事件:已经探明或尚未探明但必须进一步探明其发生原因的底事件,基本元部件故障或人为失误、环境因素等均属于基本事件。

(3)非基本事件:对系统影响较小或其影响可以忽略的次要事件,这类事件没有必要进一步探明。

(4)顶事件:位于故障树的顶端,是系统中不希望发生的事件,它是逻辑门的输出事件,而不会是任何逻辑门的输入事件。

(5)中间事件:位于故障树底事件和顶事件之间,它可以同时作为逻辑门的输入和输出事件;除了顶事件,故障树中所有的结果事件都可被称作中间事件。

(6)菱形事件:也被称作非基本事件,表示故障树中未展开的事件或者准底事件,这类事件虽然也可能发生,但其发生概率较小,不需要进一步分析。

在故障树中,逻辑门被用来表示事件之间的逻辑关系,逻辑门与事件是构成故障树的两大元素。在所有逻辑门中,"与门"和"或门"是最常用的,在某种程度上其他类型的逻辑门都可以向"与门"和"或门"简化。

(1)与门:表示门的输出事件只有在输入逻辑门的所有事件都发生时才会发生。

(2)或门:表示在输入逻辑门的全部事件中有事件发生的时候,逻辑门的输出事件就会发生。

(3)异或门:表示或门中输入的事件相互之间是排斥的,有且只有一个输入事件发生时转移符号。

(4)转入、转出:故障树中相同的事件有时会出现在不同的位置上,转移符号可以用来表示从故障树某处的转入或转出,既可以代表那些相同的故障树,也可以代表大规模故障树的转页。

目前建立故障树的方法仍以专家推理为主。专家推理法较简单,虽操作较为复杂,但由于具有便于查明所有风险因素的优势,因此使用较普遍。此外,部分研究人员采用计算机推理,但使用计算机推理法在建立故障树时对风险事件的薄弱环节、专家诊断等部分难以实施,因此计算机方法尚未大规模应用。采用专家推理构建故障树时需遵循如下原则:①熟悉系统的运行机理与风险因素,准确地定义顶事件。②合理地设定故障树的假设条件与边界,为了避免在风险分析时出现遗漏与重复,将复杂系统中对顶事件影响可以忽略不计的因素排除在外,以简化系统。③故障树的建立应遵循自上而下的顺序,在使用故障树法进行系统分析时,所需建立的故障树往往会很复杂,具有很多中间事件,而每一个中间事件又可能有着一个复杂的子树,遵循自上而下的建立顺序,思路清晰,层次结构明确,有效避免风险分析的疏漏或者重复。

10.2 危险源辨识

为有效地进行桥梁上部结构施工的风险管理,围绕"安全第一、预防为主、综合治理"的方针,对桥梁上部结构施工开展风险评估和风险等级调查。在评估和调查时应结合工程施工内容、安全管理方案、可能发生的事故特点等因素确定。本节选取软土地区典型航道桥世纪大道桥作为工程案例对其上部结构施工进行安全风险评价。

10.2.1 风险评价方法

采用半定量计值的评价方法分析每个危险源导致风险发生的可能性和后果,确定危险程度的大小。评价方法采用作业条件危险评价法进行。

基于 LEC 法的安全风险评价方法是用与系统危险性有关的 3 个因素指标之积来评价系统人员伤亡危险的大小,其简化公式为 $D=L\times E\times C$。

L——发生事故的可能性

事故或危险事件发生的可能性,当用概率来表示时,绝对不可能的事件发生概率为 0,而必然发生的事件概率为 1。但在考虑系统安全时,绝对不发生的事故是不可能的,所以人为地将"发生事故可能性小"的分数定为 0.1,而必然要发生的事件分数定为 10,介于这两种情况之间的情况指定为若干个中间值,如表 10-8 所示。

表 10-8 事故发生的可能性(L)

分数值	10	6	3	1	0.5	0.2	0.1
事故发生的可能性	完全可以预料	相当可能	可能,但不经常	可能性小,完全意外	很不可能,可以设想	极不可能	实际不可能

E——暴露于危险环境的频繁程度

人员出现在危险环境中的时间越多,危险性越大。因此将人员连续出现在危险环境的情况定为 10,将非常罕见出现在危险环境中定为 0.5,而介于两者之间的各种情况分别规定出若干中间值,如表 10-9 所示。

表 10-9 暴露于危险环境的频繁程度(E)

分数值	10	6	3	2	1	0.5
暴露于危险环境的频繁程度	连续暴露	每天工作时间内暴露	每周一次或偶然暴露	每月一次暴露	每年几次暴露	非常罕见暴露

C——发生事故的后果

在项目范围内所有的活动、服务过程中,因各种过失酿成机械设备损坏和安全设施失当造成人身伤亡或重大经济损失的事故,按其可能产生的后果即人员受到伤害的程度、经济损失额度的变化范围进行界定(经济损失系指直接经济损失,泛指因事故造成人身伤亡及善后处理支出的费用和损坏财产的价值)。由于范围广阔,所以依据《企业职工伤亡事故分类》(GB 6441—86)规定分数值为 1~100,如表 10-10 所示。

表 10-10 发生事故的后果(C)

分数值	100	40	15	7	3	1
发生事故产生的后果	10人以上死亡/直接经济损失100万~300万元	3~9人死亡/直接经济损失30万~100万元	1~2人死亡/直接经济损失10万~30万元	伤残/经济损失1万~10万元	重伤/经济损失1万元以下	轻伤(损失1~105工日的失能伤害)

D——危险性分值

根据公式就可以计算作业的危险性程度,但关键是如何确定各分值和总分的评价。根据工程经验,总分在400以下,认为是低度风险,采用培训增强意识和提高能力;建立健全有关规章制度;强化安全检查等方法进行管理。如果风险分数值在400以上,是要采取措施进行整改的重大风险,如表10-11所示。

表 10-11 风险等级划分

D 值	危险程度	风险等级
≥320	极其危险,不能继续作业	A
160~320	高度危险,必须立即整改	B
70~160	显著危险,需要整改	C
20~70	一般危险,需要注意	D
≤20	稍有危险,可以接受	E

10.2.2 考虑航道开挖影响上跨桥梁风险评价

根据连续梁段施工工艺以及施工采用的机械设备,对工程进行风险的辨识分析,结合 $D=L\times E\times C$ 方法对存在危险因素进行评价,评价结果见表10-12。

表 10-12 危险因素辨识及评价表

施工内容	施工工序	风险源辨识	作业条件危险性评价				风险等级	危险级别
			L	E	C	D		
0#块施工	0#块支架安装、预压	高处坠落	1	6	7	42	D	一般危险
		物体打击	1	6	3	18	E	稍有危险
		触电	0.5	6	7	21	D	一般危险
		坍塌	1	6	7	42	D	一般危险
	0#块模板安装	高处坠落	1	6	7	42	D	一般危险
		物体打击	1	6	7	42	D	一般危险
		触电	0.5	3	7	10.5	E	稍有危险
		坍塌	0.5	6	15	45	D	一般危险

续表 10-12

施工内容	施工工序	风险源辨识	作业条件危险性评价				风险等级	危险级别
			L	E	C	D		
0#块施工	0#块钢筋、预应力管道安装	高处坠落	0.5	3	7	10.5	E	稍有危险
		物体打击	1	6	1	6	E	稍有危险
		触电	0.5	3	7	10.5	E	稍有危险
		坍塌	0.5	6	15	45	D	一般危险
	0#块混凝土浇筑	高处坠落	0.5	3	7	10.5	E	稍有危险
		物体打击	1	6	1	6	E	稍有危险
		触电	0.5	3	7	10.5	E	稍有危险
		坍塌	0.5	6	15	45	D	一般危险
	0#块预应力施工	高处坠落	0.5	3	7	10.5	E	稍有危险
		物体打击	1	6	7	42	D	一般危险
		触电	0.5	3	7	10.5	E	稍有危险
		坍塌	0.5	6	15	45	D	一般危险
挂篮施工	挂篮安装预压	高处坠落	1	6	7	42	D	一般危险
		物体打击	1	6	3	18	E	稍有危险
		触电	0.5	3	7	10.5	D	一般危险
		坍塌	1	6	7	42	D	一般危险
	挂篮模板安装	高处坠落	1	6	7	42	D	一般危险
		物体打击	1	6	7	42	D	一般危险
		触电	0.5	3	7	10.5	E	稍有危险
		坍塌	0.5	6	15	45	D	一般危险
	挂篮钢筋预应力管道安装	高处坠落	0.5	3	7	10.5	E	稍有危险
		物体打击	1	6	1	6	E	稍有危险
		坍塌	0.5	6	15	45	D	一般危险
		触电	0.5	3	7	10.5	E	稍有危险
	挂篮混凝土浇筑	高处坠落	0.5	3	7	10.5	E	稍有危险
		物体打击	1	6	1	6	E	稍有危险
		触电	0.5	3	7	10.5	E	稍有危险
		坍塌	0.5	6	15	45	D	一般危险

续表 10-12

施工内容	施工工序	风险源辨识	作业条件危险性评价				风险等级	危险级别
			L	E	C	D		
边跨现浇段施工	边跨现浇段支架安装、预压	高处坠落	1	6	7	42	D	一般危险
		物体打击	1	6	3	18	E	稍有危险
		触电	0.5	3	7	10.5	D	一般危险
		坍塌	1	6	7	42	D	一般危险
	边跨现浇段模板安装	高处坠落	1	6	7	42	D	一般危险
		物体打击	1	6	7	42	D	一般危险
		触电	0.5	3	7	10.5	E	稍有危险
		坍塌	0.5	6	15	45	D	一般危险
	边跨现浇段钢筋、预应力管道安装	高处坠落	0.5	3	7	10.5	E	稍有危险
		物体打击	1	6	1	6	E	稍有危险
		坍塌	0.5	6	15	45	D	一般危险
		触电	0.5	3	7	10.5	E	稍有危险
	边跨现浇段预应力施工	高处坠落	0.5	3	7	10.5	E	稍有危险
		物体打击	1	6	1	6	E	稍有危险
		触电	0.5	3	7	10.5	E	稍有危险
		坍塌	0.5	6	15	45	D	一般危险
边跨合龙段施工	边跨合龙段支架安装	高处坠落	1	6	7	42	D	一般危险
		物体打击	1	6	3	18	E	稍有危险
		触电	0.5	3	7	10.5	D	一般危险
		坍塌	1	6	7	42	D	一般危险
	边跨合龙段模板安装	高处坠落	1	6	7	42	D	一般危险
		物体打击	1	6	7	42	D	一般危险
		触电	0.5	3	7	10.5	E	稍有危险
		坍塌	0.5	6	15	45	D	一般危险
	边跨合龙段钢筋、预应力管道安装	高处坠落	0.5	3	7	10.5	E	稍有危险
		物体打击	1	6	1	6	E	稍有危险
		坍塌	0.5	6	15	45	D	一般危险
		触电	0.5	3	7	10.5	E	稍有危险

续表 10-12

施工内容	施工工序	风险源辨识	作业条件危险性评价				风险等级	危险级别
			L	E	C	D		
边跨合龙段施工	边跨合龙段预应力施工	高处坠落	0.5	3	7	10.5	E	稍有危险
		物体打击	1	6	1	6	E	稍有危险
		触电	0.5	3	7	10.5	E	稍有危险
		坍塌	0.5	6	15	45	D	一般危险
	支架拆除	高处坠落	0.5	3	7	10.5	E	稍有危险
		物体打击	1	6	1	6	E	稍有危险
		触电	0.5	3	7	10.5	E	稍有危险
		坍塌	0.5	6	15	45	D	一般危险
中跨合龙段施工	中跨合龙段支架安装	高处坠落	1	6	7	42	D	一般危险
		物体打击	1	6	3	18	E	稍有危险
		触电	0.5	3	7	10.5	D	一般危险
		坍塌	1	6	7	42	D	一般危险
	中跨合龙段模板安装	高处坠落	1	6	7	42	D	一般危险
		物体打击	1	6	7	42	D	一般危险
		触电	0.5	3	7	10.5	E	稍有危险
		坍塌	0.5	6	15	45	D	一般危险
	中跨合龙段钢筋、预应力管道安装	高处坠落	0.5	3	7	10.5	E	稍有危险
		物体打击	1	6	1	6	E	稍有危险
		坍塌	0.5	6	15	45	D	一般危险
		触电	0.5	3	7	10.5	E	稍有危险
	中跨合龙段预应力施工	高处坠落	0.5	3	7	10.5	E	稍有危险
		物体打击	1	6	1	6	E	稍有危险
		触电	0.5	3	7	10.5	E	稍有危险
		坍塌	0.5	6	15	45	D	一般危险
	支架拆除	高处坠落	0.5	3	7	10.5	E	稍有危险
		物体打击	1	6	1	6	E	稍有危险
		触电	0.5	3	7	10.5	E	稍有危险
		坍塌	0.5	6	15	45	D	一般危险

10.3 安全防范措施

大型桥梁各类组成构件规模庞大,放大了施工中的各类安全风险,例如,尺寸巨大的基础、桥塔、主梁、缆索体系工程中均涉及大量高处作业,极易造成人员安全和高处坠物风险;工程中如沉井基础、主塔等工程混凝土浇筑,需大量施工支架辅助施工;基础施工钢围堰吊装、主梁吊装等施工中涉及大量水上作业和船舶运输过程。除此之外,大型桥梁工程量巨大,需要大量施工机械配合施工,其中,起重作业安全风险、易燃材料的使用及供电系统负载过大也会引发火灾。针对上述安全风险制定风险控制对策,具体如高处作业风险、各类支架施工风险、高处物体坠落、起重机吊装伤害、水上作业安全、火灾、船舶运输安全等制定具体风险控制措施。与此同时,大型桥梁施工体量极其巨大,风险源数量多,完全避免上述安全风险可能性不高,因此针对性制定安全风险如物体打击事故、高处坠落事故、起重伤害事故、机械伤害事故、火灾事故、触电事故、爆炸事故、车辆伤害事故、基坑或支架坍塌事故等的防护措施与应急预案。

10.3.1 塔吊施工安全防护措施

(1)风力达到四级以上时不得进行顶升、安装、拆卸作业。顶升前必须检查液压顶升系统各部件连接情况,顶升时严禁回转臂杆和其他作业。在进行塔吊回转、变幅、行走和吊钩升降等动作前,操作人员应鸣声示意。检查电源电压达到380V,其变动范围不得超过+20V、-10V,送电前启动控制开关应在零位,接通电源,检查金属结构部分无漏电方可上机。

(2)塔吊的指挥人员必须持证上岗,作业时与操作人员密切配合。操作人员也必须持证上岗,作业时严格执行指挥人员的信号,如信号不清或错误时,操作人员要拒绝执行。如果由于指挥失误而造成事故,由指挥人员负责。操纵室远离地面的塔吊在正常指挥发生困难时,可设高空、地面两个指挥人员,或采用对讲机等有效联系方式进行指挥。

(3)塔吊的小车变幅和动臂变幅限制器、行走限位器、力矩限制器、吊钩高度限制器以及各种行程限位开关等安全保护装置,必须齐全完整,灵敏可靠,不得随意调整和拆除。严禁用限位装置代替操纵机构。塔吊作业时,起重臂和重物下方严禁有人停留、工作或通过。重物吊运时,严禁从人上方通过,严禁用塔吊载运人员。

(4)塔吊机械必须按规定的塔吊起重性能作业,不得超载荷和起吊不明重量的物件。在特殊情况下需超载荷使用时,必须经过验算,有保证安全的技术措施,经企业技术负责人批准,有专人在现场监护,方可起吊,但不得超过限载的10%。严禁起吊重物长时间悬挂在空中,作业中遇突发故障,采取措施将重物降落到安全地方,并关闭电机或切断电源后进行检修。突然停电时,立即把所有控制器拨到零位,断开电源总开关,并采取措施将重物安全降到地面。

(5)作业中,操作人员临时离开操制室时,必须切断电源,锁紧夹轨器。作业完毕后,塔吊要停放在轨道中间位置,起重臂应转到顺风方向,并松开回转制动器,小车及平衡重应置于非工作状态,吊钩宜升到离起重臂顶端2~3m处。定期对塔吊和吊装辅助工具进行检查、维护。

重点检查的项目有塔吊的附着臂牢固程度、自动报警装置、刹车装置、起吊钢丝绳、吊装辅助钢绳、卸扣、钢绳卡、吊篮等。

10.3.2 临边施工安全防护措施

(1)悬空高处作业人员应挂牢安全带,安全带的选用与佩带应符合国家现行标准《坠落防护 安全带》(GB 6095—2021)的有关规定。

(2)工作边沿无维护设施或维护高度低于800mm的,必须设置防护主设施;水平工作面防护栏杆高度为1.2m,防护栏杆用安全立网封闭,或在栏杆底部设置高度不低于180mm的挡脚板。

(3)在孔与洞口边的高处作业必须设置防护设施,包括因施工工艺形成的深度在2m及以上的桩孔边、沟槽边和因安装设备、管道预留的洞口边等。

(4)较小的洞口,应采用坚实的盖板盖严,盖板应能防止移位;较大的洞口除应在洞口采用安全网或盖板封严外,还应在洞口四周设置防护栏杆。

(5)在周边临空状态下进行高空作业时应有牢靠的立足处(如搭设脚手架或作业平台),并视作业条件设置防护栏杆、张挂安全网、佩带安全带等安全措施。

(6)交叉施工不宜用在上下在同一垂直方向上的作业施工。下层作业的位置,宜处于上层高度可能坠落半径范围以外,当不能满足要求时,应设置安全防护层。

(7)各种拆除作业(如钢模板、脚手架等)上面拆除时下面不得同时进行清整;物料临时堆放处应离边沿不应小于1m。

(8)支架临边四周按标准设置防护栏杆,栏杆设置牢靠,并挂设安全绿网。

10.3.3 挂篮整体防坠落安全防护措施

1. 挂篮施工事故风险点

挂篮最危险的工况本应是最大阶段的浇筑过程,但挂篮设计中都已经过认真计算,受力明确,在浇筑前经过多方的检查验收,思想上高度重视,发生事故反而较少。挂篮施工事故多发生于试压阶段的行走过程,因为试压是第一次重载试验,而行走过程是一个动态过程,锚固力小,细节落实与检查不到位时有发生。导致事故发生的直接原因是配重不足或锚固不牢靠,施工方面的因素有以下几种情况:①后锚杆数量不足,使用受过电焊烧伤的精轧螺纹钢锚杆脆断;②后锚杆直接作用于滑道时,滑道本身与混凝土锚固不牢;③行走时采用反压滑轮时,反力支架脱焊或连接脱落;④后锚杆、锚固螺帽、连接器质量不合格或多次使用损伤未更换,连接器连接不正确;⑤下坡行走时未有效限位措施,行走过快、行走不一致,主梁脱离反压锚固架或锚固滑道;⑥采用预留孔穿精轧钢筋进行锚固时,预留孔过大或锚垫板太小,厚度太薄;⑦锚固作用于主梁尾部加长段上,而加长段现场设计未经验算,连接不牢固发生断裂。

2. 移动时挂篮整体坠落对应防治措施

(1)挂篮移动时,应清理其上除挂篮本身构造外的所有材料、机械等载重,避免加大挂篮荷载及产生不均匀荷载,同时防止挂篮移动时物件坠落。挂篮移动时要有专人统一指挥,挂篮上严禁站人。检查各千斤顶、手拉葫芦、卷扬机和保险绳等,要求技术性良好,若有破损及时更换。

(2)行走时另加浇筑锚固钢镫作保险,钢镫离主梁面有2～3cm的空隙,既能保证行走且一旦行走锚固发生意外时,浇筑锚固钢镫就立即产生作用,但移动时要注意随时挪动保险钢镫的位置;下坡行走时还要用卷扬机穿滑轮组系结于主梁,作为后梢慢慢溜放,防止自行滑动,冲出锚固范围。设置挂篮行走反压保险,在挂篮主桁下平杆上安装行走反压梁作为反扣轮行走保险装置。在挂篮二次移动时,挂篮两侧前支点顶起要同步进行,铺设轨道要抄平垫实,轨道锚固牢靠,移动过程中专人检查。反复使用并拆除的螺栓要采用双螺母,并经常检查,保证螺纹处于良好状态,发现有隐患必须立即更换。

(3)移动完成时,检查各部位螺栓、销子、主桁、平联、钢丝绳、葫芦及各主要受力焊缝,做好记录,发现问题要及时通知负责人并及时处理,否则不得开工作业。在雷雨天气及风力大于5级时,不得进行挂篮移动,确保人身安全。

(4)挂篮移动时地面范围应设警戒区,防止坠物伤人,高处作业与地面联系,配有通信设备,应有专人负责。

3. 混凝土浇筑时挂篮整体坠落对应防治措施

认真核对相应工况的锚杆数量是否正确,锚固位置、预留孔位置、预埋锚杆数量位置是否正确,如有出入,采取有效的补救措施。配套使用合格可靠的锚杆、连接器、螺帽、垫板、反力架,并定期检查,确保状态良好。

连接器和锚杆均做好长度标识,保证锚杆旋入连接器足够长度,保证连接器对中顶紧连接。

做好销子防脱措施,吊杆的底部加拧双螺帽作为保险。

4. 挂篮拆除时挂篮整体坠落对应防治措施

拆模时检查吊杆连接器是否在混凝土浇筑中损坏。拆模调整吊带时,必须对每一吊带的两个千斤顶同时升降,以保证千斤顶和吊带受力性能良好,同时注意千斤顶不得超行程使用。参与锚固的滑道与滑座要进行保护,不得随意切割,致使滑座反扣板损坏或滑道与混凝土梁体锚固不牢。

制订好检查签证表格,逐项进行检查,落实责任人,实行检查签证制度,确保万无一失。

10.3.4 现浇梁施工高处作业安全要求

现浇梁施工作业安全要求如下。

(1)为消除高处作业的危险性,高处作业所用设施、设备及个人防护用品齐备且符合安全标准要求方可作业,安全工程师同施工人员进行检查。

(2)严格执行作业人员身体检查制度,凡患有心脏病、高血压、精神病、癫痫病、眩晕等作业人员均不可从事高处作业。高处作业人员必须经过专业技术和安全培训,经考试合格发给岗位证书后,再持证上岗。

(3)从事高处作业的人员作业时,上衣应采用紧身工作服,下衣裤脚应裹紧;脚下穿软底防滑鞋,作业时要戴好安全帽,系好帽带,并系好安全带。

(4)现浇梁作业必须设置安全防护网(水平网、立网),并保证安全防护设施完善健全,安全警示标志齐全醒目,对安全防护设施和安全标志不得毁损和擅自移位拆除。

(5)根据作业区域的气候和环境,采取可靠的防滑安全措施,必要时还需安置避雷装置,并定期和不定期随时专人检查安全防护设施情况,发现问题要立即整改,严禁违章冒险作业。

(6)灌注现浇梁作业时,当平台高度超过2m时,应在四周设防护栏杆,平台上要严格控制荷载,标明操作人员和物料的重量,要经常检查脚手架和平台的稳定性、安全性能。

(7)六级以上大风及雷雨天禁止露天高处作业。

(8)夜间施工照明光线不足,禁止高处作业。

(9)安全带系绳长度需要3m以上,应购买加有缓冲器装置的专用安全带,悬空作业无处挂安全带时,应设安全拉绳或安全栏杆等。

10.3.5 支架搭设安全技术措施

脚手架搭设应将质量要求和安全要求有机地统一起来,确保搭设过程以及以后的使用和拆除过程的安全与适用。

1. 架子搭设安全技术要求

(1)项目部要经常性地对作业人员进行安全技术教育。脚手架支搭以前,必须按照施工方案,向所有参加作业人员进行书面交底。架子工应持证上岗。

(2)架子工在高处(距地高度2m以上)作业时,必须佩带安全带。安全带必须高挂低用,固定牢固。在架子上操作应精力集中,禁止打闹和玩笑,休息时应下架子。严禁酒后作业。遇有地震,强风等恶劣气候(如风力五级以上,高温、雨天气等)影响安全施工时应停止高处作业。在震后及强风后都必须进行专项检查,检查合格后方可施工。

(3)递杆、拉杆时,上下左右操作人员应密切配合,协调一致。拉杆人员应注意不碰撞上方人员和已绑好的杆子,下方递杆人员应在上方人员接住杆子后方可松手,并躲离其垂直操作距离3m以外。使用机械吊运,应遵守机械吊装安全操作规程,吊运钢管等物应绑扎牢固。

(4)未搭完的一切脚手架,非架子工一律不准上架。架子搭完后由施工人员会同架子组长以及相关工种、技术、安全等人员共同进行验收,检验合格,办理交接验收手续后方可使用。使用中的架子必须保持完整,禁止随意拆、改脚手架或挪用脚手板;必须拆改时,应经施工负责人批准,由架子工负责操作。所有的架子,经过大风、大雨后,要进行检查,如发现倾斜下沉及松扣、崩扣要及时修理。

(5)高空作业必须配置防护栏网、栏杆或其他安全措施,作业人员必须穿戴合格的人员防护用品。高空作业所用工具、材料严禁投掷,上下主体交叉作业中间必须设隔离设施。经常对台架是否存在脱节、脱焊、支架变形及网片(或脚踏板)破损等事项进行检查,出现隐患立即修复;上下交叉作业时相互避让,处于安全情况下方可作业;作业完毕后工具收捡整洁,平台网片(脚踏板)与伸缩节收回到固定位置并采用铁丝绑扎牢固。

(6)支模作业时,上下不得在同一垂直方向同时操作。下层作业的位置,必须处于根据上层高度确定的可能坠落范围半径之外。不符合此条件时,中间必须设置安全防护层(隔离层)。模板支架及脚手架使用期间,不得擅自拆除架体结构杆件。如需拆除时,必须报请工程项目技术负责人以及总监理工程师同意,确定防控措施后方可实施。

2. 架子拆除安全技术要求

(1)架体拆除前,向拆架人员进行书面安全交底工作。交底有接受人签字。拆除前,操作人员要学习安全技术操作规程,班组必须对拆架人员进行安全交底,交底要有记录,交底内容要有针对性,拆架子的注意事项必须讲清楚。

(2)拆架前在地上用绳子或铁丝先拉好围栏,没有监护人,没有安全员、施工负责人在场,外架不准拆除。架子拆除程序应由上而下,按层按步拆除。先清理架上杂物,如脚手板上的混凝土、砂浆块、活动杆子及材料。剪刀撑、拉杆不准一次性全部拆除,必须与立杆的拆除进度相匹配,做到立杆拆到哪一层,剪刀撑、拉杆拆到哪一层。

(3)拆杆和放杆时必须由 2~3 人协同操作,拆大横杆时,应由站在中间的人将杆顺下传递,下方人员接到杆拿稳拿牢后,上方人员才准松手,严禁往下乱扔脚手料具。

(4)拆架人员必须系安全带,拆除过程中,应指派一个责任心强、技术水平高的工人担任指挥,负责拆除工作的全部安全作业。拆架人员穿好个人劳保用品,不准穿胶底易滑鞋上架作业,衣服要轻便。

3. 安全爬梯设置相关要求

为了满足施工作业人员上下脚手架进行操作(阻止攀爬架体的不安全行为),外脚手架必须设上下行人的斜道(盘道、马道)。桥墩施工采用"之"字形爬梯。

(1)供上下走人的爬梯,必须搭设在脚手架外侧。爬梯的坡度小于等于 1∶1(高∶长),宽度不小于 60cm,转角处设置面积不小于 1.2m² 的平台(脚手板满铺、固定),其宽度不应小于爬梯宽度。

(2)爬梯立杆应单独设置,不得借用脚手架立杆,并应在垂直方向和水平方向每隔一步或一个纵距设一个连接。爬梯脚手架外侧应设剪刀撑,按临边防护要求设防护栏杆,栏杆高度应为 1.2m,并用合格的密目式安全网封闭。

(3)脚手架的爬梯踏步在必要时采取防滑措施,爬梯须设置扶手。爬梯的防护栏杆、踢脚杆统一刷成黄色或红白相间色,以示醒目,并悬挂安全警示牌。

10.3.6 模板安装、拆卸安全技术措施

1. 模板安装安全保证措施

(1)电锯、电刨等要做到一机一闸一漏一箱,严禁使用一机多用机具;电锯、电刨等木工机具要有专人负责,持证上岗,严禁戴手套操作,严禁用竹编板等材料包裹锯体,分料器要齐全,不得使用倒顺开关;使用手持电动工具必须戴绝缘手套,穿绝缘鞋,严禁戴手套使用锤、斧等易脱手工具;圆锯的锯盘及传动部应安装防护罩,并设有分料器,其长度不小于 50cm,厚度大于锯盘的木料,严禁使用圆锯;使用手锯时,防止伤手和伤别人,并有防摔落措施,锯料时必须站在安全可靠处。

(2)支模时注意个人防护,不允许站在不稳固的支撑上或没有固定的木方上施工;支设梁、板、柱模板时,应先搭设架体和护身栏,严禁在没有固定的梁、板、柱上行走;搬运木料、板材和柱体时,根据其重量而定,超重时必须两人进行,严禁从上往下投掷任何物料,无法支搭防护架时要设水平等网或挂安全带。

2.模板拆除安全控制措施

(1)模板拆除的顺序和方法,应遵照施工组织设计(方案)规定。一般应先拆除侧模,后拆底模;先拆非承重部分,后拆承重部分。拆除高处模板,作业区范围内应设有警示标志和警示牌,作业区及进出口,应设专人负责安全巡视,严禁非操作人员进入作业区。

(2)严禁使用大面积拉、推的方法拆模。拆模板时,必须按专项技术交底要求先拆除卸荷装置。必须按规定程序拆除撑杆、模板和支架。严禁在模板下方用撬棍撞、撬模板。使用吊装机械拆模时,必须服从信号工统一指挥,必须待吊具挂牢后方可拆支撑。模板、支架落地放稳后方可摘钩。

(3)应随时清理拆下的物料,并边拆、边清、边运、边按规格码放整齐。暂停拆模时,必须将活动件支稳后方可离开现场。成品半成品木材应堆放整齐,不得任意乱放,不得存放到在施工程范围之内,木材码放高度不宜超过1.2m。

10.4 小 结

本章介绍了常用于桥梁安全风险评估的3种风险评估方法:基于风险评估矩阵法的一般风险源评价方法、基于LEC法的安全风险评价方法和基于故障树的风险事件分析方法。选用基于LEC法的安全风险评价方法对软土地区典型桥梁上部结构施工开展风险评估,对重点工程交叉作业的主要施工过程进行量化分析,并对评价得出的安全风险因素提出了塔吊施工安全防护措施、临边施工安全防护措施、挂篮整体防坠落安全防护措施、现浇梁施工高处作业安全要求、支架搭设安全技术措施、模板安装、拆卸安全技术措施等相应的安全风险应对措施,对于保障施工人员的人身安全及工程进度具有积极的实践意义,为软土地区穿越密集分布节点上跨桥梁施工的防护技术提供了指导。

参考文献

白冰,周健,章光,2001.饱和软黏土的塑性指数对其压缩变形参数的影响[J].水利学报,11:51-55.

边晶梅,2009.服役桥梁维修加固决策研究[D].沈阳:东北大学.

蔡君君,王星华,2009.基于灰色理论的桥梁群桩基础工后沉降预测[J].西部交通科技(4):28-31.

曹小林,周凤玺,戴国亮,等,2023.激振荷载作用下桩基础动力响应的现场试验分析[J].岩土工程学报,45(S1):171-175.

陈波,胡云世,张效忠,2014.湖相软粘土力学特性的试验研究[J].水文地质工程地质,41(3):76-81.

陈波,孙德安,吕海波,2013.海相软土压缩特性的试验研究[J].岩土力学,34(2):381-388.

陈光,2016.高速公路桥梁跨越南水北调施工环保与安全措施[J].交通安全与环保(20):116-117.

陈俊桦,张家生,李键,2016.接触面粗糙度对红黏土-混凝土接触面力学特性的影响[J].中南大学学报(自然科学版),47(5):1682-1688.

陈仁朋,贾宁,陈云敏,2005.桩承式加筋路堤受力机理及沉降分析[J].岩石力学与工程学报(23):4358-4367.

陈瑞春,2014.FLAC3D中pile单元模拟钢筋混凝土桩的参数研究[J].科技创新导报(3):22-23.

陈悦,周建庭,张洪,等,2014.服役混凝土桥梁实时疲劳状态评估[J].武汉理工大学学报,36(1):108-111+134.

陈忠平,王树林,2003.气泡混合轻质土及其应用综述[J].中外公路(5):117-120.

崔俊平,2019.软土地区地铁隧道穿越既有桥梁桩基的施工要点分析[J].资源信息与工程,34(2):114-116.

戴自航,陈林靖,2007.多层地基中水平荷载桩计算m法的两种数值解[J].岩土工程学报(5):690-696.

戴自航,苏美选,胡昌斌,2007.抛物线分布荷载推力桩双参数法的2种数值解[J].岩石力学与工程学报(7):1463-1469.

邓宗伟,朱志祥,曾向军,等,2014.不同应力水平下湖相软土流变特性研究[J].工业建筑,44(6):67-72.

丁勇春,王建华,徐中华,等,2008.上海软土地区地铁车站深基坑的变形特性[J].上海交通大学学报(11):1871-1875.

杜彬,2007.地铁车站浅埋暗挖法施工对邻近桩基的影响及控制措施[D].北京:北京交通大学.

冯昌明,木林隆,孙志伟,等,2014.基于两阶段法的堆载对公路桥梁桩基础影响分析[J].岩土力学,35(S2):528-534.

冯东明,余星宇,黎剑安,等,2024.基于无人机的悬索桥主缆自动巡检及小样本表观病害识别[J].中国公路学报,37(2):29-39.

冯印,2014.新开河道并行沪宁城际高铁安全影响分析[J].铁道工程学报,31(8):37-43.

傅景辉,宋二祥,2000.刚性桩复合地基工作特性分析[J].岩土力学(4):335-339.

高芒芒,赵会东,许兆军,2019.高速铁路大跨度桥梁基于服役状态的健康监测指标研究[J].中国铁路(1):15-20.

葛素娟,李静斌,江莹莹,等,2015.基于可靠度的预应力混凝土梁桥耐久性寿命预测[J].铁道建筑(3):16-19.

谷永赛,2019.对软土地区地铁隧道穿越既有桥梁桩基托换施工技术的研究[J].现代隧道技术,46(6):37-38.

桂跃,付坚,侯英杰,等,2016.高分解度泥炭土直剪抗剪强度特性及机理[J].河海大学学报(自然科学版),44(5):418-426.

郭磊,2013.对服役桥梁的加固施工技术探析[J].科技创新与应用(16):202.

国庆霞,2016.桥梁基础施工安全防护控制设计与应用[J].桥梁与隧道工程,46(22):110-111.

胡黎明,濮家骝,2001.土与结构物接触面物理力学特性试验研究[J].岩土工程学报,23(4):431-435.

胡小伍,2014.Kalman滤波在高铁桥梁变形预测分析中的应用[J].测绘地理信息,39(5):58-61.

胡中波,马建林,苏春晖,等,2015.高速铁路桥梁桩基沉降预测模型研究[J].安全与环境学报,15(3):93-96.

皇甫明,王幼青,张军,2003.纵横向荷载作用下桩的工作性状研究[J].哈尔滨工业大学学报(6):743-746.

黄戡,孙逸玮,陈湘生,等,2023.基于FDM-DEM耦合的盾构开挖面前方土体三维位移特性研究[J].中国公路学报,36(6):190-206.

黄腾,陈喜凤,刘岭,2013.基于蚁群优化算法的大跨度预应力混凝土桥梁挠度预测[J].东南大学学报(自然科学版),43(S2):235-240.

黄伟,陈涛,张华,等,2013.服役桥梁状况指数预测模型研究[J].四川建材,39(4):70-72.

季雨坤,王钦科,赵国良,等,2023.斜坡上嵌岩抗拔桩竖向承载变形特性模型试验及数值模拟[J].岩土力学,44(6):1604-1614+1624.

江杰,陈丽君,柴文成,等,2024.双参数层状地基中水平动荷载和扭转振动组合作用下受荷桩受力变形分析[J/OL].岩土力学(4):1-13.

蒋明镜,沈珠江,1997.结构性粘土试样人工制备方法研究[J].水利学报(1):57-62.

孔令伟,熊春发,郭爱国,等,2017.海积软黏土的强度特性与桩土界面剪切速率效应[J].岩土工程学报,39(S2):13-16.

李春红,孔纲强,车平,等,2016.能量桩桩-土接触面力学特性室内试验研究[J].建筑节能,44(3):99-105+114.

李春红,孔纲强,刘汉龙,等,2019.桩-红黏土接触面温控测试及应力-应变关系研究[J].土木工程学报,52(S2):89-94+101.

李洪涛,张拥军,刘思佳,等,2019.幂指函数在桥梁桩基沉降预测中的应用研究[J].土工基础,33(3):343-346.

李丽华,陈轮,高盛焱,2010.翠湖湿地软土触变性试验研究[J].岩土力学,31(3):765-768.

李强,2019.软土地区地铁隧道穿越既有桥梁工程的托换加固施工技术方案[J].绿色交通(7):261-262.

李涛,邵文,郑力萱,等,2019.岩-土复合地层深基坑支护桩变形计算方法[J].中国矿业大学学报,48(3):511-519.

李伟鹏,王泽勇,2017.非线性耦合模型在桥梁桩基沉降预测中的应用研究[J].路基工程(2):182-187.

李小梅,2014.上跨铁路桥梁改建安全防护棚架施工技术[J].甘肃科技,30(14):137-139.

李秀珍,孔纪名,王成华,2008.最优加权组合模型在滑坡变形预测中的应用[J].自然灾害学报(2):53-57.

李雪刚,徐日庆,王兴陈,等,2013.杭州地区海、湖相软土的工程特性评价[J].浙江大学学报(工学版),47(8):1346-1352+1360.

李英姿,2008.气泡混合轻质土在加固软土地基中的应用[J].岩土工程界(4):66-68.

林伟,段宏飞,薛晓辉,2010.太湖湖积相黏土高压固结试验研究[J].铁道建筑(7):110-112.

蔺鹏臻,马俊军,2023.基于CA的服役混凝土箱梁桥耐久性分析与寿命预测[J].土木工程学报,56(8):75-84.

刘朝峰,曹纯博,刘才玮,等,2018.桥梁结构服役状态的动态分级聚类模型[J].中国安全科学学报,28(9):98-102.

刘浩,李亮,赵炼恒,等,2012.京沪高速铁路阳澄湖段软土的蠕变特性和次固结特性试验研究[J].铁道学报,34(2):86-93.

刘庆华,2006.桩基础沉降预测分析[J].山西建筑(21):107-108.

刘维正,石名磊,缪林昌,2010a.基于扰动状态概念的结构性土压缩特性分析[J].岩土力学,31(11):3475-3480.

刘维正,石名磊,缪林昌,2010b.太湖湖沼相天然沉积土结构性评价[J].岩土工程学报,

32(10):1616-1620.

刘玉欣,2015.高速铁路桥梁桩基工后沉降组合预测探究[J].技术与市场,22(9):208.

刘芸,徐梓栋,刘洋,等,2023.强风区超高桥塔自爬升钢平台抗风可靠度评估[J].东南大学学报(自然科学版),53(5):777-782.

路向,2018.超厚流塑性软基层中桥梁桩基水平位移防范与治理设想[J].城市建设理论研究(电子版)(6):75-76.

吕海波,汪稔,孔令伟,等,2001.结构性对琼州海峡软土压缩特性的影响[J].岩土力学(4):467-469+473.

马时冬,1988.加固软土地基的水泥系深层搅拌法开发[J].岩土力学(2):79-87.

麦润添,王路少,2007.跨线桥施工防护技术[J].山西建筑,33(16):322-323.

聂国南,2017.悬臂现浇施工桥梁跨越高速公路安全防护设计[J].铁路与公路,37(2):111-117.

欧晓春,王勇超,杨佳玉,2023.基于长短期记忆网络模型的堆载作用厂房桩基长期沉降预测[J].市政技术,41(5):112-116+120.

潘玉涛,郑俊杰,2011.竖向受荷桩的桩-土接触面简化模型[J].土木工程与管理学报,28(4):16-19.

邱瑞成,艾健森,2019.基于FLAC3D的单桩静载模拟桩土接触面参数敏感性研究[J].路基工程(2):164-169.

区桂华,2016.PHC管桩桩土相互作用影响因素分析[J].山西建筑,42(25):60-62.

任建飞,周佳锦,龚晓南,等,2023.方桩-水泥土接触面摩擦特性试验研究[J].浙江大学学报(工学版),57(7):1374-1381.

上官士青,杨敏,李卫超,2018.分别考虑桩和土水平向位移的被动桩简化算法[J].建筑结构学报,39(1):162-172.

邵勇,阎长虹,许宝田,等,2012.湖相软土流变模型识别及其工程应用分析[J].岩土力学,33(8):2383-2387+2394.

沈珠江,1998.软土工程特性和软土地基设计[J].岩土工程学报(1):100-111.

师小瑜,2014.主动支护技术在隧道穿越既有桥梁中应用[J].低温建筑技术(7):111-113.

施洲,赵旭泼,杨逸,等,2023.跨运营线高速铁路拱塔斜拉桥上部结构施工控制关键技术[J].桥梁建设,53(6):142-150.

宋真民,2011.京沪高速铁路深厚软土地段桥梁桩基性能试验研究[D].长沙:中南大学.

苏洁,张顶立,杨广武,等,2015.地铁施工影响下既有桥梁桩基沉降的主动补偿方法[J].现代隧道技术,52(3):39-46.

孙来宾,肖世国,2020.抗滑桩受荷段前侧有限范围地层的地基抗力系数取值方法[J].岩土力学,41(1):278-284+294.

谭国焕,张佑启,杨敏,1992.松砂土中桩侧表面粗糙程度对桩承载力的影响[J].岩土工程学报(2):50-54.

唐豪,2015.桥梁基础施工安全防护控制技术[J].黑龙江交通科技(9):121-122.

唐孟雄,戚玉亮,刘炳凯,等,2016.大直径人工挖孔桩-土界面力学参数试验和数值仿真反演分析研究[J].建筑结构,46(16):93-96+87.

王春艳,2016.复杂场地条件下地铁车站施工技术研究[D].成都:西南交通大学.

王佳,曾国东,成浩,2018.界面粗糙度对桩土界面剪切特性的影响研究[J].公路工程,43(5):205-208+247.

王立忠,丁利,陈云敏,等,2004.结构性软土压缩特性研究[J].土木工程学报(4):46-53.

王立忠,李玲玲,丁利,等,2002.温州煤场软土结构性试验研究[J].土木工程学报(1):88-92+106.

王立忠,沈恺伦,2007.K_0固结结构性软黏土的本构模型[J].岩土工程学报(4):496-504.

王亮,曹玲珑,李磊,等,2015.太湖与白马湖疏浚淤泥的触变特性研究[J].工程地质学报,23(3):548-553.

王龙,2015.跨南水北调干渠大跨径连续梁桥施工立体防护技术[J].北方交通(12):36-38.

王淑云,鲁晓兵,赵京,等,2009.粉质黏土周期荷载后的不排水强度衰化特性[J].岩土力学,30(10):2991-2995.

王卫东,李永辉,吴江斌,2011.上海中心大厦大直径超长灌注桩现场试验研究[J].岩土工程学报,33(1):1817-1826.

王伟,卢廷浩,宰金珉,等,2009.土与混凝土接触面反向剪切单剪试验[J].岩土力学,30(5):1303-1306.

王晓庆,2019.软土地区地铁隧道穿越既有桥梁桩基磨桩技术研究[J].建筑技术开发,46(6):132-133.

王孝兵,文松霖,徐文强,2011.大直径长桩接触面参数的敏感性分析[J].长江科学院院报,28(2):38-44+55.

王永洪,张明义,刘俊伟,等,2019.基于非饱和黏性土桩土界面剪切特性试验研究[J].地下空间与工程学报,15(5):1468-1474.

王永洪,张明义,刘雪颖,等,2021.基于桩土界面的静压桩沉桩效应与承载特性室内试验研究[J].建筑结构学报,42(10):157-165.

卫军,张萌,董荣珍,等,2012.重载铁路桥梁服役性能评估[J].华中科技大学学报(自然科学版),40(12):103-106.

吴彪,2010.跨线桥施工安全防护技术研究[J].企业技术开发,29(1):68-71.

吴清海,2009.1stOpt在沉降预测中的应用研究[J].测绘科学,34(4):34-35.

夏红春,周国庆,2011.土-结构接触面剪切力学特性及其影响因素试验[J].中国矿业大学学报,39(6):831-836.

夏银飞,吴代华,文建华,2007.结构性对软土压缩特性的影响[J].武汉理工大学学报(6):85-88.

肖江河,2017.浅谈新建市政桥梁上跨铁路既有线施工安全防护措施[J].四川建筑,37

(4):229-231.

谢定义,齐吉琳,1999.土结构性及其定量化参数研究的新途径[J].岩土工程学报(6):651-656.

谢胜华,刘松玉,杜广印,2014.新型粉喷桩加固海相软土地基的应用效果评价[J].中国公路学报,27(1):8-14.

熊彬涛,黄广龙,徐伟,等,2018.桩土接触面力学特性大型剪切试验[J].南京工业大学学报(自然科学版),40(3):67-72.

熊彬涛,黄广龙,徐伟,2017.混凝土表面粗糙度对桩土接触面剪切特性影响试验研究[J].建筑科学,33(3):39-45.

徐曼玲,王舜,2015.服役桥梁的加固技术[J].四川水力发电,34(4):1-2+8+140.

杨丽丹,施养杭,2012.桥梁健康安全服役若干关键问题与剖析[J].低温建筑技术,34(7):49-51.

杨敏,赵锡宏,1992.分层土中的单桩分析法[J].同济大学学报(自然科学版)(4):421-428.

杨敏,周洪波,杨桦,2005.基坑开挖与邻近桩基相互作用分析[J].土木工程学报,38(4):91-96.

杨敏,朱碧堂,2003.堆载下土体侧移及对邻桩作用的有限元分析[J].同济大学学报(自然科学版)(7):772-777.

杨有海,王建军,武进广,等,2008.杭州地铁秋涛路车站深基坑信息化施工监测分析[J].岩土工程学报,30(10):1550-1554.

杨卓文,2008.成都地铁一号线小天竺车站深基坑稳定性分析[D].成都:西南交通大学.

应宏伟,熊一帆,吕唯,等,2024.软黏土基坑开挖诱发邻近桥梁桩基的时变响应[J].湖南大学学报(自然科学版),51(1):24-32.

于旭,单志承,庄海洋,等,2024.变刚度地基上隔震结构群桩基础动力响应试验研究[J].振动与冲击,43(2):208-218.

于永闯,2012.浅谈服役桥梁的加固技术[J].科技创新与应用(22):148.

余江,2023.基于熵权法的桥梁桩基沉降组合预测模型研究[J].勘察科学技术(5):17-21+64.

余腾,胡伍生,吴杰,2017.基于精度评定理论的高速铁路曲线桥梁水平位移监测方法分析研究[J].铁道标准设计,61(7):116-120.

曾明,2016.隧道下穿既有桥梁桩基影响研究[J].道路桥梁(8):49.

战家旺,魏峰,闫宇智,等,2017.基于线刚度识别的铁路桥梁下部结构服役性能动力评估方法[J].铁道学报,39(5):104-111.

张彬,任龙,刘欣,2016.桩土接触面切向刚度数据拟合[J].辽宁工程技术大学学报(自然科学版),35(5):498-503.

张诚厚,1985.结构性粘土对湛江一区码头变形的影响[J].水利水运科学研究(3):123-132.

张嘎,张建民,2003.大型土与结构接触面循环加载剪切仪的研制及应用[J].岩土工程学报,25(2):149-154.

张明义,白晓宇,高强,等,2017.黏性土中桩-土界面受力机制室内试验研究[J].岩土力学,38(8):2167-2174.

张先伟,王常明,王科,等,2010.两种结构性软土的工程特性分析[J].武汉理工大学学报,32(21):38-41.

张兴明,方健,周志军,2016.基于荷载-沉降曲线的摩擦桩基极限承载力预测[J].公路交通科技(应用技术版),12(3):297-302+330.

张永清,2001.桥梁墩、台的沉降观测和沉降值的预测[J].西安公路交通大学学报(1):61-63.

张玉杰,徐绪绪,2015.服役期桥梁常见病害和灾害分析[J].山西建筑,41(11):186-187.

张治国,毛敏东,王卫东,等,2023.降雨影响下基坑开挖施工对邻近基桩变形响应分析[J].岩土力学,44(S1):27-49.

赵明华,刘建华,陈炳初,等,2007.边坡变形及失稳的变权重组合预测模型[J].岩土力学,28(S1):553-557.

赵明华,刘煜,曹文贵,2005.软土路基沉降变权重组合 S 型曲线预测方法研究[J].岩土力学(9):1443-1447.

赵明华,孙建兵,张永杰,2010.基于 Winkler 模型的双向增强体复合地基沉降计算[J].岩土力学,31(11):3459-3463+3474.

赵田,石杰荣,毛久海,2011.预应力连续梁桥跨电气化铁路干线悬臂施工安全防护技术[J].铁道建筑(2):18-19.

郑刚,霍海峰,雷华阳,2012.循环荷载后原状与重塑饱和粉质黏土不排水强度性状研究[J].岩土工程学报,34(3):400-408.

郑洪涛,孙全胜,2012.桥梁同步顶升技术的应用与分析[J].低温建筑技术(1):17-18.

郑俊杰,陈保国,SariWA,等,2007.双向增强体复合地基桩土应力比分析[J].华中科技大学学报(自然科学版)(7):110-113.

周爱兆,卢廷浩,刘尧,2007.土与结构接触面力学特性研究现状与展望[J].河海大学学报,35(5):524-528.

周俊鹏,黄雪峰,杨殷豪,等,2016.微型抗拔桩桩土接触面模拟分析[J].后勤工程学院学报,32(6):35-40.

周凯,程寅,黄新,2011.不同桩-土界面直剪试验研究[J].路基工程(5):93-95+99.

周科,孙德安,2009.重塑上海软土的压缩特性试验[J].上海大学学报(自然科学版),15(1):99-104.

周云东,王勇,黎冰,等,2018.气泡混合轻质土试样制备研究[J].岩土力学,39(12):4413-4420+4428.

周正宇,2012a.地铁邻近既有桥梁施工影响分析及主动防护研究[D].北京:北京交通大学.

周正宇,苏洁,2012b.地铁施工对邻近既有桥梁主动防护技术的研究[J].都市快轨交通,

25(3):68-71.

周志军,朱珊珊,孔祥,等,2019. 黄土地区后压浆桩基沉降的统计预测方法[J]. 铁道建筑,59(11):91-94.

朱向荣,方鹏飞,黄洪勉,2003. 深厚软基超长桩工程性状试验研究[J]. 岩土工程学报,25(1):76-79.

邹晓琴,2009. 地铁车站基坑开挖数值模拟[D]. 武汉:华中科技大学.

BAO T, LIU Z, 2019. Evaluation of Winkler model and Pasternak model for dynamic soil-structure interaction analysis of structures partially embedded in soils[J]. International Journal of Geomechanics,20(2):04019167.

BATES J M, GRANGER C W J, 1969. The combination of forecasts, Journal of the Operational Research Society[J]. 20(4):451-468.

BENG S S, MATSUMOTO T, 2012. Survival analysis on bridges for modeling bridge replacement and evaluating bridge performance[J]. Structure and Infrastructure Engineering, 8(3):251-268.

BURLAND J B, 1990. On the compressibility and shear strength of natural clay[J]. Géotechnique,40(3):329-378.

BUTTERFIED R, BANERJEE P K, 1971. The elastic analysis of compressible pile and pile groups[J]. Geotechnique, 21(1): 43-60.

CHANDLER R J, COTECCHIA F, 2000. A general framework for the mechanical behaviour of clays[J]. Geotechnique,50(4):431-447.

CLOUGH G W, DUNCAN J M, 1971. Finite element analyses of retaining wall behavior[J]. Journal of Soil Mechanic and Foundation Division, ASCE,97(12):1657-1673.

DELEGE P, LEFEBVRE G, 1984. Study of the structure of a sensitive champlain clay and evolution during consolidation[J]. Canadian Geotechnical Journal,21:21-25.

DESAI C S, RIGBY D B, 1997. Cyclic interface and joint shear device including pore pressure effects[J]. Journal of Geotechnical and Geo-environmental Engineering, ASCE,123(6):568-579.

DUBBS N C, MOON F L, 2016. Assessment of long-span bridge performance issues through an iterative approach to ambient vibration-based structural identification[J]. Journal of Performance of Constructed Facilities,30(5):04016029.

DULINSKA J M, SZCZERBA R, 2013. Assessment of concrete bridge performance under moderate seismic shock using concrete damage plasticity model[J]. Procedia Engineering,57:1319-1328.

FAKHARIAN K, EVGIN E, 1996. An automated apparatus for three-dimensional monotonic and cyclic testing of interfaces[J]. Geotechnical testing journal,19(1):22-31.

GHASEMI H, PENROD J, HOOKS J M, 2009. Developing advanced methods of assessing bridge performance[J]. Public Roads,73(3):28-35.

GOH A T C, WONG K S, TEH C I, et al. , 2003. Pile response adjacent to braced excavation[J]. Journal of Geotechnical and Geoenvironmental Engineering, ASCE, 129(4): 383-386.

HE W, WEN W, SUN M, 2011. Experimental study of shearing behavior interface between unsaturated soil and concrete[J]. Journal of Changsha University of Science and Technology (Natural Science Edition), 8(3): 28-32.

HONG S H, LEE F H, YONG K Y, 2003. Three-dimensional pile-soil interaction in soldier-piled excavations[J]. Computers and Geotechnics, 30: 81-107.

IVANKOVIC A M, SKOKANDIC D, ZNIDARIC A, et al. , 2019. Bridge performance indicators based on traffic load monitoring[J]. Structure and Infrastructure Engineering, 15(7): 899-911.

KABBAJ M, TAVENAS F, LEROUEIL S, 1988. In-situ and laboratory stress-strain relations[J]. Geotechnique, 38(1): 83-100.

KAGAWA T, SATO M, MINOWA C, et al. , 2004. Centrifuge simulations of large-scale shaking table tests: case studies[J]. Journal of Geotechnical and Geoenvironmental Engineering, 130(7): 663-672.

LEROUEIL S, 1996. Compressibility of clays: Fundamental and practical aspects[J]. Geotechnical Engingeering Divison, 122(7): 534-543.

LEROUEIL S, DIENE M, TAVENAS F, et al. , 1988. Direct determination of permeability of clay under embankments[J]. Journal of Geotechnical Engineering, 114(6): 645-657.

LEROUEIL S, KABBAI M, TAVENAS F, et al. , 1985. Stress-strain-strain rate relation for the of sensitive natural clays compressibility[J]. Geotechnique, 35(2): 159-180.

LEROUEIL S, TAVENAS F, TRAK B, et al. , 1978. Construction pore pressures in clay foundations under embankments, Part I: the Saint-Alban test fills[J]. Canadian Geotechnical Journal, 15(1): 54-65.

LEROUEIL S, VAUGHAN P R, 1990. The general and congruent effects of structure in natural soils and weak rocks[J]. Gotechnique, 40(3): 467-488.

LEUNG C F, CHOW Y K, SHEN R F, et al. , 2003. Behavior of pile groups subject to excavation-induced soil movement[J]. Journal of Geotechnical and Geoenvironmental Engineering, ASCE, 129(1): 58-65.

LEUNG C F, CHOW Y K, SHEN R F, 2000. Behaviour of pile subject to excavation-induced soil movement[J]. Journal of Geotechnical and Geoenvironmental Engineering, ASCE, 126(11): 947-954.

LI J B, ZHU Y P, YE S H, et al. , 2019. Internal force analysis and field test of lattice beam based on Winkler theory for elastic foundation beam[J]. Mathematical Problems in Engineering(3): 1-13.

LIU W Z, SHI M L, MIAO L C, et al., 2013. Constitutive modeling of the destructuration and anisotropy of natural soft clay[J]. Computers and Geotechnics,51(2):24-41.

LOCAT J,BERUBE M A, 1987. Laboratory investigations on the lime stabilization of sensitive clays[C]// Proceeding of 40th Canadian Geotechnical Conference. Regina:121-130.

LOCAT J, LEFEBVRE G, 1985. The compressibility and sensitivity of an artificially sedimented clay soil, The Grande Baleine marine clay[J]. Quebec Marine Geotechnical,6(1):1-27.

LONG M, 2001. Database for retaining wall and ground movements due to deep excavations[J]. Journal of Geotechnical and Geoenvironmental Engineering, 127(3):203-224.

MESRI G,OSKHSAR A,BOHOR B F,1975. Composition and compressibility of typical samples of Mexico City clay[J]. Geotechnique,25(3):527-554.

MEYMAND P J, 1998. Shaking table scale model tests of nonlinear soil-pile-superstructure interaction in soft clay[D]. Berkeley:University of California.

MOSES G G,RAO S N,RAO P N,2003. Undrained strength behaviour of a cemented marine clay under monotonic and cyclic loading[J]. Ocean Engineering,30(14):1765-1789.

NAGARAJ T S, MURTHY B R S, VATSALA A, et al., 1990. Analysis of compressibility of sensitive soils[J]. Journal of Geotechnical Engineering,116(1):105-118.

NAKASE A, KAMEI T, KUSAKABE O, 1988. Constitutive parameters estimated by plasticity index[J]. Journal of Geotechnical Engineering,114(7):844-858.

OKYAY U S, DIAS D, 2010. Use of lime and cement treated soils as pile supported load transfer platform[J]. Engineering Geology,114(1-2):34-44.

PAN N F,LIN T C,PAN N H,2009. Estimating bridge performance based on a matrix-driven fuzzy linear regression model[J]. Automation in Construction,18(5):578-586.

PELLETIER J H, OLSON R E, RIXNER J J, 1979. Estimation of consolidation properties of clay from field observations[J]. Geotechnical Testing Journal,2(1):34-43.

POTYONDY J G,1961. Skin friction between various soils and construction materials [J]. Geotechnique,11(4):339-353.

POULOS H G,CHEN L T,1997. Pile response due to excavation-induced lateral soil movement[J]. Journal of Geotechnical and Geoenvironmental Engineering, ASCE,123(2):94-99.

POULOS H G,CHEN L T,1996. Pile response due to unsupported excavation-induced lateral soil movement[J]. Canadian Geotechnical Journal,33(6):670-677.

POULOS H G, RANDOLPH M F, 1983. Pile group analysis: a study of two methods [J]. Journal of the Geotechnical Engineering Division, ASCE, 109(3):355-372.

PURI N,TURKAN Y,2020. Bridge construction progress monitoring using lidar and

4D design models[J]. Automation in Construction(1):1-15.

QUIGLEY R M, THOMPSON C D, 1966. The fabric of anisotropically consolidated sensitive marine cla[J]. Canadian Geotechnical Journal,3(2):61-73.

RANDOLPH M F, WROTH C P, 1978. Analysis of deformation of vertically loaded piles[J]. 104(12):1465-1488.

SCHMERTMANN J, 1955. The undisturbed consolidation behavior of clay[J]. Transactions of the American Society of Civil Engineers,120(1):1201-1233.

SRIDHARAN A, NAGARAJ H B, 2000. Compressibility behavior of remolded, fine-grained soils and correlation with index properties[J]. Canadian Geotechnical Journal, 37: 712-722.

SRIMARUTHI J, BRANDON E R, AMIN K, 2016. A modelling approach for evaluating the effects of design variables on bridge condition ratings[J]. Journal of Structural Integrity and Maintenance,1(4):1-20.

SU J, FANG Q, ZHANG D L, et al. ,2018. Bridge responses induced by adjacent subway station construction using shallow tunneling method[J]. Advances in Civil Engineering,2018(3):8918749.

TAVENAS F F, LEROUEIL S,1980. The behavior of embankment on clay foundations [J]. Canadian Geotechnical Journal,17:236-260.

YASUHARA K,1994. Postcyclic undrained strength for Cohesive Soils[J]. Journal of Geotechnical Engineering,120(11):1961-1979.

YIN Z Z, ZHU H, XU G H,1995. A study of deformation in the interface between soil and concrete[J]. Computers and Geotechnics:17(1):75-92.

附 录 江浙沪主要跨江通道及航道桥

序号	桥名	所在地	桥型	主跨跨度/m	基础形式
1	杭州湾跨海大桥	宁波、嘉兴	斜拉桥	448	桩基础
2	嘉绍跨江大桥	绍兴、嘉兴	斜拉桥	428	桩基础
3	钱塘江大桥（钱江一桥）	杭州	梁式桥	67	桩基础
4	彭埠大桥（钱江二桥）	杭州	梁式桥	80	桩基础
5	复兴大桥（钱江四桥）	杭州	拱桥	190	桩基础
6	袁浦大桥（钱江五桥）	杭州	梁式桥	120	桩基础
7	下沙大桥（钱江六桥）	杭州	刚构桥	232	桩基础
8	之江大桥（钱江七桥）	杭州	斜拉桥	246	桩基础
9	九堡大桥（钱江八桥）	杭州	拱桥	210	桩基础
10	钱江铁路新桥	杭州	梁式桥	80	桩基础
11	桐庐富春江二桥	杭州	拱桥	60	桩基础
12	杭州市昌运桥	杭州	拱桥	130	桩基础
13	富阳鹿山大桥	杭州	斜拉桥	256	桩基础
14	洋溪大桥	杭州	悬索桥	218	桩基础
15	千岛湖大桥	杭州	刚构桥	105	桩基础
16	千岛湖金竹牌大桥	杭州	拱桥	252	扩大基础
17	宁波明州大桥	宁波	拱桥	450	桩基础
18	宁波市长丰桥	宁波	拱桥	132	桩基础
19	象山铜瓦门大桥	宁波	拱桥	238	扩大基础
20	宁波市外滩大桥	宁波	斜拉桥	225	桩基础
21	余姚兰墅大桥	宁波	斜拉桥	75+45	桩基础
22	铜瓦门大桥	宁波	拱桥	238	扩大基础
23	象山港大桥	宁波	斜拉桥	688	桩基础
24	象山县蜊门港大桥	宁波	拱桥	150	扩大基础

续表

序号	桥名	所在地	桥型	主跨跨度/m	基础形式
25	象山县三门口跨海大桥	宁波	拱桥	270	扩大基础
26	宁波新典桥	宁波	拱桥	213	桩基础
27	宁波芝兰桥	宁波	梁式桥	120	桩基础
28	宁波甬江大桥	宁波	斜拉桥	105	桩基础
29	宁波招宝山大桥	宁波	斜拉桥	258	桩基础
30	宁波姚江大桥	宁波	梁式桥	90	桩基础
31	宁波慈城大桥	宁波	拱桥	100	桩基础
32	宁波大榭岛跨海公铁两用大桥	宁波	刚构桥	170	桩基础
33	余姚姚东大桥	宁波	斜拉桥	288	桩基础
34	余姚永思桥	宁波	梁式桥	65	桩基础
35	半浦余姚江特大桥	宁波	梁式桥	100	桩基础
36	青林湾大桥	宁波	斜拉桥	180	桩基础
37	湾头大桥	宁波	拱桥	180	桩基础
38	北渡特大桥	宁波	梁式桥	100	桩基础
39	南翔桥	宁波	刚构桥	130	桩基础
40	庆丰大桥	宁波	悬索桥	280	桩基础
41	清水浦大桥	宁波	斜拉桥	468	桩基础
42	温州大桥	温州	斜拉桥	270	桩基础
43	温州梅岙大桥	温州	刚构桥	80	桩基础
44	瓯江特大桥	温州	斜拉桥	225	桩基础
45	七都大桥	温州	斜拉桥	360	桩基础
46	瑞安飞云江大桥	温州	梁式桥	62	桩基础
47	高明大桥	温州	斜拉桥	380	桩基础
48	瑞安大桥	温州	斜拉桥	240	桩基础
49	瓯江三桥	温州	拱桥	98	桩基础
50	瓯北大桥	温州	斜拉桥	150	桩基础
51	瓯南大桥	温州	梁式桥	75	桩基础
52	瓯江南口大桥	温州	梁式桥	90	桩基础
53	南浦溪特大桥	温州	拱桥	258	扩大基础
54	洪溪特大桥	温州	斜拉桥	265	桩基础
55	温州大门大桥	温州	斜拉桥	316	桩基础

续表

序号	桥名	所在地	桥型	主跨跨度/m	基础形式
56	温福铁路飞云江特大桥	温州	梁式桥	80	桩基础
57	洞头峡跨海特大桥	温州	刚构桥	125	桩基础
58	洞头大桥	温州	刚构桥	128	桩基础
59	洞头花岗大桥	温州	拱桥	141	扩大基础
60	洞头深门大桥	温州	拱桥	160	扩大基础
61	洞头半屏大桥	温州	梁式桥	110	桩基础
62	鳌江特大桥	温州	斜拉桥	320	桩基础
63	鳌江四桥	温州	斜拉桥	150	桩基础
64	岙底大桥	温州	梁式桥	30	桩基础
65	嘉兴杭州塘大桥	温州	斜拉桥	65	桩基础
66	三店塘大桥	温州	梁式桥	70	桩基础
67	三店塘大桥	温州	拱桥	80	桩基础
68	万国大桥	嘉兴	拱桥	78	桩基础
69	海宁市碧云大桥	嘉兴	拱桥	60	桩基础
70	独山港大桥	湖州	斜拉桥	160	桩基础
71	南太湖大桥	湖州	斜拉桥	388	桩基础
72	湖州飞凤大桥	湖州	悬索桥	88	桩基础
73	湖州日月大桥	湖州	拱桥	83	桩基础
74	长兜港大桥	湖州	斜拉桥	100	桩基础
75	东塘大桥	湖州	斜拉桥	140	桩基础
76	吕山大桥	湖州	斜拉桥	105	桩基础
77	天姥大桥	绍兴	斜拉桥	100	桩基础
78	镜湖大桥	绍兴	悬索桥	180	桩基础
79	滨海新三江大桥	绍兴	梁式桥	50	桩基础
80	曹娥江特大桥	绍兴	刚构桥	188	桩基础
81	曹娥江闸前大桥	绍兴	刚构桥	140	桩基础
82	诸暨暨阳大桥	绍兴	拱桥	40	桩基础
83	嵊州大桥	绍兴	拱桥	136	桩基础
84	曹娥江袍江大桥	绍兴	拱桥	185	桩基础
85	金华双龙大桥	金华	拱桥	168	扩大基础
86	义乌商博大桥	金华	斜拉桥	100	桩基础

续表

序号	桥名	所在地	桥型	主跨跨度/m	基础形式
87	义乌经发大桥	金华	刚构桥	82	桩基础
88	义乌丹溪大桥	金华	拱桥	88	桩基础
89	义乌宗泽大桥	金华	刚构桥	72	桩基础
90	东阳市迎宾大桥	金华	梁式桥	60	桩基础
91	衢州衢江大桥	衢州	刚构桥	120	桩基础
92	江山北关大桥	衢州	悬索桥	118	桩基础
93	衢州西安门大桥	衢州	拱桥	42	桩基础
94	常山大桥	衢州	斜拉桥	108	桩基础
95	南门溪大桥	衢州	拱桥	60	桩基础
96	灵江特大桥	衢州	拱桥	152	桩基础
97	舟山岑港大桥	舟山	梁式桥	50	预应力混凝土管桩基础
98	舟山新城大桥	舟山	拱桥	148	桩基础
99	朱家尖海峡大桥	舟山	刚构桥	138	管桩基础
100	舟山桃夭门大桥	舟山	斜拉桥	580	桩基础
101	舟岱大桥	舟山	斜拉桥	550	桩基础
102	舟山响礁门大桥	舟山	梁式桥	150	桩基础
103	舟山金塘大桥	舟山	斜拉桥	620	桩基础
104	舟山西堠门大桥	舟山	悬索桥	1650	桩基础
105	舟山情人岛大桥	舟山	拱桥	80	扩大基础
106	富翅门大桥	舟山	斜拉桥	340	桩基础
107	江南大桥	舟山	拱桥	192	扩大基础
108	台州临海大桥	台州	斜拉桥	110	桩基础
109	台州椒江大桥	台州	梁式桥	104.7	桩基础
110	台州椒江二桥	台州	斜拉桥	480	桩基础
111	三门健跳大桥	台州	拱桥	245	扩大基础
112	漩门湾大桥	台州	斜拉桥	120	桩基础
113	青田太鹤大桥	丽水	拱桥	120	桩基础
114	青田西门大桥	丽水	梁式桥	90	桩基础
115	南京长江大桥	南京	拱桥	160	沉井基础
116	南京八卦洲长江大桥(南汊)	南京	斜拉桥	628	桩基础

续表

序号	桥名	所在地	桥型	主跨跨度/m	基础形式
117	南京八卦洲长江大桥（北汊）	南京	梁式桥	165	桩基础
118	南京大胜关长江大桥	南京	斜拉桥	648	桩基础
119	南京栖霞山长江大桥	南京	悬索桥	1418	沉井基础
120	南京江心洲长江大桥	南京	斜拉桥	1200	桩基础
121	江宁建设大桥	南京	拱桥	82	桩基础
122	秦淮河特大桥	南京	梁式桥	128	桩基础
123	卧龙湖大桥	南京	梁式桥	40	桩基础
124	固城湖大桥	南京	斜拉桥	110	桩基础
125	马汊河大桥	南京	拱桥	130	桩基础
126	古棠桥	南京	悬索桥	91	桩基础
127	惠运大桥	无锡	梁式桥	100	桩基础
128	新山北大桥	无锡	梁式桥	100	桩基础
129	金城大桥	无锡	拱桥	105	桩基础
130	红星桥	无锡	刚构桥	241	桩基础
131	蒔溪大桥	无锡	斜拉桥	140	桩基础
132	蓉湖大桥	无锡	斜拉桥	145	桩基础
133	开源大桥	无锡	拱桥	95	桩基础
134	金匮大桥	无锡	梁式桥	105	桩基础
135	菱湖大桥	无锡	拱桥	183	桩基础
136	清宁大桥	无锡	斜拉桥	113	桩基础
137	江阴大桥	无锡	悬索桥	1385	沉井基础
138	兴塘大桥	无锡	拱桥	90	桩基础
139	奔牛大桥	常州	梁式桥	108	桩基础
140	金牛大桥	常州	拱桥	80	桩基础
141	江宜高速京杭大运河特大桥	常州	梁式桥	108	桩基础
142	星港大桥	常州	拱桥	120	桩基础
143	常金大桥	常州	斜拉桥	120	桩基础
144	湖滨大桥	常州	梁式桥	110	桩基础
145	武进大桥	常州	梁式桥	108	桩基础
146	龙城大桥	常州	悬索桥	114	桩基础
147	平陵大桥	常州	梁式桥	110	桩基础

续表

序号	桥名	所在地	桥型	主跨跨度/m	基础形式
148	钟楼大桥	常州	斜拉桥	108	桩基础
149	新龙大桥	常州	拱桥	100	桩基础
150	花园街大桥	常州	拱桥	120	桩基础
151	阳湖大桥	常州	拱桥	108	桩基础
152	青洋大桥	常州	拱桥	120	桩基础
153	天宁大桥	常州	梁式桥	120	桩基础
154	宋剑湖大桥	常州	梁式桥	138.5	桩基础
155	东方大桥	常州	拱桥	120	桩基础
156	新戚墅堰大桥	常州	拱桥	54	桩基础
157	圩墩大桥	常州	斜拉桥	120	桩基础
158	横林东桥	常州	拱桥	71.6	桩基础
159	京口区京杭大运河特大桥	镇江	拱桥	136	桩基础
160	辛丰公路桥	镇江	拱桥	104.4	桩基础
161	辛丰公路南桥	镇江	拱桥	104.4	桩基础
162	京沪高速铁路镇江京杭大运河特大桥	镇江	拱桥	180	桩基础
163	丹徒区京杭大运河大桥	镇江	梁式桥	125	桩基础
164	丹阳市北二环大桥	镇江	斜拉桥	110	桩基础
165	云阳桥	镇江	拱桥	70	桩基础
166	丹阳市南二环大桥	镇江	斜拉桥	116	桩基础
167	中山桥	镇江	拱桥	100	桩基础
168	陵口大桥	镇江	刚构桥	100	桩基础
169	折柳大桥	镇江	刚构桥	100	桩基础
170	吕城桥	镇江	拱桥	100	桩基础
171	泰定桥	镇江	拱桥	100	桩基础
172	五峰山长江大桥	镇江	悬索桥	1092	桩基础
173	引航道水利枢纽闸栈桥	镇江	梁式桥	42	桩基础
174	长江路新河大桥	镇江	拱桥	70	桩基础
175	扬中长江一桥	镇江	梁式桥	100	桩基础
176	扬中长江二桥	镇江	刚构桥	120	桩基础
177	扬中长江三桥	镇江	梁式桥	125	桩基础
178	赤山湖大桥	镇江	梁式桥	25	桩基础

续表

序号	桥名	所在地	桥型	主跨跨度/m	基础形式
179	鹤溪大桥	苏州	梁式桥	86	桩基础
180	苏钢大桥	苏州	梁式桥	60	桩基础
181	文昌大桥	苏州	梁式桥	115	桩基础
182	寒山大桥	苏州	拱桥	84	桩基础
183	索山大桥	苏州	悬索桥	90	桩基础
184	晋源桥	苏州	梁式桥	100	桩基础
185	新家桥	苏州	拱桥	88	桩基础
186	长桥	苏州	梁式桥	52	桩基础
187	石湖大桥	苏州	斜拉桥	100	桩基础
188	澹台湖大桥	苏州	拱桥	110	桩基础
189	南湖路跨运河高架桥	苏州	梁式桥	120	桩基础
190	尹山斜拉桥	苏州	斜拉桥	105	桩基础
191	江兴大桥	苏州	刚构桥	88	桩基础
192	运河大桥	苏州	斜拉桥	123	桩基础
193	吴江大道八坼大桥	苏州	拱桥	95	桩基础
194	平望运河大桥	苏州	梁式桥	112	桩基础
195	江陵大桥	苏州	梁式桥	120	桩基础
196	云梨桥	苏州	拱桥	98	桩基础
197	八坼大桥	苏州	拱桥	95	桩基础
198	京杭大运河特大桥	苏州	梁式桥	100	桩基础
199	吴江区平望镇万心桥	苏州	拱桥	104.4	桩基础
200	舜湖大桥	苏州	斜拉桥	123	桩基础
201	盛泽镇坛丘大桥	苏州	梁式桥	250	桩基础
202	长湖申线大桥	苏州	梁式桥	120	桩基础
203	柏庐大桥	苏州	梁式桥	60	桩基础
204	张家港大桥	苏州	梁式桥	90	桩基础
205	太仓塘大桥	苏州	拱桥	110	桩基础
206	同丰路大桥	苏州	拱桥	84	桩基础
207	徐州市和平大桥	徐州	斜拉桥	368	桩基础
208	徐州市贾汪区大吴桥	徐州	拱桥	164	桩基础
209	新沂市北京路沭河大桥	徐州	斜拉桥	187	桩基础

续表

序号	桥名	所在地	桥型	主跨跨度/m	基础形式
210	邳州市运河街道京杭特大桥	徐州	拱桥	235	桩基础
211	灌云县向阳大桥	连云港	斜拉桥	80	桩基础
212	宿迁市宿迁运河文化大桥	宿迁	梁式桥	140	桩基础
213	宿迁市项王路秀强运河大桥	宿迁	拱桥	100	桩基础
214	宿迁市南京路运河大桥	宿迁	斜拉桥	242	桩基础
215	泗阳县成子河公路大桥	宿迁	拱桥	152	桩基础
216	淮安市淮安大桥	淮安	斜拉桥	370	桩基础
217	淮安市清浦大桥	淮安	悬索桥	132.5	桩基础
218	涟水县盐河红日大桥	淮安	梁式桥	105	桩基础
219	淮安市通甫路大运河桥	淮安	斜拉桥	160	桩基础
220	淮阴区南昌路盐河大桥	淮安	拱桥	103.2	桩基础
221	淮安市淮安运河大桥	淮安	斜拉桥	110	桩基础
222	金湖县金湖大桥	淮安	梁式桥	80	桩基础
223	盐城市新洋大桥	盐城	斜拉桥	216	桩基础
224	盐城大桥	盐城	梁式桥	40	桩基础
225	盐城市迎宾大桥	盐城	梁式桥	70	桩基础
226	大丰区大中镇新团河特大桥	盐城	拱桥	67	桩基础
227	阜宁县新阜宁大桥	盐城	拱桥	60	桩基础
228	阜宁县新兴大桥	盐城	斜拉桥	88	桩基础
229	建湖县南环大桥	盐城	拱桥	55	桩基础
230	S329通榆河大桥	盐城	拱桥	86.8	桩基础
231	扬州市扬州大桥	扬州	拱桥	50	桩基础
232	扬州市开发路京杭大运河大桥	扬州	斜拉桥	135	桩基础
233	扬州市万福大桥	扬州	悬索桥	188	桩基础
234	扬州市文昌大桥	扬州	刚构桥	126	桩基础
235	广陵区金湾河大桥	扬州	梁式桥	100	桩基础
236	扬州市高邮市界首运河大桥	扬州	斜拉桥	170	桩基础
237	兴化市文峰大桥	泰州	斜拉桥	197.8	桩基础
238	高港区口岸街道西大桥	泰州	拱桥	90	桩基础
239	姜堰区华港镇港口公路桥	泰州	拱桥	85	桩基础
240	兴化市五里大桥	泰州	斜拉桥	222	桩基础

续表

序号	桥名	所在地	桥型	主跨跨度/m	基础形式
241	泰兴市泰兴大桥	泰州	拱桥	69	桩基础
242	江苏省常泰长江大桥	泰州、常州	斜拉桥	1176	沉井基础
243	江苏省江阴长江大桥	泰州、无锡	悬索桥	1385	桩基础
244	江苏省沪苏通长江公铁大桥	苏州、南通	斜拉桥	1092	沉井基础
245	江苏省灌河大桥（G15沈海高速）	盐城、连云港	斜拉桥	340	桩基础
246	江苏省灌江口大桥	盐城、连云港	斜拉桥	400	桩基础
247	南通市城闸大桥	南通	斜拉桥	142	桩基础
248	南通市世纪大桥	南通	斜拉桥	110	桩基础
249	通州区新金大桥	南通	拱桥	62	桩基础
250	南通市通州区东沙大桥	南通	斜拉桥	270	桩基础
251	如皋市长江大桥	南通	斜拉桥	218	桩基础
252	张靖皋长江大桥	苏州、南通、泰州	悬索桥	2300	桩基础
253	海安市千禧大桥	南通	斜拉桥	95	桩基础
254	上海市杨浦大桥	上海	斜拉桥	1172	桩基础
255	上海市卢浦大桥	上海	拱桥	602	桩基础
256	上海市闵浦大桥	上海	斜拉桥	708	桩基础
257	上海市闵浦二桥	上海	斜拉桥	251.4	桩基础
258	上海市金山铁路黄浦江特大桥	上海	梁式桥	112	桩基础
259	松浦二桥	上海	梁式桥	120	桩基础
260	上海市横潦泾大桥	上海	梁式桥	295	桩基础
261	上海市南浦大桥	上海	斜拉桥	423	桩基础
262	上海市徐浦大桥	上海	斜拉桥	590	桩基础
263	上海市奉浦大桥	上海	梁式桥	125	桩基础
264	昆阳路越江大桥	上海	斜拉桥	540	桩基础
265	上海市松浦大桥	上海	梁式桥	112	桩基础
266	上海市辰塔路横潦泾大桥	上海	斜拉桥	296	桩基础
267	上海市青浦区东方红大桥	上海	梁式桥	138.2	桩基础
268	上海市外白渡桥	上海	梁式桥	52	桩基础
269	上海市乍浦路桥	上海	拱桥	36.6	桩基础
270	上海市新闸路桥	上海	梁式桥	53	桩基础

续表

序号	桥名	所在地	桥型	主跨跨度/m	基础形式
271	上海市武宁路桥	上海	梁式桥	47	桩基础
272	上海市祁连山南路桥	上海	拱桥	70	桩基础
273	上海市临洮路跨吴淞江桥	上海	拱桥	112	桩基础
274	上海市安智路吴淞江大桥	上海	梁式桥	146	桩基础
275	上海市泸定路桥	上海	梁式桥	57	桩基础
276	上海市耀龙路川杨河大桥	上海	悬索桥	152	桩基础
277	上海市江宁路桥	上海	梁式桥	36.5	桩基础
278	上海市镇坪路桥	上海	梁式桥	47	桩基础
279	上海市华江路桥	上海	拱桥	33	桩基础
280	嘉松公路越江大桥	上海	悬索桥	336	桩基础
281	吴淞江大桥	上海	拱桥	146	桩基础
282	昌化路桥	上海	拱桥	49	桩基础
283	上海市古北路桥	上海	梁式桥	174	桩基础
284	上海市长清路川杨河桥	上海	拱桥	83	桩基础
285	上海市昌吉东路蕰藻浜大桥	上海	拱桥	156	桩基础
286	上海市奉贤区金汇港大桥	上海	斜拉桥	120	桩基础
287	上海市奉贤区民乐路金汇港大桥	上海	斜拉桥	145	桩基础
288	宝山区吴淞大桥	上海	梁式桥	90	桩基础
289	上海市闵行区浦星公路大治河桥	上海	拱桥	230	桩基础
290	上海市大治河矮塔斜拉桥	上海	斜拉桥	120	桩基础
291	上海市恒丰路立交桥	上海	斜拉桥	151	桩基础
292	上海市东海大桥	上海	斜拉桥	420	桩基础
293	上海市长江大桥	上海	斜拉桥	730	桩基础
294	上海市金海路浦东运河桥	上海	梁式桥	105	桩基础
295	上海市川环南路浦东运河桥	上海	悬索桥	112	桩基础
296	上海市文翔路油墩港桥	上海	拱桥	50	桩基础
297	上海市颗珠山斜拉桥	上海	斜拉桥	332	桩基础

注:所列桥型、跨度及基础均指桥梁最大跨处的桥型及基础,表中数据统计截止时间为2022年11月30日。